BANKWIRTSCHAFTLICHE SCHRIFTENREIHE

Herausgegeben von Professor Dr. H. Linhardt

Band VIII

Georg Tegethoff

Das Treuhandgeschäft der westdeutschen und amerikanischen Banken

WESTDEUTSCHER VERLAG · KÖLN UND OPLADEN

1963

ISBN 978-3-322-96159-4 ISBN 978-3-322-96297-3 (eBook)
DOI 10.1007/978-3-322-96297-3

Verlagsnummer 023 308

Gesamtherstellung: Boss-Druck Kleve/Niederrhein

VORWORT

Vorliegende Arbeit verdankt ihre Entstehung der Anregung von Herrn Professor Dr. *Hanns Linhardt,* der schon in frühen Jahren gewisse Fortbildungsformen der angelsächsischen Treuhand wissenschaftlich untersucht hat.

Die Idee der Treuhand wurzelt im Rechtsempfinden des deutschen Volkes und hat ihre erste Ausprägung im germanischen Lehensrecht erhalten. Aber während dieses Rechtsinstitut in Deutschland infolge der Rezeption des römischen Rechts nahezu in Vergessenheit geriet, hat es sich in England beispiellos entwickeln und zu einer der verbreitetsten und gewöhnlichsten Einrichtungen des englischen Rechts werden können. „Of all the exploits of Equity the largest and the most important is the invention and development of the Trust" stellt der berühmte englische Rechtshistoriker *Maitland* (Siebert, Wolfgang, Das rechtsgeschäftliche Treuhandverhältnis, Marburg 1933, S. 57) fest.

Vom englischen Mutterland, wo jedoch das Treuhänderamt mit der natürlichen Person verbunden blieb (trustee), wurde der trust mit der Billigkeitsrechtsprechung in die nordamerikanischen Kolonien übertragen. In den USA fand er seine größte Entfaltung und weiteste Verbreitung durch die Vermögensakkumulation des 19. Jahrhunderts, das *Felix Somary* als „einmalige Ära der Erschließung eines großen Kontinents" bezeichnet (Krise und Zukunft der Demokratie, Zürich 1952, S. 48). Dort hat auch der Treuhandgedanke in den trust companies, einer bestimmten Gruppe von Geschäftsbanken, in gewissem Sinne seine Vollendung erfahren, die ihn durch Anpassung an die wirtschaftlichen Bedürfnisse immer wieder mit neuem Leben erfüllten.

Für die Entwicklung des Treuhandgeschäftes der deutschen Banken brachte das Jahr 1890 ein entscheidendes Ereignis: die Gründung der ersten deutschen Treuhandgesellschaft, der German-American Trust Company, mit Hilfe der Deutschen Bank. Sie stellt gleichsam die Rückkehr dieser echt deutschen Rechtsschöpfung über die Vereinigten Staaten nach Deutschland dar.

Eine erschöpfende Einzeldarstellung der Treuhandgeschäfte war in dem weitgespannten Rahmen dieser Arbeit unmöglich. Es wurde aber versucht, eine Anschauung von der Fruchtbarkeit des Treuhandgedankens auf wirtschaftlichem

Gebiet zu vermitteln. Ich zweifle nicht, daß dem hier entworfenen Bild noch manches an Verschärfung und Ergänzung hinzugefügt werden kann. Auch soll hier nicht etwas absolut Neues gesagt werden; es haben sich schon viele namhafte und hervorragende Vertreter der Rechtswissenschaft und der Bankwirtschaft mit Einzelfragen des Treuhandwesens befaßt. Was die Arbeit Gutes aufzuweisen hat, verdankt sie vor allem der großen Förderung, die ihr mein hochverehrter Lehrer, Herr Professor Dr. *Linhardt,* von Anfang an hat angedeihen lassen. Auch hat Herr Professor Dr. *Linhardt* mir die Veröffentlichung der Abhandlung in seiner Bankwirtschaftlichen Schriftenreihe ermöglicht und sich um die Bereitstellung eines Druckkostenzuschusses bemüht. Ihm gilt mein besonderer Dank.

Nürnberg, im Sommer 1962 *Georg Tegethoff*

INHALT

Vorwort V
Verzeichnis der Abkürzungen XI

ERSTER ABSCHNITT

Das Treuhandgeschäft der westdeutschen Banken

A. Begriff und Ursprung der Treuhand 1
B. Treuhand und Treuhänder im deutschen Recht 3
C. Beziehung der Banken zum Treuhandwesen 18
D. Abgrenzung des Treuhandgeschäftes gegenüber anderen Bankgeschäften . 24
E. Die Treuhandgeschäfte der Banken im einzelnen 28
I. Treuhandgeschäfte im Kreditverkehr 28
1. Die Überwachung verpfändeter und sicherungsübereigneter Gegenstände innerhalb der Kreditsicherung 28
2. Die Weiterleitung von Krediten und Verwaltung der Sicherheiten im Rahmen des direkten Revolvingsystems 30
3. Die Verwaltung und Besicherung zentral geleiteter Kredite . . . 34
a) Allgemeines 34
b) Durchgeleitete Kredite 37
c) Durchlaufende Kredite 40
aa) Gemeinsame Bestimmungen 43
bb) Sonderbestimmungen für Aufbaudarlehen 45
cc) Sonderbestimmungen für Arbeitsplatzdarlehen 45
d) Verwaltungskredite 46
e) Treuhänderische Bürgschaftsübernahme 50
II. Treuhänderische Tätigkeit im Zahlungsverkehr: Die Banken als Treuhänder im Dienste des Außenhandels 51

III. Treuhandgeschäfte im Rahmen und am Rande des Kapitalverkehrs 56

1. Das Gründungs- und Emissionsgeschäft 57

2. Die treuhänderische Stellung der Bank als Konsortialführerin . 60

3. Die Kurspflege zugunsten fremder Wertpapiere 64

a) Wesen und Zweck der Kurspflege 64

b) Die Technik der Kurspflege 66

c) Grenzen der Kurspflege 67

4. Der Treuhänder bei der Fusion und Sanierung von Kapitalgesellschaften 68

a) Die Fusion 68

b) Die Sanierung 72

5. Die Übernahme von Pfandhalterschaften bei Anleiheausgaben und ähnliche Formen der Interessenvertretung 76

6. Treuhänderische Aufgaben in Verbindung mit der Verwahrung und Verwaltung von Wertpapieren 78

a) Treuhänder für die Interessen des Rechtsschutzes auf Gläubigerversammlungen 80

b) Die Vertretung der Depot-Aktionäre auf den Hauptversammlungen 80

aa) Reformvorschläge zum Depotstimmrecht der Banken . . 86

7. Treuhänderische Vermögensverwaltung 91

8. Treuhänderische Beratung und Vermittlung und ähnliche Formen der Betreuung 96

a) Treuhänderische Beratung 96

b) Treuhänderische Vermittlung 101

c) Sonstige Formen der Betreuung 104

9. Treuhänderische Funktionen bei der Effektensubstitution 105

a) Die Verwaltung von Investment Trustfonds 105

aa) Die bankmäßige Verwahrung und Verwaltung der Werte des Investmentfonds 113

b) Die Beteiligung der Banken an der Verwaltung von Immobilienfonds 115

c) Die Ausgabe von Zertifikaten auf ausländische Werte 117

10. Die Girosammelverwahrung von Wertpapieren. – Der Treuhandgiroverkehr 118

IV. Treuhänderische Sonderaufgaben 126
1. Treuhänderische Tätigkeit der Banken im Zusammenhang mit der Währungsumstellung 126
a) Die Verwaltung der Umstellungsgrundschulden und der Hypothekengewinnabgabe 127
2. Die Wertpapierbereinigung 133
3. Besondere treuhänderische Aufgaben der öffentlich-rechtlichen Banken, der Sonderkreditinstitute und der Spezialbanken . . . 136
a) Landes- und Staatsbanken, die Deutsche Bundesbank 136
b) Öffentliche Sonderkreditinstitute 141
aa) Die Lastenausgleichsbank 142
bb) Kreditanstalt für Wiederaufbau 143
c) Die Industriekreditbank AG als Vorstand des Sondervermögens „Investitionshilfe" 146
d) Private Spezialbanken 148
aa) Spezialbanken für bestimmte Wirtschaftszweige und Interessengruppen 148
bb) Hausbanken für einzelne industrielle Großbetriebe . . . 148

ZWEITER ABSCHNITT

Das Treuhandgeschäft der amerikanischen Banken

A. Die Trust Company als typisch amerikanische Wirtschafts- und Rechtsschöpfung 151
I. Der Ursprung und die Entwicklung des korporativen Trustee 151
II. Die Ausbreitung der Trust Companies über den ganzen nordamerikanischen Kontinent 154
III. Die rechtliche Stellung und die Organisation der Trust Companies . 160
IV. Die Beziehung der Trust Company zum Bankgeschäft 161
V. Die Trust Companies als Versicherungsgesellschaften. – Ihre sonstigen Geschäfte 165
B Die übrigen Treuhandinstitute 168
I. Die State Banks 169
II. Die National Banks 171
III. Der Einzeltreuhänder 173

C. Die Treuhandgeschäfte im einzelnen 178
I. Zum Wesen des Trust und des Trustgeschäftes 178
II. Einteilung der treuhänderischen Tätigkeit 180
III. Treuhandgeschäfte der Banken für Privatpersonen 181
1. Testamentsvollstreckung 183
2. Vormundschaft 185
3. Treuhandtätigkeit im engeren Sinn 187
a) Der Spendthrift Trust 189
b) Dauer eines Trusts 190
c) Der Trust im Steuerrecht 191
4. Der Lebensversicherungstrust 194
5. Tätigkeit als Agent für Einzelpersonen 196
IV. Treuhandgeschäfte der Banken für Aktiengesellschaften 200
1. Pfandhalterschaft für die Inhaber von Schuldverschreibungen . 200
2. Zwangsverwaltung, Sanierung und Konkursverwaltung 208
3. Tätigkeit als Agent für Gesellschaften 211
a) Der Transfer Agent und Registrar 211
b) Der Zahlungsagent 213
c) Sonstige Agententätigkeit 214
4. Verwaltung von Pensions-, Gewinnbeteiligungs- und Arbeitslosenunterstützungsfonds 216
V. Banken als Agenten der Regierung und Behörden 219
VI. Sonstige Treuhandfunktionen 222
1. Der Business Trust 222
2. Der Voting Trust 224

D. Die Investition von Treuhandvermögen. – Treuhänderische Gemeinschaftsfonds 225
1. Treuhänderische Gemeinschaftsfonds 233

E. Die Ertragslage im Treuhandgeschäft 236

Zusammenfassung 239

Literaturverzeichnis 245

VERZEICHNIS DER ABKÜRZUNGEN

a. a. O.	am angeführten Ort
Abs.	Absatz
AG	Aktiengesellschaft
AK	Aktienkapital
Akt.G	Aktiengesetz
Anm.	Anmerkung
ASpG	Altsparergesetz
Aufl.	Auflage
BdF	Bundesminister der Finanzen
BdL	Bank deutscher Länder
BFH	Bundesfinanzhof
BGB	Bürgerliches Gesetzbuch
BGBl.	Bundesgesetzblatt
BGH	Bundesgerichtshof
BStBl.	Bundessteuerblatt
ch.	chapter
d. h.	das heißt
Diss.	Dissertation
DV	Durchführungsverordnung
ECA	Economic Co-operation Administration
ERP	European Recovery Program
EStG	Einkommensteuergesetz
EZU	Europäische Zahlungsunion
FAZ	Frankfurter Allgemeine Zeitung
GARIOA	Government appropriation and relief for import in occupied areas
GG	Grundgesetz für die Bundesrepublik Deutschland
GmbH	Gesellschaft mit beschränkter Haftung
HGA	Hypothekengewinnabgabe
HGB	Handelsgesetzbuch
hrsg.	herausgegeben
i. d. F.	in der Fassung
IHG	Investitionshilfegesetz
III	Internationales Immobilien-Institut

IKB	Industriekreditbank
inc.	incorporated
Jhrg.	Jahrgang
KAG	Kapitalanlagegesellschaft
KAGG	Gesetz über Kapitalanlagegesellschaften
KfW	Kreditanstalt für Wiederaufbau
KG	Kommanditgesellschaft
KGaA	Kommanditgesellschaft auf Aktien
KO	Konkursordnung
KWG	Gesetz über das Kreditwesen
LAB	Lastenausgleichsbank
LAG	Gesetz über den Lastenausgleich
LA-Kartei	Lastenausgleichskartei
MSA	Mutual Security Agency
Mtbl.BAA	Amtliches Mitteilungsblatt des Bundesausgleichsamtes
Mtbl.HfS	Amtliches Mitteilungsblatt des Hauptamtes für Soforthilfe
NJW	Neue Juristische Wochenschrift
o. J.	ohne Jahrgang
OLG	Oberlandesgericht
RGBl.	Reichsgesetzblatt
RGSt.	Reichsgericht, Entscheidungen in Strafsachen
RGZ	Reichsgericht, Entscheidungen in Zivilsachen
S.	Seite
sec.	section
StGB	Strafgesetzbuch
Tz.	Textziffer
Umw.G	Umwandlungsgesetz
verb.	verbesserte
VO	Verordnung
WAG	Währungsausgleichsgesetz
WBG	Gesetz zur Bereinigung des Wertpapierwesens
Wi.GBl.	Gesetzblatt der Verwaltung des Vereinigten Wirtschaftsgebietes
WSB	Wertpapiersammelbank
ZKW	Zeitschrift für das gesamte Kreditwesen
ZPO	Zivilprozeßordnung

ERSTER ABSCHNITT

Das Treuhandgeschäft der westdeutschen Banken

A. BEGRIFF UND URSPRUNG DER TREUHAND

Das Treuhandgeschäft der Banken umfaßt den Teil ihrer Tätigkeit, den sie auf Grund eines Treuhandverhältnisses ausüben. Ein Treuhandverhältnis entsteht, wenn eine Person (Treugeber) Sachen oder Rechte einer anderen Person (Treuhänder) zu eigen oder als Eigenrechte überträgt, damit diese sie zugunsten des Treugebers oder eines gemeinnützigen Zwecks (z. B. einer Stiftung) oder eines Dritten (Treunehmers), aber nicht im eigenen Interesse verwende. Zur Erreichung eines beliebigen wirtschaftlichen Zwecks wird dem Empfänger der Sache oder des Rechtes durch Vertrag eine gewisse rechtliche Macht verliehen in dem konkreten Vertrauen darauf, daß er die Machtstellung im vollen Bewußtsein seiner Amtsverantwortung uneigennützig und nach bestem Wissen und Gewissen, aber nicht mißbräuchlich nutzen werde. Der neue Gewalthaber verpflichtet sich obligatorisch, über die erhaltene Rechtsmacht entsprechend dem gesetzten Zweck in Treue zu verfügen, z. B. Teile der Erbschaft den einzelnen Erben zu übertragen. Nach außen mit eigener Rechtszuständigkeit ausgestattet, kann der Treuhänder im Innenverhältnis (Pflichtbereich) an Richtlinien und Weisungen gebunden sein[1].

Mit dieser Erklärung ist lediglich der Versuch unternommen, die entscheidenden Elemente der Treuhand zu kennzeichnen. Eine Begriffsbestimmung, die alles erfaßt, was von englischen und amerikanischen Gerichten als trust geschützt wird, sucht *Brunner* unter den zahllosen Definitionen im englischen Schrifttum vergeblich[2]. Sie ist von der englischen Billigkeitsrechtsprechung, die die Rechtsfigur der Treuhand in Jahrhunderten zu einzigartiger Höhe geführt hat, auch nicht ernsthaft gewollt; durch klare Fassung des Begriffes sollte nicht die Entstehung praktisch brauchbarer Anwendungsformen behindert werden[3].

[1] Die Weisungen dürfen aber das Ermessen (= Ausfluß treuhänderischer Tätigkeit und Verantwortung) nicht sehr einschränken.

[2] Brunner, Max, Wesen und Bedeutung der englisch-amerikanischen Treuhand (Trust). Abhandlungen zum schweizerischen Recht, hrsg. von Guhl, 62. Heft, Bern 1931, S. 19–34. – Eine Erörterung der Theorien um die buntscheckigen Begriffe von Treuhand und Treuhänder in der Literatur muß an dieser Stelle unterbleiben.

[3] Eine dem ganz entgegengerichtete Stellung hat die deutsche Rechtsprechung bezogen. Siehe S. 9 f.

Die Treuhand des deutschen und angelsächsischen Rechtskreises gilt als ein Geschöpf gemeinsamer germanischer Rechtsauffassung. Bezeichnet man als Grundgedanken eines Treuhandverhältnisses die Wahrung fremder Belange in eigenrechtlicher Machtstellung, so kann eine gewisse Beziehung zur römischen manus fiduciaria (manus = Hand, Gewalt) und hier vor allem zur Pfandfiducia nicht geleugnet werden[4]. Gleichwohl besteht ein grundlegender Unterschied zwischen der Treuhänderschaft römischer und der germanischer Prägung.

Der römische Fiduziar erlangt vollwertiges, uneingeschränktes Eigentum. Der Treugeber hat gegen ihn nur den persönlichen Anspruch, das Eigentum pflichtgemäß zu gebrauchen. Die Zweckbestimmung wirkt nicht dinglich gegen Dritte (obligatorische Zweckbeschränkung). Das Eigentum des fränkischen Salmanns, des ältesten uns bekannten Treuhänders des germanischen Rechts, ist ein resolutiv bedingtes[5]. Die Herrschaftsmacht des Treuhänders wird a priori auf das für den gewollten Zweck nötige Maß herabgesetzt. Bei zweckwidriger Verfügung oder Unerfüllbarkeit des Zwecks beispielsweise fällt das Treugut zwangsläufig an den Treugeber zurück. Im germanischen Recht übt der Treuhandzweck eine begrenzte dingliche Wirkung aus. Oder der Treuhänder erhält gar kein Eigentum, sondern nur ein der Zweckbestimmung entsprechend ausgestaltetes Recht an fremdem Gegenstand, während der Treugeber Eigentümer bleibt (siehe Urbild dieser Rechtsschöpfung im germanischen Lehensrecht). Die Treumacht des Treuhänders ist eine neben der Machtfülle des Eigentümers bestehende und diese weitgehend zurückdrängende Machtvollkommenheit. – Von dem gleichen Unterscheidungsmerkmal ausgehend, hält *von Nell-Breuning*[6] die deutschrechtliche Treuhand gerade für das Gegenteil der fiducia, weil sie keine Heimlichkeit kennt, sondern offen, eben als Treuhandbeziehung, zutage tritt[7].

Die germanische Gestaltung verschafft dem Treugeber größere Sicherheit; daraus ist auch ihre ausgedehntere Verwendung zu erklären. Sie hat sich fruchtbarer und lebenkräftiger erwiesen als der Treuhandgedanke des römischen Rechts. In Großbritannien und den Vereinigten Staaten von Amerika ist die Rechtsnatur der Treuhand gesetzlich festgelegt und der durch privates Rechtsgeschäft bestellte Treuhänder eine gewohnte Erscheinung des Wirtschaftslebens.

[4] Vgl. Siebert, Wolfgang, Das rechtsgeschäftliche Treuhandverhältnis. Ein dogmatischer und rechtsvergleichender Beitrag zum allgemeinen Treuhandproblem, Arbeiten zum Handels-, Gewerbe- und Landwirtschaftsrecht, hrsg. von Ernst Heymann, Nr. 68, Marburg 1933, S. 33 ff.

[5] Schultze, Alfred, Treuhänder im geltenden bürgerlichen Recht. In: Iherings Jahrbücher für die Dogmatik des bürgerlichen Rechts, hrsg. von Ferdinand Regelsberger und Victor Ehrenberg, Jena, 43. Band, S. 6–19.

[6] Nell-Breuning S. J., Oswald von, in: Staatslexikon, 5 Bände, hrsg. von Hermann Sacher, 5. Aufl., Freiburg 1932, 5. Band, Sp. 418.

[7] Bei heimlichen Treuhandschaften kann zwar intern ein typisches Treuhandverhältnis bestehen; Außenwirkung kann es aber nur erzeugen, wenn es anderen gegenüber erkennbar ist.

B. TREUHAND UND TREUHÄNDER IM DEUTSCHEN RECHT

Im deutschen *bürgerlichen Recht* gibt es eine solche Doppelung von Rechtszuständigkeiten (Eigentum *und* Treumacht) nicht. Sie scheitert überdies an § 137, Satz 1, BGB, wonach die Befugnis zur Verfügung über ein veräußerliches Recht nicht durch Rechtsgeschäft ausgeschlossen oder beschränkt werden kann. Obwohl der Treuhänder an der Lösung vermögensrechtlicher und wirtschaftlicher Probleme hervorragenden Anteil gehabt und sogar Eingang in eine Reihe von privat- und handelsrechtlichen Nebengesetzen gefunden hat, enthält das Bürgerliche Gesetzbuch vom 18. 8. 1896 keine besonderen Normen über die Treuhänderschaft[8]. Die Rechtsstellung (Rechtsmacht und Rechtspflicht) des Treuhänders ist in jedem einzelnen Fall an der ihm im Gesetz oder Vertrag erteilten Bestellung bzw. Ermächtigung zu prüfen.

Das geltende Recht kennt eine Vielzahl von Treuhändern, die ihre Vollmachten durch obrigkeitlichen Akt oder unmittelbar durch Gesetz empfangen haben und sich von dem rechtsgeschäftlich bestellten Treuhänder, der ursprünglichen Verkörperung der Treuhänderschaft, wesentlich unterscheiden. Genannt seien: der Testamentsvollstrecker (§§ 2197 ff. BGB), an dem sich das deutsche Treuhandinstitut besonders klar entwickelt hat, der Nachlaßverwalter (§ 2209 BGB), der Pfleger für das Sammelvermögen (§ 1914 BGB) und der Pfleger für die Leibesfrucht (§ 1912 BGB), der die vom Gesetz dem Nacherben gewährten Rechte als eigene Rechte zu treuer Hand hat[9].

Einige (zwar nicht im juristischen, aber im wirtschaftlichen Sinn) „klassische“ Treuhandgeschäfte sind in Einzelgesetzen geregelt; so z. B. die Zwangsversteigerung und Zwangsverwaltung im Gesetz über die Zwangsversteigerung und die Zwangsverwaltung vom 24. 3. 1897 (RGBl. S. 97), die Vergleichsverwaltung in der Vergleichsordnung vom 26. 2. 1935 (RGBl. I, S. 321) sowie die Konkursverwaltung in der Konkursordnung vom 10. 2. 1877 in der Fassung vom 20. 5. 1898 (RGBl., S. 612).

Treuhänderische Vermögensverwaltung war erstmals zur Zeit der Militärregierung in Deutschland Gegenstand umfassender gesetzlicher Regelung. Das mit der Besetzung Deutschlands in Kraft getretene Gesetz Nr. 52 über Sperre und Beaufsichtigung von Vermögen, das Teil des deutschen Rechtssystems wurde, unterwarf bestimmte Vermögen, namentlich das Vermögen der öffentlichen Hand und der NSDAP, „hinsichtlich Besitz oder Eigentumsrechte der Beschlagnahme, Weisung, Verwaltung, Aufsicht oder sonstigen Kontrolle durch die Militärregierung“[10].

[8] Damit sei nicht behauptet, daß unsere Rechtsordnung eine Rechtsträgerschaft in fremdem Interesse überhaupt ablehnt. Vgl. Schulze, a. a. O., S. 4.

[9] Siehe Schultze, a. a. O., S. 58 ff.

[10] Artikel I, Absatz 1 des Gesetzes, abgedruckt bei Dölle, Hans und Konrad Zweigert, Gesetz Nr. 52 über Sperre und Beaufsichtigung von Vermögen. Kommentar, Stuttgart 1947, S. 38. Unter Beschlagnahme wurde Inbesitznahme verstanden, wodurch der Gegenstand dem rechtlichen Einfluß und der Dispositionsbefugnis seines bisherigen Inhabers entzogen werden sollte. Sie bedeutete nicht Entziehung des Eigentums für immer; denn der Zweck des Gesetzes zielte auf Sicherung und Erhaltung, nicht auf endgültige Entscheidung hin. Zur Verwaltung bestimmter größerer Vermögen – durch das Gesetz Nr. 52 wurden auch landwirtschaftliche

Im Zuge der Dezentralisierung (Dekonzentration) der deutschen Wirtschaft erließen die Alliierten auf Grund des Potsdamer Protokolls vom 2. 8. 1945 eine Reihe von Gesetzen, die teils ganze Wirtschaftszweige (chemische Industrie, Montanindustrie), teils einzelne Großunternehmen (z. B. die drei Filialgroßbanken) betrafen. Bei der Aufgliederung (auch Entflechtung genannt) der als zu groß erachteten Deutschen Bank AG, Dresdner Bank AG und Commerzbank AG verlangten sie von den Landesregierungen die Ernennung von Treuhändern für die aufgesplitterten Großbanken. Die Treuhänder traten neben die Vorstände; ihre Machtbefugnisse waren unscharf voneinander abgegrenzt.

Vorschriften über die Mitwirkung eines Treuhänders enthalten ferner: die §§ 29 ff. des Hypothekenbankgesetzes vom 13. 7. 1899 (RGBl., S. 375)[11], §§ 35 f. des Gesetzes über die Sicherung der Bauforderungen vom 1. 6. 1909 (RGBl., S. 449), §§ 51 ff. des Gesetzes über die Industriebelastung (Industriebelastungsgesetz) vom 30. 8. 1924 (RGBl. II, S. 257), §§ 60 f. des Gesetzes über die Aufwertung von Hypotheken und anderen Ansprüchen (Aufwertungsgesetz) vom 16. 7. 1925 (RGBl. I, S. 117), § 41 des Gesetzes über die Ablösung öffentlicher Anleihen vom gleichen Tage (RGBl. I, S. 137), §§ 70 ff. des Gesetzes über die Beaufsichtigung der privaten Versicherungsunternehmungen und Bausparkassen vom 6. 6. 1931 (RGBl. I, S. 315).

Das Gesetzes- und Notverordnungsrecht des Jahres 1931 spricht den Inhabern von Vertrauensstellungen alle möglichen Treuhänderschaften zu, würdigt aber diesen Begriff so gut wie zu einer leeren Phrase herab.

Betriebe und bedeutende Industrie- und Handelsunternehmen betroffen, wie die I.G.-Farben-Industrie AG, Fried. Krupp AG, Robert Bosch GmbH, die Saargruben – bestellte die Militärregierung Treuhänder. Die Treuhänder, die das betreffende Vermögen in Besitz (control) hatten, waren unter Androhung von Strafe verpflichtet, die ihnen anvertrauten Vermögen ordnungsgemäß zu verwalten und darüber sorgfältig Buch zu führen sowie auf Verlangen der Militärregierung Bericht zu erstatten; ferner Besitz und Obhut über das Vermögen zu übertragen, Bücher und Abrechnungen auszuhändigen und über die Verwaltung Rechenschaft abzugeben (Artikel III des Gesetzes). Die bisherigen Inhaber waren vollkommen ausgeschaltet.

Als Treuhänder (custodian) konnte eine natürliche oder juristische Person oder eine Behörde eingesetzt werden. Er besaß aber nicht die Vollmacht eines trustee im engeren Sinne (siehe S. 187) nach anglo-amerikanischem Recht. Er war vor allem nicht rechtlicher Eigentümer der ihm anvertrauten Vermögenswerte, sondern trug dafür nur die rechtliche und wirtschaftspolitische Verantwortung. Seine Rechtsstellung und Aufgaben beruhten auf dem mit der beaufsichtigenden Behörde abgeschlossenen Treuhändervertrag und auf den laufend erscheinenden Arbeitsrichtlinien der Landesämter für Vermögenskontrolle.

Der Treuhänder war berechtigt, alle im Rahmen des normalen Bestimmungszwecks liegenden Rechtsgeschäfte vorzunehmen und andere Personen zur Erledigung verschiedener Aufgaben zu bevollmächtigen. Das verwaltete Vermögen haftete für die vom Treuhänder übernommenen Verpflichtungen nur, wenn die Aufsichtsbehörde schriftliche Genehmigung erteilt hatte. Für die Rechtsstreitigkeiten, die sich auf das verwaltete Vermögen bezogen, war der Treuhänder aktiv und passiv legitimiert. Die Kosten eines solchen Verfahrens trafen das Vermögen. Ebenso richteten sich die ergangenen Urteile allein gegen den Inhaber des verwalteten Vermögens, nicht gegen den Treuhänder persönlich; er war im Prozeß Partei kraft Amtes (Dölle-Zweigert, a. a. O., S. 48 ff., 214 ff.).

[11] Das Aufsichtsrecht auf Grund des Hypothekenbankgesetzes und somit das Recht zur Bestellung des Treuhänders sollte nach § 57 Abs. 2 des Entwurfs eines Gesetzes über das Kreditwesen vom 25. 5. 1959 (Bundestagsdrucksache 1114, Verlag Dr. Hans Heger, Bad Godesberg) von der staatlichen Aufsichtsbehörde auf das zu errichtende Bundesaufsichtsamt für das Kreditwesen übergehen. Siehe § 52 Abs. 2 des Gesetzes über das Kreditwesen vom 10. 7. 1961 (BGBl. I, S. 881).

Als nicht mehr neutral und unabhängig kann man den durch Bekanntmachung vom 19. 4. 1917 (RGBl., S. 363) bestellten Treuhänder für das feindliche Vermögen bezeichnen. Der Treuhänder, dessen Einsetzung eine Vergeltungsmaßnahme gegen die Ernennung des englischen Public Trustee und Alien Property Custodian für deutsches Vermögen in den USA darstellte, war eine Reichsbehörde, die dem Reichswirtschaftsamt unterstand [12].

Gemäß § 9 der 35. Durchführungsverordnung zum Dritten Gesetz zur Neuordnung des Geldwesens (Umstellungsgesetz) vom 20. 6. 1948 ernannte die Bank deutscher Länder Treuhänder für die Verwaltung der im Bundesgebiet bestehenden Vermögenswerte von Geldinstituten, die ihren Sitz am 21. 6. 1948 in einem nicht zum Bundesgebiet gehörenden Teil Deutschlands und im Bundesgebiet keine Niederlassung hatten [13]. Die Treuhänder sind im Rechtsstreit nicht gesetzliche Vertreter im Sinne des § 274 Abs. 2 Ziff. 7 ZPO, sondern Partei kraft Amtes (BGH, 17. 10. 1952) [14].

Nach § 16 des Altbankengesetzes vom 10. 12. 1953 [15] kann der für das Bankwesen zuständige Berliner Senator Treuhänder zur Verwaltung der in Berlin vorhandenen Vermögenswerte von Kreditinstituten mit Sitz in Deutschland bestellen, die weder in Berlin noch im Bundesgebiet eine Niederlassung haben. „Das Nähere über die Beaufsichtigung der Treuhänder und die Erteilung von Weisungen bestimmt der für das Bankwesen zuständige Senator nach Anhörung der Berliner Zentralbank“ [16].

Das Reichsbankvermögen wird nach dem Gesetz betreffend die Treuhandverwaltung über das Vermögen der Deutschen Reichsbank vom 6. 8. 1954 (BGBl. I, S. 241) von einem Treuhänder verwaltet, den der Bundesminister für Wirtschaft bestellt und abberuft. Er vertritt die Reichsbank gerichtlich und außergerichtlich.

Der Gesetzgeber hat die Stellung und Aufgaben der gesetzlichen Treuhänder genau umrissen, wenngleich im einzelnen durchaus nicht einheitlich. Die amtlichen Treuhänder üben öffentlich-rechtliche Funktionen aus; keiner von ihnen erwirbt beschränktes Eigentum. Sie haben bestimmte Besitz-, Verwaltungs-, Beaufsichtigungs- oder Prüfungsrechte im Interesse der Rechtsinhaber inne [17]. Diese Treuhändertypen können daher nicht zur Erläuterung der durch formfreien, privatrechtlichen Rechtsakt begründeten Treuhänderschaft dienen.

Das Bürgerliche Gesetzbuch regelt, wie bereits erwähnt, die Grundsätze der rechtsgeschäftlichen Treuhand nicht ausdrücklich. Sie müssen den allgemeinen Normen unseres Rechts entnommen werden.

12 Siehe Eulan, Fritz, Der Treuhänder für das feindliche Vermögen. In: Bank-Archiv, 17. Jhrg., Nr. 11 vom 1. 3. 1918, S. 104 ff., Simon, H. A., Treuhänderschaft über amerikanisches Vermögen in Deutschland, In: Bank-Archiv, 20. Jhrg., Nr. 14 vom 15. 4. 1921, S. 211. – Über die Maßnahmen gegen feindliches Eigentum im 2. Weltkrieg siehe Verordnung über die Behandlung feindlichen Vermögens vom 15. 1. 1940 (RGBl. I, S. 191).

13 Auch dieses Recht ist nach § 63 Abs. 2 des neuen Kreditwesengesetzes von der Deutschen Bundesbank auf das Bundesaufsichtsamt übertragen worden.

14 NJW, 5. Jhrg. (1952), S. 1413.

15 Gesetz- u. Verordnungsblatt f. Berlin Nr. 92 vom 15. 12. 1953, S. 1483.

16 § 16 Abs. 1 des Gesetzes.

17 Vgl. Stordel, Harry, Die dingliche Rechtsstellung des öffentlich-rechtlich bestellten Treuhänders, Nürnberger Diss. 1956.

Die zivilrechtliche Haftung des gewillkürten Treuhänders unterliegt den Vorschriften des BGB über Haftung aus Vertrag und unerlaubter Handlung (§§ 823 ff.). Eine Vertragshaftung kann sich ergeben aus a) verschuldeter Unmöglichkeit der Leistung (§ 280 BGB), b) Verzug (§§ 284–290 BGB), c) positiver Vertragsverletzung (§§ 276–278 BGB).

Wie sich aus § 276 BGB ergibt, hat der Treuhänder Vorsatz und Fahrlässigkeit zu vertreten. Fahrlässig handelt, wer die verkehrsnotwendige (nicht verkehrsübliche) Sorgfalt außer acht läßt. Die im Verkehr erforderliche Sorgfalt bestimmt sich nicht nach der persönlichen Eigenart des Handelnden, seinen Fähigkeiten, Kenntnissen und Erfahrungen, sondern nach objektiven Gesichtspunkten[18]. Die Rechtsprechung des Reichsgerichtes verlangt eine Sorgfalt, die der gesunde, normale Verkehr von einem ordentlichen Menschen in der konkreten Situation erwartet[19]. Grundsätzlich sind aber die Verhältnisse des in Betracht kommenden engeren Verkehrskreises zu berücksichtigen; es ist von dem Maß an Umsicht und Sorgfalt auszugehen, das nach dem Urteil besonnener und gewissenhafter Angehöriger dieses Kreises von dem in seinem Rahmen Handelnden gefordert werden kann[20]. Für den objektiv bestimmten Sorgfaltsmaßstab ist also die Individualität des Handelnden unbeachtlich; er läßt jedoch zur Beurteilung der jeweils erforderlichen Sorgfalt eine Aufteilung der Menschen in konkrete Vergleichsgruppen nach Alter, Bildung und Lebensstellung zu[21]. Man wird daher vom Treuhänder auf Grund des hohen moralischen Ansehens und der sittlichen Verpflichtung, wie sie sich mit seinem Beruf verbindet, die Sorgfalt eines ordentlichen und gewissenhaften Treuhänders verlangen müssen. (Die Bank hat ohnehin schon für die Sorgfaltspflicht eines ordentlichen Kaufmannes einzustehen.)

Schließlich läßt sich eine besondere Sorgfaltspflicht des Treuhänders aus dem zwischen ihm und dem Treugeber bestehenden Vertrauensverhältnis ableiten. In diesem Verhältnis wird die Wahrung von Treu und Glauben in weiterem Umfang als im Verkehr zwischen einander fremd gegenüberstehenden Personen zur notwendigen Übung. Dem Treuhänder kann daher eine Haftung nach Vertragsgrundsätzen auch für jene Handlungen auferlegt werden, die nicht direkt Ausfluß der Erfüllung seiner Vertragspflichten sind, aber im Zusammenhang mit dem Geschäftsverhältnis stehen (Pflicht zur aktiven Interessenwahrung)[22].

Aus der Zivilprozeßordnung interessieren den Treuhänder vor allem § 51 (Prozeßfähigkeit) und § 383 Ziffer 5 (Zeugnisverweigerungsrecht). Ein Angelpunkt für die Rechtsstellung des Treuhänders im ordentlichen Zwangsvollstreckungsrecht

[18] Soergel, Hs. Th. und W. Siebert, Bürgerliches Gesetzbuch. Mit Einführungsgesetz und Nebengesetzen, Kommentar, 1. Band, Stuttgart 1959, Anm. 14 und 15 zu § 276, S. 1005.

[19] RGZ, Band 68, S. 423; Band 95, S. 16; Band 119, S. 397.

[20] RGZ, Band 126, S. 239.

[21] RGZ, Band 119, S. 397; Band 152, S. 140.

[22] RGZ, Band 122, S. 351; Band 126, S. 50; Band 131, S. 246.

der ZPO ist der § 771 (Drittwiderspruchsklage), der ihm ein eigenes, positives, unbedingtes Interventionsrecht gegen die pfändenden Gläubiger gewährt.

Die Rechtsstellung von Treugeber und Treuhänder im Konkurs ist von besonderer Wichtigkeit bei der Kreditsicherung durch Sicherungsübereignung. Die herrschende Meinung billigt dem Sicherungsgeber (Treugeber) im Konkurs des Sicherungsnehmers (Treuhänders) einen Anspruch auf Aussonderung zu, indem sie das formale Recht hinter das materielle Recht zurücktreten läßt. Nach dem Willen der Vertragsparteien soll der Treuhänder am Sicherungsgegenstand kein wahres Herrschaftsrecht, sondern ein dem Pfandrecht nachgebildetes Wertrecht erhalten[23]. Im Verhältnis der beiden zueinander ist das Eigentum beim Treugeber verblieben, so daß beispielsweise bei dessen Konkurs dem Treuhänder folgerichtig nur ein Recht auf abgesonderte Befriedigung gemäß § 48 der Konkursordnung (wie einem Pfandgläubiger) zuerkannt wird[24]. Ebenso läßt ein im Laufe des Konkurses zustandegekommener Zwangsvergleich die Rechte des Treugebers unberührt.

Der strafrechtliche Schutz der Treuhandschaft ist im Vergleich zu dem entsprechenden angelsächsischen Gesetzeswerk mehr als kümmerlich. Ihm dienen eigentlich nur die Bestimmungen des § 266 StGB über Untreue. Danach wird mit Gefängnis und Geldstrafe bestraft, wer vorsätzlich die ihm durch Gesetz, behördlichen Auftrag oder Rechtsgeschäft eingeräumte Befugnis, über fremdes Vermögen zu verfügen, mißbraucht oder die ihm kraft Gesetzes, behördlichen Auftrags, Rechtsgeschäfts oder infolge eines Treueverhältnisses obliegende Pflicht, fremde Vermögensinteressen wahrzunehmen, verletzt. Das Gesetz erhebt nicht nur das Vermögen als Ganzes, sondern daneben auch das besondere Vertrauensverhältnis zum geschützten Rechtsgut. Es erfaßt zwei getrennte Tatbestände: die Vermögensschädigung durch Mißbrauch einer Vertretungsbefugnis und die durch Treubruch. Bei der Pflicht zur Wahrnehmung fremder Vermögensinteressen handelt es sich vornehmlich um das Innenverhältnis zwischen Täter und Betreutem (Vermögensfürsorgepflicht; RGSt., Band 69, S. 60); eine Vertretungsvollmacht nach außen ist daneben ohne Bedeutung. Inhalt und Umfang der Vermögensfürsorgepflicht und damit die Beurteilung der Pflichtverletzung richten sich nach den Besonderheiten des jeweiligen Treueverhältnisses, RGSt., Band 69, S. 16. – In der Regel liegt bei der Untreue eine positive Handlung des Täters vor. Es bleibt aber auch derjenige nicht straffrei, der es stillschweigend und ungehindert zuläßt, daß die Interessen des von ihm Betreuten rechtswidrig geschädigt werden. So heißt es in einer höchstrichterlichen Entscheidung vom 26. 1. 1885[25]: „Prinzipiell ist das

[23] Jaeger, Ernst, Konkursordnung, mit Einführungsgesetzen, Kommentar, 8. Aufl., Berlin 1958, Anm. 39 zu § 43, S. 630. So auch Gierke, Julius von, Bürgerliches Recht, Sachenrecht, 3. Aufl., Berlin, Göttingen, Heidelberg 1948, S. 194.

[24] RGZ, Band 118, S. 209.

[25] RGSt., Band 11, S. 412 f.

positive Handeln) aber nicht erforderlich. Vielmehr wird hierher beispielsweise auch die unterlassene Geltendmachung einer Forderung des Auftraggebers mit der – beabsichtigten – Wirkung des Eintrittes der Verjährung der Forderung, oder die in gleicher Weise absichtlich unterlassene Einlegung eines Rechtsmittels zu rechnen sein."

Damit erfahren jedoch die Rechte des Treugebers keinen ausreichenden Schutz. Hingegen droht das Ansehen des deutschen Treuhänderamtes weiter zu sinken, wenn nicht fahrlässiges Handeln des Treuhänders, Verletzung der Sorgfaltspflicht im Rahmen der Treuhandverwaltung besondere strafrechtliche Rechtswirkungen erzeugt. Hier liegt eine echte Lücke vor; sie auszufüllen wäre eine Aufgabe an die augenblicklich in Vorbereitung befindliche Strafrechtsreform.

Hein übertreibt arg, wenn er meint: „Während das bürgerliche Recht und das Handelsrecht einen fest umrissenen, gesetzgeberisch niedergelegten Treuhänderbegriff nicht kennen, gebührt ... dem Steuerrecht das Verdienst, den Treuhänderbegriff als positiv-rechtliche Konstruktion in das Rechtssystem eingefügt zu haben ... Daß gerade das Steuerrecht es ist, welches fortgesetzt bei den verschiedenen Steuern den Anlaß dazu gibt, die vom bürgerlichen Recht und von der herrschenden Meinung entwickelte Auffassung des Treuhandrechts und des Treuhänderbegriffes auf ihre praktische Verwertbarkeit, wirtschaftliche Berechtigung und juristische Folgerichtigkeit zu prüfen."[26]

Im Einklang mit der im Steuerrecht vorherrschenden wirtschaftlichen Betrachtungsweise[27] wird Treuhandvermögen nicht beim Treuhänder, sondern beim Treugeber zur Vermögensteuer herangezogen. Im übrigen sind für das Treuhandrecht von Bedeutung: §§ 104, 109, 115 Abs. 2, 164, 187, 187a, 368 Abs. 3 Abgabenordnung, § 11 Steueranpassungsgesetz[28].

[26] Hein, Johannes, Grundriß des Treuhandrechts. Eine systematische Darstellung, Berlin 1929, S. 198 f.

[27] Nach § 1 Abs. 2 Steueranpassungsgesetz vom 16. 10. 1934 (RGBl. I, S. 925) sind bei der Auslegung der Steuergesetze die Volksanschauung, die Entwicklung der Verhältnisse sowie der Zweck und die wirtschaftliche Bedeutung der Vorschriften zu berücksichtigen. Mit der Aufstellung dieser konkreten Auslegungs- und Beurteilungsmaßstäbe sollte betont werden, daß in einer lebendigen Wirtschaft die äußere Form der Tatbestände hinter ihrem inneren Gehalt zurückzutreten hat. Bei wirtschaftlicher Betrachtungsweise diesen inneren Gehalt der Dinge der Besteuerung zugrunde zu legen, ist Grundtendenz jeder steuerlichen Gesetzesauslegung und Tatbestandsbeurteilung. Wo Sinn und Zweck einer Vorschrift zu wirtschaftlicher Betrachtungsweise führen, muß sie – laut BFH, Urteil vom 18. 12. 1953, BStBl. 1954, III, S. 72 – auch angewandt werden. Eine wirtschaftliche Betrachtungsweise verlangen vor allem die Steuern vom Einkommen und Vermögen. Auch für die Umsatzsteuer sind in gewisser Beziehung geschäftliche Vorgänge nach ihrer wirtschaftlichen Bedeutung zu würdigen. Ferner knüpfen die Zoll- und Verbrauchssteuergesetze an wirtschaftliche Vorgänge an. Dem Gebiet der Verkehrsteuern ist hingegen eine wirtschaftliche Betrachtungsweise grundsätzlich fremd. Sie gehen in erster Linie von äußeren Gestaltungsformen aus, z. T. sogar von Rechtsbegriffen des Privatrechts. (Kühn, Rolf, Reichsabgabenordnung. Steueranpassungsgesetz, Finanzverwaltungsgesetz, Nebengesetze, 5. erg. Aufl., Stuttgart 1958, S. 589 ff.)

[28] Über die Behandlung der Treuhandverhältnisse im Steuerrecht siehe Ertel, Hermann A., Weg-

Hinsichtlich der Vergütung des Treuhänders gelten die Vorschriften des BGB über entgeltliche Geschäftsbesorgung und Dienstvertrag (§§ 611 f., 675).

Trotz allem in – Rechtsprechung, Lehre und Praxis hat sich die Treuhand ganz und gar durchgesetzt; sie konnte jedoch infolge der vielfältigen Bedürfnisse der wirtschaftenden Menschen keine einheitliche Gestaltung finden. Die ständige *Rechtsprechung* des Reichsgerichts und des Reichsfinanzhofes hat sich wiederholt mit dem Treuhandbegriff befaßt[29]. Sie nahm eingehend zum Wesen der Treuhand Stellung, wenn es galt, den verschiedenen Auffassungen entspringende Rechtsunsicherheiten zu beseitigen. Eine solche tauchte z. B. auf in der Frage, ob dem Treugeber im Konkurs des Treuhänders ein Aussonderungsrecht gemäß § 43 KO zustehe. Das Reichsgericht bejahte sie unter dem Gesichtspunkt „der materiellen Gerechtigkeit" [30], stellte aber später den für die Rechtsentwicklung des Treuhandgedankens verhängnisvollen Grundsatz der Unmittelbarkeit auf[31].

Das Anspruch auf Aussonderung begründende Treuhandverhältnis entsteht nur dann, „wenn der eine (Treugeber) aus seinem Vermögen dem anderen (Treuhänder) einen Gegenstand zu treuen Händen anvertraut, d. h. übereignet, und zwar derart, daß der andere das übertragene Recht im eigenen Namen ausüben, aber nicht zu seinem Vorteil gebrauchen soll. Das Treugut scheidet hierbei rechtlich, wenn auch nicht wirtschaftlich, aus dem Vermögen des Treugebers aus. Der Begriff des Treuhänderverhältnisses würde aber völlig ins Unbestimmte zerfließen, wenn man dabei vom Erfordernisse des ‚Anvertrauens zu treuen Händen' ganz abgesehen und ein solches Verhältnis überall schon da als vorhanden ansehen wollte, wo jemand im Auftrag eines anderen für dessen Rechnung, aber im eigenen Namen handelt" [32]. Und ein anderes Mal, den Unterschied besonders hervorhebend, führt das oberste Gericht aus[33]: ... „Dagegen ist die Annahme eines Treuhandverhältnisses ausgeschlossen, wenn jemand einen Gegenstand nur für Rechnung und im Interesse eines anderen als stiller Stellvertreter für diesen von einem Dritten erworben hat und infolge des Vertretungsverhältnisses dem anderen nur ein schuldrechtlicher Anspruch auf Übereignung des erworbenen Vermögensgegenstandes zusteht ... Der Revision kann aber auch nicht zugegeben werden, daß die mit diesem Geld erworbenen Werte Treugut geworden seien. Denn dieser Meinung steht schon der Umstand entgegen, daß sie nicht Ersatzstücke des Geldes, sondern mit diesem erworbene neue Werte waren und als solche selbständigen Rechtsbeziehungen unter-

weiser durch das Recht des Treuhänders. 9. Band der Reihe: Wegweiser für Wirtschaftsprüfer und Wirtschaftstreuhänder, hrsg. von Paul Gerstner, Berlin und Leipzig 1940, S. 41–49; Wirtschaftsprüfer-Handbuch 1959, hrsg. vom Institut der Wirtschaftsprüfer in Deutschland e. V., Düsseldorf 1959, S. 1401 f.

[29] Vgl. Wiedergabe maßgeblicher Urteile bei Goetz, Oscar, Treuhandwesen und Wirtschaft. Unter Berücksichtigung der Gutachten der deutschen Handelskammern und der Rechtsprechung. Berlin und Leipzig 1925, S. 127–142.

[30] RGZ, Band 79, S. 121.

[31] RGZ, Band 84, S. 214; Band 91, S. 12; Band 94, S. 305; Band 99, S. 29, 158; Band 118, S. 332; Band 127, S. 341; Band 133, S. 84; Band 153, S. 350; Juristische Wochenschrift, Jhrg. 1925, S. 1762; 1928, S. 165.

[32] RGZ, Band 84, S. 217 f.

[33] RGZ, Band 133, S. 87–89.

lagen ... Der Glaube, daß ein Treuverhältnis bestehe, reicht für dessen Feststellung nicht aus ... Wenn die Revision zur Erwägung stellt, ob nicht von der an sich zur Begründung eines Treuhandverhältnisses erforderlichen Übertragung eines Vermögensstückes vom Treuhandgeber (= Treugeber. Anm. d. Verf.) auf den Treuhandnehmer (= Treuhänder. Anm. d. Verf.) dann abzusehen sei, wenn sich dieses zwar schon in dem Vermögen des letzteren befindet, der Treuhandgeber aber einen schuldrechtlichen Anspruch auf die Übertragung an ihn besitzt, so besteht kein Anlaß, von der bisherigen Rechtsprechung abzugehen ... Dem kann die Revision nicht entgegenhalten, daß es ein bloßer Formalismus wäre, wenn man zunächst die Erfüllung des schuldrechtlichen Anspruchs des Treuhandgebers und dann eine Rückübertragung an den Treuhandnehmer zur Begründung des Treuhandverhältnisses verlangen wollte."[34]

Laut dieser Entscheidungen, von denen bis heute grundsätzlich noch nicht abgewichen wurde, umfaßt die Treuhandverpflichtung nur das Vermögen, das vom Träger des Vermögens dem Treuhänder unmittelbar überantwortet wird – nicht aber jenes, das der Betraute mit Mitteln des Treugutes, jedoch nicht vom Treugeber in Rechtsfolge erworben hat[35]. Die Ausdehnung der quasi-dinglichen Stellung des Treugebers beim Surrogationserwerb wird – im Gegensatz etwa zur Praxis der englischen Gerichte – abgelehnt[36]. Ferner läßt die Strenge der Begrün-

[34] Wie erinnerlich, ließen bis vor kurzem ähnliche Gedankengänge den Bundesfinanzhof (BFH) an der Rechtsprechung des Reichsfinanzhofs festhalten, nach der die Gewährung von Freianteilen an die Aktionäre eine Ausschüttung von Gewinn ist, die dem Steuerabzug vom Kapitalertrag unterliegt (BFH-Urteil vom 17. 9. 1957; BStBl. III, S. 401). Bei der steuerlichen Beurteilung der Ausgabe von Berichtigungsaktien ging der BFH davon aus, daß die Rücklagen an die Gesellschafter ausgeschüttet und dann wieder in Form von Einlagen der Gesellschaft zugeführt worden seien. Das Gesetz über steuerrechtliche Maßnahmen bei Erhöhung des Nennkapitals aus Gesellschaftsmitteln und bei Überlassung von eigenen Aktien an Arbeitnehmer vom 30. 12. 1959 (BGBl. I, S. 834) hat dann klargestellt, daß auch nach dem Steuerrecht die im Handelsrecht gesetzlich zulässige nominelle Kapitalerhöhung ein Vorgang ist, der sich innerhalb der Vermögenssphäre der Gesellschaft und der Gesellschafter abspielt. Erhöht eine Kapitalgesellschaft ihr Nennkapital nach dem Gesetz über die Kapitalerhöhung aus Gesellschaftsmitteln und über die Gewinn- und Verlustrechnung vom 23. 12. 1959 (BGBl. I, S. 789), so unterliegt der Erwerb der neuen Anteilsrechte nicht den Steuern vom Einkommen und Ertrag.

[35] Opitz schließt aber das Prinzip der Unmittelbarkeit für das Anderkonto (Treuhandkonto) und den Treugiroverkehr aus und stellt ihm den Grundsatz der Offenkundigkeit entgegen (Opitz, Georg, Treumacht (I), in Zeitschrift für das gesamte Kreditwesen, Jhrg. 1954, S. 513 f.). Sofern sich der Rechtserwerb für einen anderen nicht verdeckt, sondern offenkundig und mit der Erklärung als Treuguterwerb vollziehe, hält er es – unter Berufung auf Siebert (a. a. O., S. 356) – für zulässig, von einer formellen Unterscheidung zwischen dem vom Treugeber anvertrauten und dem vom Treuhänder für den Treugeber erworbenen Treugut abzusehen. Der Anderkontoinhaber sei Herr der Forderung, der Betreute Träger des Vermögens. § 42 des Gesetzes über die Verwahrung und Anschaffung von Wertpapieren (DepG) vom 4. 2. 1937 (RGBl. I, S. 171) erstreckt sich auf Treubesitz *und* Treuerwerb von Vermögen bzw. Ausübung *und* Erwerb von Gläubigerrechten. Diese Sonderbehandlung der Treuhandverhältnisse im bankgewerblichen Verwahrungsgeschäft dürfte die Grundlage für eine weitere Rechtsgestaltung des Treuhandgedankens bilden.

[36] Vgl. Palandt, Kommentar zum Bürgerlichen Gesetzbuch, 17. Aufl., München und Berlin 1958, Einf. vor § 929, Anm. 7 D, E, S. 847 f.; Hein, Grundriß des Treuhandrechts, a. a. O., S. 51 ff.

dung nicht das Handeln in eigenem Namen und für fremde Rechnung schlechthin, z. B. das des Kommissionärs, als treuhänderisch gelten, sondern erst das eigenrechtliche Handeln auf der Grundlage eines Treuhandvertrages (des „Anvertrauens zu treuen Händen").

In bezug auf das Treuhandverhältnis des Aufwertungsgesetzes vom 16. 7. 1925 vertrat allerdings der Reichsfinanzhof den Standpunkt, daß zum Treugut alles gehört, was nach dem Willen der Beteiligten vom Treuhandverhältnis erfaßt werden soll[37] [38].

In der *Rechtslehre* ist der Treuhandbegriff keinesfalls eindeutig gefaßt. Endlose Auseinandersetzungen sind geführt worden über die Frage, ob die treuhänderische Rechtsübertragung umfassendes, vorbehaltloses Vollrecht oder nur eigenrechtliche Verfügungsmacht (Ermächtigung) verleiht. Die Meinungsverschiedenheiten haben ihre Ursache namentlich darin, daß entweder die römische fiducia mit ihrem unbegrenzten Vollrecht, ihrer zwecküberschießenden Rechtsmacht oder die vielgestaltige, in Anpassung an den Treuhandzweck – durch Bedingung und Befristung – dinglich beschränkbare germanische Treuhänderschaft als das charakteristische Gewand gehalten wurde, in dem sich das Treuhandverhältnis heute darbietet. Unklarheiten entstanden dann, wenn man dieser oder jener Konzeption zuneigte, aber nicht die sich daraus ergebenden, mit unserem Rechtsleben zuweilen unverträglichen Konsequenzen zu ziehen wagte. Die Vermischung römischer und deutscher Elemente schließlich hat heillose Verwirrung hervorgerufen. Die feine Aufteilung des Eigentumsrechtes in seinen Rechtstitel (formelles Eigentum) und ein materiell-wirtschaftliches Eigentum (Substanz des Rechtes), wie sie das englische equity-Recht hervorgebracht hat und in der Stellungnahme des Reichsgerichts bereits anklingt, ist nicht immer als das Wesensmerkmal des Rechtsinstituts der Treuhand erkannt und anerkannt worden.

Ja, eine nahezu unüberbrückbare Kluft zwischen streng rechtlicher und modern wirtschaftlicher Anschauungsweise eröffnet sich bei der Durchsicht des einschlägigen Schrifttums. Die jüngeren rechtswissenschaftlichen Kommentare enthalten keine Anzeichen für ein Abweichen von älteren Auffassungen oder gar für sich anbahnende neue Richtungen[39]. Nahezu allgemeingültig ist noch heute in der Treuhandlehre: Güter und Rechte werden dem Treuhänder derart anvertraut (oder zugewiesen), daß er (zumindest gegenüber Dritten) Inhaber des vollen Rechts wird, nicht aber um darüber als sein Eigen zu verfügen, sondern es treu und sorgsam zu verwalten, es insbesondere gegen Dritte geltend zu machen und

[37] Juristische Wochenschrift, Jhrg. 1926, S. 1700 ff.

[38] Zusammenstellung der deutschen Rechtsprechung zum Rechtsbegriff der Treuhand und zu Treuhandverhältnissen bis zum 2. Weltkrieg siehe bei Ertel, Wegweiser, a. a. O., S. 118 ff.

[39] So bauen z. B. die Darstellungen in Staudingers Kommentar zum BGB (mit Einführungsgesetz und Nebengesetzen, 11. Aufl., Berlin 1957, 1. Band, Einleitung VI H vor § 104, S. 521–527) elementar und ausdrücklich auf die Untersuchung Sieberts über das Wesen der Treuhand auf.

unter bestimmten Voraussetzungen zurückzuübereignen. Unter diesem Gesichtspunkt ist das fiduziarische Eigentum bei der Sicherungsübereignung treuhänderisches Eigentum – allerdings besonderer Art –, wenngleich die Rechtswissenschaft die Sicherungsübereignung nur für ein treuhandähnliches Rechtsgeschäft hält oder „gemischte Treuhänderschaft“ [40] nennt. Und insofern gehört auch das von *Hein* so bezeichnete „treuhänderische Rechtsverhältnis“ (z. B. das Metageschäft) in die Treuhandgeschäfte eingeordnet.

Auch nach *Eichler* [41] – er unterscheidet eigentumsrechtlich nicht zwischen Sicherungstreuhand und Verwaltungstreuhand – erwirbt der Treuhänder auf Grund einer treuhänderischen Übereignung volles Eigentum. Die Folge des Treuhandverhältnisses sei, daß der Treugeber zu jeder Zeit die Rückübertragung des Gutes verlangen kann, nicht daß dieser im „Innenverhältnis“ Eigentümer geblieben ist [42].

Damit befriedigt die von Rechtsprechung und Wissenschaft vertretene Einstellung in Anbetracht der tatsächlichen wirtschaftlichen Verhältnisse und Notwendigkeiten keineswegs. Mit der Überbetonung der Außenzuständigkeit, der Machtbefugnisse des Treuhänders am Treugut, bietet sie unserem Thema keine juristische Fundamentierung.

Die durch Vertrag begründete und durch Vertrag inhaltlich bestimmte Rechtsmacht des modernen Treuhänders ist in den meisten und wirtschaftlich wichtigsten Treuhandfällen weniger eine sachenrechtliche als eine schuldrechtliche [43]. Ihm werden heute nicht nur Sachen, sondern vor allem Interessen zu treuhänderischem Schutz anvertraut. So liegt z. B. ein wesentliches Merkmal des Akkreditivauftrags an eine Bank darin, daß diese die Zahlung an den Akkreditierten nicht nur nach vorhergehender schematischer Prüfung der genau vorgeschriebenen Voraussetzungen, sondern unter gebührender Berücksichtigung aller Rechte, des spezifischen Kaufinteresses und des Ansehens des Akkreditierenden zu leisten hat. Ein anderes Treuhandverhältnis zur reinen Interessenwahrnehmung liegt etwa dann vor, wenn jemand seiner Bank – im Vertrauen auf ihre gewissenhafte Rechtsausübung – unbegrenzten Einblick in seine Vermögensverhältnisse gewährt und sie vertraglich verpflichtet, ihn in allen Fragen der Vermögens-, insbesondere Effektenanlage, uneigennützig und unter Verfolgung seiner Absichten und Vorteile zu beraten. – In Erwartung einer echten treuhänderischen Interessenwahrung – in diesem Falle

[40] Schultze, a. a. O., S. 2.

[41] Eichler, Hermann, Institutionen des Sachenrechts. Ein Lehrbuch, 2. Band/1. Halbband, Berlin 1957, S. 133 f.

[42] Diese von der römischen Rechtsordnung stark beeinflußte Ansicht stützt sich nicht allein auf die Rechtsprechung des Reichsgerichts. Das Reichsgericht kennt auch die Theorie vom geteilten Eigentum (siehe S. 9), die eine relative Rechtszuständigkeit des Treuhänders annimmt.

[43] Vgl. Wolff, Martin und Ludwig Raiser (Sachenrecht. Ein Lehrbuch, 10. Bearbeitung, Tübingen 1957, S. 355, Fußnote 19): „Es handelt sich (bei dem Wesen der Treuhand) um ein allgemeines, über das Sachenrecht hinausgehendes Problem.“

eines unermüdlichen Bemühens um die Aufklärung und Geltendmachung von Eigentumsrechten – wurde den Banken durch Gesetz die Wertpapierbereinigung übertragen. – Der Gläubigervertreter bei Anleiheemissionen übernimmt, ohne auch nur formelles Eigentum an den Schuldverschreibungen zu besitzen, den vollen Interessenschutz ihrer Inhaber, z. B. Vertretung im Rechtsstreit.

In allen diesen und ähnlichen Fällen braucht der Treuhänder nicht die rechtliche Stellung eines Eigentümers zu haben; er ist tatsächlich nur Subjekt schuldrechtlicher Berechtigung. Das Maß der dem Treuhänder zugeteilten Macht soll sich aus dem wirtschaftlichen Zweck des Treuhandvertrages ergeben. Das Wesen des Treuhandgeschäftes liegt in der eigentümlichen Verknüpfung seiner beiden Bestandteile, der Rechtszuwendung und der Verpflichtung[44]. Auf den Charakter des Verpflichtungsvertrages, mit seinen begründenden und einschränkenden Elementen, auf seinen zwingend geregelten Rechtsinhalt kommt es bei der treuhänderischen Vertretung der Interessen eines Dritten an. Ihr wird die Konzeption von der dinglichen Seite als dem Hauptproblem der Treuhand nicht gerecht.

„Die Einbeziehung aller Formen treuhänderischer Wahrung fremder Interessen in den Begriff des Treuhandverhältnisses ohne Rücksicht auf die äußere Gestaltung der Rechtsmacht, die dem Treuhänder am Treugut zusteht (gleichviel, ob Treuhandeigentum, Ermächtigung oder Vollmacht), entspricht allein dem Typus des einheitlichen Treuhandgeschäfts, wie es sich in der Praxis der gewerbsmäßigen Treuhänder herausgebildet hat."[45]

Beyerle[46] wendet sich gegen die Konstruktion des Treuhänders als Vollrechtsinhabers. In seiner Abhandlung über den systematischen Ort dieses deutschen Rechtsgebildes im Zusammenhang einer funktionellen Gliederung des Privatrechts sieht er die Treuhand im Dienste der mittelbaren Stellvertretung. Fußend auf den drei Entwicklungsstufen der germanisch-mittelalterlichen Treuhand[47], deutet er das Innenverhältnis als das geschichtlich wesentliche und betrachtet die Treuhand als teilweise zum Schuldrecht gehörig. Die Entwicklungslinie führt vom Vollrecht über die beschränkte Dinglichkeit hinaus zum Handelnkönnen für den anderen. Wie die Gemeinschaft zur gesamten Hand ist die Treuhand „eine der Grundformen unseres ganzen Privatrechts. Wo immer jemand auf Grund Treu-

[44] Schöny, Artur, Treuhandgeschäfte. In: Archiv für Bürgerliches Recht, hrsg. von I. Kohler u. a., Berlin, 35. Band, S. 322.

[45] Klausing, Vortrag über den „Juristischen und wirtschaftlichen Treuhandbegriff unter Berücksichtigung der berufsmäßigen Treuhandschaft und des Publizitätsgedankens". In: Deutsche Juristen-Zeitung, 37. Jhrg. (1932), S. 1529.

[46] Beyerle, Franz, Die Treuhand im Grundriß des deutschen Privatrechts, Weimar 1932.

[47] 1. Der Rechtszwang greift auf die inter partes bestehende Bindung über, 2. die Kundbarkeit der Rechtslage ermöglicht es, der Treuhand Außenwirkung einzuräumen, 3. durch den Auftrag wird das dingliche Gewand abgestreift (Zweckverengung der Außenseite, ideelle Treuhand). S. 26 ff.

gedinge und mit Rechtsmacht für den andern handelt, ja auch nur sein Recht vertritt, finden ihre Wesenszüge sich verwirklicht“ [48].

Zurückgreifend auf die Unterscheidung im bürgerlichen Recht zwischen Vollmacht zum Handeln im fremden Namen und Ermächtigung zum Handeln in eigenem Namen im Interesse fremden Rechtsgutes, betrachtet auch *Opitz* gerade letztere rechtsgeschäftliche Vertretungsmacht als wesentlich für den Treuhandbegriff [49]. Das Handeln im eigenen Namen, aber mit Wirkung für den Ermächtigenden – im Gesetz ohne Regelung geblieben – nennt er Treumacht und stellt diese der Vollmacht (§§ 166 ff. BGB) zur Seite. Treumacht und Vollmacht bilden Unterbegriffe der Ermächtigung.

In gewisser Hinsicht ist allerdings dieser Gedankenführung nicht zu folgen. Denn hier wird vom Erfordernis des „Anvertrauens zu treuen Händen“ ganz abgesehen, und somit könnte sich jeder mittelbare Stellvertreter unter Berufung auf das Treuhandverhältnis einer drohenden Zwangsvollstreckung entziehen. Mittelbare Stellvertretung begründet noch kein Treugut. Außerdem wird diese theoretisch sauber herausgearbeitete Trennung zwischen unmittelbarer und mittelbarer (verdeckter) Stellvertretung, zwischen eigenem Recht des Treuhänders und Rechtsmacht des Vertreters (im privatrechtlichen Sinne) im Wirtschaftsverkehr oftmals verwischt oder nicht für entscheidend gehalten. So handelt es sich beispielsweise bei der Vertretung von Obligationären auf Gläubigerversammlungen (siehe S. 80) keineswegs um eine technische Stellvertretung, sondern um eine inhaltlich dem Treuhandzweck angepaßte Gläubigerschaft – wobei die Frage, ob der Gläubigervertreter im eigenen Namen oder in fremdem Namen auftritt, noch völlig offen ist. Bei der Weiterleitung der sog. Verwaltungskredite im Rahmen der öffentlichen Kreditaktionen ist die Bank nach der besonders gearteten Sachlage ebenfalls Träger treuhänderischer Berechtigung, obwohl sie die Verwaltung grundsätzlich im Namen und für Rechnung der zentralen Kreditgeber ausführt (siehe S. 48).

Erwähnt sei auch, daß der amerikanische trustee dieser Aufteilung der Stellvertretung keinerlei Bedeutung beimißt. Seine agency-Tätigkeit, die Wahrnehmung von Interessen und ihre Geltendmachung gegenüber Dritten auf Grund eines Treuhandvertrages, schließt sowohl das Handeln in eigenem Namen wie in fremdem Namen ein [50]. Für die Machtstellung des Treuhänders ist nicht die äußere Erscheinung ausschlaggebend, sondern die andere Seite des Treuhandverhältnisses, die vertragsmäßige Ausgestaltung der Innenbeziehungen (zum Treugeber), die spezifisch dem Treuhänder auferlegte Treupflicht. Allgemein läßt sich sagen: Der Treu-

[48] Beyerle, a. a. O., S. 20.

[49] Opiz, Georg, Die Treumacht (I), a. a. O., S. 512. Vgl. auch Schleß, Robert, Mittelbare Stellvertretung und Treuhand, Leipzig 1931, S. 42 ff.

[50] Dillavou, Essel R. und Charles G. Howard, Principles of Business Law, 5. Aufl., New York 1952, S. 211.

händer erhält mehr oder minder eingeschränkte Machtbefugnisse und einen dementsprechend großen Vertrauenserweis; bei der Bevollmächtigung hingegen wird die Rechtsausübung genau abgegrenzt und spielt das Vertrauensmoment eine geringere Rolle.

Rechtsdoktrinär ist die Treuhand in ihrer Ganzheit nicht zu erfassen. Der Gesetzgeber ist häufig geneigt, den wirtschaftlichen Verkehr den Erfordernissen des Rechts anpassen zu wollen, anstatt das Recht nach den Bedürfnissen der Wirtschaft zu gestalten. Die Wirtschaft geht ungern markierte Wege und läßt sich auf die Dauer nicht in feste Bahnen einordnen oder einengen[51]. Sie drängt nach neuen Ausdrucksformen – rien ne l'arrêtera (nach *Zola*) – und schafft sich ihre eigenen Gesetze. Die wirtschaftliche Betrachtungsweise muß nicht unbedingt dort ihre Grenzen finden, wo sie den Boden positiver Rechtsnormen verläßt und Zweifelsfragen weniger nach rechtlichen Gesichtspunkten als nach gefühlsmäßigen beurteilt werden. Es können deshalb nicht alle jene Rechtsgeschäfte mit betont persönlicher Note, die auf einer Interessenwahrnehmung zu „treuen Händen" beruhen, aber in formaljuristischem Sinne keine Treuhandgeschäfte sind, von der Behandlung im Rahmen dieser Arbeit ausgeschlossen werden[52].

Nicht eine einzige Rechtsform, sondern die Vielfalt juristischer Gestaltungsmöglichkeiten vermag der Treuhand, gemäß ihren mannigfachen und unter sich sehr verschiedenen Zwecken, rechtlichen Ausdruck zu geben. Die Idee der fiducia, die starre Konstruktion des unbeschränkten Volleigentums mit nur obligatorischer Bindung ist als allumfassende Erklärung der Treuhand nicht aufrechtzuerhalten. Sie erfaßt nicht sämtliche Treuhandfälle. Außerdem ist der praktische Wert eines derartig durch Vertrag geschaffenen, relativ unwirksamen Eigentums fragwürdig. Schließlich ist vom Standpunkt der wirtschaftlichen Interessenlage aus die Verschaffung des Vollrechts gar nicht notwendig; der Treuhänder braucht zur Ausübung seiner Rechte nur jene Rechtsmacht, die ihm die Erfüllung seiner Pflicht als treuer Sachwalter eines Dritten ermöglicht.

Eine Weiterentwicklung der Treuhandlehre auf die wirtschaftliche Zweckbestimmung hin dürfte auf der Grundlage der Auffassung von *Walther Nord*

[51] Vgl. Paul Jessen (Juristische Wochenschrift, 59. Jhrg. [1930], S. 1370): „Der Treuhandvertrag ... kann gar nicht elastisch genug gefaßt werden. Auch der Wirtschaft ist am besten damit gedient, daß sie rechtsschöpferisch die zahlreichen Gestaltungsmöglichkeiten der Vertragselemente sich zunutze macht, anstatt auf ein typisiertes Schema angewiesen zu sein."

[52] Daß es aber derartige Treuhandverhältnisse und daher einen wirtschaftlichen Begriff der Treuhand gibt, legt auch Anton Ahlbäumer (Treuhandverhältnis im Steuerrecht, Berlin 1935) überzeugend dar. – In gewisser Hinsicht mit Recht trifft daher Eichler die Feststellung – in der Annahme, die rechtstechnische Bedeutung treuhänderischer Elemente sei eine durchaus feststehende –, daß solche Definitionen (siehe vor allem die erste auf S. 1) unzählige Tatbestände deckten und man bei ihnen von einem Anvertrauen nur in einem übertragenen, symbolischen Sinn sprechen könne. (Eichler, Hermann, Die Rechtslehre vom Vertrauen, Privatrechtliche Untersuchungen über den Schutz des Vertrauens, Tübingen 1950, S. 85.)

gelingen. Er versteht den Treuhandbegriff zwar auch im ursprünglichen, juristisch engen Sinn – die Sicherungsübereignung wird von den Treuhandgeschäften ausgenommen –, lehnt aber die Darstellung der Treuhand als Vollrecht mit obligatorischer Bindung ab[53]. Wirtschaftlich und auch seiner Idee nach sei das Treuhandrecht ein Verwaltungsrecht; es sei ein Recht zur Verwaltung fremden Gutes im eigenen Namen. Der Treugeber bleibt Eigentümer des Treugutes, in das von den Gläubigern des Treugebers vollstreckt werden kann[54]. *Nord* stellt insoweit den Treuhänder in eine Reihe mit den übrigen dem bürgerlichen Recht bekannten Verwaltern (§§ 1374, 1793, 1914, 1985, 2205 BGB)[55].

In der gleichen Richtung bewegen sich die Gedankengänge von *Rhode*[56], der den Treuhänder auf Grund seiner geschichtlichen Entwicklung vom Salmann einen Zweckverwalter nennt. Er versteht unter Zweckverwalter denjenigen, dem mit dem Besitz an der beweglichen Sache die Verfügungsfähigkeit über das zweckgebundene Recht unter Ausschluß des Rechtsinhabers übertragen wird.

Die Interpretation der Treumacht als eines Verwaltungsrechtes wird dem Wesen der Treuhänderschaft aber nur dann gerecht, wenn dem Begriff „Verwaltung" ein besonderer Inhalt beigelegt wird. Die Verwaltungspflicht des Treuhänders erschöpft sich nämlich nicht, wie beispielsweise bei der Verwaltung eines Landgutes oder eines Mietwohngrundstückes, in der reinen Erhaltung der Vermögensgegenstände, in der traditionellen Fortführung des Betriebes; sie beschränkt sich keineswegs etwa auf die Tätigkeit eines Hausverwalters (u. a. Einzug von Miet- und Pachtforderungen, Überwachung des Bauzustandes) und kann auch nicht soweit zurücktreten, daß sie den Charakter einer bloßen Verwahrung annimmt. Treuhänderische Verwaltung schließt vielmehr echte Bewirtschaftung mit ein – die Bewirtschaftung von Kapital, wie sie für die Verwaltung der in Wertpapieren bestehenden Treuhandvermögen von besonderer Bedeutung ist.

Kapitalbewirtschaftung in diesem Sinne bedeutet: Durch geschickte Auswahl der Effekten wird die Erzielung von – nicht gerade höchstem, aber – möglichst hohem Gewinn erstrebt – aktive Kapitalverwaltung, die der Spekulation in des Wortes weiterer Bedeutung nicht mehr fremd ist. Unter dem Gesichtspunkt von Gesamtertrags- und Wertsteigerungen werden Effekten ständig gekauft und verkauft; die Vermögenssubstanz befindet sich im Zustand dauernder Umschichtung, mit ihr wird tatsächlich gewirtschaftet. Hohe Ertragserzielung macht aber erst in Verbindung mit der Beachtung des Sicherheitsprinzips den Wert der Kapitalbewirtschaftung aus. Eine gesunde Anlagepolitik erfordert nicht zuletzt Risikoverteilung

[53] Nord, Walther, Das Recht des Treuhänders, Berlin 1927, S. 31 f.

[54] So auch von Nell-Breuning, a. a. O., Sp. 418.

[55] Siehe hierzu Siber, Heinrich, Das Verwaltungsrecht an fremdem Vermögen im Deutschen BGB. In: Iherings Jahrbücher, a. a. O., Band 67, S. 81 ff.

[56] Rhode, Heinz, Juristische Person und Treuhand, Berlin 1932, S. 89, 92 ff.

durch kluge Anlagemischung. Sie setzt weiter intensive Wertpapieranalysen voraus, d. h. die Untersuchung der für den Fonds in Frage kommenden Werte im Hinblick auf die wirtschaftliche Lage des Emittenten, seine Geschäftsführung und die Stellung innerhalb seines Wirtschaftszweiges.

Der Treuhänder ist nicht als beaufsichtigender Vertreter, sondern als eine in Treue handelnde Vertrauensperson anzusehen, die freiere Rechtsstellung, ja Selbständigkeit genießt. Demnach kann auch die wirtschaftliche Treuhand auf das eigentliche Merkmal der Rechtseinräumung nicht verzichten. Übertragung des Verfügungsrechtes ist unabweisbar wesensnotwendig zur Bildung von Treuhandbeziehungen. Verwaltung eines Rechtsgutes nur nach Treu und Glauben im Rechtssinne, rein wirtschaftliche Verrichtungen auf der Grundlage des entgegengebrachten Vertrauens und erwarteten Verantwortungsbewußtseins genügen nicht. Eine Treuhänderstellung ohne Sachlegitimation, ohne materielle Berechtigung des Treuhänders ist undenkbar.

Auf eine materiellrechtliche Grundlage baut die Lehre von der Ermächtigung auf[57]. Die Ermächtigung, die Überlassung der Rechtsausübung an einen anderen, findet auch Verankerung in unserer Rechtsordnung. Nach § 185 BGB kann ein Nichtberechtigter über einen Gegenstand rechtswirksam verfügen, wenn der Berechtigte seine Einwilligung gegeben hat. Die Ermächtigung verleiht dem Treuhänder Eigenberechtigung und Parteistellung; seine umfassende Machtstellung geht über die eines Vertreters hinaus. Er kann im eigenen Namen und kraft eigenen Rechts auf einen fremden Rechtskreis einwirken, er erhält aber kein Vollrecht. Der Ermächtigende bleibt Rechtsträger und behält Verfügungsbefugnis über die Grundmacht. Das Treugut ist für Gläubiger des Treuhänders unangreifbar. Man kann hier von einem Nebeneinander selbständiger Kompetenzen sprechen. Eine klare Abgrenzung der Rechtszuständigkeiten wird sich im einzelnen kaum treffen lassen.

Zu dem Rechtsübergang muß für die Begründung eines Treuhandverhältnisses der Treuhandverpflichtungsvertrag hinzukommen. „Der Übertragung der Rechtsmacht an den Treuhänder entspricht seine Verpflichtung zum richtigen Gebrauch seiner Rechte“[58]. Im Vertrag wird auch das Ausmaß der zu gewährenden Ausübungsrechte festgelegt. Der Treuhänder erhält soviel Rechtsmacht, wie er zur Erfüllung seiner Aufgaben und Absichten benötigt; sie richtet sich nach den verschiedenen wirtschaftlichen Zwecken (Kreditsicherung, Einziehung von Forderungen und Dokumenten, Zuwendungen an Dritte).

Die Fülle der versuchten Lösungen hat erkennen lassen, wie sehr das BGB durch seine scharfe Unterscheidung zwischen dem Eigentum als Vollrecht und den be-

[57] Reich, Joachim, Die Rechtsstellung des Treuhänders bei der Verschmelzung von Aktiengesellschaften (§ 240 Abs. II des Aktiengesetzes vom 30. 1. 1937), Diss., Düsseldorf 1940, S. 50 f.

[58] Schöny, a. a. O., S. 310.

grenzten dinglichen Rechten den geraden Weg zu einer befriedigenden Ausbildung eines einheitlichen Treuhandrechtes in Deutschland verbaut hat[59]. Anzustreben ist eine beschränkte Rechtsübertragung in der Form der Einräumung eines dinglichen Verwaltungsrechtes mit eigentumsähnlichem Inhalt. Eine solche Regelung, die den Treuhänder an fremder Sache dinglich berechtigt, würde die wichtigsten Voraussetzungen für die Anerkennung eines Treuhandverhältnisses erfüllen, nämlich unmittelbare Herrschaft und absolute Wirkung. Sie dürfte einzig und allein der deutschrechtlichen Auffassung von der Treuhand entsprechen und sich dem historischen Entwicklungsgang des Institutes am besten anpassen. Sie erschließt insbesondere das Feld, auf dem die Banken mehr denn je Treuhandfunktionen in wirtschaftlichem Sinne ausüben können.

C. BEZIEHUNG DER BANKEN ZUM TREUHANDWESEN[60]

Echte Treuhandgeschäfte – ob sie nun unter dieser Bezeichnung allgemein bekannt waren oder nicht – sind seit jeher von deutschen Banken ausgeführt worden. Sie verfügen über die notwendigen finanztechnischen Erfahrungen und sind auch in der Lage, Rechtsfragen fachmännisch zu behandeln. Das Treuhandgeschäft beansprucht weder ihre Mittel noch ihr Risiko, es bedeutet die Ausnutzung ihrer Einrichtungen, ihres Ansehens und ihrer weitreichenden Geschäftsverbindungen im In- und Ausland.

Die Gründung der Deutsch-Amerikanischen Treuhand-Gesellschaft (German-American Trust Company) in Berlin durch die Deutsche Bank und das Bankhaus Jacob S. H. Stern im Jahre 1890 leitete im deutschen Bankleben eine neue Phase ein, gab aber auch der Einbürgerung der Treuhänderschaft in ihrer angestammten Heimat kräftige Impulse. Dieses Treuhandinstitut sollte nach dem Muster der

[59] Vgl. Wolff-Raiser, a. a. O., § 51 III, S. 177; Siebert, a. a. O., S. 214–333.

[60] Siehe hierzu Hintner, Otto, Das Treuhandwesen in der deutschen Volkswirtschaft, München, Berlin und Leipzig 1926, S. 59 ff., 115–122; Gerstner, Paul, Revisions-Technik. Handbuch für kaufmännische und behördliche Buchprüfung, 5. verb. Aufl., Berlin und Leipzig 1930, S. 73–80; Goetz, a. a. O., S. 12 ff.; Obst, Georg, Das Bankgeschäft, 2 Bände, 9. Aufl., Stuttgart 1930, Band 1, S. 10; Hecht, F., Die Deutsche Treuhandgesellschaft, Schriften des Vereins für Sozialpolitik, Leipzig, Band 111 (1903), S. 103 ff.; Klinger, Karl, Treuhandwesen. In: Handwörterbuch der Betriebswirtschaft, hrsg. von H. Nicklisch, 2. Aufl., Stuttgart 1939, 2. Band, Sp. 1840 ff.; Rosendorff, Richard, Treuhandgesellschaften und ihre Funktionen. In: Jahrbücher für Nationalökonomie und Statistik, III. Folge, 31. Band, Jena 1906, S. 604; Landsburgh, Alfred, Revisionsgesellschaften. In: Die Bank, Jhrg. 1908, S. 854. Ferner Roth, Pirmin, Treuhandgesellschaften, ihre Geschäfte, Organisation und wirtschaftliche Bedeutung, Erlanger Diss., Freiburg 1916; Meier, Karl, Die deutschen Treuhandgesellschaften, Versuch einer Darstellung ihrer Entwicklung und ihres Wesens, Frankfurter Diss. 1923.

amerikanischen trust companies eine Reihe von Treuhandfunktionen (Pfandhalterschaft, Treuhänderschaft bei Konsortialemissionen, Aktienregistrierung und -umschreibung für in- und ausländische Gesellschaften, Vertretung von Wertpapierbesitzern usw.) wahrnehmen und vor allem die Unterbringung amerikanischer Eisenbahn- und Industriepapiere (durch Ankauf dieser Stücke und Ausgabe von Obligationen) besorgen und damit die Deutsche Bank entlasten, die sich damals in diesen Werten zu stark engagiert hatte.

Nach dem Ausbruch der amerikanischen Finanzkrise von 1893 mußte das Finanzierungsgeschäft bald aufgegeben werden. Als Treuhänder hat jedoch die inzwischen umbenannte Deutsche Treuhand-Gesellschaft in der Zeit der wirtschaftlichen Schwierigkeiten und Bankzusammenbrüche um die Jahrhundertwende wertvolle Dienste geleistet, namentlich auf dem Gebiet der Sanierung, Reorganisation und Liquidation von Gesellschaften. Sie übernahm regelmäßig den Schutz von Aktionären sowie von in- und ausländischen Gläubigern. Die Verwaltung von Privatvermögen und die Testamentsvollstreckung standen hingegen im Hintergrund. In Deutschland fehlte der Volkswohlstand und insbesondere die allgemeine Gewohnheit, sich zu diesem Zweck der Treuhand zu bedienen. Bescheidene Erfolge vor dem 1. Weltkriege wurden durch die anschließende Inflation zunichte gemacht.

Dem Beispiel der Deutschen Bank folgte im Jahre 1905 die Direction der Disconto-Gesellschaft mit der Gründung der „Revisions- und Vermögens-Verwaltungs-Akt.-Ges.", der späteren „Revision" Treuhand-Gesellschaft. Der Geschäftskreis dieses Treuhandinstituts beschränkte sich allerdings auf die eigentliche treuhänderische Tätigkeit. Es durfte laut seiner Statuten keine Bank- und Finanzgeschäfte für eigene Rechnung betreiben. In demselben Jahr wurde von der Dresdner Bank die „Treuhand-Vereinigung Akt.-Ges., Berlin" ins Leben gerufen, aber nicht als Typus der reinen Treuhandgesellschaft. Gleich der Deutschen Treuhand-Gesellschaft war sie statutarisch befugt, Bank- und Finanzierungstätigkeit, mit Ausnahme der Ausstellung von Wechseln und der Gewährung von Blankokrediten, auszuüben.

Nach ihrem Vorbild und in bewußter Nachahmung der trust companies in den USA ist später eine große Anzahl von „Banktreuhandgesellschaften" durch Initiative der Großbanken entstanden und von ihnen finanziert worden[61]. „Fast jede größere Bank unterhielt eine Revisions- und Treuhandgesellschaft oder steht einer solchen nahe, die im Auftrage der Bank Kreditprüfungen bei den kreditsuchenden Betrieben vornimmt." [62]

[61] Diese Entwicklung wurde verschiedentlich für bedenklich gehalten. Vgl. Lansburgh's Einwände gegen die Errichtung von Treuhandgesellschaften: Treuhandgesellschaften. In: Die Bank, Jhrg. 1912, S. 532 ff.

[62] Prion, W., Betriebsprüfung, Wirtschaftsberatung und der Wirtschaftsprüfer, Berlin 1931, S. 4.

Entscheidend hat sich für die Entwicklung des Treuhandwesens ausgewirkt, daß die kaufmännische Buchprüfung von den Neugründungen bald nach Beginn ihrer Tätigkeit (von der Deutschen Treuhand-Gesellschaft im Jahre 1902) in den Aufgabenbereich aufgenommen und für deutsche Treuhandgesellschaften typisch geworden ist. Auf den neuen Weg führte sie die mangelnde Beschäftigung nach Besserung der Wirtschaftslage; die teilweise von den Gründerbanken übernommenen und bei der Durchführung von Sanierungen geschulten Revisionskräfte sollten weiterhin genutzt werden. Anfangs nur für die Revision der nahestehenden Großbanken vorgesehen, stießen die Treuhandinstitute in der sich mit unwiderstehlicher Gewalt ausdehnenden und von Konzentrationsbewegungen ergriffenen Wirtschaft auf ein großes Bedürfnis nach sachkundigen Unternehmungsprüfungen und gelangten auf dem neuartigen Gebiet rasch zu Ansehen. – Über den Umfang der zurückgedrängten Treuhändertätigkeit bei den verschiedenen Gesellschaften ist nichts bekannt, da die Geschäftsberichte die Erträge nicht gesondert ausweisen.

Diese berufliche Umstellung der Treuhandgesellschaften stieß auf den heftigen Widerstand der Bücherrevisoren, die bis dahin das Revisionswesen allein vertraten. Sie gründeten jedoch später, besonders in den Inflationsjahren, selbst Gesellschaften und wählten den Namen „Treuhandgesellschaft“ für ihre Firmenbezeichnung, um auf diese Weise das Vertrauen und den Ruf, den die Treuhandgesellschaften genossen, für sich in Anspruch zu nehmen.

Kurz vor dem 1. Weltkriege wendeten sich einzelne Institute der Steuerberatung zu; sie wurde dann in den zwanziger Jahren kräftig ausgebaut. Diese neue Ausrichtung hatte eine überraschende Zunahme der Treuhandgesellschaften zur Folge[63].

Zu gleicher Zeit brachte das Wirtschaftsleben die sog. Treuhand-Banken hervor. Sie entpuppten sich fast ausnahmslos als Bankbetriebe mit Revisionsabteilungen oder reine Finanzierungsgesellschaften. Ein Erfolg war solchen Spielarten von Finanzinstituten nicht beschieden; sie haben später ihren Geschäftszweck geändert oder sind zu Revisionsgesellschaften geworden[64].

[63] 1914 bestanden in Deutschland 14 Treuhand-Aktiengesellschaften. Anfang 1925 gab es mit den rd. 200 Gesellschaften m. b. H. nicht weniger als ca. 330 deutsche Treuhandgesellschaften (Sillén, O., Internationaler Überblick über das Treuhand- und Bücherrevisionswesen. In: Revisions- und Treuhandwesen. Grundriß der Betriebswirtschaftslehre, hrsg. von Walter Mahlberg, u. a., Band 10, Leipzig 1926, S. 27.)

[64] Eine echte Treuhandbank war dagegen in ihrer Anfangszeit die Bank für Internationalen Zahlungsausgleich (B. I. Z.), die 1930 in Basel zur Verwaltung der deutschen Reparationszahlungen errichtet wurde. „In ihrer Eigenschaft als Treuhänder (Trustee) hat die Bank weiter die sehr wichtige Aufgabe, die Kommerzialisierung und Mobilisierung bestimmter Teile der Annuitäten zu überwachen und dabei mitzuhelfen. Schließlich hat sie alle Aufgaben zu übernehmen, die mit den deutschen Reparationen und den damit verbundenen internationalen

Eine von der Verkehrsanschauung abweichende Art stellten auch die in der Inflationszeit von Industriekonzernen und Syndikaten gegründeten „Treuhandgesellschaften“ dar (z. B. die „Elektro-Treuhandgesellschaften“). In Wirklichkeit handelte es sich bei diesen Einrichtungen um ausgebaute interne Revisionsbüros oder um Finanzierungsinstitute und Holding-Gesellschaften[65]. Schließlich gab es noch Handels- und Versicherungsunternehmungen, die lediglich die vertrauenerweckende Bezeichnung „Treuhand“ – als attraktives Werbeschlagwort – in ihrer Firma führten[66], dadurch aber das Standesansehen des Treuhänders nicht wirksam zu beeinträchtigen vermochten[67].

Seitdem die Treuhandgesellschaften die aktienrechtliche Pflichtprüfung zu ihrem Hauptgeschäftszweig erhoben haben[68] – sie werden im Sprachgebrauch mit Wirtschaftsprüfungsgesellschaften gleichgesetzt –[69], gelten heute die Banken wieder als repräsentative Träger des Treuhandwesens in Deutschland.

Die Frage, warum in Deutschland der Einzeltreuhänder nicht die Position des englischen trustee eingenommen hat, ist nur aus der Kenntnis der historischen Bedingtheiten und der nationalen

Zahlungen im Zusammenhang stehen und zwischen der Bank und den beteiligten Regierungen vereinbart werden.“ (Obst, a. a. O., Band 2, S. 578.)

65 Siehe Jörgens, Max, Finanzielle Trustgesellschaften, Stuttgart und Berlin 1902, S. 1.

66 Wie ähnlich damals Wettkonzerne mit dem Ausdruck „Sportbanken“ belegt wurden, siehe Bank-Archiv, 20. Jhrg., Nr. 20 vom 15. 7. 1921, S. 309. – In den letzten Monaten tauchten in Bayern und anderen Bundesländern sog. Maschinen-„Banken“ auf, das sind mit eigenen Rechnungseinheiten arbeitende genossenschaftliche Organisationen zur Ausnutzung von „Maschinenüberschüssen“.

67 Über die vielfachen Bemühungen um die Beseitigung des Mißbrauchs mit dem Begriff „Treuhand“ und die Entfernung unzuverlässiger Elemente aus dem Treuhandwesen nach dem 1. Weltkrieg siehe Ertel, Hermann A., Treuhandbuch. Grundriß des gesamten deutschen Rechtes in Einzelausgaben, hrsg. von Paul Posener, 101. Band, Berlin 1927, S. 28; Gerstner, Paul, Die Organisation der Treuhandunternehmungen. In: Revisions- und Treuhandwesen, a. a. O., S. 62–68.

68 Zur Entwicklungsgeschichte der deutschen Pflichtprüfungspraxis siehe Beham, Peter, Das deutsche Pflichtprüfungswesen, hrsg. von Otto Mönckmeier. Schriftenreihe: Der Wirtschaftsprüfer, Schriften aus dem Bereiche des deutschen Wirtschaftsprüfungswesens. Berlin 1940, S. 11–39.

69 Die Verwirrung geht sogar so weit, daß etwa in einer wissenschaftlichen Arbeit über: Internationales Revisions- und Treuhandwesen (von Marie Raschenberger, Wien 1929) ausschließlich das Revisionswesen behandelt worden ist. Auch die Gedankengänge, die um 1930 zum Begriff des „Wirtschaftstreuhänders“ als eines Wirtschaftssachverständigen und Wirtschaftsberaters führten (hierzu Hein, Johannes, Jahrbuch des Treuhandrechts, II. Jahrgang 1930, Berlin 1931, S. 22–47; ferner die amtliche Begriffsbestimmung des Wirtschaftstreuhänders im Wirtschaftstreuhänderjahrbuch 1935, hrsg. von Mönckmeier, Leipzig 1935, S. 15), sind bei richtigem Verständnis für das Wesen der Treuhandschaft als irrig zu bezeichnen. Eine Verhöhnung des Rechtsinstituts der Treuhand stellt in der nationalsozialistischen Zeit die Einsetzung von „Treuhändern“ über das beschlagnahmte jüdische Vermögen dar (Verordnung über den Einsatz des jüdischen Vermögens vom 3. 12. 1938; RGBl. I, S. 1709, Ber. 1756). Diese waren Beamte (vgl. Palandt, a. a. O., Anm. 14 zu § 823, S. 694); sie haben die Vermögenswerte eingezogen, veräußert und in deutschen Besitz überführt.

Eigenarten zu beantworten. In England konnten sich im Laufe der letzten Jahrhunderte infolge weltweit betriebener Handels- und Kolonialpolitik und ziemlich ungestört von großen kriegerischen Ereignissen ansehnliche private Vermögenswerte bilden. Außerdem hatte das Rechtsinstitut der Treuhand dort durch die Rechtsprechung eine außerordentliche, nirgendwo sonst erreichte Ausgestaltung erfahren[70]. Diese unabdingbaren Voraussetzungen fehlten und fehlen in Deutschland.

Heute ist es eine Reihe von Vorteilen, die zu einer Bevorzugung der Bank gegenüber der Einzelpersonen als Treuhänder führen: keine Unterbrechung der Sachwaltertätigkeit durch Abwesenheit oder Tod, unübertreffbare Erfahrungen in der Verwaltung von Vermögenswerten, Arbeitsteilung innerhalb eines Stabes von Fachleuten (wichtig für die Beachtung aller gesetzlichen und steuerrechtlichen Vorschriften) und damit Gewährleistung einer bestmöglichen Interessenvertretung, Verfügung über notwendigen technischen Apparat und ein enges Netz von Geschäftsbeziehungen.

Bei der Wahrnehmung von Rechten und Pflichten aus einem Treuhandverhältnis handelt es sich also um eine von Banken seit Jahrzehnten ausgeübte Tätigkeit; sie ist nicht bestimmten Banken vorbehalten wie etwa das Recht der Pfandbriefausgabe, wenn ihr auch bei den einzelnen Banktypen unterschiedliches Gewicht beigemessen worden ist. Trotzdem stellt das Treuhandgeschäft keinen geschlossenen, personell wie organisatorisch vollkommen selbständigen Bereich der Bankwirtschaft dar – wie bekanntlich das trust business der amerikanischen Kreditinstitute. Auch findet sich in der bisherigen Literatur keinerlei entsprechende Einteilung der Bankgeschäfte.

Der Begriff „Bank" ist recht vieldeutig. Noch vor hundert Jahren schloß er das Notenprivileg mit ein. Heute dient der Begriff „Bank" für die verschiedenartigsten Einrichtungen der Kreditwirtschaft; er findet indessen für die Sparkasse, die sich im Laufe der Zeit zu einem vollwertigen Kreditinstitut entwickelt hat, keine Anwendung[71]. Das neue Gesetz über das Kreditwesen vom 10. 7. 1961 (BGBl. I, S. 881), welches das Reichsgesetz über das Kreditwesen vom 5. 12. 1934 (KWG)[72] mit Wirkung vom 1. 1. 1962 ablöst, bezeichnet in § 1 Abs. 1 Kreditinstitute als „Unternehmen, die Bankgeschäfte betreiben, wenn der Umfang dieser Geschäfte einen in kaufmännischer Weise eingerichteten Geschäftsbetrieb erfordert." In § 39 des Gesetzes wird festgelegt, welche Institute sich „Bank" nennen dürfen; das sind die Unternehmungen, die bereits bei Inkrafttreten dieses Gesetzes eine solche Bezeichnung rechtmäßig geführt haben, und jene Kreditinstitute, die eine Erlaubnis zur Betreibung der in § 1 des Gesetzes unter neun Nummern aufgezählten Bankgeschäfte besitzen.

Nach älteren Darstellungen ist Bankier, wer fremde Gelder leiht, in Aufbewahrung nimmt und mit Gewinn ausleiht. Später wird die Vermittlung als eigentliche Funktion der „Geld- und Kre-

[70] Es sind im wesentlichen die gleichen Gründe, die Linhardt für die Entstehung der britischen Investment Trusts anführt: Volksreichtum, Volkscharakter und die gegenseitige Durchdringung von Wirtschaftsentwicklung und Rechtsgestaltung (Linhardt, Hanns, Die Britischen Investment Trusts, Betriebs- und finanzwirtschaftliche Forschungen, hrsg. von Fritz Schmidt, II. Serie, Heft 62, Berlin 1935, S. 30).

[71] Vgl. Linhardt, Hanns, Bankbetriebslehre, Band II: Bankbilanzen, Köln und Opladen 1960, S. 49.

[72] Neufassung vom 25. 9. 1939 (RGBl. I, S. 1955), geändert durch Verordnung vom 23. 7. 1940 und 18. 9. 1944.

ditinstitute" erkannt[73]. Aus der Verwahrung von Kassenvorräten entwickelte sich die Anweisung und dann der Wechsel. Daneben betrieben die Banken seit jeher den Geldumtausch. Von der Geldansammlung nahm die Kassenführung mit Zahlungsvermittlung (Giro- und Scheckverkehr) ihren Ausgang. Diese ältesten Formen der bankbetrieblichen Aufgaben, das Valutengeschäft und der Zahlungsverkehr, wurden immer weiter entfaltet und fanden alsbald ihre Ergänzung im Kreditgeschäft.

Das Anwachsen fremder Mittel führte über die übliche Kreditgewährung hinaus zur Effektenanlage, zur Übernahme von Anleihen, zu Gründungs- und Finanzierungshilfen. Aus dieser Tätigkeit erwuchs wiederum die Beratung in der Kapitalanlage, die Kurspflege von Effekten und die Ausübung von Rechten aus den in Depot gegebenen Wertpapieren[74]. Einige Banken sind durch die besondere Pflege der langfristigen Kapitalversorgung industrieller Betriebe zu machtvollen Finanzierungsinstituten herausgewachsen, die auch Umwandlungen, Sanierungen und Fusionen von Gesellschaften durchführen.

Aus dieser Sicht ergeben sich die bekannten Gliederungen der Bankgeschäfte in: Geld-, Kredit- und Effektengeschäfte; oder Aktiv-, Passiv- und indifferente Geschäfte (Hilfs- oder Nebengeschäfte); oder Zahlungsverkehr, aktive und passive Kreditgeschäfte, unregelmäßige Kreditgeschäfte (Gründung, Umwandlung usw.); oder[75] 1. Vermittlungsgeschäfte, a) Zahlungsverkehr, b) Kreditgeschäfte (unter Einschluß der irregulären Bankgeschäfte), c) Kommissionsgeschäfte, 2. Handelsgeschäfte (mit Wertpapieren, Sorten, Edelmetallen), einschließlich der Börsenspekulations- und Arbitragegeschäfte, 3. Dienstleistungen (u. a. Verwaltung von Effekten, Mitwirkung bei Konsolidationen und Konversionen sowie als Zeichnungsstelle bei Emissionen, Vermittlung von Hypothekengeldern als Makler).

Seischab geht nicht von der bilanztechnischen Perspektive, sondern von der Stellung der Banken in der Gesamtwirtschaft aus[76]. Durch Bildung von einheitlichen Leistungsbereichen kommt er zu einer funktionalen Ordnung der bankwirtschaftlichen Tätigkeit (Bestandhaltung, Leitung, Sicherung und Vermittlung von Geld und Effekten). Er beschreitet damit wohl einen neuen Weg, seine Betrachtung weist aber, da sie den treuhänderischen Charakter gewisser Bankleistungen gar nicht erfaßt, keine Ansätze auf zu einer sinnvollen Trennung der Treuhandgeschäfte von dem Komplex der übrigen Bankgeschäfte.

[73] Obst, a. a. O., Band 1, S. 2 ff.; Leitner, Friedrich, Bankbetrieb und Bankgeschäfte, 6. Aufl., Frankfurt a. M. 1923, S. 10 ff. Die Erkenntnis der Mittlereigenschaft ist für das Verstehen des Wesens der Bank im allgemeinen wie auch verschiedener bankgeschäftlicher Treuhandfunktionen sehr nützlich.

[74] Hierin ist bereits der Grundstock treuhänderischer Tätigkeit der Banken zu erblicken. Die übrigen Treuhandgeschäfte sind auf die Banken größtenteils mit jenen aus dem Einlagen- und Kreditgeschäft erwachsenen Dienstleistungen (z. B. das Remboursgeschäft) oder auf Grund ihres Ansehens auf finanzwirtschaftlichem und wirtschaftsrechtlichem Gebiet (wie etwa die Vermögensverwaltung) übergegangen.

[75] Nach Leitner, a. a. O., S. 24 ff.

[76] Seischab, Hans, Die Funktionen und der Wertumlauf der Banken, Stuttgart 1938, S. 8 ff.

Diese bietet *Linhardt*, nicht zuletzt aus seiner genauen Kenntnis angelsächsischer Bankpraxis und amerikanischer Bankliteratur heraus[77]. Er bedient sich zwar auch der üblichen Einteilung der Banktätigkeit in: Kreditgeschäfte, Handelsgeschäfte, Dienstleistungen und Emissionsgeschäft, hebt jedoch deutlich einige in diesen bankgewerblichen Tätigkeitsbereichen enthaltene Treuhandgeschäfte heraus[78]. Es ist daher durchaus gerechtfertigt, zwischen Kredit-, Handels-, Dienstleistungs- und Treuhandgeschäften zu unterscheiden.

D. ABGRENZUNG DES TREUHANDGESCHÄFTES GEGENÜBER ANDEREN BANKGESCHÄFTEN

Nun fehlt aber den Treuhandgeschäften nicht nur – wie bereits dargelegt – die organisatorisch gesonderte Behandlung, sondern sie sind auch in der Praxis zum größten Teil als solche nicht bezeichnet. Die in Betracht kommenden Bankleistungen müssen deswegen unter wirtschaftlichem Aspekt auf ihren treuhänderischen Charakter geprüft werden.

Um jeden Zweifel auszuschließen, sei kurz bemerkt, daß die „Verwaltung" von Geldeinlagen auch nicht von dem weiteren Begriff der Treuhand gedeckt wird[79]; sie ist seit Jahrhunderten begriffsnotwendig für das echte Bankgeschäft[80], hat einen geschichtlich anderen Ursprung und wird von den Banken nicht in überwiegend „fremdem Interesse" ausgeübt. Das beweist vollends die Stellung der Einleger im Konkurs der Bank. (depositum irregulare!)

Von den Krediten sind jene, die durch besondere rechtliche Behandlung vom übrigen Vermögen getrennt sind und den Banken ein vertragliches eigenes Forderungsrecht zu treuer Hand gewähren, als solche gekennzeichnet: „Durchlaufende Kredite (nur Treuhandgeschäfte)".

Die meisten Treuhandgeschäfte werden in den Jahresberichten der Banken – soweit sie dort überhaupt Erwähnung finden – zu den „Dienstleistungen" gezählt.

77 Seinem Werk: Bankbetriebslehre, Band I, Bankbetrieb und Bankpolitik, Köln und Opladen 1957, legt Linhardt seine aus wissenschaftlicher Bearbeitung des Investment Trust, einer Fortbildungsform der englischen Treuhand, und aus persönlicher Berührung mit dem englischen und amerikanischen Bankleben gewonnenen Erfahrungen zugrunde.

78 Ebenda, S. 82, 99, 126; Bankbilanzen, a. a. O., S. 38. Ferner Handwörterbuch der Sozialwissenschaften, 11. Lieferung, 1956: Bankbetrieb, S. 532, Bankgeschäfte, S. 578 f.

79 Theisinger-Löffelholz bezeichnen die Kreditinstitute als Treuhänder der Einleger (Theisinger, Karl und Josef Löffelholz, Die Bank, Lehrbuch und Nachschlagewerk des Bank- und Sparkassenwesens. 2. Band: Die Bankgeschäfte, Wiesbaden 1952, S. 35).

80 Nach Ricardo. „Wer nur mit eigenen Mitteln arbeitet, kann daher nicht als Bankier angesprochen werden; er beschäftigt sich lediglich mit Vermögensverwaltung, aber nicht mit Bankgeschäften" (Bernicken, Hans, Bankbetriebslehre, Stuttgart 1926, S. 8).

Freilich liegt allen diesen Dienstleistungen, sofern sie nicht noch Handelsgeschäfte enthalten, ein vertragsmäßiges Auftrags- oder Geschäftsbesorgungsverhältnis zugrunde [81], aber einigen etwas mehr: treugeberisches Vertrauen und treuhänderische Verpflichtung, die Normierung der vertraglichen Vereinbarungen auf einen treuhänderischen Rechtsinhalt.

Als Bevollmächtigte hat sich die Bank streng an die Anordnungen des Auftraggebers zu halten. Als Treuhänderin wird sie selbständiger sein, zumal sich manchmal ihre Aufgaben bei Abschluß des Vertrages im einzelnen noch nicht feststellen lassen. Mangelt es an einem Auftrag zur Vornahme einer bestimmten Handlung, so hat sie den mutmaßlichen Willen des Treugebers zu erfüllen. Bei Eintritt unvorhergesehener Ereignisse muß sie nach pflichtgemäßem Ermessen entscheiden.

Erwartet der Auftraggeber, daß der Beauftragte sich sein Anliegen zu eigen macht, seine Wünsche versteht und ihnen gebührend Rechnung trägt, so ist mit dem Auftrag eine treuhänderische Bestellung verbunden. Treuhänderisch handelt, wer Geschäfte eines Dritten auftragsgemäß und unter Beschützung der Rechte des Dritten nach außen als eigene ausführt, ohne eigenes Interesse daran zu haben. Der Treuhänder bietet nicht nur seine Dienste und persönlichen Fähigkeiten an; er verbürgt sich vertraglich für die Sicherheit anvertrauten Rechtsgutes. Er verkörpert Zuverlässigkeit und vor allem Treue.

Der Treuhänder hat einen Erfüllungsanspruch gegen Dritte. Er ist zur Geltendmachung eines Ersatzanspruches befugt, wenn der Schuldner seinen Verpflichtungen nicht nachkommt. Gegenüber den Forderungen des Treuhänders kann der Schuldner alle Einwendungen erheben, die auch gegen den Treugeber, den ursprünglichen Gläubiger, begründet sind. Ungeachtet dieser weitgehenden Selbständigkeit nach außen kennzeichnen zuweilen enge Bindungen das Verhältnis des Treuhänders zum Treugeber. Dieser darf vom Treuhänder Auskunft über den Stand der Rechtsverhältnisse, Rechenschaftslegung und Nachricht bei drohender Pfändung oder Zwangsvollstreckung verlangen [82].

Das Rechtsverhältnis muß also nach den einzelnen Umständen und dem zugrunde liegenden Vertrag bestimmt werden.

Im Gegensatz zur reinen Auftragserteilung, wie beim bargeldlosen Zahlungsverkehr oder Abrechnungsverkehr, ist die Ermächtigung zur Vorlegung von Tratten zum Akzept oder zur Einziehung von Forderungen und Dokumenten aller Art (Konnossementen, Akkreditiven, Wechseln, Schecks) eine Form der Treuhänderbestellung.

Die Einziehungsbefugnis stellt juristisch die Übertragung eines bloßen Forderungsausschnittes dar. Der Treugeber bleibt Vollberechtigter, er kann weiter über

[81] Auch der offenen treuhänderischen Rechtsübertragung; denn einen typischen Treuhandvertrag gibt es nicht (RGZ, Band 127, S. 345).

[82] Siehe Schöny, a. a. O., S. 334 f., 350 f.

die Sache oder das Recht wie mit Herrenwillen verfügen, solange der Treuhänder nicht tätig wird[83]. Allerdings erhebt *Larenz,* bei Unterscheidung zwischen „Übertragung zur Einziehung (Inkassozession)“ und „Einziehungsermächtigung“, praktische und rechtstheoretische Bedenken gegen die Anerkennung der Einziehungsermächtigung als zulässige Form beschränkter Rechtsübertragung. Er weist auch nach, wie sehr in der Literatur die Ansichten darüber geteilt sind[84]. Die Einziehungsermächtigung wird daher häufig durch Legitimationsübertragung (Indossament) verstärkt: Gegenüber der Außenwelt als Gläubiger auftretend und Eigentümer des Erlöses werdend, bleibt die Inkassobank im Innenverhältnis dem Kunden verpflichtet (interne Bindung).

Zur Bestimmung des Treuhandverhältnisses kommt es weniger auf diese oder jene festumrissene juristische Konstruktion als vielmehr auf den besonderen vertragsmäßigen Verpflichtungsakt an. Der Indossant ist der ökonomisch Interessierte; für die treuhänderische Rechtsübertragung entscheidend ist das dem Indossatar in Anpassung an den Inkassozweck zugebilligte Maß an faktischer Verfügungsmöglichkeit (formale Legitimation). Die bedeutende Rolle, die der Einziehungsermächtigung (besser Ermächtigung zur Geltendmachung) unter den Forderungsrechten zukommt, beweist, wie die wirtschaftliche Ausdehnung des Treuhandbegriffes gerechtfertigt ist.

Jedoch ist im Laufe der Zeit bei verschiedenen Formen der Geltendmachung von Forderungen, so z. B. beim Scheck- und Wechseleinzug mit der Ausweitung des Scheckverkehrs und Wechselkredites, die Individualität der Rechtsausübung verblaßt und dabei die treuhänderische Handhabung vor der typischen, massenhaften Bearbeitung zurückgewichen. Somit sei hier die manchmal schwierige Trennung des Rechtsgeschäfts aus einem Treuhandverhältnis vom reinen Auftragsgeschäft aufgezeigt.

Trotzdem kann sich die enge Verbindung von Treuhandfunktionen mit der Bankwirtschaft nicht besser äußern als in der Tatsache, daß das Treuhandgeschäft in alle drei Bereiche bankgewerblicher Betätigung hineinragt: in den Zahlungsverkehr, Kreditverkehr und in den Kapitalverkehr. Letzterem, zwar „an den Rand der Bankpraxis“ gedrängt, kommt in diesem Zusammenhang mit der Belebung des Kapitalmarktes die größte Bedeutung zu[85]. Es sei nur auf die umstrittene Aus-

[83] Siehe Palandt, a. a. O., Anm. 7 zu § 398, S. 354; Einf. vor § 929, Anm. 7 C b, S. 847. Anderer Auffassung: Koch, Arwed, Banken und Bankgeschäfte unter besonderer Berücksichtigung der Rechtsverhältnisse, Jena 1931, S. 264 f.

[84] Larenz, Karl, Lehrbuch des Schuldrechts, 2 Bände, München und Berlin 1953, 1. Band, S. 267–270. Siehe hierzu auch Kleinlein, Hermann, Die Einziehungsermächtigung. Eine rechtsdogmatische und rechtspolitische Untersuchung über ihre Zulässigkeit bzw. Notwendigkeit unter besonderer Berücksichtigung der Erfordernisse in der Wirtschaftspraxis, Nürnberger Diss. 1956.

[85] „Für die Kreditbank bilden seit der Jahrhundertwende die Emissions-, Konsortial- und Effektenhandelsgeschäfte immer noch ein wichtiges Randgebiet, zumal für die Großbank mit engen

übung des Depotstimmrechtes sowie auf die Kurspflege von fremden Wertpapieren, eines der wichtigsten Treuhandgeschäfte der Banken im Rahmen ihres Emissionsgeschäftes, hingewiesen.

Kurspflege, die krassen Kursausschlägen Einhalt zu gebieten sucht, kann von den Emittenten selbst betrieben werden. Sie wird aber gewöhnlich den Emissions- bzw. Hausbanken im Emissionsvertrage oder – für bereits an der Börse eingeführte Effekten – in einem besonderen Vertrage übertragen[86]. Die Banken betreiben Kurspflege bei eigenen Aktien und Schuldverschreibungen schon seit Jahrzehnten. Sie haben Zugang zur Börse und besitzen den nötigen Überblick über das Geschehen am Effektenmarkt.

Als Treuhänder wirken die Banken gelegentlich ganz unauffällig am Kapitalmarkt, nehmen dabei aber Operationen von oft wirtschaftspolitischem Rang vor, so z. B. im sog. Aktienpakethandel. – Abseits vom Hauptgeschehen des Bankverkehrs vollzieht sich auch die – künftig an Bedeutung zunehmende – treuhänderische Beratung von Kunden. Hierbei handelt es sich nicht um die übliche gebührenfreie Erteilung von Auskunft am Bankschalter, sondern um uneigennützige, echte Beratung (im Sinne von Betreuung) in Vermögensangelegenheiten auf der Grundlage eines Treuhandvertrages.

Schließlich erfüllen die Banken, insbesondere die öffentlich-rechtlichen Institute, noch einige treuhänderische Sonderaufgaben, die sich aus ihrer überragenden Stellung im Geldwesen (Tätigkeit im Vollzug der Währungsumstellung!) bzw. ihrer satzungsmäßigen Bindung an den Auftraggeber ergeben.

Das Treuhandgeschäft der Banken umfaßt also einmal eine Anzahl von „Dienstleistungen" und „Auftragsgeschäfte", die keinen Niederschlag in den Bilanzausweisen finden oder allenfalls in den Bilanzvermerken „unter dem Strich"; denn in der Praxis erwirbt die Bank an den Vermögenswerten, auf die sich ihre Treuhandtätigkeit richtet, regelmäßig weder volles rechtliches noch wirtschaftliches Eigentum[87]. Sodann befassen sich die Banken auch mit der treuhänderischen Verwaltung von Vermögen, die eine Ausnahme von der (auch von amerikanischen Instituten angewandten) Regel bilden, daß Treugut nicht in die Bankbilanz gehört (Kriterium der wirtschaftlichen Zugehörigkeit!). Diese beträchtlichen Treuhandmittel belasten nach dem 2. Weltkrieg in einem ehedem niemals erlebten Ausmaß

Beziehungen zur Industrie und häufiger Vertretung der Banken in deren Aufsichtsräten." (Linhardt, Bankbetrieb und Bankpolitik, a. a. O., S. 26.)

86 Es kommt auch vor, daß Banken befreundete Institute mit der Kurspflege ihrer Aktien betrauen.

87 Auch nicht bei der Verpfändung und Sicherungsübereignung. Bei Gemeinschaftskrediten darf die Bank nur den Eigenanteil bilanzieren, selbst wenn sie treuhänderisch die Führung in dem Konsortium hat und der Kredit in ihren Büchern in voller Höhe gebucht ist. Über Bilanzierungsgrundsätze für Treuhandverhältnisse vgl. Adler, Hans, Walther Düring und Kurt Schmaltz, Rechnungslegung und Prüfung der Aktiengesellschaft, Handkommentar für die Bilanzierungs- und Prüfungspraxis nach dem Aktiengesetz unter Berücksichtigung der sonstigen handelsrechtlichen Vorschriften. 3. neubearbeitete Aufl., Stuttgart 1957, Erläuterungen zu § 128, Tz. 72; § 129 Tz. 45–59. Ferner Wirtschaftsprüfer-Handbuch, a. a. O., S. 485 f.

ihre Bilanzen. Sie werden sowohl unter der Position „Durchlaufende Kredite (nur Treuhandgeschäfte)" als auch auf den üblichen Kreditkonten bzw. den dagegen angelegten Passivkonten, ferner „vor dem Strich" und sogar „unter dem Strich" ausgewiesen[88].

E. DIE TREUHANDGESCHÄFTE DER BANKEN IM EINZELNEN

I. Treuhandgeschäfte im Kreditverkehr

1. Die Überwachung verpfändeter und sicherungsübereigneter Gegenstände innerhalb der Kreditsicherung

Die *Sicherheitenverwahrung* im kurzfristigen Pfandkreditgeschäft barg noch bis ins ausgehende 19. Jahrhundert – soweit es sich nicht um die Verpfändung von Edelmetall, Wechseln, Effekten und sonstigen leicht realisierbaren Sachen handelte – eine Reihe von Schwierigkeiten und Problemen in sich, denen sich die Banken nicht immer gewachsen fühlten. Sie bestellten daher für die Schätzung und Pflege beliehener Handelsware und Agrarprodukte, die Beobachtung ihrer Börsen- und Marktgängigkeit, ihrer Versicherung, für die Kontrolle der Bestände und den Verkehr mit den Lagerhäusern häufig eine Treuhandgesellschaft als Pfandhalter[89].

Inzwischen haben sich in der Bankpraxis an Stelle und neben der Warenverpfändung neue Formen des Lombardkredites entwickelt, so die Ausleihung gegen Abtretung von Rechten aus Versicherungspolicen, von Buchforderungen und Hypothekenforderungen sowie insbesondere der sog. Dokumentenkredit. Grundlage der Pfandsicherung bildet im letzteren Falle nicht mehr das in natura übergebene Unterpfand, sondern die Weiterübertragung des mittelbaren Besitzes mittels der Repräsentations- oder Traditionspapiere, wie Konnossemente (bei schwimmenden Waren), Lade- und Lagerscheine (§§ 363, 424, 450 HGB). Die Bank hat das abgetretene Recht und das Eigentum an dem durch Wertpapiere verkörperten Gut zu treuer Hand inne; d. h. der Sicherungsgeber bleibt, wirtschaftlich betrachtet, Eigentümer und Rechtsinhaber. Die Bank kann über das anvertraute Recht nur in seinem Interesse verfügen.

[88] Wiederum sind nicht alle durchlaufenden Posten treuhänderischer Art, so etwa die Akzepte im Umlauf, wie man sie beispielsweise in englischen oder italienischen Bankbilanzen antrifft: „Schuldner aus Akzepten" (Aktivseite) – „Akzeptverpflichtungen für Rechnung Dritter" (Credito Italiano, Genua-Mailand).

[89] Beispiele dafür bei Kaeferlein, Hans, Der Bankkredit und seine Sicherungen, 7. Aufl., Stuttgart 1953, S. 127 ff.

Die Bank ist zur Verwahrung des Pfandobjektes nach den Bestimmungen des BGB über den Verwahrungsvertrag (§§ 688 ff.), das Pfandrecht (§§ 1204–1258, 1273–1296) sowie des Depotgesetzes (§ 17) verpflichtet. Sie muß die Sorgfalt eines ordentlichen Kaufmannes anwenden. Bei erheblicher Verletzung der Rechte des Pfandschuldners hat sie für den daraus erwachsenden Schaden Ersatz zu leisten. Drohende Wertminderung des Pfandes, z. B. durch Kurssturz an der Börse, berechtigt den Pfandgläubiger zum Sicherungsverkauf. Hierfür wie für die Veräußerung des Pfandgutes bei Nichteinlösung der fälligen Forderung gelten die §§ 383 Abs. 3, 1221, 1234–1241 BGB, 368 HGB und die Allgemeinen Geschäftsbedingungen der Banken. Im Konkurs steht der Bank ein Recht auf Absonderung nach § 48 KO zu.

Bei der Verpfändung von Rechten hat die Bank dafür Sorge zu tragen, daß diese Rechte ordnungsmäßig geltend gemacht werden, und zwar gewöhnlich in enger Verbindung mit dem Sicherungsgeber. Überhaupt muß sie bei Entgegennahme des Pfandes prüfen, welche Verwaltungsaufgaben sie damit übernimmt.

Eine größere Rolle als die Warenverpfändung spielt heute im Warenbeleihungsgeschäft die *Sicherungsübereignung* von Sachen, die neben der wesensverwandten Sicherungsabtretung von Forderungen und Rechten (§ 398 BGB) ein echtes fiduziarisches Rechtsgeschäft und somit – vom ökonomischen Standpunkt aus betrachtet – Treuhandgeschäft ist[90]. Bei dieser Form der Eigentumsübertragung erhält der Sicherungsnehmer (Geldgeber) eine Rechtsstellung, die über den wirtschaftlichen Zweck hinausreicht; sie gewährt mehr Befugnisse als zur bloßen Sicherheit der Forderung notwendig wären. Daher wird die äußere Rechtsstellung des Sicherungsnehmers im Innenverhältnis zwischen den Parteien dem Geschäftszweck angepaßt: Der Sicherungsnehmer ist kraft treuhänderischer Bindung gehalten, von seinem sicherungshalber erworbenen Recht nur im Rahmen des Sicherungszwecks und in den dadurch gezogenen Grenzen Gebrauch zu machen. Er wird so (eigennütziger) Treuhänder des Kreditnehmers und macht das Eigentumsrecht nur geltend, wenn er aus seiner gesicherten Forderung nicht befriedigt wird. Ihm vertraut der Sicherungsgeber (Treugeber) das Eigentum an dem Sicherungsgut lediglich zur Haftung und zur Rückgabe nach Erlöschen der Schuld an (fiduziarische Sicherheit, Treuhandsicherheit)[91].

[90] Vgl. hierzu Lange, Heinrich, Lage und Zukunft der Sicherungsübertragung, NJW, 3. Jhrg. (1950), S. 565 ff. Daß die Sicherungsübereignung nicht zu den üblichen Treuhandgeschäften gehöre, versucht Hein nachzuweisen (Grundriß des Treuhandrechts, a. a. O., S. 98–117). – Über die treuhänderische Verwaltung der zwecks Sicherung abgetretenen Forderungen siehe Hintner, Otto, Kreditsicherung durch den Treuhänder, Betriebswirtschaftliche Schriftenreihe, hrsg. von Fritz Schmidt, 3. Band, Bühl-Baden 1934, S. 50–58.

[91] Siehe Scholz, Hellmut, Das Recht der Kreditsicherung. Ein Handbuch für die Praxis, 2. neugefaßte Aufl., Berlin 1957, S. 14.

Von den Vorschriften des BGB über das Besitzkonstitut (§ 930) und den mittelbaren Besitz (§ 868) ausgehend – die Sicherungsübereignung entbehrt eigener gesetzlicher Fixierung –, kann man die Treuhandbeziehung auch anders sehen: Der Schuldner verwaltet treuhänderisch, hier als Verwahrer oder Leiher, die vom Sicherungsnehmer zur wirtschaftlichen Nutzung an ihn zurückübertragenen, somit in seinem unmittelbaren Besitz gebliebenen Sachen[92].

Trotz ihrer allgemeinen Anerkennung ist die Sicherstellung von Gegenständen ohne Besitzübertragung rechtlich noch problematisch, es fehlt ihr die Publizitätswirkung. Sie kann leicht der Anfechtung ausgesetzt sein. Im Hinblick darauf gebietet der Abschluß von Sicherungsübereignungsverträgen[93] die sorgfältige Beachtung formaler Notwendigkeiten[94].

2. Die Weiterleitung von Krediten und Verwaltung der Sicherheiten im Rahmen des direkten Revolvingsystems[95]

Mit dem Fortschritt in der Industrie bilden sich auch neue Formen und Methoden der Kapitalbeschaffung heraus. Hierzu gehört das durch den Münchner Finanzmakler *Rudolf Münemann* bekannt gewordene Revolvingsystem, das nach dem 2. Weltkrieg unter Einschaltung von Banken zur höchsten Entfaltung gelangt und, in Anbetracht der prekären Situation am Kapitalmarkt, für den Wiederaufbau der westdeutschen Wirtschaft von maßgeblicher Bedeutung geworden ist.

Grundgedanke des in mehreren Variationen sich darbietenden Revolvinggeschäfts (nach dem amerikanischen revolve = sich drehen, kreisen) ist die Schaf-

[92] So Linhardt, Bankbetrieb und Bankpolitik, a. a. O., S. 82; Leitner, a. a. O., S. 254. In einem durch trust receipt, das der Sicherungsübereignung entsprechende angelsächsische Kreditsicherungsmittel, gesicherten Darlehensverhältnis hält man gleichfalls den Schuldner für den Treuhänder der ihm belassenen Waren und die Bank als deren Eigentümer (Chorley, Lord, früher Sir Ernest Cassel, Law of Banking, 3. Aufl., London 1950, S. 245, 346; Kent, Raymond P., Money and Banking, New York 1956, S. 299 f.).

[93] Siehe hierzu Trost-Schütz, Bankgeschäftliches Formularbuch, 14. Ausgabe, Berlin 1955, S. 424 ff.

[94] Z. B. Feststellung des Zeitwertes und einer ausreichenden Bestimmbarkeit der Sicherungsobjekte; evtl. Hinzuziehung eines Sachverständigen. Alle diese Angaben sind nämlich bei einer späteren Verwertung von entscheidender Bedeutung. Bei Warenlagern muß wegen der „ausreichenden Bestimmbarkeit" ein genauer Lagerungsort, das sog. Sicherungsgebiet, festgelegt und auch die Art und Häufigkeit der Berichterstattung über die Fluktuation des Warenbestandes mit dem Kreditnehmer vereinbart werden.

[95] Den folgenden Ausführungen liegt das Werk von Bitschnau, Roland, Das Revolvingsystem in der Industriefinanzierung, Frankfurt a. M. 1959, zugrunde; ferner folgende Artikel: Könnekker, Wilhelm, Revolvingkredite in der deutschen Geld- und Kreditordnung, in: ZKW, 24. Heft vom 15. 12. 1959, S. 1029 ff.; Brestel, Heinz, Revolving-Kredite, in: FAZ, Nr. 259 vom 6. 11. 1954, S. 7. – Über die scharfe Auseinandersetzung zwischen Münemann und den Banken um das Finanzierungssystem siehe Aufsätze im Handelsblatt: Nr. 165 vom 2./3. 10. 1959, S. 13; Nr. 168 vom 7. 10. 1959, S. 4; Nr. 173 vom 14. 10. 1959, S. 4.

fung von billigem Anlagekapital aus ständig revolvierenden kurzfristigen Geldern. Der Finanzmakler, der nicht der Bankaufsicht untersteht, vermittelt kurzfristig verfügbare Mittel verschiedener Geldgeber (Versicherungsinstitute, Banken, Industrieunternehmungen) zur langfristigen Verwendung an die Großindustrie, Kommunen und Länderregierungen. Der Kreis der Geldgeber und die Höhe ihrer Einzelbeträge können theoretisch laufend wechseln, ohne daß das Volumen des an den Darlehnsnehmer ausgereichten Kredites beeinflußt wird.

Ein beträchtlicher Teil der den Kapitalsammelstellen zugeführten Mittel findet, bevor er in die langfristige Kapitalanlage fließt, in Form von Nostroguthaben und Termineinlagen vorübergehend Anlage im Geldmarkt. Denn zwischen Zusage und Auszahlung von Hypotheken- oder Schuldscheindarlehen der Realkreditinstitute bzw. Versicherungsgesellschaften liegt vielfach ein Zeitraum von einigen Monaten. Diese aus technischen Gründen am Geldmarkt erscheinenden Dispositionsfonds können nur innerhalb verhältnismäßig enger Grenzen nutzbar gemacht werden und eignen sich nicht zur Anlagefinanzierung. Angesichts der expansiven (im wesentlichen durch die Rationalisierung bedingten) Nachfrage der Wirtschaft nach langfristigem Kapital drängt sich die Frage auf, ob dieses Geldkapital nicht teilweise für die Investitionsfinanzierung, wofür es eigentlich bestimmt ist, eingesetzt werden kann. Eine solche Möglichkeit scheint um so eher gegeben, als erfahrungsgemäß die Zeitpunkte des maximalen Kassenbedarfs der Unternehmungen selten zusammentreffen[96].

An der Überführung von Geld in Kapital und damit der Verbesserung ihrer Rentabilität durch höhere Verzinsung ist auch die Seite der Geldgeber, auf der die Versicherungsinstitute eine hervorragende Stellung einnehmen, lebhaft interessiert. Die Versicherungswirtschaft ist verpflichtet, hohe Kassenreserven zu halten, die als Sicht- oder Termineinlagen bei Banken lediglich die amtlichen Höchstsätze nach dem Habenzinsabkommen[97] erzielen. Bei einem Einsatz im Revolvingsystem liegt der Zinsfuß bekanntlich höher, wenn auch noch unter den Sollzins-Konditionen der Banken.

Drei Formen des Revolvingsystems werden in der Praxis unterschieden[98]: das direkte Revolvingsystem, das indirekte Revolvingsystem und das in den Jahren 1957/58 entwickelte System „7 m“[99].

[96] „Stellt man sich die Addition dieser flüssigen, nur vorübergehend verfügbaren Mittel einer Anzahl von Versicherungsunternehmen so vor, daß die Versicherungsunternehmen – bildlich gesehen – derartige Mittel in einen großen gemeinsamen Topf legen, so bleibt in diesem Topf immer ein statistisch erfaßbarer Bodensatz. Denn die Beträge, die eine Versicherungsgesellschaft zur Erfüllung ihrer Aufgaben herausnimmt, werden durch andere wieder hineingelegt. Revolvierend erneuert sich der Bodensatz des gedachten Topfes.“ (Münemann, Rudolf, Neuzeitliche Formen der Industriefinanzierung. In: Finanzierungsprobleme und Steuerpolitik, hrsg. von der Deutschen Gesellschaft für Betriebswirtschaft, Berlin 1957, S. 38.)

[97] Abkommen über die Festsetzung von Höchstzinssätzen für hereingenommene Gelder vom 22. 12. 1936 (abgedruckt in: Handbuch des gesamten Kreditwesens, hrsg. von Walter Hofmann, 6. Aufl., Frankfurt a. M. 1960, S. 442). Danach werden die von den Spitzenverbänden der Banken beschlossenen Habenzinssätze von den Bankaufsichtsbehörden für verbindlich erklärt.

[98] Diese Einteilung erfolgt nach den Hauptmerkmalen; die in Anpassung an die jeweiligen Gegebenheiten entstandenen Abweichungen sind unwesentlich und bleiben daher unberücksichtigt.

[99] Die von Münemann verwalteten Kredite beliefen sich zum 31. 12. 1959 auf 644 Mill. DM. Davon entfielen 472 Mill. DM auf das 7 m-Geschäft, 44,3 Mill. DM auf direkte und 18,9 Mill.

Beim direkten Typus kontrahieren Geldgeber und Kreditnehmer unmittelbar. Der Finanzmakler hat neben der Aufgabe der Koordinierung noch eine Sicherheitsfunktion. Er ersetzt Kreditgeber, die sich über den Fälligkeitszeitpunkt der Termineinlage hinaus nicht mehr an dem Kredit beteiligen wollen, rechtzeitig durch andere Partner und unterhält für evtl. ausfallende Prolongationen eine Dispositionsreserve.

Für jeden Geldgeber wird ein einzelner Schuldschein ausgestellt. Dieser enthält zwar die Namen der Beteiligten und die Bedingungen, aber aus Zweckmäßigkeitsgründen keinen festen Betrag. Statt dessen weist er folgenden Passus auf[100]: „Die Schuldnerin bekennt hiermit, jeweils diejenigen Beträge zu schulden, die aus den ordnungsgemäß geführten Geschäftsbüchern der Treuhänderin als aus den Mitteln der Kreditgeberin gezahlt ersichtlich sind.“

Der Kredit wird dem Empfänger über eine Bank als Treuhänder zugeleitet, in deren Händen die technische Durchführung dieser revolvierenden Finanzierung liegt. Der Treuhänder nimmt die Zinsleistungen – nicht eine einzige Summe, sondern in viele Teilbeträge gegliedert – und die Rückzahlungen zugunsten der Geldgeber entgegen und verwaltet die Sicherheiten. Ferner trägt er Sorge dafür, daß die Gesamtkreditsumme bei wechselnder Höhe der Einzeltranchen oder beim Austausch der Geldgeber nicht überschritten wird. Er erhält hierfür eine – nachschüssig zu zahlende – Entschädigung von gewöhnlich 1 ‰ p. a. aus dem jeweils geschuldeten höchsten Betrag.

Durch die Institution der Treuhänderbank ist auch das Problem der Absicherung beliebig vieler Kreditgeber mittels einer einzigen Sicherheit (z. B. Hypothek) gelöst.

In dem zwischen der Bank und den teilnehmenden Geldgebern abgeschlossenen Treuhandvertrag sind insbesondere folgende Punkte geregelt[101]:

1. Die Erteilung von Aufträgen der Geldgeber an den Treuhänder zur grundsätzlichen Wahrnehmung der ihnen aus dem Schuldschein zustehenden Rechte. 2. Im gegebenen Fall die Unterrichtung der übrigen Kreditgeber über solche Aufträge durch den Treuhänder. 3. Eintragung des zur Sicherung der Kredite bestellten Grundpfandrechts auf den Namen des Treuhänders. 4. Der Kreditnehmer zahlt zugunsten der Kreditgeber an den Treuhänder mit befreiender Wirkung. 5. Die Abrechnungen und die Erledigung des Schriftverkehrs durch den Treuhänder. Dieser ist ermächtigt, rechtsgeschäftliche Erklärungen des Darlehnsempfängers rechtswirksam für die beteiligten Geldgeber entgegenzunehmen. 6. Ausschließlich der Treuhänder ergreift die bei Gefährdung der Rechte der Kreditgeber

DM auf indirekte Revolving-Kredite. (Deutsche Zeitung, Nr. 14 vom 18. 1. 1960, S. 7; FAZ, Nr. 13 vom 16. 1. 1960, S. 7; Nr. 14 vom 18. 1. 1960, S. 9.)

[100] Zitiert bei Muthesius, Volkmar, Die Karriere des Maklers. In: ZKW, Nr. 7 vom 1. 4. 1954, S. 212.

[101] Bitschnau, a. a. O., S. 55 ff.

notwendigen Maßnahmen. 7. Einholung von Auskünften und Unterlagen über den Kreditnehmer durch den Treuhänder. 8. Die auf die Kredite von dem Kreditnehmer eingehenden Beträge werden vom Treuhänder anteilsmäßig aufgeteilt und den Kreditgebern gutgeschrieben oder überwiesen. 9. Die Provision des Treuhänders trägt der Kreditnehmer. 10. Bestimmungen über die Kündigung des Treuhandvertrages. Die Kündigung kann nur von den Kreditgebern gemeinsam ausgesprochen und nur gegenüber allen Kreditgebern wirksam werden. 11. Verzichterklärung des Treuhänders auf jedes Aufrechnungs- und Zurückbehaltungsrecht bezüglich der ihm bestellten oder übergebenen Sicherheiten.

Rudolf Münemann begann seine Tätigkeit 1928 in München als Hypothekenmakler. Das in den folgenden Jahren entwickelte direkte Revolvingsystem erlangte im Kriege für die Finanzierung der Rüstungsindustrie erhebliche Bedeutung. Der 150-Millionenkredit an die Messerschmitt AG, Augsburg, an dem über 60 Versicherungsgesellschaften mit Tranchen zwischen 50 000 und 12 000 000 RM beteiligt waren, führte damals bei den Aufsichtsbehörden auch erstmals zu Differenzen um diese moderne Finanzierungsform.

Nach der Währungsreform entstand das indirekte Revolvingsystem. Es ist dadurch gekennzeichnet, daß Banken an bestimmte von Makler aufzugebende, erstklassige Adressen langfristige Kredite unter eigenem Obligo einräumen. Indessen sorgt der Makler dafür, daß während der vereinbarten Laufzeit des Darlehens stets neue kurzfristige Termingelder verschiedener Herkunft zur Verfügung stehen. Die Kreditgeber erhalten von der Bank den üblichen Habenzinssatz und zusätzlich vom Kreditnehmer ein besonderes Zinsaufgeld.

Bei dem nunmehr auslaufenden System „7 m" gewährt ein vom Makler maßgeblich beeinflußtes Finanzierungsinstitut den Kredit, und zwar unter einem festen Zinssatz für die gesamte Laufzeit. Der Makler refinanziert diese Partnerin gegen Aushändigung der in vielen Einzelstücken ausgefertigten Schuldscheine. Er übernimmt das Terminrisiko und das Zinsrisiko.

Vermittelt wurden im Jahre[102]:

1956	1 898	Geschäftsabschlüsse mit	Geldgebern	über	947,6	Mill.	DM
	2 484	„ „	Geldnehmern	„	939,4	„	„
Summe	4 382	„		„	1 887,0	„	„
1957	1 835	„ „	Geldgebern	„	1 097,8	„	„
	2 391	„ „	Geldnehmern	„	1 084,4	„	„
Summe	4 226	„		„	2 182,2	„	„

[102] Handelsblatt, Nr. 55 vom 12. 5. 1958, S. 8.

3. Die Verwaltung und Besicherung zentral geleiteter Kredite

a) Allgemeines

Die nach dem Kriege und besonders nach der Währungsreform eingetretenen tiefgreifenden Veränderungen in der westdeutschen Wirtschaft stellten an die Kreditinstitute gewaltige, bis dahin ungekannte Aufgaben. Die Banken waren außerstande, in der Zeit des wirtschaftlichen Übergangs das zum Wiederaufbau unverzüglich notwendige Kapital aus eigener Kraft aufzubringen. Außerdem schränkte die Befolgung der Beleihungsgrundsätze und anderer bankmäßiger Gesichtspunkte ihre betriebliche Betätigung ein. Sie sahen sich daher – angesichts der starken Nachfrage nach mittel- und langfristigen Krediten in der Wirtschaft, vorwiegend in der durch Preisbindung gehemmten Grundstoffindustrie (Bergbau) – gezwungen, Mittel zu deren Befriedigung in außergewöhnlichem Umfang von der öffentlichen Hand, von Sonderkreditinstituten und von öffentlichen wie privaten Kapitalsammelstellen aufzunehmen. So flossen den Geschäftsbanken Darlehen und Treuhandmittel von Bund, Ländern und Kommunen, aus dem Marshallplan-Gegenwertfonds, dem aus Soforthilfeabgaben, Ausgleichsabgaben und Zuschüssen der öffentlichen Hand[103] gespeisten Lastenausgleichsfonds sowie aus den Finanzierungskontingenten der Versorgungsanstalten des Bundes und der Länder, der Zusatzversorgungsanstalt Karlsruhe und der Landesarbeitsämter zu, die innerhalb der verschiedensten Kreditaktionen nach den Weisungen der Kreditgeber[104] weitergeleitet wurden[105].

Diese öffentlichen Mittel dienten in erster Linie den Vertriebenen zu ihrer Eingliederung in den Wirtschaftsprozeß (zur langfristigen Finanzierung der Flüchtlingsbetriebe, Flüchtlingsumsiedlung)[106], aber auch zur wirtschaftlichen Erschließung des Grenzlandes, ferner zur Förderung der Industrie, des Handwerks, des Kleingewerbes, des Schiffbaues, der Schiffahrt, der Fischerei, der landwirtschaft-

[103] Siehe Gesetz zur Milderung dringender sozialer Notstände (Soforthilfegesetz) vom 18. 8. 1949 (WiGBl., S. 205) i. d. F. der Änderungsgesetze vom 8. 8. 1950 (BGBl., S. 355) und vom 29. 3. 1951 (BGBl. I, S. 224) und Gesetz über den Lastenausgleich vom 14. 8. 1952 (BGBl. I, S. 446) i. d. F. der hierzu ergangenen Änderungsgesetze.

[104] Siehe beispielsweise § 3 (Kreditgewährung) des Gesetzes über die Kreditanstalt für Wiederaufbau, i. d. F. vom 22. 1. 1952 (BGBl. I, S. 65) und § 10 (Darlehnsbedingungen) der Satzung der Kreditanstalt für Wiederaufbau, i. d. F. vom 16. 12. 1957 (abgedruckt in: Handbuch des gesamten Kreditwesens, a. a. O., S. 110); ferner die Bekanntmachung des Bundesausgleichsamtes über die Wahrnehmung von Rechten des Ausgleichsfonds und die Erteilung von Vollmachten vom 21. 3. 1957 (Bundesanzeiger Nr. 72 vom 12. 4. 1957, S. 2).

[105] Von dem seit 1949 investierten Kapital in Höhe von 300 Mrd. DM hat die öffentliche Hand 55 Mrd. DM (= rd. 18 %) bereitgestellt. (Breckner, Friedrich, Zehn Jahre öffentliche Finanzierungshilfen. In: ZKW, 13. Jhrg., Nr. 3 vom 1. 2. 1960, S. 112.)

[106] Hierzu Spahn, Franz Josef, Die Einschaltung der Kreditinstitute bei Eingliederungsdarlehen nach dem Lastenausgleichsgesetz, Frankfurt a. M. 1958.

lichen Siedlung, der Landgewinnung, des Bergarbeiterwohnungsbaues, der Kleinsiedlungsvorhaben, des Fremdenverkehrs u. ä.[107], schließlich wurden sie (von den regionalen Kommunalkreditinstituten) gewährt als Meliorationsdarlehen an Zweckverbände, wie Fluß- und Bodenvereinigungen sowie Wasserversorgungsverbände, als Aufbaukredite an kirchliche Gemeinden sowie an Kommunen zur Errichtung, Erweiterung und Instandsetzung von Verkehrs- und Versorgungsbetrieben, Schulen, Krankenhäusern, Alters- und Jugendheimen, Klär- und Kanalisationsanlagen, Straßen und Brücken. In diesem Zusammenhang taucht das Problem der zentralen Kreditaktionen und weitergeleiteten Kredite in einem für die Bankwirtschaft des ersten Nachkriegsjahrzehntes entscheidenden Ausmaß auf[108].

Die „von oben gesteuerten" Kreditaktionen umfassen die von zentralen Stellen gewährten und die aus eigenen Mitteln unter Bürgschaft der öffentlichen Hand bereitgestellten kurz-, mittel- und langfristigen Kredite. Ihr Zweck ist die rasche und wirksame Steuerung von allgemeinwirtschaftlichen und sozialpolitischen Maßnahmen bei Kreditnotständen[109]. Mangels genügender Abstimmung auf Ziel und Bedingungen hin sowie einer übergeordneten bundeseinheitlichen Lenkung ist es inzwischen zu einer Flut dieser öffentlichen Kredithilfen gekommen[110]. Die Bayerische Vereinsbank beklagt sich Ende 1952 allein über 37 Sonderkreditaktionen aus öffentlichen Mitteln und Staatsbürgschaften[111].

Die durch die Einschaltung behördlicher Prüfungs- und Genehmigungsstellen hervorgerufene Unübersichtlichkeit und Schwerfälligkeit bei der Behandlung der Kreditanträge haben zu heftiger Kritik an diesen Staatshilfen herausgefordert und manchen Kreditanwärter verbittert. Die Herauslegung der Kredite an die „Hausbanken" über oft mehrere Zentralkreditinstitute degradierte die durchleitenden Banken – trotz Übernahme des zeitweilig vollen Obligos – zu Briefträgern der

[107] Hierzu Dittes, Heinrich, Die Kredithilfen des Bundes und der Länder an die gewerbliche Wirtschaft, Sonderausgabe der ZKW, hrsg. bei Fritz Knapp, Frankfurt a. M. 1960.

[108] Relativ unbedeutend sind dagegen die aus den RM-Bilanzen bekannten durchlaufenden Kredite (hauptsächlich aus Sonderaktionen für Zwecke der Bodenverbesserung und Entschuldung) oder unter eigener Haftung weitergeleiteten Kredite, z. B. die umgestellten und dem (Londoner) Abkommen über deutsche Auslandsschulden vom 27. 2. 1953 (BGBl. II, S. 334) unterworfenen „Forderungen" bzw. „Verpflichtungen aus der landwirtschaftlichen Umschuldung von 1928" (Bilanz der Sondermasse aus den Mitteln der unter Führung der Deutschen Landesbankzentrale, Berlin, aufgenommenen Dollaranleihe, ausgegeben in Form von Hypotheken und Kleinkrediten an Landwirte).

[109] Castelli, Rechtliche und wirtschaftliche Probleme zentraler Kreditaktionen und ihre Bedeutung für die Sparkassen, in: Vorträge für Sparkassenprüfer, September 1954, Deutscher Sparkassenverlag GmbH., Stuttgart, S. 52 f.

[110] Die Sparkassenorganisation beteiligte sich nach dem Stand vom 31. 12. 1953 an annähernd 250 zentralen Kreditprogrammen mit rd. 2,33 Mrd. DM. Darin sind die über Spezialinstitute oder Treuhandstellen zugeflossenen Summen und die Staatsbürgschaftskredite nicht eingerechnet. (Castelli, a. a. O., S. 45.)

[111] Geschäftsbericht 1948/52, S. 52.

Behörden. Unter Hinweis auf die entpersönlichte, schematisierte Bearbeitung der Kreditgesuche (Kredit = Vertrauen!) durch Zwischeninstanzen, wie z. B. Treuhandgesellschaften[112], ferner auf die große Zahl der verschiedensten Richtlinien und Anordnungen der Geldgeber und das dadurch bedingte Spezialistentum bekundeten die Banken offen ihre Abneigung gegen eine derartige Forcierung des öffentlichen Kredites, dessen Zweckmäßigkeit lediglich für die Beseitigung der ärgsten Kriegsfolgen nach der Währungsreform anerkannt wurde[113]. Nicht zuletzt verursachten die Verwaltung der auf Tausende von Konten angestiegenen Treuhanddarlehen und die Erstattung der vom Land, Statistischen Landesamt, Statistischen Bundesamt usw. gewünschten umfangreichen Berichte, trotz des stellenweisen Einsatzes von Lochkartenmaschinen, ungeheuere Kosten[114].

In Kreisen der Wirtschaft machten sich alsbald Bestrebungen bemerkbar, die nicht nur auf Vereinfachung, sondern auf Abschaffung des offensichtlich zur Gewohnheit werdenden Kreditsubventionssystems und der bürokratischen Zwischeninstanzen drängten; öffentliche Kapitalien sollten möglichst nur noch für Bürgschaften und Zinsbeihilfen verwendet werden und auf diese Weise den Übergang zu normalen kreditwirtschaftlichen Verhältnissen erleichtern[115].

An diesen zentralen, d. h. planwirtschaftlichen Kreditprogrammen haben in den vergangenen Jahren alle echten Banken – Geschäftsbanken und Pfandbriefinstitute, Staats- und Privatbanken, Sparkassen, Girozentralen und Genossenschaftsbanken, Zentralbanken und Sonderkreditinstitute – mehr oder weniger stark teilgenommen. Gliedert man sie wegen ihrer beinahe unüberschaubaren Fülle vorteilhafterweise nicht nach der Herkunft der Mittel, sondern der Rechtsstellung der weiterleitenden Institute, so lassen sich drei Gruppen unterscheiden: 1. Durchgeleitete Kredite, unter eigenem (vollem oder beschränktem) Obligo, jedoch manchmal mit fremdem Bürgschafts- und Entlastungsversprechen, 2. durchlaufende Kredite (Hergabe im eigenen Namen, für fremde Rechnung), 3. reine Ver-

[112] So ist in einigen Bundesländern die Deutsche Revisions- und Treuhand-AG mit der Prüfung der Anträge und der Erstellung von Gutachten für die jeweils zuständigen Fachministerien beauftragt.

[113] Dazu Linhardt (Bankbilanzen, a. a. O., S. 15 f.): „In der Volkswirtschaftslehre werden die verschiedenen Kostenverhältnisse der Unternehmungen bei der Beurteilung einer ausgleichenden Wirkung durch Kreditmaßnahmen, insbesondere durch Sondermaßnahmen der öffentlichen Kreditgewährung, unterschätzt ... Die Kapitallenkung in der Marktwirtschaft bleibt den Ungewißheiten einer richtigen Kapitalverwendung ausgesetzt."

[114] Andererseits verweigerten Stellen der obersten Bundes- und Landesbehörden auf berechtigte Wünsche hin jede Auskunft über die von Bund und Ländern bewilligten Sonderkredite – ein Umstand, der sich bei Linhardt als eine bedeutende Lücke in seiner Darstellung der Kreditkontrolle, Essen 1954, auswirken mußte. Siehe Vorwort zu diesem Werk.

[115] Siehe Castelli, a. a. O., S. 54. Tatsächlich beschritt die Bundesregierung auf verschiedenen Gebieten diesen Weg, z. B. im Schiffbau, als die Epoche der Steuerbegünstigungen des § 7 d EStG und des ertragsteuerfreien Schiffspfandbriefes zu Ende ging und ERP- sowie Wiederaufbaudarlehen weitaus langsamer flossen – aber erst im Oktober 1955!

waltungskredite (in fremdem Namen und für fremde Rechnung). – Von einer Besprechung jener Darlehen, die von den Kreditbanken aus eigenen Mitteln, aber unter Ausfallbürgschaft des Bundes, der Länder und der Sondervermögen eingeräumt und deshalb ihrem Risiko weitgehend entzogen worden sind (teil- und vollverbürgte Kredite), soll im weiteren abgesehen werden.

b) Durchgeleitete Kredite

Die Position „Aufgenommene Gelder (Nostroverpflichtungen)", die teilweise recht mannigfaltige Konten aufnimmt[116], erfaßt auch die *kurz- und mittelfristigen* Zentralkredite. Manchmal gelangen sie dort neben den normalerweise ausgegliederten Verbindlichkeiten „mit vereinbarter Laufzeit oder Kündigungsfrist von 3 Monaten und mehr" und „von der Kundschaft bei Dritten benutzten Krediten"[117] gesondert zum Ausweis. Diesen zweckbestimmten Refinanzierungsmitteln öffentlich-rechtlicher Körperschaften, mit denen eine mehr als nur treuhänderische Haftung für das Institut verbunden ist, stehen auf der Aktivseite der Bilanz (unter „Debitoren") bestimmte, mit Wissen der Geldgeber ausgereichte, meist mittelfristige Kredite gegenüber[118]. Soweit sie nicht unter dem vollen Obligo der Bank weitergegeben wurden, lautet ihr den Nostroverpflichtungen untergegliederter Posten: „Verbindlichkeiten mit Teilhaftung – davon Haftungsbetrag".

Auch unter einer eigenen Position, nämlich: „Aufgenommene kurzfristige Gelder" oder „Aufgenommene mittelfristige Gelder" (z. B. bei der Bayerischen Vereinsbank erstmals in der Bilanz 1951), tauchen hereingenommene zweckgebundene Mittel für staatliche Kreditprogramme auf.

Die Aufnahme von Globaldarlehen und zentral gesteuerten Mitteln mit vollem oder partiellem Obligo bildete neben der Beschaffung von Geldern durch Verpfändung und Verkauf von Ausgleichsforderungen sowie – bei vorhandenem Emissionsrecht – der Begebung von Pfandbriefen und Kommunalschuldverschreibungen im wesentlichen das *mittel- und langfristige* Passivgeschäft der Banken nach dem Kriege.

[116] Z. B. Stillhalteverbindlichkeiten aus der Vorkriegszeit gegenüber dem Ausland (ca. bis 1954), noch nicht abgewickelte Verbindlichkeiten aus Schuldverschreibungsverkäufen und Nostro-Wertpapiergeschäften, vorübergehende Schuldsalden aus dem laufenden Abrechnungsverkehr, Rembourskredite, die die Banken ihren Kunden bei ausländischen Korrespondenten eingeräumt haben.

[117] „Kommissionskredite" nach Leitner, a. a. O., S. 219, die einen treuhandähnlichen Wesenszug erkennen lassen.

[118] „Die Nostroverpflichtungen enthalten außer den bei Auslandsbanken in Anspruch genommenen Rembourskrediten auch die uns für die Ausleihung mittelfristiger Kredite zur Verfügung gestellten Gegenwertmittel" (Berliner Bank AG, Geschäftsbericht 1955, S. 16).

Diese unter „Aufgenommene langfristige Darlehen" ausgewiesenen zentralen Kredite[119] wurden von Behörden des Bundes und der Länder, von der Kreditanstalt für Wiederaufbau, der Bank für Vertriebene und Geschädigte, der Landwirtschaftlichen Rentenbank, der Bayerischen Landesanstalt für Aufbaufinanzierung, den Sozialversicherungsträgern (als Schuldscheindarlehen) und anderen öffentlichen Instituten den Geschäftsbanken zur Verfügung gestellt[120], die sie – in freier Vereinbarung mit den Geldgebern – an namhafte Unternehmen als Hausbanken hinauslegten[121] oder, etwa seit 1950, zur Refinanzierung verwendeten[122].

Rechtliche Grundlage des Verkehrs zwischen Geldgeber und Geschäftsbank bilden das Kreditbestätigungsschreiben (des Geldgebers) und die Bereitschaftserklärung (der Bank). Die Hausbank hat die Voraussetzungen für die Darlehnsgewährung zu prüfen, die Sicherheiten zu verwalten und darauf zu achten, daß das Darlehen nur für bestimmte Vorhaben und innerhalb eines festgelegten Zeitraumes verwendet wird. Sie kann geeignete Maßnahmen zur Überwachung der Auflagen treffen. – Für ihre Tätigkeit verbleibt der Bank eine Zinsspanne (nicht Verwaltungsgebühr!) von ca. 1–1½ %.

Die Durchleitung der fremden zentralen Mittel, Bundeshaushaltsmittel und (mittelfristigen) Staatsgelder stellte im Rahmen der Vorfinanzierungsaktion (des Investitionsprogrammes) 1949, der Finanzierung des Wohnungsbauprogrammes 1950 und all der nachfolgenden öffentlich-rechtlichen Kreditprogramme eine gezielte Maßnahme der Bundesregierung und Länderregierungen dar. Die zweckbestimmten Mittel wurden in den ersten Jahren (mit eigenen Emissionserlösen) herausgelegt insbesondere an: a) Gemeinden und Gemeindeverbände, Stadt- und Landkreise zum Ausbau der kommunalen Versorgungs- und Verkehrsbetriebe, des Straßennetzes und für den sozialen Wohnungsbau (gegen Kommunaldeckung), b) Nichtgebietskörperschaften, wie z. B. Sparkassen, und andere Kreditnehmer zur Förderung der Landwirtschaft, landeskultureller Maßnahmen u. ä. (gegen staatliche oder kommunale Bürgschaft), c) Wirtschaftsunternehmen als Investitions- und Rationalisierungskredite, vor allem – in der Form von Konsortialkrediten –

[119] In einigen Bilanzen werden auch unter den „aufgenommenen langfristigen Darlehen" die „Darlehen mit Teilhaftung" getrennt aufgeführt.

[120] Die Sonderinstitute, in erster Linie mit der Aufbringung von Kapital beschäftigt, wollten sich nicht mit einer Vielzahl von Kreditnehmern belasten.

[121] Unter besonderen Darlehnsbedingungen, z. B. § 3, Abs. 2 des Gesetzes über die Kreditanstalt für Wiederaufbau i. d. F. vom 22. 1. 1952 (BGBl. I, S. 65).

[122] Natürlich standen nicht jedem westdeutschen Kreditinstitut alle genannten Finanzierungsquellen und -wege offen; die Verteilung geschah gemäß den Schwerpunktaktionen, den einzelnen Förderungsprogrammen und auch nach regionalen Gesichtspunkten. „Bei den aufgenommenen langfristigen Darlehen handelt es sich ausschließlich um die uns aus Gegenwertmitteln zur Verfügung gestellten Beträge für die Hergabe von Investitionskrediten, die auf der Aktivseite unserer Bilanz unter den langfristigen Ausleihungen zu Buche stehen." (Berliner Bank AG, Geschäftsbericht 1955, S. 16.)

an Betriebe des Ruhrbergbaues, der Schwerindustrie, der chemischen Industrie sowie (etwa ab 1951) an sonstige von Kriegs- und Demontageschäden betroffene Unternehmen (gegen Grundpfandrechte), d) Gemeinnützige Wohnungsbauunternehmen zur Finanzierung des sozialen Wohnungsbaues und der durch ihn bedingten Kosten für Aufschließungsmaßnahmen und Gemeinschaftseinrichtungen oder zur Vorfinanzierung eigener und von Dritten zugesagter Wohnungsbaudarlehen (gegen Grundpfandrechte).

Formell gehören diese weitergegebenen zentralen Kredite in das reguläre Darlehnsgeschäft der Banken[123]. Ihre treuhandähnliche Natur können sie aber aus folgenden Gründen nicht verleugnen:

1. Die weiterleitenden Institute übernehmen für diese zentralen Kredite nur ein prozentual beschränktes Obligo (in der Regel 10 % der Kreditsumme).

2. Für den übrigen Teil treten die Geldgeber oder öffentliche Stellen, z. B. die Bayerische Landesanstalt für Aufbaufinanzierung und der Staat, in Bürgschaft.

3. Zur teilweisen Sicherung werden den zentralen Kreditgebern (oft neben der Aushändigung von eigenen Namenspfandbriefen und -kommunalschuldverschreibungen) Kommunaldeckungen und die Forderungen aus den Gegenposten der Aktivseite mit den dazu bestellten Sicherheiten abgetreten bzw. verpfändet. So läßt sich vielfach die mit der Primärhaftung belastete Kreditanstalt für Wiederaufbau die auf den Namen der Geschäftsbank eingetragenen Grundschulden intern (also durch Vertrag) abtreten. In ähnlicher Form hat die Landesbank für Westfalen die ihr gegenüber den letzten Kreditnehmern zustehenden Hypotheken der Deutschen Rentenbank-Kreditanstalt für dort aufgenommene Darlehen verpfändet[124].

4. Die Mittel werden nicht nach den herkömmlichen bankmäßigen Methoden aufgenommen bzw. (durch Schuldverschreibungen) aufgebracht, sondern entstammen besonderen Fonds (ERP-Fonds, Lastenausgleichsfonds), allgemeinen Anleihen politischer und sonstiger Selbstverwaltungskörper sowie dem Steueraufkommen, z. B. dem Staatshaushalt. Man kann hier kaum noch von einer echten bankwirtschaftlichen Tätigkeit der Banken sprechen.

5. Die Mittel von zentralen Bankanstalten und öffentlichen Kreditfonds werden unter einem ermäßigten Zinssatz gegeben oder mit Zinszuschüssen ausgestat-

[123] „Kredite, die von dem bilanzierenden Institut mit eigenem, wenn auch nur partiellem Risiko gegeben worden sind, dürfen auch dann nicht als durchlaufende Kredite ausgewiesen werden, wenn es sich um nur weitergeleitete zweckgebundene Mittel handelt; sie sind je nach der Verwendungsform und Befristung in voller Höhe unter den ‚Debitoren' oder den ‚Langfristigen Ausleihungen' zu erfassen." (Gemeinsame Bekanntmachung der Bankaufsichtsbehörden des Bundesgebietes betreffend Richtlinien für die Aufstellung der Jahresbilanz und Anlage zur Jahresbilanz der Kreditinstitute vom 4. 5. 1951, in: Beilage zum Bundesanzeiger, Nr. 91 vom 16. 5. 1951.

[124] Landesbank für Westfalen, Münster, Geschäftsbericht 1948/53, S. 53.

tet. Erwähnt sei hier die Zinsverbilligungsaktion 1954 des Bundesministeriums für Ernährung, Landwirtschaft und Forsten zur Förderung agrarpolitischer Maßnahmen (Milderung von Ernte- und Hochwasserschäden, Entwässerungen, Deichbauten, Ausbau von Molkereien, Besitzfestigung).

6. Die weiterleitenden Banken sind in ihrer kreditwirtschaftlichen Betätigung nicht ungebunden; sie sollen die Kreditmittel vielmehr nach einheitlichen Richtlinien und unter bestimmten Formen, die vom Kreditgeber vorgeschrieben werden, hindurchleiten[125]. Die Banken treten hier in erster Linie als Kreditprüfungs-, Kreditverteilungs-, Kreditführungs- und Kreditsicherungsstelle auf. Für die Zweckbestimmung dieser Kreditaktionen sind vorwiegend sozial- und wirtschaftspolitische, also mehr oder weniger bankfremde Gesichtspunkte maßgebend (wirtschaftsfördernde Maßnahmen in entwicklungsbedürftigen, industriearmen Gebieten, Sanierungs- und Zonenrandgebieten, strukturelle Umschichtungen, Finanzierung von Berliner Aufträgen und des Exports in die Entwicklungsländer).

c) *Durchlaufende Kredite*

Den durchgeleiteten zentralen Kreditmitteln stehen jene an Bedeutung nicht nach, die in den Bilanzen als „Durchlaufende Kredite (nur Treuhandgeschäfte)“ gezeigt werden[126]. Diese Treuhandkredite reinster Form nahmen etwa ab 1953 besonders kräftig zu, als öffentliche Mittel, dank der Stärkung der Bodenkreditanstalten und sonstigen Kapitalsammelstellen durch verbesserten Pfandbriefabsatz[127], nicht mehr im bisherigen Umfange zur Befriedigung des Bedarfs an erststelligen Hypotheken eingesetzt zu werden brauchten.

Während die durchlaufenden Kredite 1949/50 vornehmlich kurz- und mittelfristig von den Ländern für verschiedene Finanzierungszwecke (Förderung der landwirtschaftlichen Siedlung und des Handwerks, Neubau, Umbau sowie Ankauf von See- und Binnenschiffen) bereitgestellt wurden, traten später außerdem als

[125] In ähnlicher Weise übernahmen z. B. die Banken mit der Hereinnahme steuerbegünstigter Anlagen nach dem Gesetz zur Änderung des Einkommensteuergesetzes und des Körperschaftsteuergesetzes i. d. F. vom 19. 12. 1956 (BGBl. I, S. 918) die Verpflichtung, entweder langfristige Direkthypotheken zu gewähren oder Pfandbriefe, die der Wohnungsbaufinanzierung dienten, zu erwerben.

[126] Siehe hierzu Wortlaut der Bilanzierungsrichtlinien (Fußnote 123): „Die Position ‚Durchlaufende Kredite‘ ist auf Forderungen beschränkt, die Treuhand-(Auftrags-)Kredite in dem Sinne darstellen, daß die ausgeliehenen Mittel dem bilanzierenden Institut vom Auftraggeber voll zur Verfügung gestellt wurden und die Haftung des bilanzierenden Instituts sich auf die ordnungsmäßige Verwaltung der Ausleihungen und die Abführung der aus den Ausleihungen einkommenden Beträge an den Auftraggeber beschränkt.“

[127] Zunächst vorwiegend an Privatkundschaft und später (ca. 1956), als deren Interesse nachzulassen drohte, im Wege von Sonderaktionen (Preuskerprogramm u. a.) an öffentliche Stellen, um den sozialen Wohnungsbau im geplanten Ausmaß aufrechtzuerhalten.

Geber der Treuhanddarlehen die großen Sonderkreditinstitute auf: Lastenausgleichsbank, Bad Godesberg (gegr. 1950), Kreditanstalt für Wiederaufbau, Frankfurt a. M. (gegr. 1948), Landwirtschaftliche Rentenbank, Frankfurt a. M. (gegr. 1949), Deutsche Siedlungsbank, Bonn (gegr. 1930 in Berlin).

Hervorzuheben sind die ERP-Schiffshypothekendarlehen und die im Rahmen des Lastenausgleichs laufenden Kredithilfeprogramme des Hauptamtes für Soforthilfe bzw. Bundesausgleichsamtes. Letztere dienen dem Wiederaufbau, der Festigung oder Neuerrichtung von Betrieben jener Personen, die nach dem Lastenausgleichsgesetz und anderen Gesetzen einen Entschädigungsanspruch haben (Flüchtlinge, Kriegssachgeschädigte, politisch Verfolgte, Spätheimkehrer). Aus den verschiedenartigen Einzelaktionen seien genannt: Existenzaufbauhilfedarlehen, Gemeinschaftshilfedarlehen zur Schaffung von Dauerarbeitsplätzen (an Unternehmer, die die Verpflichtung zur Beschäftigung und Ausbildung einer entsprechenden Zahl von entschädigungsberechtigten Personen übernommen haben), Aufbaudarlehen für die gewerbliche Wirtschaft und die freien Berufe, Aufbaudarlehen für den Wohnungsbau und Aufbaudarlehen aus Mitteln des Härtefonds.

Hier sind auch die Aktionen zinsverbilligter Betriebsmittelkredite zugunsten des oben erwähnten Berechtigtenkreises einzubeziehen, die Anfang 1953 von der Lastenausgleichsbank unter Einschaltung der Länder eingeleitet wurden; Banken waren für beiderlei Organe tätig.

Die erstaunlich hohen durchlaufenden Kredite der Berliner Industriebank AG entfielen zum überwiegenden Teil auf die Auftragsfinanzierung und ähnliche Finanzierungshilfen.

Für die Durchführung der Kreditaktionen mit langfristigen treuhänderisch ausgereichten Mitteln haben die Darlehnsgeber als Treugeber eine Reihe von Weisungen, Anordnungen und Erlassen herausgegeben. Erwähnt seien die im Amtlichen Mitteilungsblatt des Hauptamtes für Soforthilfe bzw. Bundesausgleichsamtes veröffentlichten Richtlinien für die Gewährung von Aufbaudarlehen. So zum Beispiel:

Weisung über Aufbaudarlehen für die gewerbliche Wirtschaft und die freien Berufe vom 21. 10. 1952 (Mtbl. HfS, S. 89)[128]. Sie regelt folgende Punkte: Zweckbestimmung der Kredite, Antragsrecht, Dringlichkeitsfolge, Höhe und Höchstbetrag der Darlehen, Verzinsung und Tilgung, Kündigung und Aufhebung, Verfahren der Kreditgewährung (Antragstellung, Entscheidungsbefugnis, Prüfung durch das Ausgleichsamt). Analog dazu:

Weisung über Aufbaudarlehen für die Landwirtschaft vom 21. 10. 1952 (Mtbl. HfS, S. 92)[129];

[128] Siehe hierzu Durchführungsbestimmungen zur Weisung über die Gewährung von Aufbauhilfe (Existenzaufbau) und zur Weisung über Aufbaudarlehen für die gewerbliche Wirtschaft und die freien Berufe vom 7. 7. 1954 (Mtbl. BAA, S. 193).

[129] Siehe hierzu: Anleitung zur Weisung über Aufbaudarlehen für die Landwirtschaft vom 7. 5. 1953 (Mtbl. BAA, S. 142); Rundschreiben zur Ergänzung der Anleitung zur Weisung über Aufbaudarlehen für die Landwirtschaft für Vertriebene und Vertreibungsschäden vom 28. 12. 1953 (Mtbl. BAA 1954, S. 18); Anordnung über die Bewilligung, Sicherstellung und Auszahlung von Aufbaudarlehen (Sammeldarlehen) an Siedlungsträger im Neusiedlungsverfahren

Weisung über Aufbaudarlehen für den Wohnungsbau vom 21. 10. 1952 i. d. F. vom 5. 4. 1954 (Mtbl. BAA, S. 139)[130];

Weisung über Arbeitsplatzdarlehen vom 21. 10. 1952 (Mtbl. HfS, S. 97, 107)[131].

Die wichtigsten Bestimmungen der Anordnung über die Leistung, Festsetzung und Bewertung von Sicherheiten bei *Aufbaudarlehen für die gewerbliche Wirtschaft und die freien Berufe* vom 21. 11. 1952 (Mtbl. HfS, S. 143) betreffen:

1. Die Sicherheiten (dingliche Sicherheiten[132], Sicherungsübereignung, Bürgschaften, Forderungsabtretung, Ansprüche an den Ausgleichsfonds),

2. Bewertungsgrundsätze,

3. Versicherungsschutz: Der Darlehnsnehmer ist verpflichtet, die zur Sicherung dienenden Vermögensgegenstände nach Maßgabe der Sicherungsverträge gegen diejenigen Gefahren zu versichern, für die dem verwaltenden Institut ein Versicherungsschutz erforderlich erscheint. Er hat dem Kreditinstitut den Abschluß der Versicherungen und die Zahlung der laufenden Prämien auf Verlangen jederzeit nachzuweisen.

4. Verfahren zur Sicherung des Darlehens: Über eine vom Kreditinstitut für zweckmäßig gehaltene oder vom Darlehnsnehmer im Einvernehmen mit dem Kreditinstitut vorgeschlagene Auswechslung sowie über eine notwendige Freigabe von Sicherheiten entscheidet der Leiter der Ausgleichsbehörde.

5. Auszahlung, Verwaltung und Überwachung der Treuhandkredite:

Der Darlehnsbetrag wird dem Kreditnehmer nur gegen Nachweis des Bedarfs ausgezahlt, wobei ihm nicht mehr zur Verfügung gestellt werden soll, als er für eine bestimmte Zahlung benötigt. Bei den Betriebsmittelkrediten kann von der Vorlage des Nachweises abgesehen werden. Der Darlehnsnehmer hat der Bank die quittierten Rechnungen vorzulegen. Soweit möglich, soll die Auszahlung durch unmittelbare Überweisung an die Lieferanten oder sonstigen Gläubiger erfolgen. Dabei soll das Kreditinstitut erklären, zu welchem näher bezeichneten Zweck der überwiesene Betrag zu verwenden ist, und darauf hinweisen, daß eine anderweitige Verwendung ohne seine Genehmigung nicht zulässig ist.

Die Ausgleichsbehörden haben mit den Kreditinstituten aufs engste zusammenzuarbeiten, so daß bei voller Wahrung der Rechte und Pflichten der Banken eine ständige gegenseitige Unterrichtung gewährleistet ist. Sie sind gehalten, den Banken alle Unterlagen bereitzustellen und alle Angaben zu machen, damit diese die zweckentsprechende Verwendung der Aufbaudarlehen überwachen können.

Der Darlehnsnehmer verpflichtet sich, dem verwaltenden Institut die betrieblichen und finanziellen Verhältnisse des geförderten Vorhabens jederzeit offen zu legen und Bilanzen sowie sonstige Unterlagen auf Anforderung einzureichen. Das Kreditinstitut ist berechtigt, selbst oder durch beauftragte Dritte jederzeit Prüfungen an Ort und Stelle vorzunehmen oder andere zur Über-

vom 9. 9. 1953 (Mtbl. BAA, S. 309), Rundschreiben zur Weisung über Aufbaudarlehen für die Landwirtschaft an Kriegssachgeschädigte vom 10. 11. 1953 (Mtbl. BAA, S. 384), Durchführungsbestimmungen zu § 1 Abs. 2 b und § 2 der Weisung über Aufbaudarlehen für die Landwirtschaft, betr. die Förderung landwirtschaftlicher Nebenerwerbsstellen vom 3. 12. 1954 (Mtbl. BAA, S. 301).

[130] Siehe hierzu Rundschreiben betr. Tilgungssenkung bei Aufbaudarlehen für den Wohnungsbau, die vor dem 17. 11. 1953 bewilligt worden sind, vom 23. 7. 1954 (Mtbl. BAA, S. 219).

[131] Siehe hierzu Durchführungsbestimmungen zur Weisung über Arbeitsplatzdarlehen vom 12. 4. 1955 (Mtbl. BAA, S. 101, 195).

[132] Grundbuchmäßige Sicherheiten sollen – nach Wahl der Bank – als Buch- oder Briefgrundschuld auf den Namen der Bank eingetragen werden.

wachung und Sicherung des Darlehens und des Darlehnszwecks notwendige Maßnahmen zu ergreifen.

Parallel zu dieser Anordnung wurden erlassen:

Durchführungsbestimmungen zu §§ 7 und 8 der Weisungen über *Aufbaudarlehen für die Landwirtschaft an Kriegssachgeschädigte* vom 10. 11. 1953 (Mtbl. BAA, S. 380), Abschnitt I: Bestimmungen über die Leistung, Festsetzung und Bewertung von Sicherheiten;

Anordnung über die Leistung, Festsetzung und Bewertung von Sicherheiten bei *Aufbaudarlehen für den Wohnungsbau* vom 14. 2. 1953 (Mtbl. BAA, S. 54);

Anordnung über die Leistung, Festsetzung und Bewertung von Sicherheiten bei *Arbeitsplatzdarlehen* vom 21. 11. 1952 (Mtbl. HfS, S. 148).

Die Bestimmungen über die Einschaltung der Kreditinstitute regeln im einzelnen die Aufgaben der Banken bei der Weiterleitung von Treuhandkrediten. Ihre Wichtigkeit scheint die ausführliche Wiedergabe zu rechtfertigen.

Bestimmungen für die Einschaltung der Kreditinstitute bei *Aufbaudarlehen für die gewerbliche Wirtschaft und die freien Berufe und bei Arbeitsplatzdarlehen* vom 21. 11. 1952 (Mtbl. HfS, S. 141):

aa) Gemeinsame Bestimmungen

Das Kreditinstitut gewährt das Darlehen auf Grund eines Bescheides der zuständigen Ausgleichsbehörde im eigenen Namen, aber ohne eigenes Kreditrisiko für Rechnung des Ausgleichsfonds. Es verwaltet das Darlehen und die Sicherheiten als Treuhänder der Bundesrepublik Deutschland (Ausgleichsfonds) und tritt gegenüber dem Kreditnehmer und sonstigen Stellen sowie im Grundbuchverkehr als unmittelbarer Gläubiger auf.

Das Kreditinstitut erklärt seine Bereitwilligkeit, das Darlehen gemäß diesen Bestimmungen treuhänderisch zu verwalten. Über die Bewilligung des Darlehens erhält es von der Ausgleichsbehörde einen Bescheid. Es schließt vor der Auszahlung mit dem Kreditnehmer einen Darlehnsvertrag ab und sendet zwei Zweitschriften der Ausgleichsbehörde zu.

In Ergänzung zu den Weisungen, Bestimmungen und den im Darlehnsvertrag getroffenen Regelungen gelten die Allgemeinen Geschäftsbedingungen der Banken, die sich das verwaltende Institut vom Darlehnsnehmer anerkennen lassen muß.

Vor Bestimmung der Sicherheiten durch die Ausgleichsbehörde ist das Kreditinstitut zu hören; es wirkt außerdem bei der Ermittlung des Wertes der Sicherheiten mit. Sicherungsnehmer ist das verwaltende Institut; es verwahrt auch alle die Sicherungen betreffenden Urkunden und Unterlagen. Die Bank schließt die Verträge über die zu stellenden Sicherheiten in der Form ab, wie sie für die Besicherung eigener Kredite verlangt wird. Sie hat in banküblichem Umfange die

Betriebsführung des Darlehnsnehmers zu beobachten sowie die Sicherheiten und die Verwendung des Kredites für den im Bewilligungsbescheid genannten Zweck zu überwachen.

Die Bank muß ferner auf pünktliche Leistung der Zins- und Tilgungsbeträge achten, anderenfalls die ihr zur Beitreibung geeignet erscheinenden Maßnahmen ergreifen. Sie kann, wenn dies in besonders begründeten Fällen mit Rücksicht auf die Verhältnisse des Darlehnsnehmers gerechtfertigt erscheint, Zahlungsverbindlichkeiten bis zu einem bestimmten Betrage und auf eine gewisse Zeit stunden[133]. Der Lastenausgleichsbank ist hierüber Mitteilung zu machen. Über die Grenzen hinausgehende Stundungsanträge hat sie eingehend zu prüfen und, mit ihrer Stellungnahme versehen, der Lastenausgleichsbank zuzuleiten. Diese verständigt die Bank von der getroffenen Entscheidung.

Das verwaltende Institut ist verpflichtet, der Lastenausgleichsbank über das Darlehen halbjährlich eine Abrechnung einzureichen und über gefährdet erscheinende Darlehen unverzüglich zu berichten. Richtlinien, die die Lastenausgleichsbank mit Zustimmung des Präsidenten des Bundesausgleichsamtes erläßt, behandeln Einzelheiten der Abrechnung und Verwaltung.

Das Kreditinstitut darf den Darlehnsvertrag kündigen, wenn Gründe dafür vorliegen[134]. Soweit es kein anderes Vorgehen für zweckmäßig hält, fordert es dann das Darlehen ein, verwertet vorhandene Sicherheiten und führt dem Einzelfall angemessene Zwangsmaßnahmen durch. Normalerweise hat es den Beschluß der Lastenausgleichsbank hierüber abzuwarten. Verträgt die Kündigung keinen Aufschub, so kann sie die Bank aussprechen und die Zustimmung der Lastenausgleichsbank nachträglich einholen. Die Bank ist berechtigt, die Kündigung zurückzunehmen, wenn maßgebliche Kündigungsgründe entfallen.

[133] Siehe hierzu Rundschreiben betr. Behandlung von Anträgen auf Stundung von Zins- und Tilgungsleistungen für Existenzaufbauhilfe-Darlehen und Aufbaudarlehen für die gewerbliche Wirtschaft und die freien Berufe bis zur Entscheidung über die Hauptentschädigung vom 30. 9. 1953 (Mtbl. BAA, S. 330); Weisung über die Aussetzung von Tilgungsleistungen bei Aufbaudarlehen für die gewerbliche Wirtschaft und die freien Berufe nach § 254 LAG vom 14. 11. 1955 (Mtbl. BAA, S. 313).

[134] Z. B. Aufbaudarlehen für die gewerbliche Wirtschaft und die freien Berufe können vom Kreditinstitut ohne Einhaltung einer Frist gekündigt werden, 1. wenn sie auf Grund falscher oder unterlassener, für die Beurteilung wesentlicher Angaben gewährt wurden, 2. wenn der Kreditnehmer die mit dem Darlehen geförderte Erwerbstätigkeit aufgibt, 3. wenn die Rechtsform der geförderten Unternehmung ohne Zustimmung der Ausgleichsbehörde geändert wird, 4. wenn der Darlehnsnehmer die Zahlungen einstellt, in ein Konkurs- oder Vergleichsverfahren geht oder gegen den Darlehnsvertrag und die zur Sicherung des Darlehens abgeschlossenen Verträge verstößt; wenn ferner Umstände eintreten, unter denen trotz Berücksichtigung der wirtschaftlichen Notlage des Kreditnehmers die Weiterbelassung des Darlehens nicht vertretbar ist, 5. wenn und soweit die Mittel nicht gemäß der „Weisung“ oder dem im Bewilligungsbescheid festgelegten Zweck verwendet werden, 6. wenn der Darlehnsnehmer mit Zins- und Tilgungsbeträgen in Höhe von zwei Halbjahresraten in Verzug gerät, 7. wenn der Kredit innerhalb von 6 Monaten nach Abschluß des Vertrages nicht in Anspruch genommen worden ist

bb) Sonderbestimmungen für Aufbaudarlehen

Das von der Ausgleichsbehörde bewilligte Aufbaudarlehen wird von dem verwaltenden Institut nach Abschluß des Darlehnsvertrages (Vollziehung der Schuldurkunde) bei der Lastenausgleichsbank angefordert. Das Kreditinstitut belastet mit dem überwiesenen Betrag das Konto des Darlehnsnehmers. Zugleich schreibt es ihm die Darlehnsvaluta auf einem Sperrkonto (Treuhandkonto) gut, zu dessen Lasten die Abrufe erfolgen.

Der Bank steht eine Verwaltungsgebühr von jährlich 1½ % des der Zinsrechnung zugrunde gelegten Kapitalbetrages zu.

cc) Sonderbestimmungen für Arbeitsplatzdarlehen

Das verwaltende Institut fordert die bewilligten Mittel nach Abschluß des Darlehnsvertrages, Bestellung der Sicherheiten und nach Erfüllung aller weiteren vertraglich vereinbarten Bedingungen zu den festgesetzten Terminen mit den jeweils vorgesehenen Beträgen bei der Lastenausgleichsbank an. Es erhält für seine Verwaltungstätigkeit eine Gebühr von jährlich 1 % der der Zinsrechnung zugrunde gelegten Kreditsumme.

Nur geringfügige Abweichungen, die sich aus der Art des Kredites ergeben, enthalten die Durchführungsbestimmungen zu §§ 7 und 8 der Weisungen über *Aufbaudarlehen für die Landwirtschaft* an Kriegssachgeschädigte vom 10. 11. 1953 (Mtbl. BAA, S. 380), Abschnitt II: Bestimmungen über die Einschaltung der Kreditinstitute. Grundsätzlich sollen mit der Auszahlung und Verwaltung der Aufbaudarlehen für die Landwirtschaft nur solche Banken betraut werden, die im landwirtschaftlichen Realkreditgeschäft tätig sind oder Pächterkredite geben. Die Wahl des verwaltenden Instituts steht dem Darlehnsnehmer unter Beachtung dieser Bestimmungen zu.

Die Bank berechnet eine einmalige Bearbeitungsgebühr in Höhe von 1 % der ausgezahlten Kreditsumme und eine laufende Verwaltungsgebühr von jährlich 0,5 % vom jeweils noch ausstehenden Darlehnsbetrag. Sie kann die Gebühren von den Zins- und Tilgungseinnahmen einbehalten.

Die Bestimmungen für die Einschaltung der Kreditinstitute bei *Aufbaudarlehen für den Wohnungsbau* vom 14. 2. 1953 (Mtbl. BAA, S. 50) stimmen in den Grundzügen mit den obigen Weisungsvorschriften überein.

Die Kündigung von Arbeitsplatzdarlehen, der Abschluß von Abwicklungsverträgen, die Verwaltung von gekündigten Arbeitsplatzdarlehen sowie die Einziehung von Vertragsstrafen regeln sich wie alle Maßnahmen der Darlehnsverwaltung nach den Bestimmungen für die Einschaltung der Kreditinstitute bei *Arbeitsplatzdarlehen* i.d.F. vom 16. 8. 1956 (Mtbl. BAA, S. 474).

Über die Beendigung von Treuhandverhältnissen zwischen dem Ausgleichsfonds und den verwaltenden Kreditinstituten siehe Durchführungsbestimmungen über die Behandlung von Darlehnsforderungen im Lastenausgleich vom 11. 7. 1958 (Mtbl. BAA, S. 342).

Bemerkenswerte Höhen erreichen die Treuhandmittel bei den Staats- und Landesbanken; welches Verhältnis sie zur Bilanzsumme bilden können, mag das Beispiel der Hessischen Landesbank – Girozentrale zeigen[135]:

1953[136]	1953	1954	1955	1956	1957	1958
			Durchlaufende Kredite in Mill. DM			
22,3	346,0	491,4	673,6	831,4	1 000,2	1 211,9
			Im Prozentsatz zur Bilanzsumme			
3,1	31,5	31,1	33,7	35,2	33,1	32,5

Insgesamt erfuhren die Treuhandkredite in den Jahren nach 1950 eine ständige Ausdehnung, wie die folgenden Zahlenreihen aus den Bilanzen einiger Großbanken, Regionalbanken und Spitzeninstitute lehren (siehe S. 47).
Auf die Ausfälle bei den verwalteten Treuhandfonds, die keineswegs gering sind[145], soll nicht weiter eingegangen werden. Einzelheiten hierüber können besonderen Veröffentlichungen, so etwa den Berichten der Deutschen Revisions- und Treuhand-AG, entnommen werden.

d) *Verwaltungskredite*

Die ebenfalls unter Freistellung der Banken von der Haftung für den Rückfluß weitergeleiteten Verwaltungskredite – hierzu rechnen vor allem Bundes- und Landesmittel für den Wohnungsbau, die Landwirtschaft, den Schiffbau usw. und

[135] Geschäftsberichte 1953–1958.

[136] Eröffnungsbilanz zum 1. Juni.

[145] Die Hessische Landesbank berichtet beispielsweise zum 31. 12. 1955 von 90 anhängigen Zwangsversteigerungen und -verwaltungen (Geschäftsbericht 1955, S. 16). Aus ihrem Obligo gegenüber den Hausbanken ist die LAB seit 1950 mit rd. 8,3 Mill. DM in Anspruch genommen worden (LAB-Geschäftsbericht 1958, S. 32).

– in Mill. DM –

	1949	1950	1951	1952	1953	1954	1955	1956	1957	1958
Bayerische Staatsbank	16,728 [137]	29,293	3,041 [138]	4,071	5,644	10,513	12,696	15,665	16,064	15,023
Bayerische Vereinsbank	—	0,615	2,134	4,468	5,052	8,852	12,086	13,536	13,618	13,363
Bayerische Hypotheken- und Wechsel-Bank	0,305	1,446	4,794	7,522	12,310	25,088	39,238	53,126	63,700	66,813
Niedersächsische Landesbank – Girozentrale	0,004	0,476	0,374	0,674	6,783	6,974	7,088	7,456	5,861	3,896
Landesbank für Westfalen – Girozentrale	27,714	75,060	105,161	113,551	115,652	168,232	381,909 [139]	65,620 [140]	72,508	78,187
Landesbank und Girozentrale Schleswig-Holstein	14,360	43,121	62,393	84,321	114,184	170,631	234,0	275,846	325,049	382,139
Commerz- und Disconto-Bank AG [141]			2,312 [142]	6,131	8,938	10,003	13,203	14,303	13,828	(35,919) [143]
Gruppe Deutsche Bank / Deutsche Bank AG							88,558	86,635	77,916	66,317
Braunschweigische Staatsbank							102,335	130,511	160,275	195,481
Berliner Industriebank AG [144]							183,992	191,099	189,149	175,212
Berliner Bank AG							9,654	11,649	16,841	20,425

137 Es handelt sich um „die an fremde Banken weitergeleiteten, vom Bayerischen Staat zur Refinanzierung von Flüchtlingsproduktivkrediten zur Verfügung gestellten Gelder, für deren Rückfluß an die Bayerische Staatshauptkasse wir eine Haftung nicht zu übernehmen hatten." (Geschäftsbericht 1948–1950, S. 18.)

138 „Der Rückgang ist durch die Aufnahme der Geschäfte der neu errichteten Bayerischen Landesanstalt für Aufbaufinanzierung, München, bedingt, auf die wir den weitaus größten Teil der uns vom Lande Bayern überlassenen und ohne unsere Haftung an fremde Banken hinausgelegten Refinanzierungsgelder übertragen haben." (Geschäftsbericht 1951, S. 11.)

139 Diese Bilanzposition erläutert die Bank in ihrem Geschäftsbericht 1955 (S. 25) lediglich mit den Worten: „Die durchlaufenden Kredite sind von rd. DM 168,2 Millionen im Vorjahr auf rd. DM 381,9 Millionen gestiegen. Es handelt sich überwiegend um Wohnungsbau- und Flüchtlingskredite, die im eigenen Namen und für fremde Rechnung gegeben wurden."

140 Ein Teil der im Vorjahr unter dieser Position ausgewiesenen Ausleihungen wurde zwecks Überleitung auf das neu errichtete Konto „Sondervermögen der Wohnungsbauförderungsanstalt des Landes Nordrhein-Westfalen" aus der Bilanz ausgegliedert und in der Position Verwaltungsvermögen vor dem Strich vermerkt.

141 Die Commerz- und Disconto-Bank AG, Hamburg, war eines der drei Nachfolgeinstitute der früheren, 1870 gegründeten Commerzbank AG, die auf Grund des Gesetzes über den Niederlassungsbereich von Kreditinstituten vom 29. 3. 1952 (BGBl. I, S. 217) gebildet wurden. Die Beschränkung des Niederlassungsbereiches der Großbanken wurde am 24. 12. 1956 durch Gesetz wieder aufgehoben.

142 Eröffnungsbilanz zum 1. 1. 1952.

143 Einschließlich des Commerz-Bankverein AG und der Commerz- und Credit-Bank AG; mit Wirkung vom 1. 7. 1958 wiedervereinigt zur Commerzbank AG.

144 1949 gegründet, besorgt insbesondere die Weiterleitung der ERP-Kredite.

Hauszinssteuerhypotheken der Kommunen – sind im Bilanzvolumen nicht einbegriffen. Sie erscheinen gewöhnlich im Bilanzabschluß gar nicht – und wenn überhaupt, dann außerhalb des Bilanzschemas in getrennter Rechnungslegung oder innerhalb der Bilanz als Sonderposition „Verwaltungskredite" vor bzw. unter der Linie oder als Unterposten bei den „durchlaufenden Krediten" vor dem Strich.

Die Verwaltung dieser Art von Krediten wird vielfach zu den Treuhandgeschäften gezählt (z. B. in den Geschäftsberichten der Hessischen Landesbank). Ob in den so bezeichneten Fällen eigentliche Treuhand im Rechtssinne besteht, ist ein Zweifelspunkt. Wie bereits in den einleitenden Kapiteln ausgeführt, bereitet die Feststellung des Inhalts gesetzlich nicht fixierter, durch die wirtschaftliche Praxis ausgebildeter Begriffe gelegentlich Schwierigkeiten. Auch die Grenzen des Treuhandbegriffes sind nicht klar gezogen, und die Rechtsanwendung ist unterschiedlich. Das Reichsgericht läßt in einer Anzahl von zivilrechtlichen Entscheidungen nicht nur die stille Stellvertretung als Treuhand zu, sondern nimmt auch dort Treuhänderschaft an, wo der Treuhänder nur Verfügungsrechte kraft Vollmacht hat, also erkennbar in fremdem Namen, nicht in eigenem Namen und auf Grund eigenen Rechts handelt[146]. Das Auftreten des Treuhänders nach außen im eigenen Namen ist keineswegs begriffsnotwendig für das Treuhandverhältnis. Nicht die Form, sondern die obligatorische Grundlage der Treuhandbeziehung ist maßgebend für den Umfang der Selbständigkeit des Treuhänders. Die Entscheidungsbefugnis und die Pflichten des Treuhänders können bei der Treuhand durch Vollmachtserteilung weit unbeschränkter und unabhängiger sein als bei der Treuhand kraft abgeleiteten Rechts (Ermächtigung). Die Stellvertretung ist ebensosehr eine Rechtseinrichtung, die Treuhandzwecken dienen kann.

Bei der Weiterleitung der in fremdem Namen und für fremde Rechnung ausgereichten Verwaltungskredite liegt zwar nicht ein typisches Treuhandverhältnis vor, wohl aber ein Treuhandverhältnis im weiteren Sinne. Die Rechtsmacht wird materiell durch den zentralen Kreditgeber (Treugeber), formell durch die kreditauszahlende Bank (Treuhänder) repräsentiert. (Fraglich könnte allenfalls sein, ob nicht die Schranken für den Treuhänder zu eng gesteckt sind.) Der wirtschaftliche Erfolg soll auch hier wie bei den durchlaufenden Krediten dem Kreditgeber zukommen. Der Treuhänder wendet darauf – im Rahmen seiner Rechtsmacht – alle Rechtshandlungen an. – Schließlich erhält die Treuhänderbank auch bei der Weiterleitung der „durchlaufenden Kredite" keine Rechte, über die sie wie der Berechtigte verfügen kann.

[146] Siehe Emmerich, Hugo, Die Sanierung, I. Teil: Der Begriff der Sanierung, der außergerichtliche Vergleich, die Sanierungstreuhand. Mannheim, Berlin, Leipzig 1930, S. 147 f., 163; Wirtschaftsprüfer-Handbuch 1959, a. a. O., S. 1392.

Die Entscheidung über die Frage, ob zentrale Kredite zu den „durchlaufenden Krediten" oder den sog. Verwaltungskrediten zählen, hängt von der Art und Weise der Bestellung der Sicherheiten ab. Erfolgt sie auf den Namen des Auftraggebers und hat demgemäß die Bank mit dessen Vollmacht eventuelle Vollstreckungsmaßnahmen durchzuführen, so handelt es sich um eine Verwaltungsübernahme. Ist die Bank als Gläubigerin der Darlehen im Grundbuch eingetragen, dann sind diese als „durchlaufende Kredite" zu betrachten. So werden etwa die Kredite von Bund und Land zur Förderung der Grundstückszusammenlegung und Aussiedlung (Erweiterung von Wirtschaftsgebäuden oder Errichtung neuer Wohngebäude)[147] von dem durchleitenden Institut teils (die Bundesmittel) als Verwaltungskredite, teils (die Landesdarlehen) als durchlaufende Kredite geführt.

Die jährliche Zunahme dieser über die Geschäftsbanken geleiteten öffentlichen Mittel sollen die Zahlen der folgenden drei Landesbanken zu den einzelnen Bilanzstichtagen verdeutlichen[148]:

	Landesbank für Westfalen[149]	Landesbank Schlesw.-Holst.	Niedersächsische Landesbank
	– in 1 000 DM –		
31. 12. 1949	3 876	725	—
31. 12. 1950	50 826	7 886	—
31. 12. 1951	133 131	7 080	—
31. 12. 1952	301 743	6 110	—
31. 12. 1953	531 345	1 806	—
31. 12. 1954	1 123 521	3 074	41 394
31. 12. 1955	1 241 801	18 635	78 867
31. 12. 1956	1 885 361	36 685	115 992
31. 12. 1957	2 448 163	42 575	147 772
31. 12. 1958	3 014 644	37 578	181 559

[147] 1955 wurden erstmalig in Schleswig-Holstein 167 Darlehen im Gesamtbetrag von 5 750 000 DM – hauptsächlich an Teilnehmergemeinschaften auf Grund des Flurbereinigungsgesetzes vom 14. 7. 1953 (BGBl. I, S. 591) – bewilligt (Landesbank und Girozentrale Schleswig-Holstein, Geschäftsbericht 1955, S. 9).

[148] Geschäftsberichte 1948–1958.

[149] Anfangs nahezu ausschließlich (außer einem geringfügigen Betrag von landwirtschaftlichen Entschuldungsdarlehen der Deutschen Rentenbank-Kreditanstalt) Wohnungsbaumittel und Wiederaufbaudarlehen des Landes bzw. der Lastenausgleichsbank. Ab 1954 treten zu dieser Position – nunmehr „Verwaltungsvermögen" genannt – die Darlehen aus der Tätigkeit der Landesbank als Bundestreuhandstelle für den Bergarbeiterwohnungsbau (nach dem Gesetz zur Förderung des Bergarbeiterwohnungsbaues im Kohlenbergbau vom 23. 10. 1951 i. d. F. vom 30. 11. 1954 [BGBl. I, S. 359]); sie betragen 1954: 357,2 Mill. DM, 1955: 403,1 Mill. DM, 1956: 432,5 Mill. DM, 1957: 570,3 Mill. DM, 1958: 685,0 Mill. DM.

e) Treuhänderische Bürgschaftsübernahme

Neben den Verwaltungskrediten trifft man auch – wie eingangs erwähnt – Positionen unter den Eventualverbindlichkeiten, die bekanntlich nicht in die Bilanzsumme aufgenommen werden[150] und sichtbarer Ausdruck von Treuhandgeschäften sind: Bürgschaften. Natürlich gehört die Übernahme von einfachen Bürgschaften und Garantieverpflichtungen[151] in den Rahmen des Privatkreditgeschäfts der Banken; die Avalkredite, einschließlich der bei Kreditaufträgen geleisteten Bürgschaften, stehen mit den Kontokorrent-, Diskont- und Akzeptkrediten in gleicher Reihe der kurzfristigen Kredite.

Treuhänderischer Charakter kennzeichnet aber jene Bürgschaften und Garantien, die nicht aus überwiegend eigenem Geschäftsinteresse, sondern im Auftrage des Landes oder einer sonstigen öffentlich-rechtlichen Körperschaft und in der Regel ohne genügende Deckung gegeben werden. Der Staat, als Treugeber letzten Endes berechtigt und verpflichtet, erteilt dem mandatarischen Treuhänder für seine Funktion Weisungen (siehe Richtlinien der Ministerialbehörden) und bestimmt die Bürgschaftsübernahme zu Zwecken, deren Förderung ihm im öffentlichen Interesse geboten erscheint (Wohnungsbau, Außenhandel). So sind Banken, insbesondere Zentralinstitute für ihre angeschlossenen Mitglieder und Staatsbanken für ihre staatlichen Auftraggeber, bei der Durchführung von Finanzierungshilfen der öffentlichen Hand in wachsendem Maße zur Leistung von Ausfallbürgschaften gegenüber den Geldgebern veranlaßt worden[152], als für die (teilweise zur nachstelligen Finanzierung vorgesehenen) zentralen Kredite ausreichende bankmäßige Sicherheiten nicht gestellt werden konnten.

Verschiedentlich sind öffentliche Bankanstalten innerhalb des Schiffskreditgeschäftes zugunsten ausländischer Besteller oder kreditgewährender Banken derartige Eventualverpflichtungen eingegangen. Schließlich kann man hier auch die Bürgschaften gegenüber den 7c- und 7d-Darlehnsgebern einreihen, die die weiterleitenden Institute für die Empfänger dieser Mittel übernommen haben[153].

[150] Im Gegensatz beispielsweise zur italienischen Bilanzpraxis; so sind bei der ca. 75 Jahre alten, deutsch orientierten Banco di Roma „Debitoren für Avale, Bürgschaften und Kautionen" (Aktivseite) bzw. „Avale, Bürgschaften und Kautionen für Rechnung Dritter" (Passivseite) in die ordentliche Bilanz, also oberhalb der Linie und zum Bilanzvolumen zählend, eingefügt worden. – Dort werden – wie übrigens auch in den angelsächsischen Ländern – ebenfalls in die Bilanzsumme mit einbegriffen und lediglich getrennt (am Schluß) ausgewiesen außer den sog. „Ordnungskonten (nur Treuhandgeschäfte)" die „Wertpapiere zu Garantiezwecken, Wertpapiere zu Kautionszwecken" (Aktivseite) bzw. „Hinterleger von Wertpapieren für Garantien und Kautionen" (Passivseite).

[151] Wie Stundungsavale, Zollbürgschaften für Importeure, Bürgschaften für Frachtstundungen, Garantieerklärungen für einbehaltene Kautionen gegenüber öffentlichen Bauträgern, ferner für die Rücknahme von Wertpapieren, Beseitigung von später auftretenden Mängeln usw.

[152] Manchmal zu einem bestimmten prozentualen Anteil mit dem Land.

[153] So wurden z. B. von der Landesbank Schleswig-Holstein bis zum 31. 12. 1954 steuerbegünstigte

II. Treuhänderische Tätigkeit im Zahlungsverkehr: Die Banken als Treuhänder im Dienste des Außenhandels

Unter der Position „Verbindlichkeiten aus Bürgschaften, Wechsel- und Scheckbürgschaften sowie aus Gewährleistungsverträgen" gelangen außer den in Abwicklung des Exportgeschäftes für die Kunden im Ausland erstellten Bietungs-, Lieferungs-, Leistungs- und Anzahlungsgarantien auch die Außenhandelsavale sowie die Import- und Exportakkreditive zum Ausweis[154].

Die Eröffnung eines *Akkreditivs* geschieht in der Weise, daß der ausländische Abnehmer (Akkreditierende) auf Ersuchen seines Lieferanten diesem (Akkreditierten) bei seiner Bank einen bestimmten Betrag auf einmal oder in Teilsummen unter besonderen Bedingungen zur Verfügung stellt und es ihm überläßt, darüber frei zu disponieren. Das Akkreditiv ist kein Kreditauftrag, sondern ein treuhänderischer Dienstleistungs- und Zahlungsauftrag im Dienste der kurz- und mittelfristigen Exportfinanzierung. Als Zweck des Warenakkreditivs erklärt das Schweizer Bundesgericht in der Definition vom 13. 2. 1945: Den Verkäufer gegen die Gefahr, ohne Bezahlung zu liefern, und den Käufer gegen die Gefahr, ohne Empfang der Lieferung die Gegenleistung zu vollbringen, zu schützen[155].

In der Regel wird die Bank angewiesen, nur gegen Aushändigung der genau bezeichneten Warendokumente, wie Ladescheine oder Konnossemente, Versicherungsscheine, amtlichen Wiegescheine, Fakturenkopien und Prüfungszertifikate, Zahlung bzw. Akzept zu leisten (Dokumentenakkreditiv)[156]. Diesen Auftrag an seine Bank kann der ausländische Importeur stets widerrufen, soweit keine entgegengesetzten Abmachungen getroffen worden sind (widerrufliches Akkreditiv). Gewöhnlich verlangt aber der Akkreditierte die Stellung eines mit Ablauffrist versehenen, unwiderruflichen Akkreditivs und eine ausdrückliche Bestätigung der Bank, die deren rechtliche Verpflichtung zur Auszahlung der vereinbarten Summe an ihn, den Begünstigten, begründet[157].

Darlehen in Höhe von 13,1 Mill. DM gemäß § 7 c EStG und 91,9 Mill. DM gemäß § 7 d EStG (ausgelaufen 1954!) zur Verwaltung übernommen, teilweise verbürgt und vermittelt. Der Großteil der 7 c-Darlehen floß der Landestreuhandstelle für Wohnungs- und Kleinsiedlungswesen zu (Geschäftsbericht 1948–1952, S. 23 f.; 1954, S. 7, 23).

[154] Dagegen sind bei der Banco di Roma „Debitoren für Handelsakzepte und Dokumenten-Akkreditive" (Aktivseite) bzw. „Handelsakzepte und Dokumenten-Akkreditive" (Passivseite) in der Bilanz, d. h. über dem Strich und in der Bilanzsumme enthalten. – Währungsguthaben für gestellte Akkreditive und Garantien werden unter die Nostroguthaben einbezogen, während die korrespondierenden Verpflichtungen in die Sichteinlagen einzuordnen sind.

[155] Außenhandelslexikon, Handbuch für Außenhandel und Auslandskunde, hrsg. von Prof. Dr. Karlrobert Ringel, 4. Aufl., Frankfurt 1956, S. 25, unter „Akkreditiv".

[156] Verfügt der Auftraggeber bei seiner Bank über kein ausreichendes Guthaben, so ist mit dem Akkreditivauftrag ein Kreditantrag verbunden (Akkreditivkredit, Dokumentenkredit).

[157] Formen der Eröffnung und Abwicklung sowie Begriffsbestimmungen sind in den international

Die Akkreditivbank hat die Ordnungsmäßigkeit, die Übereinstimmung der Waren mit den Angaben zu prüfen – nach herrschender Meinung auch die Form, Echtheit und Rechtsgültigkeit der Dokumente[158]. Die Prüfung der Beschaffenheit, der Menge und des Gewichtes der Warensendung sowie der Bonität des Verkäufers obliegt ihr nicht. Ihre Haftungspflicht beschränkt sich auf das Maß an Sorgfalt, das ihr im ordentlichen Geschäftsverkehr zugemutet werden kann[159].

Innerhalb der Kreditleihgeschäfte (Aval- und Akzeptgeschäfte) nimmt der Rembourskredit, ein Ableger des Akkreditivverhältnisses, einen besonderen Rang ein. Er dient sowohl zur Erleichterung des Einfuhrhandels als auch zur Verstärkung der gegenseitigen Sicherung der Vertragspartner. Beim *Bankrembours* akzeptiert die Bank des Importeurs in dessen Auftrag oder eine von ihr beauftragte Bank im Ausland für ihre Rechnung (Remboursbank) die Tratte des ausländischen Lieferanten[160]. Mit der Vorlage des Wechsels sind der Akzept leistenden Bank die Verschiffungsdokumente zum Pfand zu übergeben. Um sich die Abnahme der verkauften Ware zu sichern, verlangt der Lieferant oft einen bestätigten Bankrembours, d. h. er läßt sich bei Abschluß des Kaufvertrages von der Remboursbank versichern, daß sie gegen Überlassung ordnungsmäßiger Dokumente akzeptieren wird. So liefert der Verkäufer nur gegen Empfang eines guten Bankakzeptes; der Käufer leistet gegen Indossierung der Dispositionspapiere nur Zahlung, wenn er seine Kaufbedingungen im Hinblick auf Art, Menge, Güte der Ware und Lieferfrist erfüllt sieht. Diese Interessen werden durch die Bank als Treuhänder, d. h. als geeignetster „Vertrauensträger“ im Außenhandel, gegen Provision ausgeglichen[161]. Sie ist daher verpflichtet, die Verschiffungsunterlagen nach den Weisungen des Bankkunden mit größter Gewissenhaftigkeit und Sorgfalt zu prüfen[162].

vereinbarten „Einheitlichen Richtlinien und Gebräuchen für Dokumenten-Akkreditive“ (zuletzt neugefaßt 1951) und in den „Standardformen für die Eröffnung von Dokumenten-Akkreditiven“ (Drucksachen Nr. 151 und Nr. 159 der Internationalen Handelskammer Paris) geregelt. Diese Richtlinien haben sich im Akkreditivgeschäft der Banken so ausgezeichnet bewährt, daß sie zu der übernationalen Kodifizierung des internationalen Inkassogeschäftes anregten (Bundesverband des privaten Bankgewerbes [E. V.], Köln, Geschäftsbericht 1957, S. 76 f.)

[158] Nach dem Urteil des Reichsgerichts vom 16. 2. 1923 darf die Akkreditivbank die Einlösung der Dokumente nicht deshalb verweigern, weil die Ware mangelhaft ist, sondern nur, wenn die Dokumente gefälscht sind oder das Gut in den Dokumenten falsch deklariert ist, oder wenn offenbar ungeeignete Ware verladen ist oder unlautere Machenschaften besonderer Art vorliegen. (Bank-Archiv, 22. Jhrg., Nr. 19 vom 1. 7. 1923, S. 239.)

[159] Vgl. Obst, Georg, Otto Hintner, Geld-, Bank- und Börsenwesen. 33. Aufl., Stuttgart 1951, S. 440; Linhardt, Bankbetrieb und Bankpolitik, a. a. O., S. 85.

[160] Fälschlich als Kreditauftrag gemäß § 778 BGB bezeichnet.

[161] Die Bank. Ihre Einrichtungen und Geschäfte, hrsg. von Hans Kurzrock u. a., 3. Aufl., Brannenburg/Rosenheim 1956, S. 183–197; Triegler, Ludwig, Die Technik des Außenhandels, Wien 1948, S. 225 ff.; Schöneweiß, Rolf, Die Abwicklung des Remboursgeschäftes im Bankbetrieb. In: Bankwissenschaft, 8. Jhrg., Bankwirtschaftliche Praxis (Anhang), S. 49.

[162] Nach einer Reichsgerichtsentscheidung vom 2. 5. 1923 beschränkt sich die Verpflichtung der

Das Inkasso für Rechnung ihrer Übersee-Bankverbindung besorgen Banken beim sog. unechten Remboursgeschäft. Der ausländische Exporteur übergibt nach Versendung der Waren den auf den deutschen Importeur gezogenen Wechsel nebst Verschiffungsdokumenten und Rechnungen seiner Bank zum Diskont, die sie zum Einzug an die deutsche Bank schickt.

Nach Beendigung des Krieges fanden die deutschen Banken ihre Auslandsbeziehungen abgerissen oder stark gelockert vor; sie mußten ihr Außenhandelsgeschäft bei grundsätzlich veränderten Verhältnissen in der Weltwirtschaft aufbauen. Außerdem erschwerte das Übermaß der handels- und devisenpolitischen Lenkung in Deutschland und fast allen anderen Staaten fühlbar die Geschäftsabwicklung. Vom internationalen Marktautomatismus, vom Mechanismus des multilateralen Austauschsystems war die Wirtschaft so weit entfernt wie niemals zuvor. Autonome Konjunkturpolitik der einzelnen Staaten und handelspolitischer Protektionismus standen in höchster Blüte[163]. Als ein Hindernis besonderer Art für die Entwicklung normaler Formen im Außenhandel stellte sich die Dollarklausel des deutschen Exports sowie die JEIA (Joint Export and Import Agency) heraus[164].

Aber allmählich konnte die Bankwirtschaft – laut ihrer Geschäftsberichte – zugunsten der Kundschaft wieder ein globales System von Verbindungen zu ausländischen Instituten herstellen, das es ermöglichte, daß diese den deutschen Banken, im Vertrauen auf die deutsche Wirtschaft, recht bald Rembourskreditlinien, Akkreditiv-, Garantie- und Avalfazilitäten zur Verfügung stellten.

Um den Wünschen ihrer Kunden in jedem Umfang gerecht zu werden, vollbringen die Kreditinstitute neben der Finanzierung der Ein- und Ausfuhr auch die erforderlichen bankmäßigen Nebenleistungen. Diese rückten nach dem Kriege bis zur Aufhebung der Devisenzwangsbewirtschaftung und Normalisierung des Zahlungs- und Kapitalverkehrs mit dem Ausland an die Spitze ihrer Tätigkeit.

Remboursbank grundsätzlich auf die Prüfung der äußeren Ordnungsmäßigkeit der aufzunehmenden Dokumente; hat die Bank aber Grund zu Bedenken, so muß sie diesen nachgehen. (Bank-Archiv, 23. Jhrg., Nr. 8 vom 20. 1. 1924, S. 93.)

[163] Einer der ersten Versuche zur Einschränkung interventionistischer Handelspolitik war die Annahme des Grundgesetzes des Welthandels auf der Konferenz von Havanna am 24. 3. 1948, durch das die International Trade Organization (ITO) begründet worden ist. Den Verhandlungen ging ein zäher Kampf der verschiedenen Ländergruppen um Ausnahmen von der Multilateralität voraus. Das Vertragswerk wurde durch die zahlreichen Kompromisse stark durchlöchert, aber es drückte sich darin der Wille aus, wirklich zu einer neuen Ordnung der Weltwirtschaft zu gelangen (siehe Predöhl, Andreas, Außenwirtschaft. Weltwirtschaft, Handelspolitik und Währungspolitik, Göttingen 1949, S. 226 ff.).

[164] „Die Jeia ... völkerrechtlich und kreditrechtlich undefinierbar, ein Riesen-Außenhandelsmonopol bürokratisch-restriktiver Art, das nur wenige Hunderte Geschäftsvorfälle mit dem Ausland monatlich durch sein Nadelöhr passieren ließ. ... Erst im Jahre 1949/50 gelang es, ... diese Jeia zu beseitigen, die sich als eine ganz neue Form des getarnten Protektionismus der Alliierten ... von schlimmster Sorte erwiesen hatte." (Rittershausen, Heinrich, Internationale Handels- und Devisenpolitik, 2. Aufl., Frankfurt 1955, S. 498.)

Eine Menge schwieriger und mannigfaltiger Aufgaben treuhänderischer Art wurde den als Außenhandelsbanken zugelassenen Kreditinstituten[165] in jener Zeit aufgebürdet, die sich aus der Vielzahl komplizierter Bestimmungen der Devisenbehörden und aus deren häufiger Änderung ergaben[166]. Ohne die Erfüllung der wesensfremden, aber notwendigen, rein administrativen Dienstleistungen, wie Hilfestellung in devisen-, zoll- und steuerrechtlichen sowie ausfuhr- und versicherungstechnischen Angelegenheiten, Einholung der Importlizenzen usw., wäre eine Förderung des Kreditgeschäftes im Außenhandel nicht denkbar gewesen. Im Auftrage der Bank deutscher Länder erledigten die Außenhandelsbanken die Abwicklung der zwischenstaatlichen Verpflichtungen: Vorprüfung der Exportgeschäfte, Prüfung von Einfuhranträgen, terminmäßige Überwachung der Zahlungen u. dgl. Hierher gehört auch die Beschaffung von Devisen für private und Geschäftsreisen im Rahmen der durch die Devisengesetzgebung gezogenen Grenzen[167], ferner die Ausführung von Auslandsgeschäften für andere Banken, z. B. für die nicht als Außenhandelsbanken bestellten Institute.

Die fortschreitende Liberalisierung der Außenhandelswirtschaft und der stufenweise Abbau von Zahlungsbeschränkungen ließen die Banken hoffen, sich allmählich wieder stärker auf ihre eigentlichen kommerziellen Funktionen konzentrieren zu können. Die Bekanntgabe irgendwelcher wesentlicher Milderungen oder sogar Befreiungen durch das Bundeswirtschaftsministerium oder die BdL bzw. Bundesbank war daher jedesmal von einem Aufatmen der Banken begleitet.

Intensive Bemühungen der Banken galten in den ersten Jahren nach der Währungsreform der Lockerung der alliierten Devisenvorschriften; sodann der Ausgestaltung des Akzept- und Exporttrattenverfahrens sowie der Export-Akkreditive. 1952 ging aber die Zahl der auf Grund von Akkreditiven abgewickelten Geschäfte nachhaltig zurück. „An die Stelle der Geschäftsabwicklung durch Akkreditive sind in zunehmendem Umfang die Zahlungsform ‚Kasse gegen Dokumente', die klare Zahlung und die Zielgewährung getreten."[168]

Der nächste Schritt auf die angestrebte Freizügigkeit im internationalen Zahlungs- und Kreditverkehr hin war die Beseitigung der auf den bilateralen Zahlungsabkommen beruhenden zahlreichen $-Verrechnungsarten und ihre Gleichsetzung mit dem freien US-Dollar; sodann die Einführung frei bzw. beschränkt konvertierbarer DM-Konten. Am 18. 5. 1952 nahmen die Banken den multilateralen Devisenkassahandel auf. Neben der Wiederherstellung marktwirtschaftlicher Bedingungen im Devisenverkehr brachten die Jahre 1953/54 die Umgestaltung des Ein- und Ausfuhrverfahrens.

[165] Bis 1956 bedurften die Banken für den Geschäftsverkehr mit dem Ausland einer besonderen Genehmigung der Militärregierung bzw. später der BdL.

[166] Z. B. erforderte die Beschaffung einer einzigen Einfuhrgenehmigung rd. 115 verschiedene Arbeitsvorgänge (Bundesverband des privaten Bankgewerbes [E. V.], Köln, Geschäftsbericht 1952, S. 81).

[167] Diese Aufgabe entfiel später mit der Genehmigung von Höchstbeträgen, der Einführung des multilateralen Devisenhandels sowie der Belebung des Reiseverkehrs mit dem Auslande von selbst.

[168] Bayerische Vereinsbank, Geschäftsbericht 1948–1952, S. 59.

Bei dem neuen Einfuhrsystem, nämlich der liberalisierten Wareneinfuhr und der kontingentierten Wareneinfuhr, das an die Stelle der bis dahin dreigeteilten Verfahrenswege trat, erstreckte sich die Mitwirkung der Außenhandelsbanken lediglich auf die devisenrechtliche Prüfung des eigentlichen Zahlungsverkehrs sowie auf die Erfassung und Meldung der Zahlungen bei der liberalisierten Einfuhr.

Das neue Verfahren für die entgeltliche Warenausfuhr, das am 1. 12. 1954 in Kraft trat, genehmigte allgemein den Abschluß des Ausfuhrvertrages, die Ausfuhr der Ware und die Entgegennahme des Entgelts; es regelte ferner die Zahlungsbedingungen. 1954 nahmen die Landeszentralbanken den Außenhandelsbanken auch die Ausfuhrerlöskontrolle ab [169].

Im Jahre 1955 wurden die Bestimmungen für den Export und Import weiter vereinfacht sowie die Vorschriften über die zulässigen Zahlungswege im außenwirtschaftlichen Verkehr übersichtlicher gestaltet. Die Neuregelung des aktiven und passiven Dienstleistungsverkehrs entlastete weiterhin die Außenhandelsbanken von Verwaltungsarbeit. Ferner konnten immer mehr bilaterale Abkommen abgelöst und der Zahlungsverkehr mit einer Reihe von Staaten auf beschränkt und frei konvertierbare D-Mark umgestellt werden. Die Zahl der zur amtlichen Notiz sowie zum multilateralen Kassa- und Terminhandel zugelassenen EZU-Währungen erhöhte sich ständig. Neue Richtlinien für die Erfüllung von DM-Verbindlichkeiten aus dem Kapitalverkehr ermöglichten allgemein den Transfer von Vermögenserträgen in den freien Währungsraum. Auch das Meldewesen im Auslandszahlungsverkehr erfuhr auf einigen Gebieten spürbare verfahrensmäßige Erleichterungen (Devisenpositionsmeldung) [170].

In den Jahren 1956/57 wurden die Anstrengungen, den zwischenstaatlichen Zahlungsausgleich auf eine möglichst breite multilaterale Basis zu stellen, konsequent fortgesetzt. Eine Anzahl von devisenrechtlichen Hemmnissen entfiel wieder, und vom 15. 8. 1956 ab wurde für den Abschluß und die Durchführung von Transithandelsgeschäften – bis auf wenige Ausnahmen – keine Einzelgenehmigung mehr verlangt. Mit gewissen Einschränkungen erhielten inländische Wirtschaftsunternehmen das Recht, Auslandskonten zu unterhalten. Seit November 1956 durften Deviseninländer DM-Schecks ohne Einschaltung einer Bank direkt in das Ausland versenden [171].

Höhepunkt und gewissermaßen Abschluß des Weges aus der Zwangswirtschaft im Außenhandel in die Marktwirtschaft bildete die Wiederherstellung der nahezu unbeschränkten Konvertibilität der bedeutendsten europäischen Währungen in den letzten Tagen des Jahres 1958.

Nicht zuletzt ließen die Banken den Bemühungen ihrer Kunden um Einschaltung der Ausfuhrkredit AG, Frankfurt (gegr. 1952), sowie – auf Grund ihrer über die Landesgrenzen reichenden Handelsbeziehungen – bei Auslandsinvestitionen (Beteiligungen, Errichtung von Niederlassungen) die in ihrer Macht stehende Unterstützung angedeihen. Schließlich haben sie auch für bestimmte Lieferantenkredite deutscher Exporteure eine Bürgschafts- bzw. Garantieübernahme des Bundes vermitteln können [172], deren technische Durchführung in den Händen der Hermes Kreditversicherungs-AG, Hamburg [173], liegt.

[169] Bundesverband des privaten Bankgewerbes (E. V.), Köln, Geschäftsberichte 1953, S. 79–87; 1954, S. 92–96.

[170] Ebenda, Geschäftsbericht 1955, S. 97–100.

[171] Ebenda, Geschäftsbericht 1956, S. 76–78.

[172] Insgesamt etwa 20 Mrd. DM während der vergangenen 10 Jahre. Siehe Neuregelung dieser (auf einem Gesetz aus dem Jahre 1949 beruhenden) staatlichen Gewährleistungen für Ausfuhrgeschäfte und Auslandsinvestitionen in den Richtlinien für die Übernahme von Bundesga-

III. Treuhandgeschäfte im Rahmen und am Rande des Kapitalverkehrs

Die Auszahlung und treuhänderische Verwaltung des organisierten Kredits nehmen unter den Treuhandfunktionen der Banken zur Zeit noch den breitesten Raum ein. Diese „modernen“ Treuhandgeschäfte, die im wesentlichen eine Folgeerscheinung des wachsenden Eingriffs des Staates in das freie Wirtschaftsgeschehen sind, haben jedoch die „klassischen“ (Mitwirkung bei Emissionen und Sanierungen, die Kurspflege, die Übernahme von Pfandhalterschaften usw.) nicht verdrängen können, die stets in engem Zusammenhang mit der privaten bankmäßigen Finanzierung zu sehen sind.

Die Entwicklung hat gezeigt, daß sich, je weiter das Prinzip der Aktienfinanzierung zur Herrschaft gelangt, die Kundenbeziehungen der Industrie zu den Banken immer mehr verdichten, ja zu persönlichen oder zu Dauerverbindungen werden. *Werner Sombart* spricht von einer Symbiose zwischen Bank und Industrieunternehmen[174]. „Die Aktiengesellschaft steht ihrem Wesen nach von ihrer Wiege (Gründung) bis zur Bahre (Sanierung) in regelmäßigen Beziehungen zu den Banken.“[175] Die Banken haben es verstanden, sich rasch den Bedürfnissen der Industrie anzupassen und sich durch die Ausbildung von besonderen Abteilungen und fähigen Spezialkräften als Industrieberater unentbehrlich zu machen.

Der in der Vergangenheit mehrfach aufgetauchte Plan, die Effektenemission von den Kreditbanken zu trennen und sie Treuhandgesellschaften zu überlassen[176], hat infolgedessen niemals Aussicht auf Erfolg gehabt. Der Kapitalverkehr ist eine der drei Grundfunktionen des deutschen Bankgewerbes; die öffentliche Beteiligung der Banken an den großen Finanzgeschäften (Unternehmungsgründung und -umwandlung, Kapitalerhöhung und -herabsetzung, Zins- und Schuldkonversionen, Konsolidierung verschieden verzinslicher oder verschieden tilgbarer Anleihen) ist ein Wesensmerkmal der deutschen Aktiengesellschaften[177], ist geschichtlich

rantien und Bundesbürgschaften für Finanzkredite an das Ausland in § 23 des Haushaltsgesetzes 1960 (BGBl. II, S. 1545).

173 Die sog. Hermes-Versicherung, 1917 in Berlin gegründet, betreibt Warenkredit-, Kautions- und Vermögensschadenversicherungsgeschäfte und übernimmt Garantien im Außenhandelsverkehr. Seit Jahren bearbeitet sie im Namen und für Rechnung des Bundes die Ausfuhrgarantien und -bürgschaften des Bundes, die das wirtschaftliche Risiko der Zahlungsunfähigkeit des Schuldners und das politische Risiko der Uneinbringlichkeit der Forderung (Transferschwierigkeiten!) abdecken sollen.

174 Sombart, Werner, Der moderne Kapitalismus. 3. Band: Das Wirtschaftsleben im Zeitalter des Hochkapitalismus, 2. Halbband, München und Leipzig 1927, S. 753.

175 Ebenda, S. 752.

176 Siehe hierüber Hintner, Kreditsicherung durch den Treuhänder, a. a. O., S. 10 f.

177 Sie ist z. B. den englischen Banken fremd; dem sog. underwriting liegen weniger Absichten auf Einflußnahme als spekulative Momente zugrunde.

bedingt[178] und wäre nicht ohne schwerwiegende Nachteile zu lösen. Den Banken sind außerdem wichtige Funktionen der Emissionskontrolle übertragen[179]. Sie stellen ihren Emissionskredit zur Verfügung, und sie besitzen als traditionelle Emissionsvermittler die notwendigen Erfahrungen für die Durchführung derartiger Finanzoperationen. Diese sind bekanntlich oft mit einer Krediteinräumung verknüpft, oder es geht ihnen eine solche voraus. Schließlich entstammen Kapitalsucher und Kapitalgeber größtenteils dem Kundenkreis der Bank.

1. Das Gründungs- und Emissionsgeschäft[180]

Die Gründertätigkeit der Banken beschränkt sich nicht nur auf die Emission der Aktien. Die Bank kann auch einen Betrieb errichten und ihn von einem Direktor verwalten lassen. So führte z. B. die Hamburger Commerz- und Discontobank zusammen mit einer böhmischen Bank die „Aussiger Zuckerraffinerie.“[181]

Eine Neuerscheinung war in der Nachkriegszeit die Errichtung von Pensionsfonds und rechtlich selbständigen Pensionskassen für Großbetriebe sowie die Gründung der Allgemeinen Deutschen Investment-Gesellschaft m.b.H., München, im Jahre 1949. Auf gemeinschaftliche Initiative einiger Großbanken hin sind verschiedene Sonderkreditinstitute entstanden[182], die die ihnen zugewiesenen Aufga-

[178] Die Verbindung des Emissionsgeschäftes mit den Kreditaktienbanken ist so alt wie das Vorherrschen des demokratischen Finanzierungsprinzips in der deutschen Wirtschaft (Vgl. Linhardt, Hanns, Drei historische Prinzipien der Finanzierung. In: Zeitschrift für die Gesamte Staatswissenschaft, 112. Band, 3. Heft, Tübingen 1956, S. 496). „Sie gilt heute wiederum als ein besonderer Vorzug des deutschen, einsatzfähigen und risikofreudigen Bankgewerbes.“ (Linhardt, Bankbilanzen, a. a. O., S. 17.)

[179] Siehe Merkel, Hans-Günter, Theorie der Kapitalmarktpolitik, Schriftenreihe: Unternehmung im Markt, hrsg. von G. Bergler, J. Fettel, H. Linhardt und E. H. Sieber, Band 1, Berlin 1955, S. 142 ff.

[180] Grundlegend hierzu insbesondere: Liefmann, Robert, Beteiligungs- und Finanzierungsgesellschaften, 5. Aufl., Jena 1931, S. 111–128, 408–410; Riesser, J(akob), Die deutschen Großbanken und ihre Konzentration, Jena 1912, S. 280–329; Schmalenbach, Eugen, Die Beteiligungsfinanzierung, 8. verbesserte Aufl., Köln und Opladen 1954, S. 16–34; Derselbe, Die Aktiengesellschaft, 7. verb. Aufl., Köln und Opladen 1950, S. 83 ff.; Prion, W., Kapital und Betrieb. Finanzierungsfragen der deutschen Wirtschaft, Leipzig 1929, S. 97 ff.; Beckmann, Liesel, Die betriebswirtschaftliche Finanzierung, 2. Aufl., Stuttgart 1956, S. 99 ff.; Bussmann, Karl Ferdinand, Finanzierungsvorgänge, München 1955; Sellien, Helmut, Finanzierung und Finanzplanung, Wiesbaden (Verlag Gabler) o. J.; ferner Lotz, Walther, Emissionsgeschäft, in: Handwörterbuch der Staatswissenschaften, 4. Aufl., Jena 1926, Band 3, S. 715–725; Bernicken, Hans, Das Emissionsgeschäft der Banken, in: Bankwissenschaft, 2. Jhrg., Heft 20 vom 15. 1. 1926, S. 842 ff.; Linhardt, Hanns, Die Finanzierung der Aktiengesellschaft, in: Die Aktiengesellschaft, Zeitschrift für das Gesamte Aktienwesen, Dezember 1956, S. 54 ff., wo die Marktfinanzierung als die Ausgangsbasis für wirtschaftlichen Fortschritt, als Instrument des Kapitalausgleichs und des Schutzes vor Kapitalfehlleitungen dargestellt wird.

[181] Weber, Adolf, Depositenbanken und Spekulationsbanken. Ein Vergleich deutschen und englischen Bankwesens, 4. Aufl., München und Leipzig 1938, S. 256.

[182] Z. B. die Ausfuhrkredit AG, Frankfurt, die Ibero-Amerika Bank AG, Bremen, die Schiffs-

ben zuweilen treuhänderisch erfüllen. Erwähnt seien vor allem die Kreditgarantiegemeinschaften[183], die für mittelständische Betriebe zwecks Erweiterung deren Kreditspielraums (höchstens) 80%ige Bürgschaften (davon 4/5 durch Bürgschaft des Bundes oder des Landes gedeckt) übernehmen. – Soweit die Konsortialmitglieder wie bei diesen Zweckgründungen weiterhin maßgeblich beteiligt bleiben, wandelt sich das Konto „Konsortialbeteiligung“[184] in „Beteiligungen“ um.

Die Zeit der „klassischen“ Gesellschaftsgründungen, d. h. in der Form der freien Zeichnung durch Kapitalanleger, ist längst (seit dem 1. Weltkrieg) vorüber. Neue Unternehmungen werden hauptsächlich von bereits bestehenden größeren Firmen errichtet, und zwar fast immer ohne Begebung von Eigentumstiteln nach außen hin[185]. Im vergangenen Jahr beschäftigte die Erhöhung des Nennkapitals bei den westdeutschen Gesellschaften[186] und – wie überhaupt in Zeiten wirtschaftlicher Anspannungen und des Wachstums – die Umgründung die Banken in starkem Maße. Im Jahre 1959 wurden 42 Aktiengesellschaften mit 191 Mill. DM Grundkapital im Bundesgebiet neu gegründet[187].

Exkurs

Die erste große Umwandlungswelle erfaßte die deutsche Wirtschaft in den Jahren 1934 bis 1938, als das nationalsozialistische Regime der Personenrechtsform, also nicht der Unternehmungsform der anonymen Kapitalgesellschaft, seine Gunst erwies und die zur damaligen Zeit wünschenswerte Machtstärkung der Großunternehmen befürwortete[188].

hypothekenbank zu Lübeck Aktiengesellschaft, die Privatdiskont AG, Frankfurt, die Waren-Kredit-Banken u. a.

183 Wie etwa die Kreditgarantiegemeinschaft des Bayerischen Handwerks G. m. b. H., München; die Kreditgarantiegemeinschaft für den Handel in Bayern G. m. b. H., München; die Kreditgarantiegemeinschaft des nordrhein-westfälischen Einzelhandels G. m. b. H., Düsseldorf.

184 Dieses Konto dient zur Aufnahme von konsortial gebundenen Effekten und Anteilen sowie zur Ausweisung von Restbeständen aus übernommenen, aber noch nicht abgesetzten Papieren.

185 Die vor geraumer Zeit bekanntgewordene Gründung des Bankhauses Friedrich Simon, Düsseldorf, in der Rechtsform einer KGaA erinnert noch an den alten Stil. Sie erfolgte zwar nicht im Wege über die Börse und durch eine öffentliche Emission, aber das Kommanditkapital von 12 Mill. DM wurde doch über mehr als 5 Dutzend Aktionäre gestreut. (ZKW, Jhrg. 1960, Heft 3, S. 104.)

186 So haben 238 Aktiengesellschaften im Jahre 1959 ihr Kapital um 1,9 Mrd. DM heraufgesetzt. (Wirtschaft und Statistik, 12. Jhrg. N. F., März 1960, S. 166.)

187 Wirtschaft und Statistik, ebenda.

188 Vgl. Linhardt, Die Finanzierung der Aktiengesellschaft, a. a. O., S. 54. Namentlich durch die Erleichterung der Umwandlung von Kapitalgesellschaften in Personalgesellschaften und Einzelfirmen suchte die Regierung ihre wirtschaftspolitischen Ziele durchzusetzen. Der im Gesetz über die Umwandlung von Kapitalgesellschaften vom 5. 7. 1934 (RGBl. I, S. 569) verankerte Grundsatz, daß für die Umwandlung jeder Art der einstimmige Beschluß der Hauptversamm-

Nach dem 2. Weltkrieg setzte aus steuerlichen Gründen eine Flucht von der Einzel- und Personenrechtsform in die Unternehmungsform der Kapitalgesellschaft ein, die sich aber für manches Unternehmen später als überstürzt erwies.

Eine dritte Umwandlungswelle dehnte sich in unseren Tagen aus; denn mit dem Ablauf des Jahres 1959 endete die steuerliche Begünstigung von Umwandlungen, die nach dem Gesetz über die Umwandlung von Kapitalgesellschaften und bergrechtlichen Gewerkschaften (Umw.G) vom 12. 11. 1956 (BGBl. I, S. 844) vollzogen wurden. Dabei sind zu unterscheiden: 1. die Übertragung des Vermögens der umzuwandelnden Gesellschaft auf eine Einzelfirma oder einen einzelnen Aktionär (Mehrheitsaktionär), 2. die Übertragung auf eine neu zu errichtende Gesellschaft (errichtende Umwandlung), 3. die Übertragung auf eine bereits bestehende Gesellschaft (verschmelzende Umwandlung). In den Jahren 1957–1959 haben auf Grund des Umw.G 159 Unternehmungen mit fast 2 Mrd. DM Nominalkapital die Rechtsform der AG im Wege der Umwandlung oder Fusion aufgegeben, während in der gleichen Zeit nach dem Akt.G 120 Gesellschaften mit 910,6 Mill. DM Aktienkapital fusionierten[189]. Verschwunden sind hierdurch auch bei einigen Montankonzernen die aus der Entflechtung stammenden Tochtergesellschaften. Die vier Konzerngesellschaften Hoesch, Ilseder Hütte, Klöckner und Mannesmann haben allein mit der Beseitigung künstlicher Tochtergesellschaften über 1 Mrd. DM Grundkapital untergehen lassen.

„Eine Gründung ohne Emission ist nur eine halbe Sache, noch nicht einmal das. Die Emission ist gerade das Bezweckte, die Heranziehung fremder und neuer Gelder für das Unternehmen.“[190] Von der unmittelbaren, selbsttätigen Unterbringung ihrer Effekten beim Publikum sehen die kapitalsuchenden Gesellschaften in Deutschland regelmäßig ab[191]. Gewöhnlich übernehmen mehrere große Emissions-

lung der umzuwandelnden AG erforderlich ist, wurde durch die 1. DV aus dem gleichen Jahre durchbrochen. Die 1. DV verlangte für die Umwandlung durch Übertragung des Vermögens der AG auf eine bestehende Personengesellschaft oder den Hauptgesellschafter die Zustimmung von $^9/_{10}$ des Grundkapitals. Die 3. DV aus dem Jahre 1936 ließ die Umwandlung bereits bei einem Mehrheitsbeschluß auf Grund von $^3/_4$ des gesamten Grundkapitals der AG zu. Diese Bestimmungen über die Mehrheitsumwandlung haben in der Nachkriegszeit durch das Handelsrechtliche Bereinigungsgesetz von 18. 4. 1950 (BGBl. I, S. 90) ihre Gültigkeit behalten und weitgehend unveränderte Aufnahme in das neue Umwandlungsgesetz von 1956 gefunden. Eine Reform des Umwandlungsgesetzes zum Zwecke des Minderheitsschutzes ($^9/_{10}$ des Grundkapitals müssen zustimmen) ist im Einführungsgesetz zum neuen Aktiengesetz vorgesehen.

[189] Handelsblatt, Nr. 67 vom 6. 4. 1960, S. 6.

[190] Wolff, Siegfried, Das Gründungsgeschäft im deutschen Bankgewerbe, Stuttgart und Berlin 1915, S. 95 f.

[191] Sie wären der rein technischen Abwicklung der Emission im Rahmen ihres Rechnungswesens nicht gewachsen. „Eine Selbstemission ... ist vollständig unmöglich; der Absatz ist ungewiß und die Anwendung der besten Methode so sehr ein Produkt von Erfahrung wie Wissen, daß die Ausgeberin sich nicht durch diese verwickelten Erfordernisse ohne Schaden zu leiden hin-

banken mit ihren zahlreichen Filialen gemeinsam (ganz oder teilweise) die Aktien bzw. Schuldtitel der zu finanzierenden Unternehmen auf eigene Rechnung[192]. Ein solches „Übernahmekonsortium" wird so zeitweilig zum Darlehnsgeber bzw. Beteiligten des Emittenten und trägt die Gefahr für das Mißlingen der Emission; sein Gewinn liegt in der Spanne zwischen Ankaufspreis und Ausgabepreis abzüglich Kosten (Marge).

Die Banken können die Effektenemission auch als Kommissionäre durchführen (Begebungskonsortium). Bei dieser Form der Emissionsvermittlung – in der Praxis nur bei der Ausgabe von Anleihen und Pfandbriefen angewendet – handeln sie dann im eigenen Namen, aber für Rechnung und auf Gefahr des Ausstellers gegen Provision und Kostenvergütung. – In fremdem Auftrag, jedoch nicht als Emissionskommissionäre, sondern nur als Agenten (in fremdem Namen) treten Banken auf, wenn sie dem Anleiheschuldner lediglich ihre technischen Vertriebsmittel bereitstellen. Er allein trägt das Risiko der Effektenunterbringung; die Banken übernehmen keine Verpflichtungen.

Zur treuen Hand werden den Emissionsinstituten die sog. Restbestände überlassen. So erhöhen Gesellschaften oftmals das Aktienkapital zu Abrundungszwekken um einen größeren Betrag als er dem vorgesehenen Bezugsverhältnis entspricht. Das Konsortium verpflichtet sich dann, die nicht für den Bezug benötigten jungen Aktien nicht für sich zu behalten, sondern gemäß den Weisungen und im wohlverstandenen Interesse der kapitalaufnehmenden Gesellschaft zu verwerten. Zuweilen erhält es auch einen bestimmten Anteil an dem über den Bezugskurs hinaus erzielten Mehrerlös aus diesen sog. Verwertungsaktien.

2. Die treuhänderische Stellung der Bank als Konsortialführerin

Zwecks Verteilung des Risikos und glatter Abwicklung des Emissionsgeschäftes treten gewöhnlich mehrere Bankunternehmen zu sog. Konsortialverbindungen zusammen. Die Bildung eines Konsortiums oder Syndikates, wie es früher vielfach hieß, ist nicht von dauernder Wirkung; nach erfolgreicher Erfüllung ihres Zwecks wird die Verbindung wieder gelöst. Häufig nehmen an der Wiederholung einer Emission desselben Ausstellers, z. B. bei einer Kapitalerhöhung, die Mitglieder in der gleichen Zusammensetzung und unter derselben Leitung teil.

Geschäftsfreundliche Beziehungen und gemeinsame finanzielle Interessen sind die grundlegenden Faktoren dieser Gelegenheitszusammenschlüsse, die früher so-

durchwinden kann." (Theisinger, Karl, Effekten als Kapitalbeschaffungsmittel der Unternehmung, Stuttgart 1928, S. 107.)

[192] Die Hausbank oder die führende Emissionsbank übernimmt zugleich die Beratung des Emittenten bezüglich der Aufnahmefähigkeit des Marktes, des günstigsten Ausgabezeitpunktes, der Festlegung einer geeigneten Kursbasis, der Ausstattung der Anleihe sowie bei der Abfassung des Emissionsprospektes und des Wortlautes evtl. abzugebender Erklärungen.

gar preiskonventionalen und kartellähnlichen oder monopolistischen Charakter haben konnten[193]. Feste und bekannte Gruppen von Banken, die etwa dem früheren Preußenkonsortium, Chinakonsortium, Russischen Anleihekonsortium oder der Rothschildgruppe vergleichbar wären, sind noch nicht wieder entstanden. Die Wertpapieremission und das Kreditgeschäft sind die Hauptbetätigungsgebiete für Bankenkonsortien.

Trotz[194] ihrer besonderen, auf einer eigenschöpferischen Gestaltung beruhenden Rechtskonstruktion können die Konsortien ihrer rechtlichen Natur nach zu den Gesellschaften des bürgerlichen Rechts (§ 705 BGB) gezählt werden[195]. Es gilt aber als stillschweigend vereinbart, daß jeder Konsorte Alleineigentum an den Stücken seiner Quote erwirbt. Im Innenverhältnis dem Konsortium verpflichtet, tritt er nach außen selbständig auf.

Im Konsortialgeschäft übt in der Regel eine Bank treuhänderisch die Führung der Geschäfte für gemeinschaftliche Rechnung aus (Führungskonsortium). Sie hat dann auch, wenn vertraglich nichts anderes bestimmt ist, die anderen Gesellschafter Dritten gegenüber zu vertreten (§ 714 BGB). Ihre Erklärungen und Handlungen wirken unmittelbar für und gegen die am Konsortium beteiligten Banken[196]. Auf die Führungsposition legen die Banken besonderes Gewicht; sie bietet eine diskrete, wirksame Werbemöglichkeit und verhilft der Konsortialführerin zur Vertiefung der Beziehungen zwischen ihr und der Unternehmung. Im Falle einer Gemeinschaftsführung von zwei oder drei Konsortialbanken ist in der Geschäftsführung wiederum nur eine Bank „federführend"; die Vertretung nach außen wird hingegen von den führenden Banken gemeinschaftlich wahrgenommen.

Rechtsstellung und Befugnisse der Führerin eines Konsortiums ergeben sich aus dem Konsortialvertrag, einer Art „Briefwechsel-Vertrag" (keine Urkundenform) zwischen Führerin und Mitkonsorten, in dem die wichtigsten Konsortialverein-

[193] Riesser, J(akob), Zur Entwicklungsgeschichte der deutschen Großbanken, Jena 1905, S. 141.

[194] Die folgenden Ausführungen stützen sich auf: Steinrücke, Bernhard, Das Konsortialgeschäft der deutschen Banken, neubearbeitet von Herbert Scholze, Berlin 1956; Scholze, Herbert, Das Konsortialgeschäft der Banken, in: Zahlungsverkehr und Bankbetrieb, 18. Jhrg. (1936), Nr. 12, S. 260 ff.; Hagenmüller, Karl Friedrich, Konsortialgeschäft der Banken, in: Handwörterbuch der Betriebswirtschaft, 3. neubearb. Aufl., Stuttgart 1958, Band II, Sp. 3231 ff.; Iltgen, Heinrich, Das Konsortialgeschäft der Banken, Kölner Diss., Köln 1925.

[195] Der Unterschied zwischen der normalen Gesellschaft des BGB und dem Emissionskonsortium als ihrer Anwendungsform ist in der Regelung der Vermögensfrage zu erblicken. Siehe darüber: Die rechtliche Struktur des Emissionskonsortiums, in: Der Bankkaufmann, Jhrg. 1958, Nr. 10, S. 457 f.

[196] An Stelle dieser sog. Außengesellschaft herrschte bis zur Jahrhundertwende die sog. Innengesellschaft, ebenfalls eine in der rechtlichen Struktur abgewandelte Gesellschaft bürgerlichen Rechts, im konsortialen Emissionsgeschäft vor. Sie tritt Dritten gegenüber nicht als Gesellschaft auf. Um eine Innengesellschaft handelt es sich auch, wenn ein Konsorte aus seinem Anteil (= Höhe der Abnahmeverpflichtung) oder aber das Konsortium als solches aus den Quoten aller Mitglieder einer anderen Bank eine Unterbeteiligung einräumt.

barungen schriftlich niedergelegt sind[197]. Die Banken sehen aber davon ab, den Umfang der Pflichten dieses Konsortialorgans genau zu umreißen. Bankmäßige Übung, die Befolgung der Grundsätze von Treu und Glauben sowie das gegenseitige Vertrauen der Konsorten untereinander (sors = Schicksal!) zeichnen den Weg vor.

Die Bank, die die Führung des Konsortiums übernommen hat, ist berechtigt, sämtliche Fragen, die der normale Geschäftsablauf mit sich bringt, allein nach eigenem pflichtmäßigen Ermessen[198] und kraft eigenen Urteils zu entscheiden. Sie hat bei dieser aus ihrem übrigen Erwerbsgeschäft zum Konsortialzweck herausgehobenen Sondertätigkeit nicht eigenes Ertragsstreben, sondern ausschließlich das wohlverstandene Interesse der Konsortialmitglieder zu verfolgen.

Zu den Aufgaben der Konsortialleitung gehören: die Zeichnung und (Teil)einzahlung (bei Emissionskonsortien), die Erledigung des Schriftwechsels, die Besprechungen mit dem Kontrahenten, (bei Kreditkonsortien) die Verhandlungen über Höhe, Dauer und Sicherung des Kredites sowie über Zinsen und Provisionen; ferner die Verrechnung mit den Beteiligten und die Abwicklung des Zahlungsverkehrs. Die Verbuchung aller Geschäftsvorfälle erfolgt meist in einer besonderen Konsortialbuchhaltung. Die Konsortialleiterin führt in den Nostrobüchern ein Konto für ihren eigenen Anteil am Konsortium und daneben ein Konsortialkonto als Kontokorrentkonto. Sie wendet im Soll wie im Haben der Konsortialrechnung den gleichen Zinssatz an. Äußerlich wird die treuhänderische Stellung der Konsortialführerin auch dadurch unterstrichen, daß der Führerin die ihr zustehende Führungsprovision (regelmäßig 10% des Konsortialnutzens) nicht als Zinsagio (Spanne zwischen Soll- und Habenzinsen), sondern als fester Anteil an der Kreditprovision zufließt[199].

Die Konsortialgeschäftsführung ist verpflichtet, die Mitkonsorten über alle wichtigen Maßnahmen und Entscheidungen von besonderer Bedeutung zu unterrichten. Eine Rechnungslegung sieht das Gesetz erst nach Auflösung der Gesellschaft vor (§ 721 BGB). Sie erübrigt sich vielfach, da die Schlußabrechnung, die jeder dem Konsortium angehörenden Bank zugeht, alle erforderlichen Erklärungen enthält.

Bei Kreditkonsortien übernimmt fast immer die konsortialführende Bank die Sicherheit für die einzelnen Kredite; sie hat bei deren Verwaltung und Verwertung die Interessen der im Konsortium vereinigten Banken uneigennützig wahrzu-

[197] Über Wesen und Inhalt des Konsortialvertrages siehe Koch, A., Das Konsortialgeschäft der Banken. In: Bank-Archiv, 21. Jhrg., Nr. 14 vom 15. 4. 1922, S. 239 ff.

[198] Über die Grenzen pflichtgemäßen Ermessens Huber, Ernst Rudolf, Wirtschaftsverwaltungsrecht, 2 Bände, 2. Aufl., Tübingen 1953/54, Band II, S. 657 ff.

[199] Siehe Trost-Schütz, a. a. O., S. 189 ff., über Stellung und Aufgaben der Konsortialführerin im konsortialen Kreditgeschäft.

nehmen. So wird die zur Sicherung des Konsortialkredits bestellte Grundschuld auf ihren Namen eingetragen. Die Konsortialführerin kann sich vom Schuldner auch Forderungen abtreten oder Waren übereignen lassen, sofern im Abtretungs- bzw. Übereignungsvertrage vereinbart wird, daß sie die Sicherheiten für sich und gleichzeitig als Treuhänderin für die anderen Gläubiger, die Konsortialbanken, halten soll.

Bei Konversionen durch gleichzeitige Kündigung der alten und Neuemittierung einer niedriger oder höher verzinslichen Anleihe, die bisweilen zur Gründung von „Konversionskonsortien" führen, werden der Konsortialführerin die Stücke der neuen Anleihe zu treuen Händen übergeben. Die Banken übernehmen nämlich nicht sämtliche Titel der Neuemission auf eigene Rechnung, sondern bieten als reine Vermittler im Namen und für Rechnung der Anleiheschuldnerin die neuen Teilschuldverschreibungen den alten Obligationären zum Tausch gegen gekündigte Stücke an.

Treuhänderisch ist ebenfalls die Konsortialführung bei der Finanzierung der Getreideeinlagerung und Fleischbevorratung im Bundesgebiet und in Berlin, bei Sanierungskonsortien, Kurspflegekonsortien und Schutzkonsortien[200].

Wenn auch das Volumen des fremden Emissionsgeschäftes unmittelbar nach dem Kriege ganz der unbefriedigenden Kapitalmarktlage entsprach, so haben sich damals die privaten Banken doch in größerer Zahl zu Konsortialgeschäften zusammengeschlossen. Außer der Börseneinführung der auf Deutsche Mark umgestellten Aktien und noch ungekündigt in Umlauf befindlichen Stücke alter Teilschuldverschreibungen sowie dem Wertpapierumtausch[201] gehörte die Beteiligung an Konsortien für Kapitalerhöhungen bei Banken, Versicherungs- und Industrieunternehmungen sowie an den Emissionskonsortien der großen öffentlichen Anleihen zu den wichtigsten Gemeinschaftsgeschäften der deutschen Banken in der ersten Nachkriegszeit. Auch für die Placierung der festverzinslichen Industriepapiere in den folgenden Jahren sorgten im wesentlichen konsortial verbundene Banken[202].

Die in der letzten Legislaturperiode des Bundestages in Angriff genommene Privatisierung von bundeseigenen Werken führte erstmals wieder zur Bildung größerer

[200] Schutzkonsortien werden gebildet, wenn einer Gesellschaft von der Konkurrenzunternehmung die Gefahr des Aufkaufens der Aktienmehrheit (zwecks Einflußnahme) droht.

[201] Von Vorzugsaktien in neue Teilschuldverschreibungen, von Namensaktien in Inhaberaktien.

[202] „Das Konsortialgeschäft war in der ersten Jahreshälfte noch gekennzeichnet durch eine größere Anzahl von Kapitalerhöhungen. Im zweiten Halbjahr hingegen herrschten die Emissionen 8%iger und 7½%iger Industrie-Anleihen vor" (Bayerische Vereinsbank, Geschäftsbericht 1956, S. 24). Im Jahresbericht 1957 führte die Dresdner Bank ihre Teilnahme an der Kapitalaufstockung von 41 Unternehmungen sowie an der Emission und Börseneinführung von 47 Anleihen auf. Während in den Vorjahren die Obligationenemissionen dominierten, stand das Jahr 1960 ganz im Zeichen der Kapitalerhöhungen.

Bankenkonsortien. Zur Erstausgabe von 30 Mill. DM Inhaberaktien der Preußischen Bergwerks- und Hütten-AG hat sich ein Konsortium aus über 40 Kreditinstituten – außer Geschäftsbanken auch aus Volksbanken, ländlichen Spar- und Darlehnskassen, Sparkassen sowie Privatbanken – unter gemeinsamer Führung der Deutschen Bank AG, Commerzbank AG und Dresdner Bank AG zusammengefunden. Das Konsortium ist später zur Unterbringung der Aktien des in eine Aktiengesellschaft umgewandelten Volkswagenwerks GmbH, Wolfsburg, in ähnlicher Zusammensetzung wieder „aufgelebt".

3. Die Kurspflege zugunsten fremder Wertpapiere[203]

a) Wesen und Zweck der Kurspflege

Einem Emissionskonsortium wird es auch gelingen, die Papiere weniger bekannter Gesellschaften gut zu placieren, wenn es einen Ruf für sorgfältige Kurspflege genießt. Um mit der Unterbringung möglichst vieler Emissionen betraut zu werden[204], aber auch aus verschiedenen anderen Motiven[205] sind die Banken an der Glättung des Kursverlaufs fremder Wertpapiere aktiv interessiert[206].

Kurspflege, auch als Kursregulierung bezeichnet, bedeutet eine Art von laufender Kursbeeinflussung (oder Kursintervention) mit dem Ziel, durch direkte Kaufs- und Verkaufsaufträge die Kurse der Effekten an ihren „inneren Wert"[207] anzupassen

[203] Den folgenden Ausführungen liegen zugrunde: Bösch, Hans Jürgen, Die Kurspflege bei Wertpapieren, Frankfurt a. M. 1959; Eberlein, Gerhard, Kurspflege bei Anleihen, Diss. Freie Universität Berlin, Maschinenschrift, 1950; Steinrücke-Scholze, a. a. O., S. 164 ff.; Die Kurspflege der Banken, in: Der Bankkaufmann, Januar 1960, S. 17–20.

[204] Siehe auch Konrad Mellerowicz (in: Enzyklopädisches Lexikon für das Geld-, Bank- und Börsenwesen, 2. Aufl. vom Handwörterbuch des Bankwesens, 2 Bände, Frankfurt 1957, Band 1 unter Emissionsgeschäft, S. 513): „Die Kurspflege ist zu einem wesentlichen Instrument des Konkurrenzkampfes geworden. Entscheidend für die Bonität z. B. eines Pfandbriefes ist heute weniger die – ohnehin ziemlich gleichartige – Ausstattung, sondern vielmehr die Kurspflege durch das Emissionshaus."

[205] Z. B. Stärkung ihres Ansehens beim Börsenpublikum, infolgedessen Belebung anderer Bankgeschäfte, Vermeidung von Kursverlusten an eigenen Beständen, allgemeines Interesse an der Sicherung eines gesunden, funktionsfähigen Wertpapiermarktes.

[206] Die Emissionsinstitute übernehmen heute die Unterbringung von Emissionen vielfach nur, wenn sie gleichzeitig mit der Kurspflege beauftragt werden. – Sie waren hingegen während des letzten Krieges bei neuemittierten Schuldverschreibungen zur Aufnahme der Kursregulierung verpflichtet, wenn der Kurs mehr als $1/2$ % unter den Emissionskurs sank. (Hesse, Harald, Auslosung und Rückkauf im Zusammenhang mit der Kurspflege von Industrieobligationen, in: Die Bank, 33. Jhrg., Heft 15 vom 10. 4. 1940, S. 246.)

[207] Nach Adolf Weber (Geld und Kredit, Banken und Börsen, 6. neubearb. Aufl. in Verbindung mit Werner Hofmann, Heidelberg 1959, S. 322 ff.) bestimmen folgende Faktoren den inneren Wert der Aktien: die Aussichten für die künftige Geschäftsentwicklung, der landesübliche Zinsfuß (Zinssatz am Kapitalmarkt), der Diskontsatz (Zinssatz am Geldmarkt), die mit der

und so auf einen möglichst gleichmäßigen Preisverlauf einzuwirken[208]. Sie sucht zu verhindern, daß die Kursbildung an der Börse zufälligen, übertriebenen Preisschwankungen unterliegt oder durch die Häufung zahlreicher einseitiger Börsenaufträge aus dem Publikum weitgehend gestört wird. Die pflegliche Kursbehandlung von Wertpapieren kann demnach sowohl auf eine Kurssteigerung als auch auf eine Kursabschwächung[209] gerichtet sein.

Aufgabe der Kurspflege ist der Ausgleich von übermäßig starken Tagesschwankungen, nicht langfristige Stützung des Marktes. Geht der Angebotsdruck auf eine Minderung des Substanz- oder Ertragswertes zurück, so ist die Beeinflussung der Kursentwicklung durch intervenierende Aufkäufe nicht mehr gleichbedeutend mit Kurspflege[210], sondern mit Kursstützung oder Kursmanipulation. Bei der planmäßigen Kursstützung handelt es sich *stets* um Maßnahmen zur Vermeidung von Kursrückgängen. Kursstützungsaktionen um jeden Preis führen weniger zu einer Angleichung des durch Spekulation verzerrten Börsenkurses an den wahren Wert des Wertpapieres als vielmehr zu Kursverfälschungen.

Die Kursmanipulation bezweckt künstliche Niveauverschiebung; sie hält den Kurs auf einem Stand, der nicht mehr nach den Regeln der (marktlichen) Preisbildung bestimmt wird. Neigungen, die Kurse durch Manipulationen absichtlich in die Höhe zu treiben, zeigen sich besonders vor der Durchführung von Kapitalerhöhungen und Fusionen. Anläßlich bevorstehenden Rückkaufs von Anleihen mag die Gesellschaft unter Umständen eine Kurssenkung herbeiwünschen. Kursmanipulation kann bewußt auf Kursschwankungen spekulieren und die Kurse vom inneren Wert zu entfernen suchen.

Die Banken betreiben die Kurspflege in eigenem Namen, aber meistens für Rechnung des Emittenten[211]. Umfang, Zeitpunkt des Beginns und Dauer der Intervention werden generell im Übernahmevertrag bzw. Anleihevertrag festgelegt. (Die Vereinbarungen werden dabei in erheblichem Maße von den Vorstellungen der Bank beeinflußt, so wie diese als Emissionshaus bereits den Ausgabekurs ausschlaggebend mitbestimmt.) Im einzelnen liegt die Entscheidung darüber, wann die Kurspflege am günstigsten einzusetzen hat und in welcher Art und mit welcher Intensität sie durchzuführen ist, jedoch weitgehend im Ermessen der Bank. Die

Aktie verbundenen Herrschaftsrechte, die Börsenstimmung (übertriebene Hoffnung und Furcht), der Grad der Verkäuflichkeit der Aktie, die Ausschüttungspolitik der Gesellschaft.

208 Bösch, a. a. O., S. 33 f.

209 Angenommen, eine – durch Ertrags- und Wachstumschancen angeregte – lebhafte Nachfrage nach bestimmten Aktien wird nicht befriedigt; dann kann sie sich den Werten einer Unternehmung des gleichen Wirtschaftszweiges zuwenden und bei diesen einen vorübergehenden, durch Wertzuwachs nicht gerechtfertigten Kursanstieg hervorrufen. Wird einer solchen Entwicklungstendenz nicht rasch und entschieden durch Erteilung von entgegengesetzten Aufträgen vorgebeugt, so dürfte das Zurückfallen der Kurse auf den inneren Wert der Effekten bei Beruhigung der Marktlage die Kapitalanleger sehr enttäuschen. Auf- und Abwärtsbewegungen dieser Art schaden nur dem Kredit von Aussteller und Anbieter der Effekten.

210 „Korrektur von Marktunebenheiten" nennt sie Eberlein, a. a. O., S. 144.

211 Bei den öffentlichen Anleihen übernehmen die Staats- und Landesbanken bzw. die Deutsche Bundesbank die Kurspflege auch für eigene Rechnung.

Bank darf sie nicht nach eigenem spekulativen Interesse an der Kursgestaltung[212] treffen, sondern hat sich ausschließlich vom Interesse und Nutzen des Kunden (Treugebers) leiten zu lassen. Das bedeutet, daß sie einerseits nicht die Liquidität des Schuldners durch Bindung übermäßig viel flüssiger Mittel gefährden darf, andererseits auf die Schaffung, Erhaltung und Verbesserung seines Emissionskredites (= Möglichkeit, Effekten auf dem Kapitalmarkt placieren zu können) bedacht sein muß. So wird sie unter Umständen einen Teil der Kundenaufträge im Interesse des Wertpapierschuldners gar nicht ausführen, sofern ein Abgleiten des Kurses (bei Verkäufen) bzw. Kurssteigerungen (bei Käufen) zu befürchten sind.

Die verantwortungsbewußte Kurspflege treibende Bank wird ferner auf die Festigung des persönlichen Vertrauens, das der Emittent in der Öffentlichkeit genießt, und seines Ansehens ihr besonderes Augenmerk richten. Denn mangelhafte Kurspflege kann bei einer privaten Unternehmung weitreichende Auswirkungen auf die gesamte Geschäftslage und für die öffentliche Hand höhere Kapitalbeschaffungskosten zur Folge haben. Vice versa zieht die Verschlechterung des allgemeinen Kredits nicht selten den Verlust des Emissionskredites nach sich. Eine stetige, gute Überwachung des Kursverlaufs bei den ersten Emissionen einer jungen Unternehmung dürfte für die später unterzubringenden Werte eine Kursregulierung in größerem Maße überflüssig machen.

b) Die Technik der Kurspflege

Die Kurspflege wird gewöhnlich von den bei der Emission eingeschalteten Konsortien durchgeführt. Zur Gründung eines echten Kurspflegekonsortiums kommt es vor allem dann, wenn die Kursregulierung eine geraume Zeit nach der Emission oder für eigene Rechnung aufgenommen werden soll. Die technische Abwicklung der Kurspflege an der Börse liegt meistens in den Händen der Konsortialführerin. Sie besteht in der rechtzeitigen Erteilung von Orders, um die gewünschte Kursermittlung und Börsennotiz der betreffenden Papiere zu erreichen. Ist an der Börse die Notierung zum Einheitskurs üblich, so kann ein zu frühes Eingreifen ungewollte Reaktionen des Börsenhandels hervorrufen. Der Börsenvertreter der Bank muß daher dem amtlichen Makler die Order so rechtzeitig mitteilen, daß sie gerade noch bei der Notierung des jeweiligen Tages berücksichtigt werden kann. Variable Kursnotierung macht eine besonders aufmerksame Beobachtung des Börsenverlaufs während der ganzen Börsenzeit notwendig.

Wichtig für die Tätigkeit des Intervenienten ist eine gute Zusammenarbeit mit den Kursmaklern, die den Interventionskurs kennen und die Börsenhändler vor zwecklosen Spekulationen zurückhalten können. Sie sind nicht nur mit der Samm-

[212] Dieses ist zweifellos vorhanden, sonst würden die Banken nicht zuweilen Interventionskäufe für eigene Rechnung tätigen.

lung und Aufzeichnung der Order und mit anschließender mechanischer Errechnung des Kurses beschäftigt; die amtlichen Makler besitzen dadurch, daß die vorliegenden Aufträge oft mehrere Kurse zur Wahl lassen, nennenswerte Einwirkungsmöglichkeiten auf das Kursbild.

An auswärtigen Plätzen erhält ggfs. ein Konsortialmitglied oder eine Korrespondenzbank der das Bankenkonsortium leitenden Bank den Auftrag zur Kurspflege.

Wie bereits erwähnt, wird die Kurspflege in der Regel für Rechnung der Aussteller ausgeübt. Die Höhe der der Bank für die ordnungsgemäße Durchführung zu zahlenden Vergütung ist nicht zu ermitteln. Sie richtet sich nach den näheren Umständen und dem Grad treuhänderischen Tätigwerdens der Bank. Für die Kurspflege im Anschluß an eine Begebung schätzt man sie auf $^1/_2$ bis 1 % des Emissionsbetrages.

c) Grenzen der Kurspflege

Selbst der geschicktesten Kurspflege sind natürliche Grenzen gesetzt. In der Mehrzahl aller Fälle wird vom Emissionskonsortium ein vorher festgelegter Bestand an Emissionspapieren zurückbehalten, also nicht im Markt verkauft, und ein bestimmter Betrag des Emissionserlöses an den Emittenten nicht ausgezahlt. Ist dieser Kurspflegefonds erschöpft, so können bei anhaltender Abgabeneigung weitere Regulierungskäufe bis zu einem gewissen Grade mit Bankkrediten finanziert werden. Die Finanzierung aus liquiden Mitteln des Emittenten schließlich ist nur beschränkt möglich. Kursübersteigerungen können solange gedämpft werden, wie genügend Material zur Verfügung steht; aber sie werden auch eher hingenommen als Kurseinbußen.

Eine wirtschaftliche Grenze findet die Kursinterventionspolitik außerdem in dem Kurs-, Liquiditäts- und Rentabilitätsrisiko: Trotz beträchtlicher Rückkäufe kann der Kurs und damit der Wert der bereits aufgenommenen Effekten weiter abbröckeln[213]. Die Papiere binden auf ungewisse Zeit erhebliche Mittel und sind erst bei nachlassendem Druck am Markt, oft nicht ohne empfindliche Zugeständnisse (Bonifikationen und Kursabschläge), wieder zu placieren.

Letztlich begrenzt § 65 Akt.G den Erwerb eigener Aktien (auch durch Dritte) auf 10 % des Grundkapitals der Gesellschaft.

Bezüglich des *Umfanges* der von Banken betriebenen Kurspflege ist man lediglich auf Vermutungen angewiesen. Einzelheiten werden hierüber nicht veröffentlicht. Auch in den Bilanzen tritt das Ausmaß der in besonderem Auftrage durch-

[213] In diesem Stadium ist allerdings die Frage schon berechtigt, ob die Beseitigung der Symptome (statt der Ursachen der Störungen) durch Ankäufe an der Börse ausreicht, das im Schwinden begriffene Vertrauen wiederherzustellen.

geführten Kurspflege nicht in Erscheinung. Für die von Dritten, also Banken, für Rechnung des Emittenten zurückgenommenen Aktien besteht keine Bilanzierungspflicht (§§ 131, A III, 5, 51 Abs. I, 65 Abs. VI Akt.G). Die Banken weisen die aufgekauften Effekten unter ihren Wertpapierbeständen aus.

Durch die Presse ist seinerzeit bekannt geworden, daß nach den Kurseinbrüchen auf dem Aktien- und Rentenmarkt im Herbst 1955 die Banken größere Posten von Aktien zur Kursstützung aufgenommen haben. Das im Frühjahr 1956 einsetzende Verkaufsangebot konnte von den mit der Kurspflege beauftragten Kreditbanken bis Anfang Mai im wesentlichen aufgefangen werden; danach wurde es zu stark (Diskonterhöhung am 19. Mai!).

An der Rücknahme der zu dieser Zeit stark zurückfließenden öffentlichen Anleihen beteiligte sich die Bank deutscher Länder [214]. Die Lastenausgleichsbank kaufte von ihren im Auftrage des Bundesausgleichsamtes emittierten Obligationen im Jahre 1956 mehr als 140 Mill. DM zurück [215].

Ebenfalls im Jahre 1956 beauftragte das Bundesfinanzministerium die Süddeutsche Bank AG mit der Kurspflege für die deutschen Auslandsbonds, deren Kurse zu jener Zeit zu den schlechtesten unter den ausländischen Staatsanleihen gehörten. Es stellte hierfür einen Betrag von 70 Mill. DM zur Verfügung [216].

4. Der Treuhänder bei der Fusion und Sanierung von Kapitalgesellschaften

a) Die Fusion

Zeiten wirtschaftlicher Hochkonjunktur führen stets Konzentrationstendenzen mit sich, deren letzte, extremste Form die Fusion ist: die Vereinigung zweier oder mehrerer Unternehmungen aus produktions- oder marktwirtschaftlichen Gründen unter Ausschluß der Abwicklung.

Das Verschmelzungsrecht war in den §§ 304–306 des Handelsgesetzbuches vom 10. 5. 1897 (RGBl., S. 219) nur unvollkommen geregelt. Die Verschmelzung erschien dort als Unterart der Veräußerung des Gesellschaftsvermögens im Ganzen (Übertragung an eine Aktiengesellschaft oder Kommanditgesellschaft auf Aktien). Das Gesetz über Aktiengesellschaften und Kommanditgesellschaften auf Aktien (Aktiengesetz) vom 30. 1. 1937 (RGBl. I, S. 107) läßt die Abgrenzung der Fusion von der Vermögensübertragung deutlich in Erscheinung treten (Drittes Buch, Erster Teil). Es unterscheidet in § 233 Akt.G zwei Verschmelzungsformen: Verschmelzung durch Aufnahme (bereits in § 306 HGB festgelegt) und Verschmelzung durch Neubildung [217].

[214] BdL, Geschäftsbericht 1956, S. 59 f.

[215] Lastenausgleichsbank, Geschäftsbericht 1956, S. 31.

[216] Siehe hierzu: Kurspflege für Auslandsanleihen, in: Deutsche Zeitung und Wirtschaftszeitung Nr. 48 vom 16. 6. 1956, S. 9; ferner: Warum treibt der Bund keine Kurspflege? In: Der Volkswirt, Nr. 47 vom 26. 11. 1955, S. 23.

[217] Gewissermaßen eine Sachgründung.

Als weitere wesentliche Neuerung bringt das Aktiengesetz in § 240 Abs. 2 die Einführung eines Treuhänders. Es äußert sich aber nur sehr spärlich über seine Aufgabe: „Die übertragende Gesellschaft hat einen Treuhänder für den Empfang der zu gewährenden Aktien zu bestellen. Die Verschmelzung darf erst eingetragen werden, wenn der Treuhänder dem Gericht angezeigt hat, daß er im Besitz der Aktien ist" (§ 240 Abs. 2 Akt.G).

Für diese Institution war im Wirtschaftsverkehr schon lange vor 1937 ein Bedürfnis empfunden worden[218]: Da die Übertragerin nach der Eintragung des Fusionsbeschlusses im Handelsregister rechtlich nicht mehr besteht, können ihr die Umtauschaktien nicht ausgehändigt werden. Die Ausgabe der Aktienurkunden an die umtauschberechtigten Aktionäre, wodurch sie Eigentümer werden, darf aber nicht vor der Auflösung der übertragenden Gesellschaft und erst nach der Eintragung der Verschmelzung erfolgen. Die Stücke müßten deshalb bei der aufnehmenden Gesellschaft verbleiben und wären so der Gefahr des Mißbrauchs ausgesetzt[219].

Der Treuhänder, meist eine Bank, wird vom Vorstand der übertragenden Gesellschaft bestellt. Wird er erst im Verschmelzungsbeschluß bestimmt, so steht seine Auswahl der Hauptversammlung zu. Der Vertrag mit dem Treuhänder ist ein Dienstvertrag zur Geschäftsbesorgung (§§ 611, 675 BGB). Vorstand der Übertragerin wie auch Treuhänder können den Vertrag kündigen, § 621 BGB; sonst endet das Amt des Treuhänders erst mit dem Abschluß des Umtauschverfahrens.

Aus dem Verschmelzungsvertrag (§ 235 Akt.G) ist der Treuhänder den umtauschberechtigten Aktionären zum Ersatz des Schadens verpflichtet, der ihnen aus der Verletzung treuhänderischer Pflichten, insbesondere Veruntreuung der Aktien, erwächst. Er haftet für jedes Verschulden, § 276 BGB. Der Übertragerin und – nach dem Wirksamwerden der Verschmelzung – der Übernehmerin als ihrer Rechtsnachfolgerin haftet der Treuhänder aus dem Dienstvertrag[220].

Einer Urkunde zum Nachweis seiner Legitimation vor dem Registergericht bedarf es nur dann, wenn die Ernennung zum Treuhänder nicht aus dem Fusionsvertrag hervorgeht[221]. Die Zuverlässigkeit des Treuhänders hat das Gericht nicht

[218] Reich, a. a. O., S. 8 f. Anderer Ansicht Godin, Reinhard Freiherr von und Hans Wilhelmi, Gesetz über Aktiengesellschaften und Kommanditgesellschaften auf Aktien (Aktiengesetz) vom 30. Januar 1937, 2. Aufl., Berlin 1950, § 240 Anm. 4, S. 993.

[219] Vgl. Böttcher, Conrad und Heinz Meilicke, Umwandlung und Verschmelzung von Kapitalgesellschaften, 5. völlig neubearb. Aufl., Berlin und Frankfurt 1958, § 240 Anm. 2, S. 289; Ritter, Carl, Aktiengesetz, mit Einführungsgesetz, Durchführungsverordnungen und Einführungsverordnungen für Österreich und die sudetendeutschen Gebiete, 2. Aufl., Berlin und München 1939, § 240 Anm. 3, S. 665.

[220] Böttcher-Meilicke, a. a. O., § 240 Anm. 8, 25, S. 290, 294.

[221] Schlegelberger, Franz, Leo Quassowski u. a., Aktiengesetz, Gesetz über Aktiengesellschaften und Kommanditgesellschaften auf Aktien vom 30. Januar 1937, Kommentar, 3. Aufl., Berlin 1939, § 240 Anm. 5, S. 1020 f.; Baumbach, Adolf und Alfred Hueck, Aktiengesetz, Beck'sche

nachzuprüfen. Besitzt die übernehmende Gesellschaft alle Aktien der übertragenden Gesellschaft, dann ist unter gewissen Voraussetzungen die Treuhänderbestellung nicht nötig[222].

Über die rechtliche Stellung des Treuhänders gibt das Aktiengesetz und seine amtliche Begründung keinen unmittelbaren Aufschluß. Infolgedessen ist der Rechtscharakter dieser Treuhandschaft umstritten. In der Literatur wird versucht, ihn aus dem sprachlich richtigen Inhalt des Wortes „Treuhänder" oder aus den mit dem Begriff verbundenen Vorstellungen zu erklären[223]. Die vom Reichsgericht für das Vorliegen einer Treuhänderschaft gemachte Bedingung, daß das Treugut aus dem Vermögen des Treugebers stammen muß, liegt beim Treuhänder des Aktiengesetzes offensichtlich nicht vor. Er erwirbt, wie allgemein bei der auf Gesetz beruhenden Treuhand, kein Eigentum an den ihm übergebenen Aktien[224]. Aber ein Treuhänder hat nicht nur fremdes Gut, sondern auch – wie im vorliegenden Falle – fremde Interessen in eigenem Namen zu vertreten.

Der knappe Wortlaut der Schutzbestimmung des § 240 Abs. 2 Akt.G wird auch dahingehend interpretiert, daß es sich bei dem Treuhänder um nichts anderes als einen unparteiischen Wächter und Vollzieher oder um eine Hinterlegungsstelle oder Mittlerfunktion mit gesetzlich umschriebenen Vollmachten handle. Der Treuhänder nehme die Aktien nur als offener Stellvertreter (§ 164 Abs. 1 BGB) entgegen. Die übertragende Gesellschaft erlange mithin (bis zu ihrer Auflösung) das Eigentum an den Aktien der übernehmenden Gesellschaft; die Aktionäre erwürben lediglich einen schuldrechtlichen Anspruch gegen ihre Gesellschaft[225]. Nach einer solchen Auslegung würde aber die dem Treuhänder vom Gesetzgeber gestellte Aufgabe das Treuhänderamt nicht ausfüllen und könnte auch von einem Beauftragten ohne treuhänderische Bindung wahrgenommen werden.

Der Treuhänder dient der Sicherstellung der von der aufnehmenden Gesellschaft als Entgelt gewährten Aktienrechte; also dem Schutz der einzelnen Aktionäre der Übertragerin nach ihrem Erlöschen. In eine Interessenkollision würde der Treuhänder aber geraten, wenn er auch, wie verschiedene Autoren meinen,

Kurz-Kommentare, 23. Band, 9. Aufl., München und Berlin 1956, § 240, Anm. 2 A, S. 528. Böttcher-Meilicke halten indessen die Ausstellung einer formlosen Bestallungsurkunde für zweckmäßig, a. a. O., § 240 Anm. 7, S. 290.

222 Böttcher-Meilicke, a. a. O., § 240 Anm. 3, S. 289.

223 Von Godin, Wilhelmi, a. a. O., § 240 Anm. 4, S. 993 ff.; Böttcher-Meilicke, a. a. O., § 240 Anm. 10, S. 290 f.; Reich, a. a. O., S. 17 ff.

224 Sehr bedenklich ist daher die Ansicht von Reich (a. a. O., S. 29 ff., 68), wonach der Treuhänder im Zeitpunkt der Verschmelzung Inhaber des Vollrechts, also Aktionär, wird.

225 Teichmann, Robert und Walter Koehler, Aktiengesetz. Gesetz über Aktiengesellschaften und Kommanditgesellschaften auf Aktien vom 30. Januar 1937, mit Einführungsgesetz, Durchführungsverordnungen und dem D-Mark-Bilanzgesetz, Kommentar, 3. Aufl., Heidelberg 1950, § 240 Anm. 3, S. 512 f.

zu der übernehmenden Gesellschaft in einem vertraglichen Treuhandverhältnis stünde[226].

Der Treuhänder darf alle Rechtshandlungen vornehmen, die seine Aufgabe erfordert, z. B. einen Verwahrungsvertrag mit einer Bank abschließen. Er nimmt auch bare Zuzahlungen entgegen[227]. Besteht die Gegenleistung in Namensaktien, so ist zu beachten, daß vor Ausgabe der Aktien keine Pflicht zur Anlegung des Aktienbuches besteht. Keinesfalls sind die Aktienurkunden auf den Namen des Treuhänders auszustellen und in ein Aktienbuch einzutragen. Denn mit der Übergabe der neuen Aktien an den Treuhänder zu treuen Händen, die keine Aktien-„Ausgabe" im Sinne von § 158 Akt.G ist, erlangt dieser nicht die Stellung eines Aktionärs[228].

Das gesetzliche Verwaltungsrecht des Treuhänders an den Aktien entzieht diese der Einflußnahme durch die Gläubiger beider Gesellschaften. Vor der rechtswirksamen Verschmelzung verkörpern die Aktienurkunden noch keine materiellen Anteilsrechte aus einer Kapitalerhöhung nach § 237 Akt.G. Werden sie gleichwohl – zwecks Erlangung des Anwartschaftsrechts – gepfändet (§§ 821, 831 ZPO), so kann der Treuhänder Drittwiderspruchsklage nach § 771 ZPO erheben. Er ist Verwalter eines Sondervermögens wie der Testamentsvollstrecker, Nachlaßverwalter und Konkursverwalter. Auch die Gläubiger der übertragenden Gesellschafter wehrt der Treuhänder mit § 771 ZPO ab[229]. – Mit dem Wirksamwerden der Verschmelzung werden die Aktionäre der übertragenden Gesellschaft ohne einen besonderen, auf den Erwerb der Mitgliedschaft gerichteten Akt Aktionäre der aufnehmenden Gesellschaft. Die Aktien sind Vermögensbestandteile der Aktionäre geworden und so vor dem Zugriff der Gläubiger der beteiligten Gesellschaften sicher[230].

Nach der Eintragung der Verschmelzung gibt der Treuhänder die neugeschaffenen Aktien mit Zustimmung der aufnehmenden Gesellschaft an die empfangsberechtigten Aktionäre aus (Umtausch). Hinsichtlich der ggfs. noch in seinem Besitz befindlichen Aktien hat er die Interessen der Aktionäre wahrzunehmen (Ausübung des Stimmrechtes!) und alle anfallenden, sich als unaufschiebbar aufdrängenden Verwaltungsaufgaben zu erledigen.

226 Schlegelberger-Quassowski, a. a. O., § 240 Anm. 5, S. 1020; Baumbach-Hueck, a. a. O.; Reich, a. a. O., S. 19.

227 Abweichender Meinung Ritter, a. a. O., § 240 Anm. 3, S. 666.

228 Den Erwerb des Aktienrechtes durch den Treuhänder bejahen von Godin-Wilhelmi, a. a. O., § 240 Anm. 3, S. 992, Anm. 4, S. 995.

229 Vgl. Böttcher-Meilicke, a. a. O., § 240 Anm. 19, 23, 24, S. 293 f.; Schlegelberger-Quassowski, a. a. O., § 240 Anm. 7, S. 1021.

230 Bote, Hans Peter, Der Eigentumserwerb bei der Ausgabe von Aktienurkunden nach der Verschmelzung zweier Aktiengesellschaften. In: Zeitschrift für das Gesamte Handelsrecht und Konkursrecht, 118. Band (1955), S. 196 ff.

Der Treuhänder hat gegen die übertragende Gesellschaft Anspruch auf angemessene Provision und Ersatz seiner Kosten; die übernehmende Gesellschaft haftet für sie als Rechtsnachfolgerin[231].

Vielfach sind es die Banken, die eine Fusion zustande bringen und als die willkommenen Helfer den Widerstand der Aktionäre dagegen überwinden. Sie sind an dem Zusammenschluß interessiert, „weil dieser selbst ein gutes Geschäft ist, und weil er dauernde Beziehungen zwischen der Bank und den Firmen begründet" [232].

Mehr als bei der Fusion nach dem Aktiengesetz sind die Banken in den vergangenen Jahren bei der Fusion nach dem Umwandlungsgesetz (Umw.G) vom 12. 11. 1956 (siehe S. 59) hervorgetreten, und zwar durch ihre Mitwirkung an den Aktienumtauschoperationen. Während anfangs von diesem Gesetz nur zögernd Gebrauch gemacht wurde, häuften sich die Umwandlungen und Verschmelzungen infolge des Auslaufens des Gesetzes über Steuererleichterungen bei der Umwandlung von Kapitalgesellschaften und bergrechtlichen Gewerkschaften (Umwandlungs-Steuergesetz) vom 11. 10. 1957 (BGBl. I, S. 1713) zum Jahresende 1959 stark an. Die folgende Zusammenstellung zeigt den Umfang des Verschmelzungsprozesses in der deutschen Wirtschaft während der Jahre 1957–1959 nach der Anzahl der beteiligten Gesellschaften und nach der Höhe des verschmolzenen Aktienkapitals auf[233].

	1957		1958		1959	
	Anzahl	AK in Mill. DM	Anzahl	AK in Mill. DM	Anzahl	AK in Mill. DM
Verschmelzende Umwandlungen nach Umw.G	11	49,2	16	289,5	67	1 510,3
Verschmelzungen nach §§ 233ff. Akt.G	11	332,4	10	106,2	6	120,9

b) Die Sanierung

Die rege Tätigkeit der kommerziellen Kreditinstitute im Kapitalverkehr beschränkt sich nicht nur auf die Perioden konjunkturellen Aufschwungs; auch bei einem Konjunkturrückgang können sie an einer Reihe von Finanzierungsvor-

[231] Baumbach-Hueck, a. a. O., S. 528.

[232] Sombart, a. a. O., S. 834.

[233] Wirtschaft und Statistik, 12. Jahrg. N. F. (1960), Heft 3, S. 165. Allerdings sind jene Fälle, in denen die Fusion bereits vollzogen, aber beim Registergericht noch nicht eingetragen worden ist, unberücksichtigt geblieben.

gängen treuhänderisch mitwirken, z. B. bei der Sanierung[234]. Um das notleidend gewordene Unternehmen wieder auf eine ertragsfähige Grundlage zu stellen, wird vielfach mit einer Herabsetzung des Grundkapitals (zwecks Tilgung einer Unterbilanz) gleichzeitig eine Kapitalerhöhung beschlossen (§§ 181, 189 Akt.G). Unter gewissen Voraussetzungen (§§ 182 f. Akt.G) erlaubt das Gesetz die vereinfachte Kapitalherabsetzung, also die Außerachtlassung der strengen Vorschriften über den Gläubigerschutz gemäß § 178 Akt.G.

Für die Erhöhung des Grundkapitals wird im allgemeinen das Bezugsrecht der Aktionäre (wegen der Umständlichkeit des Verfahrens) formell ausgeschlossen (§ 153 Abs. 3 Akt.G), ihnen indirekt aber doch eingeräumt. Die Zeichnung der neuen Aktien nimmt nicht der Aktionär, sondern die Emissionsbank vor. Die jungen Aktien werden der Bank oder einem Bankenkonsortium zu treuen Händen übergeben, und zwar mit der vertraglichen Auflage, sie den Eigentümern der alten Anteile zu einem bestimmten Kurs anzubieten sowie die einzelnen Zahlungs- und Leistungsakte zu bewirken. Sie dürfen erst nach Eintragung der Durchführung der Kapitalerhöhung in das Handelsregister den Berechtigten ausgehändigt werden.

Die der Unternehmung zufließenden neuen Mittel können zur Befriedigung der alten Gläubiger dienen. In einem solchen Falle wird die Zuführung der Mittel gewöhnlich von der Durchführung eines Vergleichs abhängig gemacht und dafür den alten Gläubigern rechtlich bindend zugesichert. Die Verwendung dieser Mittel für die Erfüllung der alten Forderungen kann durch Zahlung an einen Treuhänder wirksam gesichert werden[235].

Bei der Ausstattung der Gesellschaft mit neuem Kapital werden oft Vorzugsaktien ausgegeben. Die Inhaber kumulativer Vorzugsaktien haben in Höhe ihres Dividendenvorzugs ein zeitlich unbegrenztes Nachbezugsrecht auf den in einem Jahre ausfallenden oder nicht ausreichenden Gewinnanteil. Die Ausgabe von (nicht zu bilanzierenden) Genußscheinen gegen Zuzahlung der Aktionäre (Zuzahlungssanierung) ist so gut wie ganz in Fortfall gekommen[236].

Eine große Bedeutung kommt der Hausbank des sanierungsbedürftigen Unternehmens – auf Grund ihres Ansehens und ihrer genauen Kenntnis der Geschäftslage – als Treuhänderin beim außergerichtlichen Vergleich zu. Als solche führt sie, unter Ausschluß des gerichtlichen Vergleichsverfahrens, mit den Gläubigern die Verhandlungen über die Annahme der vorgesehenen Vergleichsregelung. Sie übernimmt weiterhin auch die gesamte Durchführung und Überwachung des Ver-

[234] Über Sanierungsmethoden siehe Schmalenbach, Die Aktiengesellschaft, a. a. O., S. 224 ff.; Prion, Kapital und Betrieb, a. a. O., S. 121 ff. Über Sanierungstechnik: Bussmann, Finanzierungsvorgänge, a. a. O., S. 50 ff.

[235] Näheres über die Aufgaben des Treuhänders bei Sanierungen siehe Hintner, Kreditsicherung, a. a. O., S. 23–38.

[236] Über die Bedeutung der Vorzugsaktien und Genußscheine als Sanierungsmittel siehe Theisinger, a. a. O., S. 156 ff., 176 f.

gleichs[237]. – Beim sog. Treuhand-(oder Liquidations)vergleich bemißt sich die Befriedigung der Gläubiger nach der Quote, die das gesamte Vermögen des Schuldners oder ein zur Abwicklung bestimmter Teil abwirft. Ziel dieses Vergleichs stellt nicht die Liquidation der Unternehmung, sondern nur die des Vermögens, letztlich also die Weiterführung der Unternehmung dar[238].

Bei vergangenen großen Sanierungsaktionen haben die Hausbanken nicht immer die Funktion als Treuhänder des in finanzielle Schwierigkeiten geratenen Unternehmens übernommen oder tadelsfrei ausgeübt. Erwähnt sei hier das Beispiel der Henschel & Sohn GmbH, Kassel, und der Bayerischen Motoren Werke AG, München.

Exkurs

Anfang September 1957 horchte die Öffentlichkeit auf, als die Geschäftsführung der Henschel & Sohn GmbH, Kassel, die Einschränkung ihrer Kraftwagenproduktion und die Entlassung von 450 Belegschaftsmitgliedern ankündigte[239]. Schon zu Beginn des Jahres 1956 hatten die Henschel-Werke im Lastkraftwagenbau Kurzarbeit eingeführt. Die sich anbahnende Krise[240] konnte nur durch die kräftige Hilfestellung der Hausbanken abgewendet werden. Als die Absatzstockung im Juli 1957 ein gefährliches Ausmaß annahm und die Gesellschaft in ernste Liquiditätsschwierigkeiten brachte, verweigerten die Hausbanken weitere Betriebsmittelkredite[241].

Nach eingehenden Besprechungen erklärte sich das Land Hessen zur Übernahme einer Bürgschaft über 8 Mill. DM bereit – unter der Voraussetzung, daß sich der Bund mit einer Bürgschaft in gleicher Höhe und die Hausbanken mit einem Kredit von 8 Mill. DM an den Stützungsmaßnahmen beteiligten. Letztere lehnten jedoch ab, worauf auch die Bundesregierung die Bürgschaftshilfe versagte[242].

Der inzwischen mit der Sanierung des Unternehmens beauftragte Wirtschaftsprüfer *Dr. Johannes Semler* hielt die Eröffnung eines gerichtlichen Vergleichsverfahrens für unumgänglich. Er verhandelte über die Gewährung größerer Kredite

[237] Darüber ausführlich Emmerich, a. a. O., S. 44 ff. – Für die Hinzuziehung des Treuhänders im Zwangsvergleichsverfahren hat die Handelskammer Frankfurt a. M. im Jahre 1926 ein Gutachten erstellt, abgedruckt bei Ertel, Wegweiser, a. a. O., S. 34.

[238] Siehe darüber Emmerich, a. a. O., S. 134 ff. Muster eines Vertrages über den Liquidationsvergleich bei Ertel, Wegweiser, a. a. O., S. 92 ff.

[239] Über den Geschäftsverlauf und die wirtschaftliche Lage der seit 6 Generationen von der Familie Henschel geleiteten Firma war niemals etwas Näheres bekannt geworden, da sie als GmbH. keiner Publizitätspflicht unterliegt.

[240] Nicht zuletzt verstärkt durch das Hamburger Engagement (Erwerb der Waggon- und Maschinenbau GmbH) des Hauptgesellschafters Oscar R. Henschel.

[241] FAZ, N. 208 vom 9. 9. 1957, S. 9; Nr. 211 vom 12. 9. 1957, S. 10.

[242] FAZ, Nr. 216 vom 18. 9. 1957, S. 12.

sowie die Veräußerung gewisser Anlagewerte, gründete die Henschel-Werke GmbH als Auffanggesellschaft – zum Vorsitzenden des neuen Aufsichtsrates wurde *Dr. Fritz Aurel Goergen* gewählt – und führte Anpassungsmaßnahmen an die auf dem Produktionszweig von Henschel gewandelte Marktstruktur durch. Auf der Gläubigerversammlung im Dezember 1957 stimmten 90 % der Vertreter der Vergleichsforderungen dem Vergleichsvorschlag zu[243].

An der Einleitung der Sanierung der Bayerischen Motoren Werke AG (BMW), München, ist – im Auftrage dieses Unternehmens – die Deutsche Bank AG führend beteiligt gewesen (neben der Daimler-Benz AG, Stuttgart, deren Kapital sich zu etwa 20 % bei der Deutschen Bank AG befindet, sowie der Bayerischen Staatsbank und der Bayerischen Landesanstalt für Aufbaufinanzierung).

Das Fertigungsprogramm war schon jahrelang nicht tragfähig gewesen und führte seit 1955 zu steigenden Verlusten (1958, nach Auflösung der Gesetzlichen und der Freien Rücklage, 5,5 Mill. DM). 1956 traten infolge Absatzrückganges die ersten Finanzierungsschwierigkeiten auf, die in der Folgezeit immer bedrohlicher wurden und nur mit Lieferanten- und Bankkrediten überbrückt werden konnten. Die schwelende Krise kam im Sommer 1959 zum Durchbruch, als sich die Gesellschaft bei der anlaufenden Produktion eines neuen Kraftwagentyps einer unüberwindlichen Anspannung ihrer Liquiditätslage gegenübersah.

Auf Vermittlung und unter tatkräftiger Mitwirkung der Deutschen Bank wurden nach verschiedenen Seiten hin Versuche unternommen, Eigentumsrechte auf kapitalkräftige und zur Sanierung des Unternehmens bereite Interessenten zu übertragen. Nach langwierigen Beratungen und Verhandlungen konnte über einen Sanierungsvorschlag Einigung erzielt werden, der u. a. vorsah: Vereinfachte Herabsetzung des Grundkapitals von 30 auf 15 Mill. DM und dessen Wiedererhöhung um 70 auf 85 Mill. DM durch Ausgabe neuer Aktien zum Parikurs, die den erwähnten Bankinstituten und der Daimler-Benz AG zuzuteilen waren; Verlängerung der von einem Bankenkonsortium eingeräumten Betriebsmittelkredite in Höhe von rd. 24 Mill. DM und Gewährung eines Zinsnachlasses für 1 Jahr. Angesichts der drohenden Zahlungseinstellung empfahl die Schutzvereinigung für Wertpapierbesitz (als Vertreter der Aktionäre) – sich stützend auf ein von der Treuhandgesellschaft des Deutschen Wertpapierbesitzes GmbH, Düsseldorf, erstelltes Gutachten –, den geplanten Maßnahmen zur Wiedergesundung der BMW zuzustimmen[244].

[243] FAZ, Nr. 213 vom 14. 9. 1957, S. 8; Nr. 232 vom 7. 10. 1957, S. 11; Nr. 234 vom 9. 10. 1957, S. 12; Nr. 238 vom 14. 10. 1957, S. 9; Nr. 246 vom 23. 10. 1957, S. 11; Nr. 264 vom 13. 11. 1957, S. 12; Nr. 290 vom 14. 12. 1957, S. 9; Nr. 291 vom 16. 12. 1957, S. 11.

[244] Bericht der Bayerischen Motoren Werke AG über das Geschäftsjahr 1958 an die am 9. 12. 1959 stattfindende Hauptversammlung; „Keine andere Alternative bei BMW möglich", Industriekurier Nr. 188 vom 3. 12. 1959, S. 10; „Nun haben die BMW-Aktionäre das Wort", Süddeutsche Zeitung Nr. 291 vom 5./6. 12. 1959; Treuhandgesellschaft des Deutschen Wertpapier-

In der entscheidenden Hauptversammlung am 9. 12. 1959 vermochte das vom Registergericht zum Aufsichtsratsvorsitzenden ernannte Vorstandsmitglied der Deutschen Bank nicht das Vertrauen der Aktionäre zu gewinnen, die im übrigen die Lage der Gesellschaft und damit die Ausgangsposition für erfolgreichere weitere Verhandlungen günstiger beurteilten. Eine kleine Gruppe, verstimmt über den rigorosen Kapitalschnitt, setzte die Vertagung des Beschlusses über den Sanierungsplan durch. Daraufhin bildete der Registerrichter, nachdem der kommissarisch bestellte Aufsichtsratsvorsitzer nach Ablauf seiner Amtszeit zurückgetreten war, eine neue Führungsspitze aus bewährten Persönlichkeiten der Industrie. So ging die weitere Durchführung der Sanierung, in erster Linie die Beschaffung der notwendigen Mittel und die Prüfung neuer Angebote für die Eingliederung der Gesellschaft in einen größeren Konzernverband, von der Deutschen Bank AG auf ein Gremium von Sachverständigen über. Die Deutsche Bank hatte sich einseitig festgelegt, als sie die Verschmelzung des Unternehmens mit der Daimler-Benz AG betrieb.

5. Die Übernahme von Pfandhalterschaften bei Anleiheausgaben und ähnliche Formen der Interessenvertretung

Die Anleihekapital suchenden Unternehmungen bestellen führende Emissionsbanken nicht nur zu eigenen Gunsten, sondern auch zur Wahrnehmung der Rechte Dritter, der Schuldtitelerwerber, als Treuhänder. Zur Sicherstellung aller Forderungen aus den Teilschuldverschreibungen lassen sie nämlich in der Regel auf ihren Grundstücken eine sog. Treuhandhypothek (laut § 1187 BGB nur als Sicherungs- bzw. Höchstbetragshypothek) oder eine Gesamtgrundschuld in Höhe der Anleihe nebst Jahreszinsen eintragen. Für die jeweiligen Gläubiger des Grundbuchrechts kann nach § 1189 BGB ein Vertreter (Pfandhalter) ernannt werden. Dieser *Grundbuchvertreter*[245] erhält durch die Eintragung ins Grundbuch die Rechtsstellung als Güterpfleger, wobei auf die ihm gemäß § 43 Abs. 2 der Grundbuchordnung (vom 8. 8. 1935, RGBl. I, S. 1073) gewährte Sonderbehandlung zu achten ist[246].

besitzes GmbH, Düsseldorf, Gutachten über den Vorschlag zur Sanierung der Bayerischen Motoren Werke AG; Bericht der Bayerischen Motoren Werke AG über das Geschäftsjahr 1959 an die am 30. 11. 1960 stattfindende Hauptversammlung.

[245] Gleichwohl ist er nicht gesetzlicher Vertreter; die juristische Auffassung weist ihm überwiegend die Stellung eines Treuhänders zu. Siehe Lehrbuch des Bürgerlichen Rechts, hrsg. von Endemann, F., 6. Aufl., Berlin 1900, 2. Band, S. 522; anderer Ansicht: Lehrbuch des Bürgerlichen Rechts, begr. von Enneccerus, Kipp und Wolff, 10. Bearbeitung, Tübingen 1957, 3. Band, § 152 IV.

[246] Seine Verantwortung kann sich allerdings nicht auf die heute so fragwürdig gewordene Sicherheit im Sinne von Erhaltung des Realwertes der Kapitalanlage erstrecken.

Der Grundbuchvertreter handelt im Namen der Obligationäre. Er ist ermächtigt, Verfügungen jeder Art über die Pfandverbindlichkeit mit Wirkung für und gegen jeden späteren Gläubiger zu treffen. Insbesondere darf er der Anleiheschuldnerin gestatten, im gleichen Rang mit dem ihm bestellten Grundpfandrecht weitere Belastungen eintragen zu lassen – aber unter der Voraussetzung, daß der gesamte Betrag aller Eintragungen (einschließlich der vorangehenden) einen bestimmten Prozentsatz des Wertes der verpfändeten Grundstücke nicht übersteigt. Dem Pfandhalter ist des weiteren erlaubt: Löschungen, Abtretungen, Pfandentlassungen zu bewilligen; Kündigungen und sonstige Willenserklärungen abzugeben und zu empfangen, Zwangsverwaltung und -versteigerung des beliehenen Grundvermögens zu veranlassen[247].

Auch dem Grundstückseigentümer gegenüber ist der Treuhänder verpflichtet; er hat die Verfügungen, zu denen er berechtigt ist, auch tatsächlich vorzunehmen, z. B. die Entlassung eines Trennstücks aus der Pfandhaft[248].

Von dieser Grundbuchtreuhänderschaft unterscheidet das Reichsgericht[249] die *Gläubigervertretung* nach den §§ 14 und 15 des Schuldverschreibungsgesetzes[250]. Der von der Gläubigerversammlung gewählte Gläubigervertreter kann mit dem Treuhänder im Sinne des § 1189 BGB, den auch das Schuldverschreibungsgesetz in § 16 ausdrücklich anerkennt, identisch sein; er braucht es aber nicht. Er hat sogar das Recht, die Interessen der Gläubiger gegen den Pfandhalter wahrzunehmen. Mit dem Beschluß über die Einsetzung eines Gläubigervertreters ist zugleich auch der Kreis seiner Pflichten und Befugnisse festzulegen[251].

Dem Schuldner wird eine jährlich im voraus zu zahlende Treuhändergebühr von 1‰ vom Nennwert der am Tage der Fälligkeit der Gebühr in Umlauf befindlichen Teilschuldverschreibungen berechnet.

Der Gläubigervertreter ist nicht als echter Anleihetreuhänder zu betrachten; denn er wird nicht bei Begebung der Anleihe, sondern nur im Bedarfsfalle ernannt. Für eine Ausdehnung der Pfandhalterfunktion über die Verwaltung der Anleihe-

[247] Näheres siehe Hein, Grundriß des Treuhandrechts, a. a. O., S. 72–93; Hintner, Kreditsicherung, a. a. O., S. 38–47.

[248] Das Bürgerliche Gesetzbuch. Kommentar, hrsg. von Reichsgerichtsräten und Bundesrichtern, 5 Bände, 10. Aufl., Berlin 1953/56, 3. Band, Anm. 3 zu § 1189 BGB, S. 731.

[249] RGZ, Band 117 (1927), S. 369 ff.

[250] Gesetz betreffend die gemeinsamen Rechte der Inhaber von Schuldverschreibungen vom 4. 12. 1899 (RGBl., S. 691) i. d. F. der Verordnung vom 24. 9. 1932 (RGBl. I, S. 447).

[251] Z. B. Gläubigerversammlungen einzuberufen, Gegenstände zur Beschlußfassung anzukündigen, Vertretung im Rechtsstreit zu übernehmen, überhaupt die jeweiligen Besitzer der Rentenpapiere in allen schuldrechtlichen Beziehungen nach Maßgabe der Anleihebedingungen zu vertreten. Siehe hierzu Hein, Grundriß des Treuhandrechts, a. a. O., S. 94–99; Altgelt, Konrad, Treuhänderaufgaben der Banken bei In- und Auslandsanleihen. In: Die Deutsche Bankwirtschaft. Ein Schulungs- und Nachschlagewerk für das deutsche Geld- und Kreditwesen, 5 Bände, Berlin 1935–1938, 3. Band, S. 438 f.

sicherheit hinaus auf die Geltendmachung aller schuldrechtlichen Ansprüche der Obligationengläubiger besteht keine gesetzliche Grundlage. Die Regelung so weitgehender Treuhänderpflichten, wie etwa die Überwachung der pünktlichen Einhaltung von Fälligkeiten oder die Einlegung von Rechtsmitteln in Fällen des Verzuges, und – daraus resultierend – die Bestellung eines sog. *Vertragsvertreters* in den einzelnen Anleiheverträgen sind in Deutschland nahezu unbekannt.

Mit nicht zu überbietender Kasuistik werden dagegen derartige Erörterungen und Bestimmungen in den identures, den von amerikanischen Schuldnergesellschaften mit Banken als Treuhändern abgeschlossenen langatmigen Treuhandverträgen, neben den eigentlichen Emissionsbedingungen gesondert niedergelegt. Die strenge und manchmal formalistisch erscheinende Auffassung amerikanischer Bankhäuser von der Wahrnehmung des vertraglich geregelten Treuhänderamtes lernten deutsche Banken nach dem 1. Weltkriege erstmals kennen, als sie als „cotrustee" an der allgemeinen Vertragsüberwachung der in den USA von deutschen Unternehmungen aufgenommenen Industrieanleihen mitwirkten. So vertrat z. B. die Darmstädter und Nationalbank KGaA, Berlin, mit der National City Bank of New York auf Grund des Vertrages vom 1. 6. 1926 die Rechte der Gläubiger aus den 126 000 000 RM Teilschuldverschreibungen der Vereinigten Stahlwerke AG, Düsseldorf[252].

Abschließend sei noch an die Führung von Schutzvereinigungen erinnert, von Zusammenschlüssen, die die Interessen der Inhaber ausländischer Wertpapiere und Gläubiger fremder Staaten oder ausländischer Gesellschaften vertreten. Die Schutzvereinigung erlangte zur Zeit der Goldmarkumstellung bzw. Aufwertung nach dem 1. Weltkriege eine gewisse Bedeutung, nicht aber die verbreitete der englischen Schutzkomitees, wie etwa des Council of the Corporation of Foreign Bondholders. Sie könnte auch in Zukunft im Zusammenhang mit den Programmen zur Unterstützung der sog. wirtschaftlichen Entwicklungsländer und dem privaten langfristigen Kapitalexport eine unvergleichlich wichtige Aufgabe erhalten[253].

6. Treuhänderische Aufgaben in Verbindung mit der Verwahrung und Verwaltung von Wertpapieren

Für die treuhänderische Tätigkeit der Banken scheiden die üblichen Aufgaben der rein technischen Verwaltung im Rahmen des Depotgeschäftes als typische

[252] Auszugsweiser Abdruck des Prospektes bei Ertel, Wegweiser, a. a. O., S. 83–85.

[253] Im Jahre 1959 betrugen die deutschen Auslandsanlagen, die auf Nettokäufen ausländischer Wertpapiere durch Inländer beruhten, 1,4 Mrd. DM (die Investitionen der Privatwirtschaft 2,24 Mrd. DM, die Anlage durch Errichtung und Erweiterung von Niederlassungen im Ausland 820 Mill. DM). FAZ, Nr. 81 vom 5. 4. 1960, S. 13.

Auftragsverwaltung grundsätzlich aus[254]. Hierzu rechnen: Abtrennung der fälligen Zins- und Gewinnanteilscheine, Umtausch von Interimsscheinen gegen endgültige Stücke und von Erneuerungsscheinen gegen neue Kupon- und Dividendenbogen, Einlösung von konvertierten Prioritäten, Obligationen und Pfandbriefen; sodann Einreichung von Aktien zum Umtausch oder zur Berichtigung bei einer Kapitalzusammenlegung, Kontrolle der Kündigung und Verlosung, Versicherung gegen Auslosungsverlust und Amortisationsziehungen; ferner die Erstattung der Anzeige an das Finanzamt über das von der Bank verwaltete Vermögen beim Tode des Hinterlegers (§ 5 der Erbschaftsteuer-DV in Verbindung mit § 187a der Abgabenordnung); schließlich auch die fristgerechte Anmeldung der Aktien zu den Hauptversammlungen durch Hinterlegung der Werte bei der Gesellschaftskasse oder bei Emissionsbanken sowie die Besorgung von Eintrittskarte und Stimmschein[255].

Die treuhänderische Verwaltung von Vorratsaktien nach § 51 Abs. 1 Akt.G führt bloß noch ein bedeutungsloses Scheindasein im Schatten der Bestimmungen über das genehmigte Kapital (§§ 169 ff. Akt.G). Banken übernahmen früher zwecks Umgehung des Verbotes für Aktiengesellschaften, eigene Anteile zu erwerben (Ausnahme siehe § 65 Akt.G), im eigenen Namen vielfach derartige Papiere, die in der Inflationszeit aufgekommen sind und damals einen Bestandteil der Finanzierungskunst bildeten. Vorratsaktien werden hauptsächlich zur Vorbereitung einer Fusion und zum Umtausch von Wandelschuldverschreibungen, aber auch zu manchen anderen Zwekken [256] angelegt. Sie sind im Akt.G zwar nicht verboten. Aktiengesellschaften dürfen jedoch eigene Aktien nicht halten; Dritte, die sie im Auftrag und für Rechnung der Gesellschaft erwerben (Platzhalterfunktion), werden so behandelt, als ob sie für eigene Rechnung erworben hätten.

Von diesen laufenden, ohne Rücksprache mit dem Hinterleger verrichteten Arbeiten der (für Privat- und Bankierkundschaft übernommenen) Depotverwaltung sind jene Sonderaufgaben der Effektenverwaltung zu unterscheiden, die die Bank nur auf Grund eines besonderen Auftrags bzw. einer ausdrücklichen Ermächtigung ausführt[257]. In den letztgenannten Fällen hat die Bank die vorzunehmenden Handlungen den Depotkunden mitzuteilen und sie um Entscheidung und Auftragser-

[254] Sie werden auch hinsichtlich der einer Wertpapiersammelbank zur Sammelverwahrung anvertrauten Effekten nicht von der beauftragten Depotbank, sondern von der Wertpapiersammelbank wahrgenommen. – Jedoch soll nicht übersehen werden, daß die Verwahrung gewisser Bestände, etwa der Pfand-, Sicherungs- oder Lombarddepots, der Konsortial- und Kommissionseffekten, der Effektenverkaufsdepots von Pfandbriefverkaufsstellen und der im Zahlstellengeschäft der Banken eingelösten Wertpapiere, durch die Vornahme notwendiger Verwaltungshandlungen durchaus treuhänderischen Charakter erhalten kann.

[255] Die Hinterlegung (§ 107 Abs. 2 Akt. G) gilt in der Regel als bewirkt, wenn das Depotinstitut der Hinterlegungsstelle mitteilt, die verwalteten Aktienurkunden für sie bis zur Beendigung der Hauptversammlung im Sperrdepot zu behalten, oder wenn die von dem Kassenverein auszustellenden Bescheinigungen anstatt der Aktien hinterlegt werden.

[256] Siehe ausführlich darüber Prion, Kapital und Betrieb, a. a. O., S. 112 ff.

[257] Siehe auch Schröder, Johannes, Das Depotgeschäft. In: Die Deutsche Bankwirtschaft, a. a. O., 3. Band, S. 390 ff.

teilung zu bitten; so z. B. zur Ausübung und Verwertung von Bezugsrechten bei Kapitalerhöhungen und insbesondere für die Interessenvertretung auf den Gesellschaftsversammlungen.

a) Treuhänder für die Interessen des Rechtsschutzes auf Gläubigerversammlungen

Die Vertretung der Wertpapierbesitzer auf Gläubiger- und Hauptversammlungen gehört zu den bedeutsamsten und problemreichsten Aufgaben innerhalb der Treuhandverwaltung von Effekten. Ohne das Amt eines Anleihetreuhänders innezuhaben, kann ein Bankinstitut von Obligationären ermächtigt werden, alle ihre Rechte auf Gläubigerversammlungen wahrzunehmen, z. B. Wahl des Gläubigervertreters nach dem Gesetz betreffend die gemeinsamen Rechte der Inhaber von Schuldverschreibungen vom 4. 12. 1899 (Schuldverschreibungsgesetz), Geltendmachung des Anspruchs auf Befriedigung und Sicherheitsleistung bei ordentlicher Kapitalherabsetzung gemäß § 178 Akt.G.

Die Unabhängigkeit von Parteiinteressen, eine der wichtigsten Voraussetzungen für ein treuhänderisches Tätigwerden, ist in § 14a des Schuldverschreibungsgesetzes gesichert. Danach soll nicht zur Vertretung der Gläubiger bestellt werden: 1. wer dem Vorstand, dem Aufsichtsrat oder einem ähnlichen Organ des Schuldners angehört; 2. wer zum Schuldner Kreditbeziehungen unterhält; 3. wer unter maßgebendem Einfluß des Schuldners oder eines Gläubigers des Schuldners steht.

Über die Frage, ob die Bank das Stimmrecht nur als Vertreter, d. h. im Namen des Depotkunden, oder in eigenem Namen ausüben darf, besteht keine einheitliche Meinung.

b) Die Vertretung der Depot-Aktionäre auf den Hauptversammlungen

Zur Ausübung des Stimmrechtes aus den im offenen Depot ruhenden fremden Aktien[258] ließ sich die Bank vor dem Erlaß des Aktiengesetzes vom 30. 1. 1937 regelmäßig im Depotvertrag durch Anerkennung der dem Vertrage zugrundegelegten und eine entsprechende Bestimmung enthaltenden Allgemeinen Geschäftsbedingungen der Banken ermächtigen. Nahezu unbeschränkte Freiheit und nicht mehr auszudehnende Kompetenzen erhielt die Depotbank zu jener Zeit eingeräumt[259]. Heute kann sie das Stimmrecht, eines der wesentlichsten Herrschafts-

[258] Dazu gehören außer den im Eigentum der Hinterleger stehenden Stücken des Depots A die von den Hinterlegern (z. B. Rechtsanwälten) als „fremde" bezeichneten und im Depot B (Anderdepot) verwahrten Effekten.

[259] Die Legitimationsübertragung, ein „Mittelding" zwischen der Rechtsübertragung und der Vollmacht, sei eines der Mittel des „raffinierten Systems der Aktionärentrechtung"; damit sei die „Entwicklung zur Omnipotenz der Verwaltung besiegelt". Hartmann, Walter, Das Stimmrecht der Depotaktie. In: Bank-Archiv, 24. Jhrg., Nr. 24 vom 14. 9. 1925, S. 487. Siehe auch

rechte, die die Aktie gewährt, auf der Hauptversammlung der Gesellschaft nur vermöge einer besonderen schriftlichen Ermächtigung ausüben, die die zwingenden Vorschriften des § 114 Abs. 4 Akt.G erfüllt[260]. Die Ermächtigung darf nur einer bestimmten Bank erteilt werden und ist spätestens nach 15 Monaten zu erneuern. Bei Stimmrechtsmißbrauch kann der Beschluß der Hauptversammlung unter gewissen Voraussetzungen angefochten werden (§ 197 Abs. 2 Akt.G)[261].

Die Bankmacht ist aber durch die gesetzliche Regelung des Depotstimmrechts in keiner Weise geschmälert worden.

Die Legitimationsübertragung, kraft deren die Depotbank im eigenen Namen abstimmt, setzt ein individuelles Vertrauensverhältnis zwischen der Bank und dem einzelnen Aktionär voraus. Der wirtschaftswissenschaftlich und gesellschaftsrechtlich ungeschulte, mit den ökonomischen Zusammenhängen nicht vertraute und an der scheinbar trockenen Wirtschaftspresse uninteressierte Kleinaktionär verläßt sich ganz und gar auf die Bank als den berufenen Mandatar seiner Vermögensrechte[262]. Der Bank ist auf Grund ihres umfassenden Überblicks über die gesamte Wirtschaft, ihrer Sachkenntnisse, ihrer Geschäftsverbindungen und des daraus resultierenden Einblicks in die inneren Verhältnisse sowie die Führung der Unternehmung ein besseres Urteil gegeben. Der Kunde erwartet, daß sie bei der Stimmabgabe ganz allgemein in seinem Interesse handelt und verzichtet daher in den weitaus meisten Fällen darauf, die Ermächtigung mit Anweisungen und Verpflichtungen zu verbinden.

Die Bank kann diese hohen Erwartungen von seiten des Depotkunden und die Einräumung eines so weitgehenden Ermessensspielraumes für ihre Entscheidungen nur mit einem adäquaten Verantwortungsbewußtsein rechtfertigen. Sie hat deshalb das übertragene Stimmrecht in enger Verbindung mit dem Kunden nach seiner Meinung und bei getreuer Wahrung aller seiner Interessen gewissenhaft, d. h. unter strikter Außerachtlassung aller eigenen Vorteile, auszuüben.

Mendel, Max, Zur Frage der aktienrechtlichen Legitimationsübertragung, ebenda, 26. Jhrg., Nr. 15 vom 1. 5. 1927, S. 357. – Bemerkenswert ist in diesem Zusammenhang der Spruch des Reichsgerichts vom 18. 11. 1920: „Die Übertragung von Aktien auf jemand, von dem der Übertragende weiß, daß dieser in bestimmtem Sinne stimmen wird, ist nicht unsittlich. Unsittlich wäre es, wenn die Übertragung zum Schein oder unter Beeinflussung des Stimmrechts erfolgt. Die Legitimationsübertragung von Aktien zum Zwecke der Ausübung des Stimmrechts ohne Eigentumsübertragung ist nicht zu beanstanden." (Bank-Archiv, 20. Jhrg., Nr. 8 vom 15. 1. 1921, S. 122.)

260 Siehe Muster für die Erteilung einer Stimmrechtsermächtigung bei Trost-Schütz, a. a. O., S. 110.

261 Siehe Huber, a. a. O., Band I, S. 432 f.

262 Vgl. Boesebeck, Ernst, Rechtliche und soziologische Betrachtungen zur Aktienrechtsreform. In: Der Volkswirt, Nr. 38 vom 18. 9. 1954, S. 14: „Das alles wirkt beruhigend auf den Aktionär, und so ist es zu verstehen, daß er grundsätzlich nichts dagegen einzuwenden hat, wenn ihm die Bank, der er seine Aktien zur Aufbewahrung übergeben hat, die Mühe eines Besuches der Hauptversammlung abnimmt."

Angesichts solcher Art von Beziehungen und Bindungen könnte man hier an sich von einem echten Treuhandverhältnis zwischen Aktionär und Depotbank sprechen: Letztere ist durch Vertrag selbständiger Verwalter fremder Rechte geworden. Sie ist zwar an Weisungen gebunden, nimmt jedoch im Außenverhältnis die Rechtsstellung eines Aktionärs (Vollmachtsaktionärs) ein. Im Falle von Namensaktien wird die Bank auf Grund ihrer Stellung als juristischer Eigentümer im Aktienbuch der Gesellschaft als Aktionär eingetragen[263]. Gleichwohl bleibt sie auch hier nach innen dem Treugeber verpflichtet. Dem Handeln der Bank im eigenen Namen liegt ein Anvertrauen zu treuen Händen seitens des Depotinhabers zugrunde.

Die herrschende Praxis zeigt aber, daß die Großbank in den Hauptversammlungen der Gesellschaften nicht einige wenige, sondern Tausende von Aktionären aus den bei ihren zahlreichen Zweigniederlassungen zur Verwaltung deponierten Anteilen vertritt[264]. Zwecks Stärkung ihrer Machtposition gegenüber bestimmten Gesellschaften – das bedeutet insbesondere die Erlangung von Aufsichtsratssitzen – tritt sie außerdem in den Wochen vor Beginn der großen Hauptversammlungen an kleinere und befreundete Banken heran und läßt sich zur Wahrnehmung der Aktionärsrechte aus den bei diesen Instituten verfügbaren Depotbeständen bevollmächtigen (vgl. § 114 Abs. 3 Akt.G)[265][266]. So erschien in der Hauptversammlung der Mannesmann AG am 1. 7. 1958 der Vertreter der Deutschen Bank

[263] In dem von § 110 Akt.G geforderten Anwesenheitsverzeichnis sind treuverwaltete Namensaktien jedoch als Fremdbesitz auszuweisen (gegen Zuwiderhandlungen richtet sich die Strafbestimmung des § 300 Nr. 4 Akt.G). Hier kommt deutlich die Trennung von wirtschaftlichem und rechtlichem Eigentum zum Ausdruck – ein wesentliches Merkmal der echten Treuhand. – Namensaktien gelangten in Deutschland erstmals durch die Entflechtung der Montanindustrie, der I. G.-Farben-Industrie AG und der drei Filialgroßbanken nach dem 2. Weltkrieg zu größerer Bedeutung. Die alliierten Behörden verlangten die Umwandlung der Anteile der Nachfolgegesellschaften in (bei den Industrieunternehmungen bogenlose) Namensaktien. Um die Übertragbarkeit zu erleichtern (jeder Eigentumswechsel macht die Umschreibung im Aktienbuch erforderlich, §§ 61 f. Akt.G!), bedienten sich die Inhaber von Montan-Namensaktien des Blanko-Indossaments und der treuhänderischen Verwaltung durch Banken.

[264] Laut einer von den Bankenverbänden angestellten Erhebung waren Anfang 1959 von natürlichen Personen und Personengesellschaften deutsche Aktien und Investmentzertifikate im Nominalwert von 8,3 Mrd. DM in 530 000 Depots hinterlegt. Davon entfielen 2,1 Mrd. DM auf Aktionäre, deren Effektenkonto nominell einen Betrag von weniger als 25 000 DM auswies. 21 000 Depots mit 0,8 Mrd. DM gehörten Ausländern. (Wirtschaft und Statistik, 11. Jhrg., Heft 8, S. 418.)

[265] Die Frage, ob die ermächtigten Banken berechtigt sind, Stimmrechte ihrer Depotkunden auf andere Banken zu übertragen, ohne daß diese in der Ermächtigungserklärung genannt werden, wird nicht einheitlich beantwortet. Siehe bejahende und verneinende Autoren bei Trost-Schütz, a. a. O., S. 106.

[266] Das Wesen des in der Stimmrechtsermächtigung begründeten Vertrauensverhältnisses wäre aber verkannt, wenn die bevollmächtigte Bank im eigenen Namen, nicht im Namen der durch die Ermächtigung gebundenen Bank abstimmen würde. Diese Ansicht ist trotzdem nicht unbestritten.

AG, *Franz Blaeser,* mit über 120 Mill. DM auf seinen Namen angemeldeten Mannesmann-Aktienstimmrechten; insgesamt 240 Mill. DM Aktienkapital wurden in der gleichen Hauptversammlung von 15 Banken für rd. 300 Institute vertreten[267].

Indem die Bank eine solche Masse von Individualrechten *einheitlich* vertritt, kann sie in Wirklichkeit gar nicht die mannigfaltigsten Interessen der Aktionäre gegenüber der institutionellen Verwaltungsmacht wahrnehmen. Und wie vermag sie erst im Falle der Unterermächtigung bei einheitlicher Abstimmung das Stimmrecht im Namen aller übertragenden Banken für deren Kunden interessewahrend auszuüben? Eine Abänderung, Nivellierung und Verfälschung der verschiedenartigen Interessenlagen ist unvermeidlich.

Mit der Weiterübertragung des Stimmrechts – Grundlage für diese Banken-Usance bildet eine dementsprechend abgefaßte Klausel in der Ermächtigungserklärung – verstößt die Depotbank nicht nur gegen die Vorschrift des § 114 Abs. 4 Akt.G („die Ermächtigung muß einer bestimmten Bank erteilt werden"), sondern entzieht auch einer echten Interessenwahrung den Boden: das speziell dieser Bank bei der Vollmachterteilung entgegengebrachte persönliche Vertrauen des Hinterlegers. Die Person des Treuhänders und sein Charakter sind entscheidend für die Begründung eines Treuhandverhältnisses.

An der Art und Weise der praktizierten Interessenvertretung, durch die niemals der Wille der Depotinhaber zum Ausdruck kommen kann, vielmehr die Banken nur eine gewaltige Stimmacht an sich ziehen, ändern im großen und ganzen auch die 1952 vom Bundesverband des privaten Bankgewerbes (e. V.) aufgestellten „Grundsätze über die Ausübung des Depotstimmrechts"[268] nichts.

Danach ist die ermächtigte Bank dem individuellen Aktionär gegenüber weisungsgebunden. Hat dieser keine besonderen Weisungen erteilt, soll die Bank so abstimmen, wie sie es im Interesse des Aktionärs für richtig hält. Sie hat vom Aktionär eine Entscheidung über jene Punkte der Tagesordnung einzuholen, die eine Satzungsänderung berühren oder über die nur mit der gesetzlich vorgeschriebenen Dreiviertelmehrheit des vertretenen Grundkapitals beschlossen werden kann. Die vertretungsbefugte Bank ist ferner verpflichtet, eine ihr bekanntgewordene Opposition und ihre entsprechend geplante Verhaltensweise dem Kunden mitzuteilen sowie ihn um seine Äußerung hierzu zu bitten. Beabsichtigt sie, selbst Opposition zu betreiben, so ist eigens dazu die Genehmigung des Aktionärs erforderlich.

Diese berufsverpflichtenden Grundsätze sind 1955 durch Erläuterungen, u. a. zur Frage der Weiterübertragung des Stimmrechts[269] und zum Umfang der Unterrichtungspflicht der Banken, ergänzt worden.

[267] Linhardt, Hanns, Zur Reform des Aktienrechts. In: die aussprache, hrsg. von der Arbeitsgemeinschaft selbständiger Unternehmer e. V., Bonn, 8. Jhrg., Oktober 1958, S. 336.

[268] Abgedruckt in: Denkschrift zur Reform des Aktienrechts, hrsg. vom Bundesverband des privaten Bankgewerbes (e. V.), Köln, April 1958, S. 20.

[269] „... darf die Bank nur solche Personen zur Ausübung des ihr übertragenen Stimmrechts des Kunden bevollmächtigen, die in gleicher Weise wie sie selbst an die Beachtung der ‚Grundsätze' und an die Befolgung der Weisungen des Kunden, überhaupt an die Verpflichtung zur Wahrung seiner Interessen gebunden sind." (Denkschrift, a. a. O., S. 20.)

Die Formulierung „im Interesse des Aktionärs" ist zu allgemein. „Was ist das Interesse des Aktionärs nach Meinung der Bank?" fragt *Linhardt*[270], und er stellt unabweisbar fest, wie verschieden und gegensätzlich es sein kann, je nach der wirtschaftlichen und soziologischen Stellung des Einzelaktionärs im Wirtschafts- und Gesellschaftsleben. (Er unterscheidet den Aktionär-Spekulanten vom Dauer-Aktionär; er stellt die Gruppen der Handwerker, der Händler und der Industriellen als Aktionäre einander gegenüber, sowie den Gewerbetreibenden der Privatperson usw.) Die Aktionärsinteressen streben auseinander; die Bank kann sie nicht konkret kennen und daher auch nicht treuhänderisch wahrnehmen.

Nur in den wenigen Fällen, wo die Depotkunden nicht schweigen, sondern ausdrückliche Erklärungen zur Ausübung des Depotstimmrechts abgeben, kommt es zu einer klaren treuhänderischen Rechtsausübung der vertretenden Bank. Sie wird uneinheitlich abstimmen und ggfs. gegen den Vorstand der Gesellschaft Stellung beziehen müssen – selbst wenn einer ihrer Vertreter als Vorsitzender des Aufsichtsrates die Hauptversammlung leitet –, soweit sie abweichende Weisungen vom Depotaktionär erhalten hat.

Im übrigen übt die Großbank eine Vielzahl von Stimmrechten – die aus eigenem Depotbesitz wie die von anderen Banken gesammelten – unisono aus, angeblich nach bestem Ermessen im Gesamtinteresse der Aktionäre; d. h. im wesentlichen nicht anders als vor 1952 und im Sinne der Vorschläge der Verwaltung[271]. Ob es sich um die Verwendung des Reingewinns, die Höhe der Vorstandsbezüge, die Bestellung und Entlastung der Organe, um Fragen der Finanzierung und der Investitionspolitik oder sonstige wichtige Beschlüsse handelt, auf den ordentlichen und außerordentlichen Hauptversammlungen ergibt sich bei der Abstimmung immer das gleiche Bild: das fast völlige Fehlen der durch Gegenstimme und Stimmenthaltung ausgedrückten Opposition. *Bühler* spricht von dem „Mitgehen mit der Verwaltung" als der „Parole der Banken bei der Handhabung des Depotstimmrechts"[272].

Indem die Bank ihre Depotstimmen für die Anträge der Verwaltung einsetzt, glaubt sie, die Interessen der hinter ihr stehenden Aktionäre zu schützen[273]; sie

[270] Linhardt, Hanns, Wider das Depotstimmrecht der Banken. In: Die Aktiengesellschaft, 3. Jhrg., Nr. 8 (August 1958), S. 174.

[271] Treffend ist der von Linhardt zitierte Pressebericht (Wider das Depotstimmrecht der Banken, a. a. O., S. 172) über die Hauptversammlung der Commerzbank-Bankverein AG, Düsseldorf. Schon vorher erklärte der Aufsichtsratsvorsitzer: „Aus der Anwesenheitsliste geht hervor, daß rd. 80 % des vertretenen Grundkapitals mit Ja stimmen würde." Siehe weitere Beispiele a. a. O.

[272] Bühler, Ottmar, Aktienrechtsreform dringlich geworden. In: Die Aktiengesellschaft, 2. Jhrg. Nr. 6 (Juni/August 1957), S. 137.

[273] „Das Bankenstimmrecht spiegelt lediglich die Meinung der Aktionäre wider." (Vallenthin, Wilhelm, Die Ausübung von Aktionärstimmrechten durch Banken – eine Erwiderung an Prof. Dr. H. Linhardt, Nürnberg. In: Die Aktiengesellschaft, 3. Jhrg. Nr. 9 (September 1958),

identifiziert einfach – bewußt oder unbewußt – die Interessen der Publikumsaktionäre mit denen des „Unternehmens an sich“ [274]. Tatsache dagegen ist, daß die Interessen der Aktionäre gewöhnlich den Interessen der von ihrem Egoismus beseelten Verwaltung zuwiderlaufen [275] und infolgedessen – bei solchen Methoden der Stimmrechtsausübung durch die Banken – in Wirklichkeit gar nicht vertreten werden.

Diese Praxis, die Häufung von Stimmrechten und der Einsatz der dadurch gewonnenen Stimmgewalt für die Verwaltung der Gesellschaft, läßt den Schluß zu, daß es den Depotbanken bei der Stimmrechtsermächtigung weniger um die Vertretung der vornehmsten Mitgliedschaftsrechte der Aktiengesellschafter geht als um die Erlangung des Übergewichtes in der Hauptversammlung und die Geltendmachung ihres Einflusses. Mit der Entsendung ihres Vertreters in den Aufsichtsrat (auf Vorschlag des Vorstandes) erhält die Bank Zugang zur Geschäftsführung und damit Einblick in das Finanzgebaren der Unternehmung. Das mit der Stimmrechtsausübung verfolgte Eigeninteresse der Großbank an der Unternehmung ist zu offensichtlich, als daß es geleugnet werden kann [276]. Sie ist nicht nur ihr Geschäftspartner im Umsatz- und Investitionskreditgeschäft; als Hausbank besorgt sie den Zahlungsverkehr und die Emissionen der Großunternehmung, übernimmt sie die Kurspflege ihrer Papiere, die Abwicklung des Auslandsgeschäfts und vieles mehr. Sowohl im Hinblick auf ihre Vertretung im Aufsichtsrat als auch in Anbetracht ihrer engen Geschäftsbeziehungen zur Gesellschaft wird also die Bank bei weisungsungebundener Ausübung des Depotstimmrechtes zwangsläufig in schärfste Interessenkollisionen verwickelt. Sie kann sich als Legitimationsak-

S. 206. Die „peinliche Beachtung des zwischen Depotkunden und Bank bestehenden individuellen Auftragsverhältnisses“ ergebe für den Bankvertreter in den Hauptversammlungen jene Stellung, „deren äußeres Symptom die Figur des schweigenden Teilnehmers ist“, behauptet Walter Hofmann (Der Bankvertreter in der Hauptversammlung, in: ZKW, 22. Heft vom 15. 11. 1959, S. 962).

[274] Sprachliche Wendung der Aktienrechtskommission, in: Denkschrift, a. a. O., S. 10.

[275] Hier ist keineswegs an die auf möglichst hohe Gewinnausschüttungen erpichten Aktionäre gedacht; vielmehr an jene, die ihre Gesellschaft nicht als einen mit Hilfe unkontrollierbarer Selbstfinanzierung gebildeten Spartopf betrachten, sondern eine angemessene, gewinnorientierte Dividende wünschen. „Daß die Banken in den vergangenen Jahren stets mit Dividendenerhöhungen in der Erwartung vorausgegangen sind, daß die übrigen Unternehmen folgen würden“ (Denkschrift, a. a. O., S. 19), ist nur ein schwacher Trost.

[276] Auch dieses Interesse wird mit dem der Gesellschaft gleichgesetzt. So meint Boesebeck, a. a. O.: „Wohl ist es das gute Recht der Banken, an ihre eigenen Interessen zu denken, aber diese pflegen, von Ausnahmefällen abgesehen, mit denen der ihnen geschäftlich verbundenen Gesellschaften übereinzustimmen. Insbesondere gilt das, wenn die Bank im Aufsichtsrat der Gesellschaft vertreten ist.“ Dazu Curt Eduard Fischer, Das Depotstimmrecht der Banken und die Reform des Aktiengesetzes. In: Zeitschrift für handelswissenschaftliche Forschung, 10. Jhrg. N. F., Januar 1958, S. 36: „Es dürfte aber doch wohl zweifelsfrei feststehen, daß im wirtschaftlichen Leben Gläubiger- oder Kundeninteresse mit Gesellschaftsinteresse nicht unbedingt und immer voll übereinstimmen.“

tionär auf Grund der personellen und geschäftlichen Verflechtungen nicht mehr wahrhaft neutral und unabhängig verhalten[277].

aa) Reformvorschläge zum Depotstimmrecht der Banken

Eine Neuregelung des geltenden Aktienrechtes, das eindeutig von dem Geist einer autoritären Staatsordnung geprägt ist, befindet sich schon seit Jahren in Vorbereitung. Hierbei geht es im Grunde einmal darum, die einseitige Stärkung der Kompetenzen der Verwaltungsorgane, die der Verwirklichung des „Führerprinzips" in den Leitungen der Großindustrie diente, wieder abzubauen. Sodann sollen – hauptsächlich aus gesellschaftspolitischem Interesse – die Aktionäre in die ihrer Stellung zukommenden Rechte zurückversetzt werden.

Zu dem unerwünschten Machtzuwachs der Verwaltung hat aber auch in nicht geringem Maße das Ermächtigungsstimmrecht beigetragen: Zum Schutze der freien Aktionäre vor der Willkür eines Großaktionärs geschaffen (laut der amtlichen Begründung zu § 114 Abs. 4 Akt.G) und zur Vertretung der nicht an den Hauptversammlungen teilnehmenden Gesellschafter gedacht (siehe Vallenthin, a. a. O., S. 205), führte es zu einer unkontrollierbaren Kapital- und Machtakkumulation in Händen der Banken, die der Unternehmungspolitik mit dem Gewicht der von ihnen repräsentierten Stimmen ihre Unterstützung boten. Eine Erscheinung, aus der *Linhardt* einen Zusammenhang von Mitgliedskapitalismus über Bankkapitalismus zum Monopolkapitalismus ersieht[278].

In dem Meinungsstreit um die Vorschläge zur Reform des Aktiengesetzes stand daher wiederholt das Bankenstimmrecht im Vordergrund der Diskussion und im Mittelpunkt heftigster öffentlicher Kritik. Zwar wurde kaum die völlige Abschaffung des Depotstimmrechtes befürwortet, seine gründliche Erneuerung im Sinne einer Anpassung an die modernen rechtlichen und wirtschaftlichen Anschauungen sowie an die Erfahrungen der täglichen Praxis hielt man aber allgemein für unumgänglich. Der Begriff „Reform" schließt ein, daß das Erstrebte nicht lediglich eine Veränderung bestehender Gegebenheiten, sondern eine Neugestaltung herbeiführen soll[279].

[277] Das auch von Fischer (a. a. O.) einwandfrei und überzeugend nachgewiesene Vorhandensein dieses Interessenwiderstreites verneint Vallenthin (a. a. O., S. 207), ohne indessen hinreichende Argumente vorzubringen. Auch Ulrich Klug (Die Neuordnung des Bankenstimmrechts. In: Aktuelle Probleme aus dem Gesellschaftsrecht und anderen Rechtsgebieten. Festschrift für Walter Schmidt, hrsg. von Benvenuto Samson, Berlin 1959, S. 44, 46, 52) bezeichnet die Annahme derartiger zwangsläufiger Interessenkollisionen als unrealistisch und lehnt sie aus rechtstheoretischen und rechtspraktischen Gründen ab. Hingegen bestreitet Rasch (Harold, Das Depotstimmrecht der Kreditinstitute, in: ZKW, 9. Heft vom 1. 5. 1960, S. 376) nicht, daß das Depotstimmrecht den Banken durch die ihnen zufallenden Aufsichtsratsmandate Macht verschafft und sie bei dessen Ausübung in Interessenkonflikte führt.

[278] Linhardt, Wider das Depotstimmrecht der Banken, a. a. O., S. 171.

Eine Enttäuschung in dieser Hinsicht bereitete die von einer Kommission im Auftrage des Bundesverbandes des privaten Bankgewerbes (e. V.) ausgearbeitete „Denkschrift zur Reform des Aktienrechts". Die Kommission stellt fest[280], daß die schon vor Jahrzehnten gegen das Depotstimmrecht erhobenen Bedenken im Aktiengesetz von 1937 berücksichtigt worden seien, im übrigen die in der amtlichen Begründung zum Aktiengesetz niedergelegten rechtspolitischen Erwägungen[281] für die gesetzliche Anerkennung des Bankendepotstimmrechts „auch heute noch ihre Berechtigung" hätten.

Auf die Regelung des Aktienstimmrechtes im Ausland kurz eingehend, hält die Kommission die dort gewählten Wege, die Stimmen der nicht zur Hauptversammlung persönlich erscheinenden Aktionäre zur Geltung zu bringen, ungeeignet für die Übernahme auf deutsche Verhältnisse. Sie befaßt sich im weiteren mit weniger umstrittenen Fragen (Verletzung demokratischer Prinzipien durch Vertretung von Aktionären, die sich an der Ausübung des Stimmrechtes uninteressiert zeigen; Errichtung eines staatlichen Aktienamtes mit treuhänderischen Funktionen oder einer gewerblichen Depotstimmrechtsstelle) und setzt sich dann mit dem Moment der Kollision von Interessen auseinander.

Die Kommission weist diesen Vorwurf mit verschiedenen Argumenten, u. a. mit dem Hinweis auf den Wettbewerb der Banken untereinander sowie die Beraterfunktion bei der Anlage von Sparkapital und Verwaltung von Vermögen, entschieden zurück. Sie versucht, die engen Beziehungen der Banken zu den Gesellschaften zu begründen (die Vertretung in den Aufsichtsräten verdankten die Banken ihren umfangreichen wirtschaftlichen Erfahrungen, nicht dem Depotstimmrecht!) und die Zweifel an der sachgerechten Stimmrechtsausübung (mit der Betonung ihres höchsteigenen Interesses an einem funktionsfähigen Kapitalmarkt) zu zerstreuen; ferner beteuert sie den Ernst und das Verantwortungsbewußtsein, mit dem sich die Banken die Wahrung der Aktionärinteressen angelegen sein ließen[282]. Sie gibt indessen keine einzige Erklärung, die die Tatsache des Interessengegensatzes (sich ergebend aus der Stimmrechtsvertretung einerseits und der Eigenschaft der Banken als Kreditgeber und Mitglieder des Aufsichtsrates der Gesellschaften andererseits) als non existens erscheinen läßt.

Eine eingehende Stellungnahme vermißt man auch zu einigen anderen brennenden Problemen, wie etwa zur Übertragung (= „Ausleihe") von Stimmrechten der Banken untereinander, obwohl diese vielfach mit nicht zu überhörender Deutlichkeit, wie z. B. von *Bühler* oder *Fischer* (a. a. O.), vorgetragen worden sind[283]. Die Denkschrift verweist statt dessen auf die erwähnten Grundsätze

[279] Wolany, J., Stellungnahme zu den verschiedenen Vorschlägen zur Reform des Aktienrechts. In: Die Aktiengesellschaft, 3. Jhrg. Nr. 9 (September 1958), S. 198.

[280] Denkschrift, a. a. O., S. 17.

[281] „Es darf nicht übersehen werden, daß dieses Stimmrecht überhaupt erst dazu führt, daß die freien Aktionäre in erheblichem Umfange in der Hauptversammlung vertreten sind. Ein Wegfall dieses Stimmrechts oder seine erhebliche Beschränkung würde zu einer weiteren Verödung der Hauptversammlung führen. ... Gegenüber diesen Folgen ist das Bankenstimmrecht das gewiß kleinere Übel, mögen die Banken auch dadurch im Einzelfall eine ihnen nicht zukommende Machtposition in der Gesellschaft erlangen." Zitiert ebenda. – Ebenso ist die alte Vorstellung von der Gleichgültigkeit wie Indolenz der Aktionäre (Mellinger, Ludwig, Das Depotstimmrecht der Banken. In: Die Bank, Jhrg. 1934, S. 935) in den heutigen Debatten über die aktienrechtlichen Reformbestrebungen wieder anzutreffen (siehe Boesebeck, a. a. O.).

[282] Denkschrift, a. a. O., S. 19.

[283] Das empfindet auch – selbst mit Rücksicht darauf, daß nicht auf alle Einwendungen und

von 1952 und die dazu angefügten Erläuterungen aus dem Jahre 1955. Darin bekennen sich die Banken zwar zur uneingeschränkten und sorgfältigen Beachtung der Weisungsgebundenheit und Unterrichtungspflicht. Gleichzeitig werden aber mit der Auslegung des § 114 Abs. 4 Akt.G – dahingehend, daß der Depotkunde mehrere Banken zugleich zur Ausübung des Stimmrechts ermächtigen könne (Alternativermächtigung) – hoffnungsvolle Ansätze für eine treuhänderische Vertretung und damit für eine echte Stimmrechtsvertretung der Aktionäre auf den Hauptversammlungen zerstört.

Die Denkschrift zeigt, wie so viele Beiträge zur Aktienrechts-Diskussion, keine gute Lösung des Problems des Bankenstimmrechts auf; eine grundlegende Neugestaltung des Aktienrechts bietet sie nicht. „Das Ziel der Reform dieser Art ist, das geltende Recht, ohne eine Hereinnahme neuer Prinzipien, allein durch eine ‚Revision' seiner Einzelbestimmungen und durch ihre weitere Entfaltung oder bessere Ausgestaltung und durch ihre Anpassung an veränderte tatsächliche Verhältnisse fortzubilden."[284] Es geht aber „um einen ‚Umbau' des geltenden Rechts nach Maßgabe neuer, aus dem Rechtsbewußtsein der Gegenwart erschlossener Prinzipien"[285].

In diesem Sinne fordert *Fischer* eine an verschiedenen Stellen einsetzende selektive Einschränkung des Bankendepotstimmrechts, „abgestellt auf die Einsicht und Lauterkeit der betreffenden Bankenrepräsentanten", die den Vorzug vor jedem „Holzhammer-Verbot" und auch gegenüber jedem „Treibenlassen" von Interessenkonflikten verdient[286]. Man erwarte von den Banken, daß sie sich in den Fällen, wo sie die Rolle als Kreditgeber und Hausbank der Gesellschaft in untragbaren Widerspruch der Interessen führt, gemäß angelsächsischem Vorbild nach ihren Berufsgrundsätzen verpflichtet fühlen, die Legitimationsübertragung der Stimmrechte aus den Depotaktien abzulehnen. „Das schließt keineswegs aus, daß diese Bank ihren Kunden hinsichtlich Ausübung oder Nichtwahrnehmung des Stimmrechts im konkreten Fall persönlich berät und ihm seine persönliche Teilnahme an der Hauptversammlung empfiehlt."[287]

Der sogenannte Geßlersche „Referentenentwurf eines Aktiengesetzes" ist, obgleich er seiner Grundeinstellung nach die Rechtsstellung des Aktionärs verbessern will, über dieses zentrale Rechtsanliegen ziemlich hinweggegangen. Die Essenz der Bestimmungen des Entwurfs (E) zum Komplex des Bankenstimmrechts, die nahezu unverändert in das zur Zeit von den gesetzgebenden Körperschaften beratene Aktienrechtsreformgesetz der Bundesregierung aufgenommen worden sind, darf kurz wiedergegeben werden[288].

Anregungen der Kritik eingegangen werden könnte – Wolany als klägliche Lücke (a. a. O., September 1958, S. 198).

[284] Wolany, a. a. O., Nr. 11, S. 251.

[285] Ebenda, S. 252.

[286] Fischer, a. a. O., S. 40.

[287] Ebenda, S. 41.

[288] Referentenentwurf eines Aktiengesetzes, veröffentlicht durch das Bundesjustizministerium, Oktober 1958, S. 60 f., 277 ff.

Damit allgemein bei der Stimmabgabe durch die Bankenvertreter mehr der wirkliche Wille der hinter ihnen stehenden Aktionäre zum Ausdruck kommt, sollen künftig die Kreditinstitute – nach dem Regierungsentwurf auch andere geschäftsmäßige Stimmrechtsvertreter – das Stimmrecht aus verwalteten Inhaberaktien nicht im eigenen Namen ausüben können; dagegen im Namen des Aktionärs allein kraft einer schriftlichen Bevollmächtigung (E § 126 Abs. 1). Abweichend vom geltenden Recht kann die Vollmacht nur gleichzeitig mit der Bitte um Weisungen und außerdem, um dem Depotkunden die Ungebundenheit in der Wahl seines Stimmrechtsvertreters zu sichern, nur jeweils für die nächste Hauptversammlung eingeholt werden. Die Banken sind bislang zur Einholung von Verhaltensregeln gesetzlich nicht verpflichtet gewesen. In Zukunft soll aber deutlicher hervortreten, daß sie fremde Interessen wahrnehmen. Deswegen darf laut E § 126 Abs. 2 das Kreditinstitut auf Grund der Vollmacht erst abstimmen, nachdem es den Aktionär zwecks Ausübung des Stimmrechtes um Erteilung von Weisungen zu allen Verhandlungspunkten gebeten hat[289].

Für Namensaktien hält der Entwurf unverändert an der Stimmrechtsermächtigung (Ausübung im eigenen Namen) fest, soweit das Depotinstitut im Aktienbuch eingetragen ist; es nimmt ja gegenüber der Gesellschaft die Stellung als Aktionär ein. Im übrigen sollen aber die Normen über die Stimmrechtsvollmacht gelten (E § 126 Abs. 4).

Eine weitere Klarstellung ergeht durch den Entwurf zu der Frage der Erteilung von Untervollmachten. Gemäß E § 126 Abs. 1 letzter Satz soll das bevollmächtigte Kreditinstitut die Vollmacht an einen Dritten nur weitergeben können, wenn es am Ort der Hauptversammlung keine Niederlassung unterhält und die Vollmacht dies ausdrücklich vorsieht.

Die Ausgabe von Mehrstimmrechtsaktien[290] wird in § 12 Abs. 2 des Regierungsentwurfs ausnahmslos verboten. Die noch bei rd. 180 Gesellschaften bestehenden Mehrstimmrechtsaktien – den Zeitpunkt ihres Erlöschens hätte die Regierung laut § 9 des Einführungsgesetzes zum geltenden Recht bisher jederzeit anordnen können – sollen den Stimmrechtsvorzug 3 Jahre nach dem Inkrafttreten des neuen Aktiengesetzes verlieren (§ 5 des Einführungsgesetzes)[291].

Am 16. 3. 1960 ist in zweiter und dritter Lesung des Bundestages das Gesetz über die Privatisierung des Volkswagenwerkes (VW) verabschiedet worden. Wer künftig Aktionäre in der

[289] Die Erteilung der Vollmacht und der Weisung soll durch ein einheitliches Muster erleichtert werden. Unterschreibt der Aktionär, so erteilt er der Bank nicht nur Vollmacht, sondern zugleich die Weisung, nach den Vorschlägen der Bank abzustimmen. Mißbilligt der Aktionär die Vorschläge seiner Bank, so kann er in vereinfachter Form an den hierfür vorgesehenen Stellen des Formulars andere Weisungen geben. (FAZ, Nr. 72 vom 25. 3. 1960, S. 23.)

[290] Durch § 29 der 2. Verordnung zur Durchführung der Verordnung über Goldbilanzen vom 28. 3. 1924 (RGBl. I, S. 385) zugelassen, befinden sich häufig im Besitz von Treuhändern.

[291] FAZ, Nr. 72 vom 25. 3. 1960, S. 23.

VW-Hauptversammlung geschäftsmäßig vertritt, kann danach nur auf Grund einer Vollmacht, verbunden mit schriftlichen Weisungen zu den einzelnen Gegenständen der Tagesordnung, seine Stimme abgeben. Zwecks Unterbindung von Stimmrechtskonzentrationen bestimmt das Gesetz, daß Banken jeweils für nicht mehr als 2 % des Grundkapitals das Stimmrecht ausüben können[292]. Damit findet erstmals für eine Aktiengesellschaft eine Regelung Anwendung, die später für alle deutschen Aktiengesellschaften vorgesehen ist („Testfall").

Mit der Umwandlung des Ermächtigungsstimmrechtes in ein beschränktes Vollmachtsstimmrecht wird die Vertretung des Aktionärs in der Hauptversammlung kompliziert und die vertretende Depotbank überfordert. Die volle Berücksichtigung aller Weisungen ist undurchführbar, sie macht die Ausübung des Depotstimmrechts schlechthin unmöglich – ganz abgesehen von den hohen Kosten, die sie verursacht[293]. Der den Banken durch das Depotstimmrecht verliehene Einfluß, auch im Interesse der Banken selbst, ist nicht anders zu beurteilen, wenn er durch formularmäßig erteilte Vollmachten legitimiert wäre[294].

Für die Neuregelung des Stimmrechtes aus den in Depot gegebenen Aktien wird nicht ein Verbot des Bankenstimmrechtes gefordert. Den Banken soll kein Recht streitig gemacht oder durch Gesetz erschwert werden[295]. Die Problematik des Depotstimmrechts liegt in dem Wohlverhalten der Banken, dem Wohlverhalten, das sich aus den gesellschaftlichen Anschauungen ergibt[296]. „Die Frage des Wohlverhaltens ist keine Rechtsfrage, sondern eine Frage des Taktes, des guten Tones, der Etikette."[297] Wer Macht in einer bestimmten Richtung ausübt, sollte auch auf Verlangen seine Haltung rechtfertigen. Durch eine publizitätsfreudige Geschäftspraxis können die Banken beweisen, daß das in Aktionärskreisen gegen ihre Geschäftspolitik gehegte Mißtrauen und die Furcht vor Machtmißbrauch unbegründet sind. Erst wenn die Ausübung des Depotstimmrechts den egoistischen Zweck verliert und altruistischen Geschäftscharakter erhält und wenn die Bank mit ihr ein moralisches Interesse (Standesinteresse) verbindet, hat es wieder guten Sinn, bei der Ausübung des Stimmrechtes aus Kundenaktien von einer treuhänderischen Tätigkeit der Banken zu sprechen.

Des Depotstimmrechts bedienen sich sehr gern mancherlei Zusammenschlüsse von Aktionären (z. B. Familienverbände) zwecks Aufrechterhaltung einer Sperr-

292 FAZ, Nr. 48 vom 26. 2. 1960, S. 17; Nr. 65 vom 17. 3. 1960, S. 11.

293 Wie von Wolany (a. a. O., Nr. 12, S. 276) bereits vorausgesagt: „Daß dies gerade vom Standpunkt des im Vordergrund stehenden Interesses an einer Stärkung der individuellen Einflüsse einzelner Persönlichkeiten nicht als eine voll befriedigende Lösung angesehen werden kann, sollte nicht bezweifelt werden."

294 Rasch, a. a. O., S. 378.

295 Linhardt, Wider das Depotstimmrecht der Banken, a. a. O., S. 169.

296 Flume, Werner, Die Person – Leitbild unserer Wirtschaftsordnung, Personalisierung gegen Konzentration. In: die aussprache, Juni 1958, S. 207.

297 Linhardt, Wider das Depotstimmrecht, a. a. O., S. 169.

minorität und sicherer Erfüllung von Stimmrechtsbindungsverträgen[298]; durch gemeinsame Hinterlegung ihrer Anteile bei einem Treuhänder, in der Regel einer Bank, suchen die Vertragspartner eine einheitliche Abstimmung herbeizuführen.

7. Treuhänderische Vermögensverwaltung

Der (technischen) Verwaltung von Effekten, der ordnungsmäßigen Vornahme aller durch das Wertpapier nötig werdenden Handlungen, steht der weitere Begriff der Vermögensverwaltung gegenüber. Er umfaßt auch die Wahl der zweckmäßigen Anlagemittel.

In der frühkapitalistischen Wirtschaft vereinigten die Bankiers in ihren Betrieben die verschiedenartigsten, aber doch in einem inneren Zusammenhange stehenden Geschäfte, z. B. Wechsel- und Kommissionsgeschäfte oder den Spekulationshandel. Sie waren als Hofbankiers nicht nur Geldgeber, sondern auch Geschäftsverwalter der Fürsten. Eine derartige umfangreiche Tätigkeit entfalteten die Gebrüder *Schickler*, die u. a. auch das Vermögen der preußischen Könige verwalteten[299].

Bevor die Depotverwaltung von Aktienbesitz den heutigen Banken so entscheidende Machtbefugnisse über die Geschäftspolitik führender Unternehmen aller Wirtschaftszweige verlieh, übernahmen Privatbankiers bereits die Beaufsichtigung der Geschäftsführung und Veräußerung von Unternehmungen, die Treuhandschaft für Gesellschafterrechte, die Abwicklung laufender Verträge und die Anlage von zu treuen Händen anvertrautem Geld[300]. Zur Übernahme der Geschäftsführung, z. B. bei Uneinigkeit zwischen den Gesellschaftern oder bei längerem Auslandsaufenthalt des Geschäftsinhabers, wurde ihnen die nötige Vertretungsbefugnis vom Treugeber durch Erteilung einer Generalvollmacht verschafft. Als Treu-

[298] Derartige Verträge können – abweichend vom englischen Recht – nicht gerichtlich durchgesetzt werden (RGZ, Band 133, S. 95).

[299] Sombart, a. a. O., S. 778.

[300] Rechtliches Eigentum an dem zur Treuverwaltung übergebenen Gut erhielt der Bankier nur selten eingeräumt. Bei der Hochachtung vor dem Treuhänderamt und dem sittlichen Ernst, mit dem es zur damaligen Zeit ausgeübt wurde, war es zur Erfüllung der treuhänderischen Pflichten in den wenigsten Fällen unabdingbar notwendig. Verwiesen sei an dieser Stelle auf Karl Knies, der zwischen wirtschaftlicher und rechtlicher Übertragung unterscheidet (Das Geld. Darlegung der Grundlehren von dem Gelde, insbesondere der wirtschaftlichen und der rechtsgiltigen Functionen des Geldes, mit einer Erörterung über das Kapital und die Übertragung der Nutzungen, Berlin 1885, S. 88): „Für die Nationalökonomie ist eben deshalb auch die Übertragung eines effektiv wirtschaftlichen Gebrauches an einem Sachgute ohne Überlassung des letzteren zu Eigentum eine vollkommen ebenbürtige Übertragung mit der durch die Übertragung des Eigentumes repräsentierten Übertragung. Es ist ebenso wenig gestattet, der Übertragung jenes Gebrauches den Charakter einer wirtschaftlichen Übertragung abzuerkennen, als es berechtigt ist, dieselbe als Übertragung von Eigentum zu charakterisieren."

handkommanditist nahm der Bankier nach außen die Stellung als Kommanditist ein. Er allein war der Gesellschaft, den Mitgesellschaftern und den Gesellschaftsgläubigern verpflichtet. Im Innenverhältnis erhielten dagegen die Treugeber die Rechte aus dem Kommanditverhältnis eingeräumt; der Treuhandkommanditist war an ihre Anweisungen gebunden[301].

Das Verantwortungsbewußtsein der Privatbankiers, ihr Eigenkapital als ausreichende Haftung, ihre hervorragenden Informationen sowie insbesondere das enge Vertrauensverhältnis zwischen Bankier und Kundschaft bildeten die Voraussetzungen für die Übernahme von Vermögensverwaltungen.

Die Vielseitigkeit dieser Geschäfte jedoch, Mangel an Branchenkenntnissen und betriebswirtschaftlichen Erfahrungen führten dazu, daß dieses Feld immer mehr Rechtsanwälten und echte individuelle Behandlung anbietenden Vermögensverwaltern überlassen werden mußte. Sodann schwanden mit der allmählichen Aufsaugung der Privatbankhäuser und Provinzinstitute durch die Großbanken auch die engen persönlichen Beziehungen zwischen Kunden und Bankinhaber – und damit vielfach die Grundlage für Übertragungen von Vermögenswerten zu treuhänderischer Verwaltung. Insofern konnten die Privatbankiers kaum durch Angestellte der Aktienbanken ersetzt werden[302]. Aus jenen Gründen und vor allem infolge der Vernichtung in Jahrzehnten angesammelter privater Geld- und Wertpapiervermögen durch die Inflation ist sowohl die Verwaltung von Vermögensmassen als auch die Testamentsvollstreckung und Nachlaßregelung nach dem 1. Weltkriege als Bankgeschäft stark zurückgegangen.

Zur Zeit des 3. Reiches mit seinem straff gelenkten Wirtschaftsverkehr blieb der Geld- und Kapitalmarkt gleichförmig, steril und unentwickelt. Den Vermögensverwaltern boten sich, zumindest in bezug auf die Verwaltung von Effektenportefeuilles, keine nennenswerten Probleme. – Nächst der Vermögensverwaltung von Erbengemeinschaften gehörte in der Hauptsache die Verwaltung von Mündelgeldern, Sonderfonds und von Mietwohngrundstücken auf Grund der Zession von Mietforderungen (also Einzug des Mietzinses und Bestreitung der Hauskosten) zu ihrem Aufgabenbereich.

301 Vgl. hierzu Schmalenbach, Eugen, Der Treuhandkommanditist. In: Zeitschrift für handelswissenschaftliche Forschung, Jhrg. 1949 (N. F.), Heft 3, S. 97 ff. Siehe ferner: Toyka, Rudolf, Der Treuhänder, insbesondere seine Rechtsstellung in der Aktiengesellschaft und in der Gesellschaft mit beschränkter Haftung, Erlanger Diss. 1929; Zahn, Johannes, Die treuhänderische Übertragung und Verwaltung von Körperschaftsrechten, insbesondere von Aktien, Kuxen und G. m. b. H.-Anteilen, Bonn 1931.

302 Adolf Weber sah deshalb gerade in der Beratung und in der Verwaltung von Vermögen, von Geld, von Werten ohne Börsennotiz und von Immobilien eine Zukunftsaufgabe der deutschen Privatbankiers. (Depositenbanken und Spekulationsbanken, a. a. O., S. 140 f.) Anderer Ansicht ist Hintner (Das Treuhandwesen in der deutschen Volkswirtschaft, a. a. O., S. 25): Nicht die menschliche Einzelpersönlichkeit, sondern die bei großen Gesellschaften gegebene Zusammenarbeit von Juristen und Kaufleuten vermöge diese Aufgaben fachmännisch und gefahrlos zu meistern.

Mit dem raschen Aufblühen der deutschen Wirtschaft und dem wachsenden Wohlstand des Volkes nach dem 2. Weltkriege kam es wieder zur Bildung beträchtlicher Vermögenswerte. Jedoch ist die Aufgabe ihrer Verwaltung weitaus schwieriger als je zuvor. Die besonderen Verhältnisse auf dem Kapitalmarkt (staatliche Lenkung, steuerliche Begünstigungsmaßnahmen u. ä.) machten für eine auf Wertsicherung *und* möglichst hohe Ertragserzielung gerichtete Treuhandverwaltung nicht nur eine individuelle Betreuung und Pflege, sondern auch die gründliche Kenntnis nationaler und internationaler Märkte unentbehrlich. Die ständig komplizierter gewordene Gesetzgebung einschließlich der Steuergesetzgebung und die häufiger auftretenden Schwankungen der Konjunktur in einzelnen Wirtschaftszweigen wirken sich direkt oder indirekt auch auf die verwalteten Vermögen aus. Sie verlangen vom Vermögensverwalter vielfältiges Spezialwissen und reiche Erfahrung auf finanziellem Gebiet – eher als persönlichen Kontakt mit dem Kunden.

Diese umfassenden Ansprüche erfüllen in Deutschland die Universalbanken zur Zeit am besten. Sie vermögen das Wirtschaftsgeschehen in seinen zunehmenden Verwicklungen und Verflechtungen ganz zu überblicken, da sie mit dem Pulsschlag unseres Wirtschaftslebens aufs engste verbunden sind. Sie verfügen bereits über die notwendige Organisation und ein Dienstleistungspotential, das eine optimale Betreuung des Kunden gewährleistet. Und die Großbanken sind in der Lage, erstklassige Fachleute zu beschäftigen wie keine andere Institution.

Nicht nur vorgeschrittenes Alter und Krankheit, sondern heute auch Mangel an Zeit sowie an Interesse und vor allem an Fähigkeit hindern den Privatkapitalisten daran, seine Ersparnisse zweckmäßig zu investieren und seinen Vorstellungen entsprechend zu verwalten. Die starke Beanspruchung der Menschen durch den Beruf trägt wesentlich dazu bei, private Angelegenheiten mehr und mehr von berufsmäßigen Kräften regeln zu lassen.

Der anlagesuchende „kleine Kapitalist“ ist heute, zumal angesichts der stürmischen Börsenhausse, stärker als früher geneigt, an der Aktienspekulation teilzunehmen, Geldanlage also nicht mehr in weitgehend risikolosen, festverzinslichen Werten zu suchen. Hierzu vertraut er sein Vermögen einer Bank an, zumindest wird er sich von einer Bank (kaum von anderen Beratern) beraten lassen.

Überhaupt ist die Trennung von Kapitaleigentum und Kapitalbewirtschaftung, die Entscheidung des Managers ohne Befragung des Eigentümers ein Merkmal kapitalistischer Wirtschaftsweise. Wie wenig Befugnisse besitzt beispielsweise der Aktionär gegenüber dem Vorstand der Gesellschaft! Er kann sein Recht auf Mitwirkung an der Geschäftsführung nur bei der Beschlußfassung auf der Hauptversammlung, nicht vorher und nicht nachher, ausüben.

Das Kapital bedarf der Bewirtschaftung. Die richtige Wahl der Anlagemittel, die laufende Ertragskontrolle (Beobachtung der Kursentwicklung im Hinblick auf die effektive Verzinsung, Vergleich der Rendite verschiedener Papiere)[303] und

[303] Vgl. Theisinger, a. a. O., S. 66, 125.

rechtzeitige Umschichtung bilden die Kernpunkte jeder modernen Kapitalverwaltung. Von der Vermögensanlage in ausschließlich (unter der Voraussetzung der Kaufkraftbeständigkeit des Geldes und der politischen Stabilität) mündelsicheren Werten (§ 1807 BGB) ist daher die Kapitalbewirtschaftung (Investierung im engeren Sinn) zu unterscheiden.

Die bloße Anlage in Raritäten[304] und Goldmünzen, in sicheren Hypotheken, Pfandbriefen und in verbrieften Forderungen gegen die öffentliche Hand enthebt das Vermögen des Minderjährigen nahezu jeder Gefahr, verschafft dem Eigentümer Ruhe und Sorglosigkeit, aber keine Spekulationsgewinne. Die einmalige Investition des Vermögens in Sachwerten, wie Sammlungen, Grund und Boden sowie in Mehrfamilienhäusern, der Standardform für die Anlage mittlerer Vermögen, bietet zwar hohe, aber heute nicht mehr höchste Sicherheit. Sie bewegt sich am Rande des Geschäftslebens; bei ihr überwiegt das private Interesse das kommerzielle. Private Vermögensanlage, bei der Wachstumsmöglichkeiten nicht ausgenutzt werden, kann auch der wirtschaftlich Unkundige, der Privatmann wie die alleinstehende Frau, oder der „fachfremde“ Verwalter, wie der Vormund und der Notar, vornehmen.

Abgesehen von den Fällen, wo der Klient auf Gewinnerzielung keinen großen Wert legt und das Währungsrisiko wie das politische Risiko negiert, soll der echte Vermögensverwalter das Vermögen vermehren helfen[305]. Das bedeutet, daß er sich nicht am § 1807 BGB zu orientieren, sondern das Vermögen lukrativ anzulegen hat[306]. Der Faktor Sicherheit – im Sinne von Schutz vor Bonitätsrisiken – findet dabei durch eine gute Mischung und breite Streuung der Anlagen ausreichende Berücksichtigung. Kapitalbewirtschaftung erstrebt hohen Ertrag und Wertsteigerung (damit auch Schutz vor Kaufkraftverlusten), und zwar auf Kosten der Sicherheit; denn bei nahezu risikofreier Anlage ist nicht gleichzeitig die höchstmögliche Rentabilität zu erreichen[307]. Kapitalverwaltung sorgt ständig für Bewegung,

[304] Der Erwerb von Antiquitäten und Raritäten entspringt mehr der Sammlerleidenschaft oder anderen irrationalen Motiven und gehört deshalb nicht zum Bereich kalkulierbarer Geldanlage. Siehe Goossens, Franz, Der große Ratgeber für krisenfeste Geldanlagen, München 1959, S. 5.

[305] Siehe Zimmerer, C., Die Vermögensverwaltung. In: Der Bankkaufmann, Jhrg. 1959, Nr. 6, S. 263 ff.

[306] In England machten sich nach dem Kriege Bestrebungen bemerkbar, die den Treuhändern die Anlage außerhalb der im Trustee Act von 1925 genau festgelegten „safety-first“-Rentenwerte zugestehen wollten. Nachdem sich die Regierung anfangs ablehnend verhalten hatte, wurde doch Ende 1959 – auf fortgesetzten Druck hin – ein Gesetzentwurf eingebracht. Danach ist es den Treuhändern unter gewissen Voraussetzungen erlaubt, bis zur Hälfte des verwalteten Vermögens in Anteilen an englischen Gesellschaften zu investieren. Diese Erweiterung ihrer Freiheit in der Anlagepolitik bedeutet aber für die meist unentgeltlich als Treuhänder tätigen Einzelpersonen eine Erschwerung ihrer Arbeit und dürfte von ihnen weniger genutzt werden. (Trustees' Charter, in: Times vom 23. 12. 1959, S. 7.)

[307] Von Rothschild soll die häufig zitierte Frage stammen: „Wollen Sie gut essen, oder wollen Sie

für rasches Handeln; sie ist spekulativ ausgerichtet (initiative Anlage), entfaltet Phantasie und verpaßt keine Gewinnchancen.

In klarer Erkenntnis dieser Entwicklung und in Anlehnung an das angelsächsische[308] und holländische Vorbild hat die Dresdner Bank AG als erste deutsche Bank im Spätsommer 1959 am Sitz ihrer Hauptverwaltungen in Frankfurt a. M., Düsseldorf und Hamburg eine besondere Abteilung „Vermögensverwaltung" eingerichtet[309]. Nach einem von der Bank herausgegebenen Prospekt setzt sie sich zur Aufgabe, über die bankübliche Effektenberatung hinaus alle Vermögensarten (Wertpapiere, Geld- und Grundvermögen, Beteiligungen an gewerblichen Unternehmungen (zu betreuen und ihr Handeln auf die mit dem Kunden vereinbarte Zielsetzung auszurichten. Begünstigte können sein: Privatpersonen, Gesellschaften, Personenmehrheiten (z. B. Erbengemeinschaften), Stiftungen und Pensionskassen.

Im einzelnen erstreckt sich dieser neue Kundendienst der Dresdner Bank nicht nur auf die (formelle) Kontrolle der Vermögenserträge, Buchungen, Rechnungsbelege und Bankauszüge, sondern auch auf Depot-Analyse und aktive Depotüberwachung. Das heißt fortlaufende Überprüfung und ggfs. Umschichtung des Vermögens nach den Gesichtspunkten der Risikoverteilung, der Ertragslage und der leichten Verflüssigung sowie auf die steuerlichen Bedingungen hin.

Die Vermögensverwaltung umfaßt ferner Beratung in allen finanziellen Fragen, bei der Errichtung von Testamenten und Stiftungen; dann Testamentsvollstrek-

gut schlafen?" (Obst, Georg, Kapitalsanlage und Vermögensverwaltung. Praktische Winke, 3. veränderte Aufl., Leipzig 1919, S. 20.)

308 Als erste der englischen Banken trat Anfang 1960 die Lloyds Bank mit einer groß angelegten Werbung für ihr Portefeuille-Management an die Öffentlichkeit. Zwar leistete sie schon früher – für ca. 2 000 Depots mit mehr als 25 Mill. Pfund Sterling – eine derartige Wertpapierbesitz-Verwaltung, aber der Londoner Börsenrat hatte den als Makleragenten fungierenden Banken bisher die Publizierung von Portefeuilleverwaltungsdiensten nicht gestattet. Lloyds Bank erwartet nun eine Reaktivierung der vorwiegend unbeweglich gebliebenen Depots und hofft, die mit 32 Provinzbüros arbeitende und (in der Londoner Zentrale) mit einem Stab von 20 Investment-Fachleuten besetzte Treuhandabteilung erheblich erweitern zu können. Dieser umfassende Management-Dienst beschränkt sich nicht auf Routine-Verrichtungen, wie Dividendeninkasso, Ausübung von Bezugsrechten usw. Er will hauptsächlich die anvertrauten Portefeuilles überwachen und gemäß der Entwicklung der Marktlage Umdispositionen vornehmen. Je nach Vereinbarung wird die Bank unter einer Generalvollmacht oder – nach vorhergehender Empfehlung bestimmter Maßnahmen – auf Anweisung des Kunden handeln. Sie erhebt eine Jahresgebühr von 2 Promille des verwalteten Vermögens. (Handelsblatt, Nr. 40 vom 26./27. 2. 1960, S. 22.)

309 Siehe ZKW, Nr. 16 vom 15. 8. 1959, S. 739 f. Bereits im Februar desselben Jahres hatte sie auf Grund des Umwandlungsgesetzes das Vermögen der Verwaltungs- und Treuhand-GmbH., Düsseldorf, übernommen. – Die Deutsche Bank AG besitzt zu 100 Prozent die Anteile der Matura Vermögensverwaltung mbH., Düsseldorf (Stammkapital 300 000 DM), der Trinitas Vermögensverwaltung GmbH., Düsseldorf (Stammkapital 1 Mill. DM) und der Süddeutschen Vermögensverwaltung GmbH., München (Stammkapital 2 Mill. DM).

kung und Nachlaßverwaltung, Mitwirkung bei Erbteilungen, Verwaltung von Pensionskassen und gemeinnützigen Einrichtungen.

Art und Umfang der Vermögenspflege werden jeweils vertraglich vereinbart. Je nach Wunsch kann der Anleger – unter Vorbehalt gewisser Weisungsrechte – der Bank generelle Verfügungsmacht einräumen oder sich mit einer regelmäßigen Überwachung des Vermögens und finanziellen Beratung durch die Bank begnügen.

Das Honorar richtet sich nach der Eigenart der verwalteten Objekte. Für die Verwaltung von Wertpapieren berechnet die Bank neben den Spesen 3 % des jährlichen Bruttoertrages, jedoch mindestens 200 DM. Bei Grundvermögen schwankt die Vergütung je nach den örtlichen Verhältnissen zwischen 4 % und 7 % der Erträge aus Miete, Pacht und Umlagen.

Die Sonderabteilung „Vermögensverwaltung" macht sich zwar die Einrichtungen, die Fachkenntnisse und Erfahrungen anderer Bankabteilungen dienstbar; sie ist aber als Treuhänder tätig, also völlig unabhängig von den Belangen der Bank sowie ausschließlich im wohlverstandenen Interesse und zum Vorteile ihrer Klienten. Sie wird nach bestem Wissen und Gewissen handeln und im Rahmen ihrer Aufgaben alles tun, was die Erhaltung und Mehrung des Treugutes fördert.

8. Treuhänderische Beratung und Vermittlung und ähnliche Formen der Betreuung

a) Treuhänderische Beratung

Bei der treuhänderischen Beratung handelt es sich nicht etwa um die anläßlich eines beabsichtigten Effektenkaufs erbetene Empfehlung von bestimmten Werten oder um die fachgemäße Erteilung von Auskunft über die im Einzelfall zu wählende Form der Anlage von Ersparnissen, die wohl unter Berücksichtigung von Sicherheitserwägungen und Ertragsaussichten, aber doch allgemein und unverbindlich gegeben wird; erst recht nicht um die Anregung zur Spekulation. Beratung auf der Grundlage eines Treuhandvertrages bedeutet mehr, nämlich fortwährende, individuelle und ganz spezielle Betreuung des Kunden in allen Fragen der Vermögensdisposition und Effektenanlage; ferner ein Eingehen auf die besonderen Wünsche oder besser Weisungen des Kunden. Sie verleiht dem Kunden das Gefühl, seine Vermögensverhältnisse mit Hilfe der Bank bestens geregelt zu wissen[310].

Das Treuhandverhältnis setzt einen Rechtsmacht *anvertrauenden* Treugeber voraus; das zugrunde liegende Rechtsgeschäft ist ein ganz besonders geartetes Treueverhältnis. Rat auf treuhänderischer Basis sucht man nicht bei einer belie-

[310] „Betreuung ist durch Treueverhältnis qualifizierte Beratung", Bussmann, Karl F., Betreuung und Prüfung der Unternehmungen, 19. Lieferung der Schriftenreihe: Die Wirtschaftswissenschaften, hrsg. von E. Gutenberg, Wiesbaden 1960, S. 17. Siehe ebenda, S. 173–176.

bigen Bank, sondern bei einer Bank, der man glaubt, volles Vertrauen schenken zu können.

Entsprechend ihrer Machtstellung bei gewerblichen Gesellschaften ist auch der Anteil einzelner Banken an den Wertpapieremissionen dieser Gesellschaften, den sie über ihre zahlreichen Filialen abzusetzen suchen. Befreundete Banken werden (bei Obligationen) durch Gewährung von Bonifikationen für die Erstunterbringung, die bei vorzeitigem Rückfluß gesperrt werden, zur Mithilfe an der Placierung ermuntert. Daher besteht die Gefahr, daß die Anlageberatung dieser Institute nicht mehr unbeeinflußt ist. Der Kunde aber erwartet gewissenhafte, vom Eigeninteresse unabhängige und eine objektive Beratung, die sich auf empirische Untersuchungen und entscheidende Tatbestände, wie Effektivverzinsung, Besitz- und Beteiligungsverhältnisse, Finanzierungspolitik der Unternehmung und Entwicklungsaussichten des Wirtschaftszweiges, stützt. Diese erfährt er am sichersten im Rahmen eines Treuhandverhältnisses. Vertraglich umschriebene Beratung unter treuhänderischer Bindung verpflichtet die Bank zu Uneigennützigkeit und Treue im Gebrauch ihrer Rechte sowie zu stetiger Überprüfung ihrer Tätigkeit auf die Beachtung der vertraglich zugesicherten Sorgfaltspflicht hin. Sie gebietet Vorrangstellung der Interessen des Treugebers gegenüber dem eigenen Vorteil der Bank.

Vor Interessenkollisionen wird die Bank allerdings nicht bewahrt bleiben. Mannigfache Kreditbeziehungen zur Industrie machen die Banken zu Partnern der Industrie. Die Vertretung ihrer Vorstandsmitglieder in den Aufsichtsgremien und sogar auf dem Sitz des Aufsichtsratsvorsitzenden bedeutender Aktiengesellschaften, die die Banken nicht nur zur Beratung, sondern mitunter zur Beherrschung der Gesellschaften auszunutzen wissen[311], läßt die Richtung dieser einseitigen Interessenverlagerung erkennen. Treugeberisches Vertrauen und treuhänderische Verpflichtung zwingen jedoch die Banken zu neutraler Stellung.

Treuhänderische Beratung ist nicht Dienst am Kunden und unentgeltlich. Nach amerikanischem Beispiel entstanden, erbringt sie der Bank wie jede andere Dienstleistung einen Ertrag, und zwar in Form einer vertraglich vereinbarten Vergütung.

Die deutschen Banken sind aber bei diesem relativ neuen Dienst konservativ geblieben. Sie beschränken sich auf Vermögensangelegenheiten – zum Unterschied von amerikanischen Banken, die auch Theaterkarten besorgen und Hotelunterkünfte empfehlen. In den USA ist der Bankier als Initiator, als beweglich bekannt; er spiegelt das Unstete, immer Wechselnde amerikanischen Daseins wider.

Die Aktivität der amerikanischen Banken im Dienstleistungsgeschäft ist vorbildlich. Als in den letzten Jahren bedeutsame Wandlungen in der sozialen Struktur der Bevölkerung, die Tendenz zu weiterem Anstieg des Durchschnittseinkommens und veränderte Lebensgewohnheiten sich abzeichneten, erkannten sie auch

311 Vgl. Kruk, Max, Wer leitet die Aktiengesellschaft? In: FAZ, Nr. 38 vom 15. 2. 1960, S. 11.

rechtzeitig die Möglichkeit zur höheren privaten Rücklagenbildung und den neuen potentiellen Bankkunden. Mit bewunderungswerter Zielstrebigkeit haben die Banken den Versuch unternommen, bisher bankfremde Schichten heranzuziehen sowie Anerkennung und Vertrauen in breitesten Kreisen zu gewinnen. Sie griffen dabei auf die altbewährte Methode der Führung am Schalter zurück. Die vielseitige Betreuung der Sparer und ihre fachkundige Beratung bei der Wahl der Anlageform gehört seit Jahrzehnten zu den von privaten amerikanischen Banken regulär und mit Erfolg betriebenen Geschäftssparten.

Die deutschen Banken haben es zwar in jüngster Zeit an Bemühungen nicht fehlen lassen, beim breiteren Publikum das Interesse für solide und seriöse Anlageberatung zu wecken. Sie wenden sich nicht nur an den traditionellen Kundenstamm; mit zunehmender Popularität der Aktie erblicken sie immer mehr im unteren Mittelstand einen neuen Interessenten am Effektenschalter. Aber können die deutschen Banken ihren Kunden, die die wirtschaftlichen Zusammenhänge nicht zu beherrschen vermögen, mit gutem Gewissen sowie auf Grund einer modern, wissenschaftlich und intensiv betriebenen Effektenanalyse Aufklärung über die Wachstums- und Gewinnaussichten ganzer Wirtschaftszweige geben? Kennen sie Umsatzzahlen, Kostenstruktur, Liquidität, Marktanteil sowie die Qualität der Führungskräfte einzelner Unternehmungen? Bemühen sie sich genügend um die Beschaffung der empirischen Fakten? Unterhalten sie überhaupt mit hochqualifizierten Kräften besetzte Analysenbüros?

In den Vereinigten Staaten, wo es heute mehr als 12 Millionen Aktionäre gibt, hat die Technik der der Anlageberatung zugrunde liegenden Finanz- und Effektenanalyse bereits einen hohen, mit europäischen Verhältnissen gar nicht vergleichbaren Stand erreicht[312]. Beratungsfirmen besitzen dort schon seit Jahrzehnten Weltruf. Die Broker und großen Investmentgesellschaften unterhalten kostspielige Forschungsabteilungen, die mit hervorragenden Sachverständigen aller Fachrichtungen, wie Wirtschafts- und Agrarwissenschaftlern, Chemikern, Metallurgen, Pharmazeuten, Film- und Theaterfachleuten, besetzt sind. Diese Experten suchen die Unternehmungen auf, wo sie oft monatelang die Produktions- und Verkaufsprogramme, ja das ganze Betriebsgebaren durchleuchten und verfolgen. Sie erarbeiten ein Material, das ein sehr genaues Bild über Lage und Entwicklung einzelner Gesellschaften und ihrer Wirtschaftszweige ergibt. Solche Stäbe von Spezialisten beschäftigen auch die Finanzierungsgesellschaften und Banken, die schon seit jeher mit der Kreditgewährung eine das Geschäft des Kreditnehmers häufig stark beeinflussende, sogar steuernde Beratung verbunden haben. Sie durchforschen das Rechnungs- und Verwaltungswesen des Kunden bis in alle Einzelheiten und geben Salven von Ratschlägen und Warnungen ab.

312 Siehe Uebbing, Helmut, Chancen für Anlageberater. In: Deutsche Zeitung, Nr. 49 vom 27./28. 2. 1960, S. 9.

Den deutschen Banken mangelt es an ähnlichen Einrichtungen noch vollkommen. Sie streben aber ernsthaft einen engen Gedankenaustausch mit den Aktiengesellschaften an. Als erster Schritt auf diesem Wege ist Ende 1959 von Vorstandsmitgliedern und leitenden Angestellten aus dem Bankgewerbe die „Deutsche Vereinigung für Finanzanalyse und Anlageberatung", Frankfurt a. M., gegründet worden.

Folgende Ziele und Aufgaben sind diesem Institut gesteckt[313]: 1. Erarbeitung einer gemeinsamen Methodik der Analyse und ihrer Terminologie. 2. Kontaktpflege mit der Öffentlichkeit, insbesondere mit der Presse, zur Verbreitung und zum Verständnis einer fundierten Bewertung und Kursgestaltung. 3. Diskussionen mit den Vertretern der Gesellschaften, deren Emissionspapiere an der Börse eingeführt sind. Die Vereinigung beabsichtigt nicht, Analytiker auszubilden; sie möchte aber die deutschen Universitäten anregen, die Finanzanalyse in den Lehrplänen und Seminaren stärker zu berücksichtigen. Mit gleichartigen Organisationen im Ausland wird eine Zusammenarbeit angestrebt.

Seitdem neue Volksschichten den Weg zum Aktiensparen gefunden haben, ist finanzieller Rat der Banken sehr gefragt. Es geht aber nicht nur darum, Personen mit geringer Urteilskraft den Kauf des einen oder anderen Wertpapieres zu empfehlen, oder beim Kunden grobe Mißdeutungen der Prozentnotierung sowie die falsche Optik der niedrigen Ausgabepreise für Investmentzertifikate zu beseitigen. Dem Aktionär soll vielmehr allgemein das Verständnis für die Börsenkursgestaltung und die Unternehmungspolitik näher gebracht werden. Zu diesem Zweck müssen sich die einzelnen Banken erst selbst einmal auf Grund unmittelbaren Kontaktes mit den Unternehmungen – in den USA eine Selbstverständlichkeit – einen Einblick in deren Wirtschaftsweise und ein rechtes Beurteilungsvermögen verschaffen. Sie haben die Auswertung von Wirtschaftsdaten für die Anleger vorzunehmen.

Mehr denn je ersetzt die Ertragskraft, und zwar die nachhaltige, auch in der Zukunft zu erwartende Ertragskraft, die Dividendenrendite als Bewertungsmaßstab. Die Kenntnis des Beschäftigungsgrades, der Rücklagenbildung, der Dividenden-, Investitions- und Abschreibungspolitik einzelner Unternehmungen ist für eine methodische Anlageberatung ebenso unentbehrlich wie das Vertrautsein mit der Wettbewerbslage, den Produktions- und Kursindices, Aktienrenditen sowie Zuwachsraten der verschiedenen Wirtschaftszweige. Die für eine Unternehmung erarbeiteten Ergebnisse sind in ein Bezugsverhältnis zum Börsenkurs zu bringen und mit den Zahlen anderer in- und ausländischer Unternehmen zu vergleichen.

Nur eine auf wissenschaftlicher Grundlage und auf gezielter Publizität beruhende Anlageberatung vermag zu verhindern, daß Bewertungsfragen dem Zufall und der Willkür überlassen sein werden. Eine methodische Bewertung und ver-

[313] Hauck, Michael, Effektenanalyse und Anlageberatung. In: ZKW, 5. Heft vom 1. 3. 1960, S. 185 f.

gleichende Analyse liegt im Interesse aller Beteiligten (Käufer, Verkäufer, Emittenten). Dazu bedarf es allerdings noch dringend einer Erweiterung der Ertragspublizität der emittierenden Unternehmungen.

Wie unlängst in einer Diskussion zwischen deutschen und amerikanischen Bankiers zum Ausdruck gekommen ist[314], läßt sich der amerikanische Aktionär auf der Hauptversammlung nicht wie sein deutscher „Kollege" zu Auseinandersetzungen mit dem Vorstand über so strittige Fragen wie Gewinnfeststellung, Höhe der Bezüge von oberster Geschäftsleitung und Aufsichtsorganen usw. hinreißen. Wenn er kein Vertrauen mehr in „seine" Gesellschaft und zu ihrer Führung hat, dann verkauft er eben seine Aktien, und für ihn ist damit der Fall erledigt. Dieses nüchterne, im Grunde nicht weniger wirkungsvolle Verhalten verdankt der amerikanische Aktionär nicht zuletzt auch der Erziehung am Bankschalter; einer bestechend realistischen Beratung, die sich ausschließlich an objektiven Tatsachen orientiert und auf dem exakten Ergebnis einer einwandfreien Markt- und Effektenanalyse beruht.

Der Anlageberater muß dem Ratsuchenden auch über die Eigentumsverhältnisse bei den Unternehmungen Auskunft geben können. Die Gefahr, seinen Aktienbesitz sofort zu verlieren, wenn es bei „seiner" Gesellschaft zu einer Dreiviertelmajorität kommt, schwebt über jedem Minderheitsaktionär, also praktisch dem Großteil der Aktionäre, wie ein Damoklesschwert[315].

Die Beratung von Privatpersonen über gewinnbringende und sichere Vermögensanlage ist nicht die einzige Tätigkeit des Finanzberaters. Echte Betreuung bietet er auch dem Geschäftsmann, den er z. B. mit grundlegenden, für ihn belangvollen Informationen aus dem Wirtschaftsleben versorgt. Die starke berufliche Belastung macht manchem modernen Unternehmer die notwendige Orientierung unmöglich. Ihm kann nicht zugemutet werden, die ganze einschlägige Literatur zu studieren und auszuwerten. Man denke nur an die Veränderungen, die die Bildung der Europäischen Wirtschaftsgemeinschaft (EWG) zur Folge hat. Amtliche Veröffentlichungen sind ohne Kommentar gewöhnlich schwer verständlich. Gute Unterrichtung über die Wirtschaftslage ist für den Unternehmer von unschätzbarem Wert. Er nimmt sie nicht nur einmal in Anspruch; er braucht sie dauernd und wird sie sich durch Abschluß eines Beratungsvertrages sichern.

Auch den Industriefirmen vermögen die Banken durch intensive Beratung wertvolle Dienste zu leisten. Sie besitzen aus ihrem vielseitigen Geschäft so umfangreiche Erfahrungen und Sachkunde, wie sie allenfalls noch die Wirtschaftsprüfer haben können. Die Bank steht als Kredit- und Kapitalgeberin oder als Emissionshaus oder durch ständige Kontrolle mittels des Aufsichtsrates bereits in einem

[314] Handelsblatt, Nr. 37 vom 23. 2. 1960, S. 10.

[315] Vereinigt ein Großaktionär 75 % des Grundkapitals oder mehr in seiner Hand, so kann er das Gesellschaftsvermögen nach den §§ 9 und 15 Umw.G auf sich übertragen lassen. Alle anderen Aktionäre scheiden kraft Gesetzes aus und sind bar abzufinden („übertragende" Umwandlung; im Gegensatz zur „errichtenden" Umwandlung nach § 19 Umw.G, die der Zustimmung weiterer Aktionäre bis zur Erreichung von 9/10 des Grundkapitals bedarf und wobei jeder Zustimmende Anspruch auf Beteiligung an der neuen Gesellschaft hat).

engen, vertrauensvollen Verhältnis zur Unternehmung; sie ist infolgedessen am besten geeignet, auch die laufende Betreuung der Unternehmung in Form einer treuhänderischen Beratung zu übernehmen.

Die Beratung der Banken erstreckt sich nicht auf die Geschäftspolitik; Fragen der Organisation berührt sie nur am Rande. Sie soll keineswegs die eigentliche Aufgabe des Unternehmers: die eigenverantwortliche Führung der Unternehmung ersetzen oder tatkräftig unterstützen, sondern nur der Gestaltung ihrer gesellschaftlich-institutionellen Rahmenbedingungen dienen. So wird Beratungshilfe gewünscht bei Gründungen, Umwandlungen, Sanierungen, Liquidationen, Konkurs- und Vergleichsverfahren; ferner bei vermögensrechtlichen Auseinandersetzungen und bei der Erstattung von Gutachten. Die Beratungshilfe darf nicht unter rein technischen, administrativen Gesichtspunkten betrachtet werden. Sie muß von einer Konzeption ausgehen, welche die gegebenen Möglichkeiten in ihrem Gesamtzusammenhang berücksichtigt.

Gewiß, die Verknüpfung von Finanzierungsgeschäften mit der Beratung erfordert viel Fingerspitzengefühl. Die beratende Tätigkeit läßt sich aber noch weit und kräftig ausbauen, so z. B. in Verbindung mit dem Dokumentenkredit (Akkreditivkredit), der Brücke zum ausländischen Markt.

Die allgemeine Unsicherheit in Wirtschaft und Politik ist groß. Die Unternehmung muß an jedem Tage erneut ihre Existenz beweisen oder erkämpfen. Täglich sind schwierige Fragen der Geschäftspolitik zu entscheiden. So wird unter den Wirtschaftenden das Bedürfnis nach Wirtschaftsberatung weiterhin wachsen. „Wir haben hier noch ein reiches entwicklungsfähiges Gebiet vor uns, wo der Bankbetrieb das Vertrauen, welches er im Geschäftsleben genießt, ohne Aufwand eigener Mittel und ohne Wagnis in gewinnbringende Tätigkeit umzuwerten in der Lage ist[316]“.

b) Treuhänderische Vermittlung

Beratung und Vermittlung (= Tätigkeit, mit der keine persönlichen Risiken, insbesondere solche des Eigenhändlers, verbunden sind) stellen den Hauptteil der Dienstleistungen unserer Banken dar. Die Banken haben schon früher Hypotheken, langfristige Kreditgewährungen privater Bankeinleger an die Industrie, den börsenmäßigen An- und Verkauf von Bezugsrechten usw. vermittelt. Nach dem 2. Weltkriege hat aber die treuhänderische Vermittlung von 7c- und 7d-Geldern an Wohnungsbauunternehmen bzw. Schiffskreditanstalten sowie von Darlehen der Kapitalsammelstellen auf Schuldscheinbasis an Bankkunden[317] eine außergewöhnliche Ausdehnung erfahren.

[316] Bernicken, Bankbetriebslehre, a. a. O., S. 159.

[317] Erwähnung verdient hier vor allem die Bayerische Hypotheken- und Wechsel-Bank.

Die sog. Schuldscheindarlehen – vielfach als eine unerwünschte Konkurrenz des Wertpapieres empfunden – werden an Länder und Kommunen, an die großen Realkreditinstitute des Wohnungsbaus und der Landwirtschaft sowie, etwa zu 50 %, an gewerbliche Betriebe gegeben. Sie haben Laufzeiten von durchschnittlich 8–15 Jahren; kurzfristige Schuldscheindarlehen mit Laufzeiten von 6–12 Monaten oder solche, die nach kurzen Fristen wieder zurückgezahlt werden können, machen nur wenige Prozent der gesamten Schuldscheindarlehen aus[318].

Häufig, besonders bei Konsortialdarlehen, schaltet sich die Hausbank des Kreditnehmers als Vermittler ein und übernimmt damit auch die treuhänderische Beratung. Über die Umsätze der Banken in Schuldscheindarlehen gibt es keine statistischen Zusammenstellungen. Die Banken dürften diesen Markt aber mindestens zur Hälfte mit gewerbsmäßigen Finanzmaklern, die sich am Rande des Kreditgewerbes angesiedelt haben, teilen müssen.

Geber der Schuldscheindarlehen, deren Höhe sich zwischen 2 und 20 Mill. DM bewegt, sind in erster Linie die Versicherungsgesellschaften[319]. Die Aufgabe der Bank besteht hauptsächlich darin, mehrere Versicherungsinstitute für eine Darlehensgewährung zu interessieren und ihre Kreditbedingungen zu kombinieren. Über jeden Einzelbetrag wird ein Schuldschein ausgestellt. Der Schuldschein ist von dem Kreditnehmer und der das Darlehen vermittelnden Bank als Treuhänder zu unterzeichnen. Die Bank erhält im allgemeinen für die Vermittlung eine Provision von 1 Prozent und für die Bearbeitung der Besicherung des Darlehens eine Treuhandgebühr von ½–1 Promille des Kreditbetrages[320].

Seit jeher bieten die Banken ihre persönlichen Dienste und Fähigkeiten Einzelpersonen wie Gesellschaften zum Aufkauf von Aktienpaketen an. Als Aktienpaket bezeichnet man einen Posten Aktien, der einen maßgeblichen Teil des Grundkapitals einer Aktiengesellschaft ausmacht und sich in der Hand *eines* Aktionärs befindet. Je nach seiner Größe ermöglicht es dem Besitzer einen entscheidenden Einfluß auf die Gesellschaft[321]. Das Aktienpaket erfährt daher im Handel, der gewöhnlich außerhalb der Börse stattfindet, in der Regel eine über dem amtlichen Kurs der einzelnen Papiere liegende Bewertung (Paketzuschlag).

318 Müller, Gerd, Versicherungswirtschaft und Kapitalmarkt, in: ZKW, 1. Heft vom 1. 1. 1960, S. 24.

319 Bis zum Ende des Jahres 1959 hatte die Versicherungswirtschaft 5,5 Mrd. DM und die soziale Rentenversicherung etwa 4,3 Mrd. DM Schuldscheindarlehen gegeben. Siehe ebenda.

320 Mittermüller, Horst, Schuldscheindarlehen, in: Der Bankkaufmann, Jhrg. 1958, Nr. 12, S. 551 f.

321 Mit dem Besitz von 5 % des Aktienkapitals kann bereits die Einberufung der Hauptversammlung und mit 10 % eine Sonderprüfung nach § 118 Abs. 2 und 3 Akt.G erzwungen werden. Der Besitz von 25 % (Sperrminorität) genügt, um die Beschlußfassung z. B. über Satzungsänderung, Kapitalerhöhung, Vermögensübertragung, Verschmelzung und Auflösung der Gesellschaft zu verhindern. Der Inhaber von mehr als 50 % des Kapitals ist in der Lage, auf der Hauptversammlung praktisch seinen Willen durchzusetzen.

Die in die Vermittlung von Paketbesitz eingeschaltete Bank fungiert, rechtlich gesehen, als Makler oder Kommissionär. Ausschlaggebend ist aber die rechtstatsächliche Gestaltung des Vertrages. Die Bank muß mit weitgehender Rechtsmacht ausgestattet sein, um die nach ihrer Meinung zweckmäßigen Transaktionen vornehmen zu können. Die von ihr erteilten Kaufaufträge sind in hohem Grade Ermessensentscheidungen. Sie darf die eingeräumte rechtliche Macht nur zum Nutzen und zum Ziele des Auftraggebers gebrauchen; Selbsteintritt der Bank ist folglich ausgeschlossen.

Das Schrifttum hat sich bislang noch nicht eingehend mit dem Pakethandel der Banken befaßt. Das mag daran liegen, daß dieses Geschäft wegen seiner vertraulichen Natur eine besonders diskrete Behandlung erfährt und selbst innerhalb der Banken nur dem zuständigen Bearbeiter vertraut ist.

Aus den Krisenjahren 1929/31 ist uns bekannt, daß die großen Banken zahlreichen gut verdienenden Unternehmungen die „Arrondierung" durch Erwerb der Aktienmajorität von anderen Gesellschaften gleicher oder verwandter Branche, die sich in finanziellen Schwierigkeiten befanden, vermittelten. Derartige Vorgänge sind auch in unseren Tagen wieder zu beobachten. „Nach dem Wegfall der Entflechtungsvorschriften der Militärbehörden ... ist seit 1955 ein scharfer Zug zur Unternehmungskonzentration in der Industrie, im Groß- und Einzelhandel, im Versicherungsgewerbe und Verkehrsgewerbe aufgetreten."[322] „Wenn heute nahezu 80 Prozent des gesamten Aktienkapitals deutscher Aktiengesellschaften aktiv oder passiv ‚konzernverschachtelt' ist ..., so hatten häufig die Banken ... die Hand mit im Spiel."[323] Einige Privatbankiers haben sich sogar auf den Handel mit Aktienpaketen spezialisiert[324].

Auch zum Ankauf eigener Aktien bedienen sich die Aktiengesellschaften der Vermittlung einer Bank. Das Eindringen ausländischen Kapitals in deutsche Unternehmungen löst zuweilen allgemeines Unbehagen aus (z. B. im Rüstungsgeschäft), zumal dann, wenn es danach strebt, zum beherrschenden Faktor in der Unternehmung zu werden. Gefürchtet ist aber auch die Kapitalanlage aus Wettbewerbsgründen (zur Sicherung des Absatzmarktes, Ausschaltung der Konkurrenz); also dann, wenn der Konkurrent bei der Gesellschaft eine bestimmte Aktienminorität erwirbt und auf diese Weise versucht, „seinen Fuß zwischen die Tür zu stellen". Dabei geht es ihm nicht nur um direkte Einflußnahme auf die Beschlüsse der Hauptversammlung der Aktionäre; er wird dann auch die Forderung auf entsprechende Vertretung im Aufsichtsrat geltend machen[325]. Droht

[322] Linhardt, Bankbilanzen, a. a. O., S. 18.

[323] Fischer, a. a. O., S. 37.

[324] Wagner, Kurt, Wo steht der Privatbankier? In: ZKW, 12. Heft vom 15. 6. 1959, S. 519.

[325] Von dieser sog. Überfremdung sind die bloßen Machtkämpfe innerhalb der Gesellschaft zu

einer Unternehmung eine derartige Überfremdungsgefahr, so kann sie einer Bank den Auftrag auf „geräuschlosen" Aufkauf der erforderlichen Aktienmehrheit erteilen[326]. Die Hürde des § 65 Akt.G kann mit Hilfe einer Sondergenehmigung überwunden werden.

Die vermittelnde Bank hat uneigennützig zu handeln, das heißt so, wie es das Machtinteresse des Auftraggebers gebietet. Der Auftraggeber (Treugeber) erwartet von der Bank Zuverlässigkeit, Treue und Sorgfalt wie in ihren eigenen Angelegenheiten.

c) Sonstige Formen der Betreuung

Die treuhänderische Vertretung anderer, namentlich ausländischer Kreditinstitute in allen Angelegenheiten gegenseitigen Bankverkehrs sowie der Absatz und die Kurspflege ausländischer Zertifikate im Rahmen eines Treuhandverhältnisses werden im Bankgeschäft der nächsten Jahrzehnte von beachtenswerter Bedeutung sein – wofür hoffnungsvolle Ansätze vorhanden sind.

Die Niedersächsische Landesbank unterhält auf der Industrie-Messe in Hannover eine Geschäftsstelle zur Betreuung der Ausländer und der die Messe besuchenden Kunden der Landesbanken, Girozentralen und Sparkassen.

Das Bankhaus Merck, Finck & Co., München, vertritt für die Deutsche Bundesrepublik und Westberlin den Canadian International Growth Fund. Dieser Investment Fonds enthält kanadische und europäische Wertanlagen, einschließlich deutscher Spitzenwerte, in breiter, branchenmäßiger Streuung.

Mit großem Erfolg haben seit den Freiheitskriegen die deutschen Privatbankiers und später die Aktienbanken die Anleiheübernahme im Interesse ausländischer Staaten betrieben. Nach den Erfahrungen während der neunziger Jahre drängten sie sich allerdings nicht mehr so sehr an die Emission ausländischer Effekten. Die Verluste der deutschen Kapitalanleger waren damals enorm[327].

Ende des Jahres 1958 legte die Deutsche Bank AG in Deutschland, erstmals nach dem Kriege, eine ausländische Wandelschuldverschreibung auf, nämlich der

unterscheiden. Es kann als durchaus gesund bezeichnet werden, wenn sich in einer Gesellschaft eine neue, der „verwaltungstreuen" Aktionärsgruppe entgegengerichtete Majorität bildet, die auf Ablösung des überalterten Vorstandes drängt. Bei der Überfremdung verfolgt die Mehrheitsgruppe das Ziel, das fremde Unternehmen den eigenen Interessen dienstbar zu machen.

[326] Unter den anderen Mitteln zur Abwehr von Fremdeinfluß ist besonders wirksam die Effektensubstitution: Beispielsweise wird eine Effektenübernahmegesellschaft (oder Holding-Gesellschaft) gegründet, die gegen Übertragung der Aktien (und damit der Stimmrechte) der sich gefährdet fühlenden Gesellschaft eigene Aktien oder stimmrechtlose Zertifikate ausgibt. Siehe hierzu Strunden, Thomas, M., Typologie der niederländischen Effektentreuhänder. In: Schriftenreihe der Österreichischen Bankwissenschaftlichen Gesellschaft, 9. Heft, Wien 1959, S. 89 ff.

[327] Weber, Depositenbanken und Spekulationsbanken, a. a. O., S. 120, 236 ff.

Anglo-American Corporation of South Africa Ltd., einer Bergwerks-, Finanzierungs- und Holdinggesellschaft. Mit der Ausgabe dieser Industrieanleihe in Höhe von 50 Mill. DM, deren Verzinsung und Tilgung durch Transfergarantie gesichert ist, hat Deutschland wieder Anschluß an den internationalen Kapitalmarkt gewonnen.

Im Jahre 1959 haben ausländische Emittenten 6 Anleihen am deutschen Markt aufgelegt. Anfang 1959 trat die Internationale Bank für Wiederaufbau und Entwicklung (Weltbank), Washington, D.C., an den deutschen Kapitalmarkt heran und unterzeichnete mit einem Konsortium unter Führung der Deutschen Bank AG und Dresdner Bank AG die Begebung einer 5%igen Deutsche-Mark-Anleihe im Gesamtnennbetrag von 200 Mill. DM. Die zugunsten dieser Werte von den beiden deutschen Instituten betriebene Kurspflege trug ihnen internationales Vertrauen ein und ebnete ihnen den Weg zur Teilnahme am Zeichnungskonsortium der 125-Mill.-Dollar-Anleihe der Weltbank vom 9. 2. 1960. Die Emission dieser Anleihe, die auch von der Deutschen Bank AG und der Dresdner Bank AG als einzigen nichtamerikanischen Banken garantiert worden ist, war ein voller Erfolg: Die Weltbankanleihe konnte von ursprünglich 100 Mill. $ auf 125 Mill. $ aufgestockt werden und wurde überzeichnet.

9. Treuhänderische Funktionen bei der Effektensubstitution

Wie in den vorausgehenden Ausführungen dargelegt wurde, vertritt der moderne Effektentreuhänder, eine Schöpfung des Effektenkapitalismus, nicht nur die Rechtsinteressen der Kapitalnehmer (Kapitel 3 und 4). Als sich mit der industriellen Entwicklung auch das Wertpapierwesen ausdehnte, die Unübersichtlichkeit am Kapitalmarkt zunahm und der bei jeder Wertpapieranlage zu beachtende Sicherheitsfaktor immer weniger in „mündelsicherer“ Anlage alten Stils als vielmehr durch breite Streuung (Sicherheit im Sinne von Wertbeständigkeit!) die notwendige Berücksichtigung fand, wuchs auch das Bedürfnis nach einem Treuhänder für die Anlageinteressen der Kapitalgeber (Kapitel 5–8). Diesem Treuhänder hat sich in Westdeutschland vor wenigen Jahren, zwar nach zähen Popularisierungsbemühungen, aber auch mit unerwartetem Erfolg, ein neues Gebiet der Kapitalverwaltung erschlossen: Die Verwaltung von Investment-Wertpapierfonds.

a) Die Verwaltung von Investment Trustfonds

Infolge des gestiegenen Kapitalbedarfs verfeinerten sich die Finanzierungsmethoden. Besondere Gesellschaften, sog. Kapitalanlagegesellschaften, bildeten sich heraus, die eigene Zertifikate ausgeben und mit dem Erlös den Erwerb anderer Effekten finanzieren. Diese neue Art der Vermittlung von Kapitalangebot und Kapitalnachfrage in Wertpapierform – *Liefmann* nennt sie „Effektensubstitution“ [328] – ist Ausdruck einer Stufenbildung in der von Effektenfinanzierung getragenen freien kapitalistischen Wirtschaft.

Nicht um Verwaltung anvertrauter Vermögensmassen im herkömmlichen Sinne (z. B. zugunsten einer Witwe) handelt es sich bei dieser ausgeprägten Form des Effektenkapitalismus, sondern um echte Kapitalbewirtschaftung. Beim Investment Trust wird keine Anlage in sicheren Werten, wie Schuldverschreibungen öffentlich-rechtlicher Körperschaften oder Pfandbriefen, mit weitgehend konstantem Ertrag betrieben, sondern spekulativer Handel in (mit allen konjunkturellen und einzelunternehmerischen Risiken behafteten) börsengängigen Aktien. Unermüdliches Tätigsein im Effektenumtausch, nicht konservierende Depotverwaltung kennzeichnet seine Arbeit (Management trust-Form!). Die Anlagepolitik beim Investment Trust richtet sich auf die Ausnutzung kleinster, sich erst in der Masse auswirkender Ertragsunterschiede; sie erfordert Auswertung aller zugänglichen Auskünfte und planmäßige Rentabilitätsberechnungen. Erfolgreiche Effektenbewirtschaftung beruht auf Erfahrung, Geschicklichkeit und wirtschaftlichem Beurteilungsvermögen.

Die organisierte Kapitalanlage hat ihren Ursprung in Schottland. Die ersten Investment Trusts – Vereinigungen von Kapitalisten zu gemeinsamer Kapitalanlage – gingen aber nicht aus den Finanzzentren der Industrie, Emissionshäuser und Versicherungsunternehmen hervor, sondern aus den kleinbürgerlichen Kreisen der Hochseefischer, Reeder, Rohstoffhändler und Handwerker; denn einzig die Kapitalanlage wurde gesucht, nicht die Finanzierung gewerblicher Unternehmungen. Erst später, als sie sich auch über England, insbesondere London, ausdehnten, traten bei der Gründung Versicherungsgesellschaften, Banken und Rechtsanwälte auf.

Aus der Entstehungsgeschichte der heutigen britischen Investmentgesellschaften, die in die 60er Jahre des vergangenen Jahrhunderts zurückreicht, sind uns verschiedene Investment Trust-artige Bildungen bekannt. Unter ihren Vorläufern befand sich vor 1879 auch die Rechtsform der Treuhand, des altenglischen trust. Wesentlich für die Entfaltung des Investment Trust war die Entwicklung von der persönlich-kooperativen Bindung zur Form der öffentlich emittierenden Aktiengesellschaft, der Public Limited Company [329]. Der englische Investment Trust verwaltet und bewirtschaftet nicht fremdes, sondern eigenes Vermögen. Noch heute pflegt er sein Kapital durch Ausgabe von Aktien und Obligationen aufzubringen und nach bestimmten, in den Gesellschaftssatzungen weit umschriebenen Grundsätzen in Stamm- und Vorzugsaktien sowie Obligationen anzulegen.

[328] Liefmann, a. a. O., S. 96.

[329] Linhardt, Die Britischen Investment Trusts, a. a. O., S. 17 ff., 48 ff.; Derselbe, Die Rechtsgrundlagen der britischen Investment Trusts. Unternehmungsformen und innere Rechtsverhältnisse. In: Bank-Archiv, 28. Jhrg., Nr. 20 vom 15. 7. 1929, S. 368 ff.

Die Verbreitung dieser Investmentaktiengesellschaften wurde – von einigen kurzfristigen Stockungen unterbrochen – durch die lange Friedensperiode vor dem 1. Weltkriege begünstigt. In ihrer Blütezeit, etwa von 1887 bis 1894, betrieben die Investment Trusts sogar die Geschäfte der Finance Companies[330].

Die Gründungsversuche in Deutschland während der Jahre nach 1920 verliefen – da man die im Ausland gemachten Fehler nicht genügend beachtete und die steuerrechtlichen Fragen unzureichend gelöst waren[331] – wenig glücklich. Nach dem 2. Weltkriege erfuhren die westdeutschen Investment Trusts, fußend auf den Erfahrungen aus den vielschichtigen angelsächsischen Investment Trust-Bewegungen[332], einen gewaltigen Aufschwung[333]. Seit der Entstehung der ersten deutschen Investmentgesellschaft im Jahre 1949, der Allgemeinen Deutschen Investment GmbH, München – Düsseldorf, konnten sie den Investment-Sparern zu Mitbesitz an einem Aktienportefeuille von rd. zwei Milliarden D-Mark Kurswert bei Jahresfrist 1959 verhelfen.

Die Organisation kollektiver Kapitalanlage in Effekten haben die Banken in ihrer Bedeutung für die Zukunft rechtzeitig erkannt. Die Geschäftsbanken betreiben sie aber ausnahmslos nicht in eigener Regie, sondern haben eigens dazu mehr oder weniger abhängige Kapitalanlagegesellschaften (KAG)[334], und zwar ausschließlich in der Rechtsform der GmbH gegründet[335]. So waren an der Allgemeinen Deutschen Investment GmbH ursprünglich vier Geldinstitute beteiligt; später wuchs die Zahl der Gesellschafter auf 16. Das Kapital der Ende 1959 errichteten Anlage-Gesellschaft mbH für englische und holländische Aktienwerte, Düsseldorf, wurde zur Hälfte von drei deutschen Banken und zu je 25 Prozent von zwei britischen und zwei holländischen Kreditinstituten übernommen.

[330] Weber, Depositenbanken und Spekulationsbanken, a. a. O., S. 57, 287 f.

[331] Hierzu Goldschmidt, Ernst, Über die Voraussetzungen zur Errichtung von Investment Trusts (Kapitalverwaltungsgesellschaften) in Deutschland. In: Bank-Archiv, 29. Jhrg., Nr. 3 vom 30. 10. 1929, S. 38; ferner Eberstadt, Georg, Investment Trusts in Deutschland. In: Bankwissenschaft, 6. Jhrg., S. 881 ff.

[332] Darüber Linhardt, Hanns, Kapitalanlagegesellschaften. In: Handwörterbuch der Sozialwissenschaften, 12. Lieferung 1956, S. 499–507. Ferner Dembitz, Lewis N., Die Investment-Gesellschaften in den Vereinigten Staaten von Amerika. Deutsche Übersetzung in: Die Aktiengesellschaft, 3. Jhrg. (1958), Nr. 12, S. 286 ff.

[333] Über die Gründe, die in den voraufgegangenen Diskussionen für und gegen die Förderung des Investment-Sparens und die Errichtung von Investmentgesellschaften angeführt wurden, siehe Barocka, Egon, Investment-Sparen und Investment-Gesellschaften. Eine volkswirtschaftliche und rechtspolitische Betrachtung. Stuttgart 1956, S. 27–47.

[334] Nicht zu verwechseln mit Holding- oder Beteiligungsgesellschaften und den sonstigen Verwaltungsgesellschaften.

[335] Vereinzelt auch in Verbindung mit Nichtbanken. So tritt als Gesellschafter der Allfonds Gesellschaft für Investmentanlagen mbH., München, neben der Bayerischen Hypotheken- und Wechsel-Bank, München, und der Westfalenbank AG, Bochum, die Deutsche Allgemeine Treuhand AG, München, auf.

In den wenigen Fällen, wo eine Gründerbank auf Grund ihres Beteiligungsverhältnisses unter den Gesellschaftern der Investmentgesellschaft eine stark dominierende Stellung einnimmt, ist die Bindung zwischen Bank und Investmentgesellschaft sehr eng, so daß hier die KAG als eine „verselbständigte" Investment-Abteilung der Bank aufzufassen ist. Die Dresdner Bank AG, Frankfurt, ist beispielsweise Alleinanteilseigner des Deutschen Investment-Trust, Gesellschaft für Wertpapieranlagen mbH, Frankfurt, der größten deutschen KAG. Mit den 735 Mill. DM seiner drei Fonds – des Concentra (505 Mill. DM), des Industria (122 Mill. DM) und des eine Zeitlang „auf Eis gelegten"[336] Aktien-Wachstumsfonds Thesaurus (108 Mill. DM) – verwaltete der Deutsche Investment Trust nach dem Stand vom 31. 12. 1959 rd. 33% des Gesamtvermögens (2,27 Mrd. DM) aller deutschen Fonds[337]. Hauptbeteiligter bei der Europa und Übersee Kapitalanlagegesellschaft m. b. H., Frankfurt a. M., ist das Bankhaus Hardy & Co. GmbH, Frankfurt a. M. Vom Stammkapital in Höhe von 700 000 DM trägt es 500 000 DM; der Rest entfällt je zur Hälfte auf die Twentsche Bank, Amsterdam, und die Seligman & Co., Paris. Ähnlich wird die Deutsche Gesellschaft für Wertpapiersparen m. b. H., Frankfurt, von der Deutschen Bank AG kapitalmäßig beherrscht.

Rechtsgrundlage für die Tätigkeit der KAG stellt das Gesetz über Kapitalanlagegesellschaften (KAGG) dar, das am 17. 4. 1957 verkündet wurde (BGBl. I, S. 378)[338] – als bereits fünf Investmentgesellschaften bestanden. In § 2 Abs. 1 KAGG werden sie zu den Kreditinstituten gezählt[338a] und damit der staatlichen Aufsicht und Erlaubnispflicht nach dem Kreditwesengesetz unterstellt[339]; eine innere, wesensmäßige Verwandtschaft besteht zwischen KAG und Banken nicht, da die Tätigkeit der KAG nicht den bisher üblichen Bankgeschäften entspricht. KAG dürfen laut § 1 Abs. 2 KAGG nur in der Gesellschaftsform der AG oder GmbH betrieben werden (Garantiefunktion des Nennkapitals!). Sie haben das bei ihnen gegen Ausgabe von Anteilscheinen eingelegte Geld im eigenen Namen, aber für gemeinschaftliche Rechnung der Anteilinhaber gesondert von dem eigenen Vermögen anzulegen (Sondervermögen). Die zum Sondervermögen gehören-

[336] Weil die Erträge dieses Fonds nicht ausgeschüttet, sondern zur Wiederanlage verwendet werden sollten, kam es zu heftigen politischen Debatten um den Mißbrauch der Steuerbegünstigungsklausel im Gesetz über Kapitalanlagegesellschaften vom 16. 4. 1957. Auf Grund des Gesetzes zur Änderung des Gesetzes über Kapitalanlagegesellschaften und des Kapitalverkehrsteuergesetzes vom 9. 8. 1960 (BGBl. I, S. 682) gehören nun auch die nicht zur Ausschüttung verwendeten Zinsen und Dividenden zu den Einkünften aus Kapitalvermögen.

[337] Deutsche Zeitung und Wirtschaftszeitung Nr. 38 vom 15. 2. 1960, S. 9.

[338] Vgl. den entsprechenden amerikanischen Investment Company Act vom 22. 8. 1940 mit nicht weniger als 300 Paragraphen.

[338a] Siehe auch § 1 Abs. 1 Ziff. 6 des Gesetzes über das Kreditwesen vom 10. 7. 1961.

[339] Diese Regelung ist nicht unbedenklich. Vgl. hierzu Linhardts Ansicht zum Kreditwesengesetz: Die deutsche Kreditpolitik unter dem Gesichtspunkt des Wettbewerbs. In: Wirtschaft und Wettbewerb, Jhrg. 1956, 5. Heft, S. 319.

den Gegenstände (Wertpapiere, Bezugsrechte) bilden ein Zweckvermögen, das jedoch keine eigene Rechtspersönlichkeit hat. Im Gegensatz zur Aktie sind die Urkunden der KAG mit Rückgaberecht ausgestattet[340].

Bei dieser Lösung suchte man sich die Erfahrungen des Auslandes zunutze zu machen. Den amerikanischen open-end-trusts – Investmentgesellschaften, die das Recht haben, fortlaufend Aktien (shares) auszugeben, und die meist auch zur Rücknahme der Papiere verpflichtet sind – war in den vergangenen zwei Jahrzehnten ein unerwarteter Erfolg beschieden. Eine derartige Regelung wäre nach deutschem Aktienrecht nicht möglich.

Das Sondervermögen kann gemäß § 6 Abs. 1 KAGG entweder im Eigentum der KAG oder im Miteigentum der Einleger stehen[341]. Wegen verschiedener rechtlicher Schwierigkeiten, z. B. hinsichtlich der Behandlung des Sondervermögens im Konkurs der KAG und der Besteuerung[342], sehen die „Vertragsbedingungen" (§ 14 Abs. 1 KAGG) der zur Zeit bestehenden Fonds vor, daß die Inhaber der Anteilscheine an den angeschafften Werten als Miteigentümer nach Bruchteilen (§ 1008 BGB) beteiligt werden sollen[343].

Welche Gestaltungsform auch immer gewählt wird, wirtschaftlich steht das Sondervermögen im Eigentum der Investment-Sparer. In der 1. und 2. Vorlage des KAGG-Entwurfes wurde es noch als „Treugut" bezeichnet[344]. Die endgültige Fassung des KAGG hebt die Treuguteigenschaft nicht mehr ausdrücklich hervor; aus einzelnen Bestimmungen ergibt sich aber, daß die KAG das Sondervermögen für die jeweiligen Inhaber der Anteilscheine als Treugeber treuhänderisch verwaltet[345]. Sie darf darüber, unter getreuer Wahrung der Interessen der Anteilinhaber, im eigenen Namen (also nicht im Namen des Sondervermögens oder der Anteilinhaber) verfügen und die sich aus der Verwaltung ergebenden Rechtshandlungen vornehmen. Insbesondere bestimmt die KAG über die Auswahl der in den Fonds aufzunehmenden Wertpapiere und entscheidet über Auflösung oder Austausch von bestimmten Anlagen. Die Investition der Einlagen muß nämlich

340 Über Rechtsnatur und Wesen des Investmentzertifikates siehe ausführlich Barocka, a. a. O., S. 97 ff.

341 Siara-Tormann unterscheiden hier zwischen „Treuhandlösung" und „Miteigentumslösung" (Siara, Georg und Wolfgang Tormann, Gesetz über Kapitalanlagegesellschaften vom 16. April 1957. Kommentar. Mit einer ausführlichen Einleitung von August Neuburger MdB. Frankfurt 1957, S. 31). Ebner von Eschenbach (Hans-Christoph Frhr., Die Rechte des Anteilinhabers nach dem Gesetz über Kapitalanlagegesellschaften, Diss. Erlangen 1959, S. 15–24) weist den Treuhandcharakter beider Konstruktionsformen nach und bezeichnet sie mit „Treuhandlösung" und „Treumachtlösung".

342 Siehe hierüber Siara-Tormann, a. a. O., S. 32.

343 Die Zahl der umlaufenden Anteile ist satzungsmäßig nicht begrenzt (open end-Fonds).

344 Vgl. § 2 Abs. 1 des 1. und 2. Entwurfes eines Gesetzes über Kapitalanlagegesellschaften, Bundestagsdrucksachen Nr. 4199 vom 19. 3. 1953 und Nr. 1585 vom 9. 7. 1955.

345 Über die Rechte der Anteilinhaber gegenüber der KAG siehe Ebner von Eschenbach, a. a. O., S. 85 ff.

laut § 1 Abs. 1 KAGG nach dem Grundsatz der Risikomischung erfolgen. Der Grundsatz der Risikomischung ist aber nicht definiert – § 7 Abs. 3 schreibt nur ein graduelles Mindesterfordernis vor –; für die KAG bleibt die Entscheidung deshalb eine Ermessensfrage.

Die gewissenhafte Erfüllung ihrer Treuhänderpflichten verlangt von der KAG scharfe Überwachung des Fonds und dessen ständige Anpassung an die wirtschaftliche Entwicklung. Sie setzt kritische Beobachtung des Börsenkurses und des Kapitalmarktes sowie eine sorgfältige Pflege des Kontaktes mit der westdeutschen Industrie voraus. Die KAG muß vertraut sein mit Auftragsgrößen, Umsatzzahlen, Produktionsbedingungen, Absatz- und Wettbewerbslage, Rentabilitätssteigerungen usw. der Gesellschaften ihrer Papiere im Fonds. Sie kann nicht umhin, alle erreichbaren Informationen (Bilanzen, Geschäftsberichte) über die Unternehmungen systematisch auszuwerten sowie die Ertragschancen und Dividendenerwartungen fortlaufend zu verfolgen[346].

Bei der Verwaltung ist die KAG nur an die Vorschriften des Treuhandvertrages – jener „Vertragsbedingungen", die das Rechtsverhältnis zwischen der Gesellschaft und den Zertifikatsinhabern regeln – und des Gesetzes gebunden. § 14 Abs. 3 KAGG führt eine Reihe von Angaben auf, die unbedingt in jedem Vertrag enthalten sein müssen. Hier die wichtigsten: 1. Grundsätze für die Auswahl der Werte des Sondervermögens; 2. Festlegung eines Höchstanteils der Barreserve am Fondsvermögen; 3. die Höhe des Mindestprozentsatzes des Sondervermögens in Bankguthaben, wenn ein solcher gehalten wird; 4. Höhe des Ausgabeaufschlages, der bei der Ermittlung des Ausgabepreises dem Inventarwert zur Deckung der Verwaltungskosten hinzugerechnet wird; 5. Voraussetzungen und Bedingungen für eine Rücknahme der Anteilscheine durch die Gesellschaft; 6. Angaben über die Ausschüttungspolitik, insbesondere bezüglich der Veräußerungsgewinne.

Die KAG ist gesetzlich verpflichtet, das (oder mehrere) vom eigenen Vermögen streng getrennt zu haltende Sondervermögen mit der Sorgfalt eines ordentlichen Kaufmanns zu verwalten (§ 9 KAGG). Zum Schutze des Sondervermögens vor Eingriffen Dritter ist es von jeder Haftung für die Verbindlichkeiten der Gesellschaft befreit; dies gilt auch, wenn es sich um ein Rechtsgeschäft für gemeinschaftliche Rechnung der Zertifikatsinhaber, also in bezug auf das Sondervermögen, handelt (§ 9 Abs. 2 KAGG). Es ist unantastbar, es darf auf Grund seines Treugutcharakters weder verpfändet noch zur Sicherung übereignet noch sonst belastet und auch nicht in die Konkursmasse der KAG einbezogen werden. Selbstverständlich können Forderungen gegen die Gesellschaft und Forderungen aus dem Fonds nicht gegeneinander aufgerechnet werden.

[346] Vgl. Senn, Wendelin, Die westdeutschen Investmentgesellschaften als Mittel zur Förderung der westdeutschen Kapitalmarktpolitik, Diss. Nürnberg 1960, Abschnitt B, II: Geschäftspolitik und Geschäftsentwicklung.

Die KAG ist den Anteilinhabern gegenüber rechenschaftspflichtig. Sie hat für die Mitte und das Ende jedes Geschäftsjahres die Zusammensetzung der einzelnen Sondervermögen im Bundesanzeiger bekanntzumachen sowie zum Ende eines jeden Geschäftsjahres einen Rechenschaftsbericht zu erstatten und eine Ertragsrechnung aufzustellen (§ 20 Abs. 1 KAGG).

Zu den wichtigsten Aufgaben der Investment-Verwaltung gehört die Ausübung des Stimmrechts. Obwohl sie Kreditinstitut ist, bedarf die KAG zur Ausübung der mit dem Sondervermögen verbundenen Stimmrechte nicht der in § 114 Akt.G geforderten schriftlichen Ermächtigung der Teilhaber am Fonds (§ 8 Abs. 1 KAGG). Das ist folgerichtig, denn es handelt sich hier nicht um die treuhänderische Vertretung aus einzelpersönlicher Rechtsübertragung, sondern um die treuhänderische Wahrung des Gesamtinteresses einer Gemeinschaft[347].

Die Gesellschaft soll das Stimmrecht grundsätzlich selbst ausüben; nur in begründeten Ausnahmefällen ist sie berechtigt, einen anderen – unter Erteilung von Weisungen – zur Ausübung des Stimmrechtes für jeweils eine Hauptversammlung zu ermächtigen. Jedoch bleibt im Gesetz wie auch in den Vertragsbestimmungen ungeklärt, wann derartige Einzelfälle vorliegen. Mit dieser Regelung sollte offenbar der Weiterübertragung des Stimmrechtes an der Gesellschaft nahestehende Banken und der massenhaften Ansammlung von individuellen, einzeln ausgesprochenen Stimmrechtsermächtigungen, der derzeitigen Praxis bei der Ausübung des Aktienstimmrechtes, Einhalt geboten werden[348].

Tatsächlich treten die KAG aber selten als Aktionäre auf Hauptversammlungen auf. Dieses Verhalten gereicht der Entwicklung des Investmentwesens nicht zum Vorteil und ist um so bedauerlicher, als gerade die Geschäftsführer der Investmentgesellschaften auf Grund ihres tiefen Einblicks in die wirtschaftliche und finanzielle Lage zahlreicher Unternehmungen über das für die Stimmentscheidung erforderliche Urteilsvermögen verfügen. Sie dürften jene Autorität besitzen, über die sich die Vorstände der Aktiengesellschaften nicht einfach hinwegzusetzen vermögen und die ihnen z. B. die Grenzen rücksichtsloser Dividenden- und Reservenpolitik aufzeigen könnte. Bei Weitergabe des Stimmrechts kann selbstverständlich von treuer Sachwaltertätigkeit keine Rede mehr sein.

Im Gegensatz zum Aktionär sind die Zertifikatsinhaber von jedweder Mitbestimmung und Mitwirkung an der Geschäftspolitik der KAG ausgeschlossen. Der Machtstellung der Geschäftsführung einer KAG ist mithin eine höhere Rang-

[347] Siara-Tormann (a. a. O., S. 40 f.) halten die Bestimmung des § 8 Abs. 1 KAGG nur für eine gesetzgeberische Klarstellung, da § 114 Abs. 4 Akt.G von Banken spreche, die KAG aber von den üblichen „Banken" grundverschieden seien und infolgedessen nicht § 114 Abs. 4 AktG unterliegen könnten.

[348] Siara-Tormann (a. a. O., S. 43) finden es durchaus in Einklang mit den Worten „selbst ausüben", wenn die KAG regelmäßig einen anderen mit der Ausübung des Stimmrechts in ihrem Namen (Vertreter mit gesetzlicher Vollmacht) beauftragt.

stufe zuzuordnen als der des Vorstandes einer AG. Über die Wahrung der Interessen der Anteilinhaber wacht ein von den Gesellschaftern, also Banken, gewählter Aufsichtsrat (§§ 3, 4 KAGG). Die Teilhaber am Fonds haben auf die Auswahl der Personen, die die Geschäftsführung der Gesellschaft kontrollieren, keinen Einfluß. Weiterhin sehen die Vertragsbedingungen mehrerer Investment Trusts vor, daß die dem Sonderfonds zuzuführenden Werte nach den Richtlinien des Aufsichtsrates ausgewählt werden sollen und daß der Geschäftsführung ein vom Aufsichtsrat bestellter Anlageausschuß beizugeben ist, dem Vertreter aus dem Kreise der Gesellschafter, d. h. Banken und Bankenkonsortien, angehören. Der Aufsichtsrat hat hier weniger eine Kontrollfunktion; angesichts einer so engen Verbindung der beiden Organe Leitung und Aufsichtsrat kann man eher von einer Arbeitsteilung der Vertreter ein und derselben Interessentengruppe, nämlich der Banken, in der Geschäftsführung sprechen.

Diese Abhängigkeit der KAG von den Banken ist sehr bedenklich und dürfte sich nicht zum Vorteil der Investment-Sparer, der Eigentümer des Wertpapierfonds, auswirken. Bekanntlich stehen die Banken in ihrer Eigenschaft als Kreditgeber und über Aufsichtsratsmandate in enger Beziehung zu den gewerblichen Aktiengesellschaften. Da sie andererseits Geschäftsführer und Aufsichtsrat der KAG bestellen, bestimmen ausschließlich sie die Geschäftspolitik der Investmentgesellschaft und damit über die Zusammensetzung des Fondsvermögens. Die Banken können so ihren Einfluß geltend machen, daß bestimmte Effekten in den Fonds aufgenommen werden, etwa solche, deren sie sich entledigen möchten. Sie sind auch in der Lage, die Investment Trusts zu veranlassen, sich des Streubesitzes bestimmter Werte zu bemächtigen. Ferner besteht die Gefahr, daß Bankenkonsortien die Fonds der KAG zu indirekter Kurspflege benutzen. Schließlich kann mittels der Investmentgesellschaft durch Aufnahme von Aktien ihrer Gründer das Verbot des Erwerbs eigener Aktien seitens der Banken umgangen werden.

Die Verwaltung einer von Bankinteressen unabhängigen KAG würde die Auswahl der in das Sondervermögen aufzunehmenden Wertpapiere unzweifelhaft kritischer vornehmen. Die Abhängigkeit von den Banken führt die Investment Trusts notwendigerweise in für die Einleger nachteilige Interessenkollisionen und beeinträchtigt infolgedessen ihre treuhänderische Funktion.

Das Investment-Sparen – dieser Ausdruck hat sich für den Geschäftsgegenstand der KAG eingebürgert – ist noch in der Ausbreitung wie Entwicklung begriffen[349]. Von Zeit zu Zeit werden neue Fonds gegründet, und seit 1959 ist ein Übergang zum internationalen Fonds festzustellen. Während zunächst nur eine kleine Anzahl von prominenten europäischen Auslandswerten, wie Philips, Royal Dutch und Montecatini, Aufnahme in die Wertpapierfonds fanden, dann die Fonds ganz

[349] Vgl. Rosenstiel, Frederick H., Die Investment-Gesellschaften wachsen. In: FAZ, Nr. 95 vom 23. 4. 1960, S. 5.

oder überwiegend europäische Anteile erwarben, werden nunmehr im letzten Stadium auch überseeische, besonders nordamerikanische Papiere, in die Anlageliste aufgenommen[350]. Anfang des Jahres 1960 wurde z. B. der Atlantic Fonds ins Leben gerufen; das Angebot von Zertifikaten des „Universal Fund" der Internationalen Investmenttrust-Gesellschaft, Basel, folgte kurz darauf. Sodann gibt es jetzt in Deutschland auch Fonds, die nur *ein* fremdes Land als Quelle für ihre Anlagewerte benutzen, z. B. der Agefra-Fonds der Anlagegesellschaft für französische Aktienwerte mbH., Düsseldorf.

Auf dieses neue Feld führte die Investmentgesellschaften nicht nur das beschränkte Marktangebot in deutschen Aktien; sie spürten ein echtes Bedürfnis der kleinen Anleger auf, die selbst nicht die ausländischen Gesellschaften und ihre wirtschaftliche Entwicklung zu überschauen vermögen und sich auf die Sachkunde der Investment Trusts verlassen. Dem kritischen Beobachter drängt sich hier trotz alledem die Frage auf, ob die Auflegung weiterer Fonds noch wirtschaftlich sinnvoll ist, und ob die Risikominderung und damit die Begrenzung der Chancen durch immer breitere Streuung nicht auch ihre Grenzen hat.

Mehrere Investmentgesellschaften brachten im April 1960 die Teilzahlung auf Investment-Anteile heraus[351]. Wie die bereits früher eingeführte Verbindung des Investment-Sparens mit einem Versicherungsvertrag stellt der Verkauf von Anteilsbruchteilen, der an amerikanische Praxis anknüpft, angesichts der zur Zeit hohen Börsennotierungen eine neue Methode zur Anregung des Erwerbs von Zertifikaten dar.

aa) Die bankmäßige Verwahrung und Verwaltung der Werte des Investmentfonds

Ein echtes Treuhandverhältnis verbindet die Geschäftsbanken mit dem Investment Trust in ihrer Funktion als Depotbanken im Sinne von § 11 KAGG. Auf Grund zwingender Vorschriften des KAGG muß mit der Verwahrung des Investmentvermögens, mit der Ausgabe und Rücknahme von Zertifikaten sowie einer Reihe weiterer Aufgaben ein anderes Kreditinstitut (Depotbank) betraut werden. Diese Pflichten haben ihre rechtliche Grundlage in einem zwischen der KAG und

[350] Am Europafonds I der Europa- und Übersee-Kapitalanlage GmbH, Frankfurt, der im Januar 1959 gegründet wurde, sind deutsche Aktien mit 38,1 %, holländische Papiere mit 15,2 %, französische mit 15,3 %, italienische mit 17,0 % und luxemburgische Werte mit 9,4 % beteiligt. (Handelsblatt, Düsseldorf, Nr. 57 vom 23. 3. 1960, S. 12.) Beim Atlantic Fonds derselben Gesellschaft ist die Anlage über 9 Länder verstreut. Der größte Teil des Vermögens ist in Amerika angelegt, und zwar – zum 15. 2. 1960 – 24,06 Mill. DM oder 29,9 % in insgesamt 17 US-Aktienwerten und 5,32 Mill. DM oder 6,6 % in fünf kanadischen Werten. (ZKW, Nr. 6 vom 15. 3. 1960, S. 239.)

[351] Auf Grund eines Sparplanes können nach diesem Investment-Ratensparsystem monatlich für einen gleichbleibenden Betrag (25 DM, 50 DM) Sparmarken geklebt werden, die am Jahresende in Anteilscheine des Investmentfonds umgetauscht werden.

der Depotbank abgeschlossenen Vertrag. Da das Depotinstitut in bestimmtem Umfang für die Anteilinhaber handelt, ist dieser Vertrag insoweit ein Vertrag zugunsten Dritter[352].

So betreut beispielsweise die Bayerische Staatsbank, München, die Investmentfonds Fondak, Fondra und Fondis, die Commerzbank AG, Düsseldorf, den Adifonds und den Fonds Adiropa der Allgemeinen Deutschen Investment GmbH, München – Düsseldorf; die Dresdner Bank AG, Frankfurt, den von dem Deutschen Investment-Trust, Gesellschaft für Wertpapieranlagen m. b. H., Frankfurt, gebildeten Fonds Concentra; die Deutsche Bank AG, Frankfurt, den von der Deutschen Gesellschaft für Wertpapiersparen m. b. H., Frankfurt, unter dem Namen Intervest aufgelegten Anlagefonds. Als Treuhänderin in der Bundesrepublik fungiert die Berliner Handelsgesellschaft für den Investment Fonds Eurunion, das Bankhaus Hardy & Co. GmbH, Frankfurt, für die Europa und Übersee Kapitalanlagegesellschaft mbH, Frankfurt. Depotbank für den bereits erwähnten britisch-holländischen Fonds ist die Commerzbank; sie läßt die britischen Aktien bei der Lloyds Bank Limited in London und die holländischen Werte bei der Rotterdamsche Bank in Amsterdam verwahren.

Die Depotbank, die als solche den Bestimmungen des Depotgesetzes vom 4. 2. 1937 unterliegt, hat die zum Fonds gehörenden Wertpapiere als Sperrdepot zu halten. Der KAG ist damit die Verfügungsmöglichkeit über die Depots entzogen. Die Depotbank darf die Wertpapiere nur an eine Wertpapiersammelbank zur Verwahrung weitergeben. Depots in ausländischen Effekten kann sie bei ihren Korrespondenten im europäischen Ausland und in Übersee unterhalten, da es Wertpapiersammelbanken im Ausland meist nicht gibt. Der Erlös aus der Ausgabe von Anteilscheinen und aus dem Verkauf von Wertpapieren, die zum Vermögen des Fonds gehören, sowie die Erträge aus den Wertpapieren sind auf einem für das Sondervermögen eingerichteten Sperrkonto zu verbuchen (§ 11 Abs. 3 KAGG). Über die gesperrten Konten führt die Depotbank auf Weisung der Gesellschaft die Bezahlung beim Kauf von Wertpapieren, die Lieferung beim Verkauf, die Zahlung bei Rücknahme von Anteilen und die Ausschüttung von Gewinnanteilen aus.

Sämtliche Auszahlungen erfolgen nicht an die KAG, sondern unmittelbar an den Dritten. Umgekehrt hat die Depotbank alle Leistungen aus den von der KAG getätigten Geschäften unmittelbar in Empfang zu nehmen und dem Anlagefonds unverzüglich zuzuführen, so daß keine Mittel aus dem Sondervermögen in die Hand der KAG gelangen. Alle Geschäfte, welche die KAG für Rechnung des Sondervermögens tätigt, werden wirtschaftlich durch die Depotbank abgewickelt[353].

[352] Geßler, E., Das Recht der Investmentgesellschaften und ihrer Zertifikatsinhaber. In: Wertpapier-Mitteilungen, Sonderbeilage zu Teil IV B Nr. 20 vom 18. 5. 1957, S. 22.

[353] Geßler, a. a. O., S. 21.

Die Depotbank hat die Stellung eines Sondertreuhänders, aber nicht das Recht, in die Geschäftspolitik der KAG einzugreifen.

Die Depotbank ist berechtigt und verpflichtet, im eigenen Namen 1. Schadenersatzansprüche der Teilhaber am Fonds gegenüber der Gesellschaft wegen Verletzung ihrer Pflichten geltend zu machen, 2. im Wege einer Klage nach § 771 ZPO Widerspruch zu erheben gegen Vollstreckungsmaßnahmen in das Sondervermögen wegen eines Anspruchs, für den das Sondervermögen nicht haftet. Bei Auflösung der Investmentgesellschaft oder Eröffnung des gerichtlichen Vergleichsverfahrens steht der Depotbank das Recht zu, den Treuhandvertrag zwischen den Zertifikatsinhabern und der Gesellschaft zu kündigen (§ 12 Abs. 4 KAGG). Verliert die Gesellschaft das Recht zur Verwaltung eines Fonds, so geht die Verfügungsgewalt über den Fonds auf die Depotbank über. Die Depotbank wickelt das Sondervermögen ab (Verkauf der Wertpapiere und Verteilung des Abwicklungserlöses an die Anteilinhaber) oder überträgt – mit Genehmigung der Bankaufsichtsbehörde – die Verwaltung des Fondsvermögens einer anderen Kapitalanlagegesellschaft (§ 13 KAGG)[354].

Schließlich hat die Depotbank den Wert des Sondervermögens (anhand der jeweiligen Kurswerte der zu ihm gehörenden Wertpapiere und Bezugsrechte) zu ermitteln (§ 18 Abs. 2 KAGG), die in § 20 KAGG von der Investmentgesellschaft geforderten Anzeigen an die Bankaufsichtsbehörde zu bestätigen, die Anteilscheine mit zu unterzeichnen (um die Ausgabe durch die Depotbank sicherzustellen) und der Gesellschaft die ihr nach den Vertragsbestimmungen zustehende Provision[355] sowie den Ersatz ihrer Aufwendungen (Verwahrungsgebühren, Prüfungs- und Veröffentlichungskosten) auszuzahlen. Die ihr selbst zustehende Entschädigung sowie den Betrag für den Ersatz aller Auslagen darf die Depotbank dem Sondervermögen mit Zustimmung der Investmentgesellschaft entnehmen. Sie erhält z. B. eine vierteljährliche Vergütung von $1^1/_2$ Promille des Durchschnittswertes vom Anlagevermögen, wobei der Durchschnittswert aus den Monatsendwerten errechnet wird.

b) Die Beteiligung der Banken an der Verwaltung von Immobilienfonds

Die Investmentgesellschaften verdanken ihren gewaltigen Aufschwung nicht zuletzt dem zunehmenden Interesse des Sparerpublikums für Anlage in Sachwerten. Dem Wunsche, Eigentum an Grund und Boden zu erwerben, kommt der Immobilienfonds entgegen – in Deutschland eine neue Form der Vermögensanlage, in der aber die Schweiz, die USA und Kanada bereits einige Erfahrungen besitzen.

354 Über die Wahrnehmung von Rechten der Anteilinhaber durch die Depotbank siehe im einzelnen Ebner von Eschenbach, a. a. O., S. 134 ff.

355 Beispielsweise in Höhe von $^1/_{20}$ des Bruttoertrages ausschließlich der Kursgewinne und Bezugsrechtserlöse.

Er taucht erstmals Anfang 1959 mit der Gründung des „Internationalen Immobilien-Instituts AG“ (III), München, durch die Bayerische Hypotheken- und Wechsel-Bank und die Bayerische Vereinsbank, München, auf. Dieses Institut gibt Zertifikate aus[356], die den Erwerbern anteilsmäßige Rechte an Immobilienwerten bescheinigen. Es unterliegt den Bestimmungen des Gesetzes über das Kreditwesen, indessen nicht dem Gesetz über Kapitalanlagegesellschaften.

Nach geltendem deutschen Recht ist es praktisch nicht möglich, die aus den Zertifikatserlösen angeschafften Grundstücke als Eigentum der jeweiligen Inhaber von Immobilienzertifikaten im Grundbuch eintragen zu lassen. Die Grundstücke, zumeist kombinierte Geschäfts- und Wohngebäude, werden deshalb von der zu diesem Zweck gegründeten „Fonds-Immobilien AG“, München, erworben, deren sämtliche Aktien (1 Mill. DM Grundkapital) der Fonds besitzt. Die Zertifikatsinhaber sind also nur mittelbar Miteigentümer (nach Bruchteilen) an dem Haus- und Grundbesitz[357].

Das Rechtsverhältnis zwischen den Zertifikatsinhabern und dem III ist ein Treuhandverhältnis. Die ihm zugrunde liegenden Vertragsbestimmungen (genannt Verwaltungsordnung)[358] ähneln in ihren Grundzügen den gesetzlichen und satzungsmäßigen Bestimmungen der KAG. Das III vertritt gegenüber Dritten die Rechte der Zertifikatsbesitzer als deren Vertreter oder im eigenen Namen. Es wird bei der Anlage des Fondsvermögens von einem Expertenkomitee beraten. Der Zertifikatsinhaber kann nicht die Aufhebung der Gemeinschaft am Sondervermögen, jedoch jederzeit die Rücknahme des Zertifikates gegen Auszahlung des Wertes seines Anteils am Fonds verlangen. Das III erhält eine jährliche Vergütung in Höhe von 8,5 Promille des beim Jahresabschluß festgestellten Wertes des Fonds.

Die Interessen der Erwerber der Anteile gegenüber dem III nimmt die Bayerische Hypotheken- und Wechsel-Bank als Treuhänder wahr; sie hat darauf zu achten, daß die Fondsverwaltung die Vorschriften der Verwaltungsordnung einhält. Das III darf die Verwaltungsordnung nur mit Zustimmung des Treuhänders ändern. Über das Konto, auf dem alle Einnahmen verbucht und zu dessen Lasten alle Aufwendungen bestritten werden, und über die sonstigen Vermögenswerte des Fonds kann es nur gemeinschaftlich mit dem Treuhänder verfügen. Dem Treuhänder obliegt gemäß § 18 der Verwaltungsordnung insbesondere die Verwahrung der Wertpapiere und übrigen Urkunden über die im Anlagefonds befindlichen Rechte sowie die Führung sämtlicher Konten des Fonds. Ferner werden vom

[356] Ursprünglicher Ausgabepreis 100 DM je Anteil. Anfang 1960, 1 Jahr nach der Errichtung des III-Fonds, befanden sich rd. 240 000 Anteile im Umlauf. (Handelsblatt, Nr. 36 vom 22. 2. 1960, S. 16.)

[357] Internationales Immobilien-Institut AG, München, Bericht für das Jahr 1959 über den III-Fonds Nr. I.

[358] Ebenda, S. 18 ff.

Treuhänder die Mitglieder des Expertenkomitees bestellt und abberufen und der Verwertungserlös bei Auflösung des Immobilienanlagefonds ausgezahlt.

c) Die Ausgabe von Zertifikaten auf ausländische Werte

Die sog. Effektensubstitution kann auch dem Zweck dienen, ausländischen Papieren, deren Übertragung für inländische Rechtsverhältnisse schwierig ist und besondere Formalitäten verlangt, einen breiteren Markt zu erschließen. So werden an den deutschen Börsen beispielsweise an Stelle der Philips- und Unilever-Aktienurkunden auf den Inhaber ausgestellte Zertifikate gehandelt. Im Herbst 1959 hat ein Bankenkonsortium Aktien der Royal Dutch, Königlich-Niederländischen Petroleumgesellschaft, Den Haag, in Form von Anteilscheinen, die über 5 oder 50 Inhaberaktien oder über eine Namensaktie von je 20 Gulden lauten, in den amtlichen deutschen Börsenverkehr eingeführt[359].

Kurz darauf gab die Dresdner Bank AG die amtliche Einführung von Inhaberzertifikaten auf Montecatini-Aktien an den Wertpapierbörsen zu Frankfurt, Berlin, Düsseldorf, Hamburg und München bekannt[360]. Die italienischen Börsenbestimmungen gestatten nur die Ausgabe von Namensaktien. Nach zwingendem italienischen Recht können diese Aktien lediglich durch Vollindossament mit Datumsangabe übertragen werden. Die Beglaubigung muß ein Notar, ein Börsenmakler, ein Kreditinstitut oder – im Ausland – ein italienisches Konsulat vornehmen. In der Zwischenschaltung von Zertifikaten glaubt man daher die Lösung des Problems, Namensaktien in leicht übertragbare Inhaberpapiere umzuwandeln, gefunden zu haben.

Mit den Namensaktien von Montecatini, Mailand, des größten italienischen Chemie- und Montankonzerns (Grundkapital 100 Mrd. Lire), sind erstmals nach Kriegsende wieder italienische Aktien zur Notierung und zum Börsenhandel in Deutschland zugelassen. Die Dresdner Bank verbürgt die Zertifikate und unterhält für deren Inhaber ein Sonderdepot beim Frankfurter Kassenverein. Jeder Zertifikatsinhaber ist stets berechtigt, den Umtausch des Zertifikates in eine Original-Namensaktie zu fordern.

Die Effektensubstitution[361], die Ausgabe eigener Effekten gegen Hereinnahme fremder Werte, hat in den Niederlanden eine mehr als 150jährige Geschichte. Zu Beginn des vorigen Jahrhunderts emittierten die Administratiekantoren (Effektenverwaltungskontore) in größerem Umfange Zertifikate auf Einschreibungen (auf ihren Namen) im Staatsschuldbuch, um den Handel in diesen Forderungstiteln zu erleichtern. Außerdem übernahmen sie in den 60er Jahren englische und amerikanische Namensaktien als Aktionäre und gaben auf die Eintragungen im Aktienbuch in gleichem Betrage Inhaberzertifikate aus. Eine Zeitlang nahmen Zertifikate gegen amerika-

[359] FAZ, Nr. 190 vom 19. 8. 1959, S. 12; Nr. 221 vom 24. 9. 1959, S. 12.

[360] FAZ, Nr. 232 vom 7. 10. 1959, S. 20.

[361] Zu den folgenden Ausführungen siehe Strunden, a. a. O., S. 58 ff.

nische Eisenbahnwerte eine hervorragende Stellung ein. Nach der Jahrhundertwende wurden auch Depots verschiedener Obligationen sowie Depots aus Obligationen und Aktien gebildet.

Heute sind auf den größten Teil der in Amsterdam gehandelten Aktien aus den USA und dem britischen Commonwealth – da die eigentümliche Konstruktion dieser Papiere sowie die Bestimmungen der kontinentaleuropäischen Börsen den Erwerb erschweren – Zertifikate ausgefertigt. Ebenso werden gegen niederländische Aktien Zertifikate ausgegeben – hauptsächlich zur Erleichterung der Handelsfähigkeit der Namenspapiere, aber auch um Aktien mit hohem Nominalwert durch Zertifikate in niedrigerer Stückelung für den kleinen Effektensparer erschwinglich zu machen.

Zur Praxis des niederländischen Effektentreuhänders gehört auch die mehrstufige Ausgabe von Zertifikaten. Denn keine Vorschrift verbietet ihm, Aktien oder Zertifikate anderer Gesellschaften ins Portefeuille aufzunehmen.

Die Administratiekantoren, die durchweg im Eigentum der Banken stehen, gelten auf Grund der Eintragung im Aktienbuch gegenüber der Gesellschaft als Aktionäre und Eigentümer der Aktien. In Wirklichkeit haben sie diese Stellung jedoch nur treuhänderisch für die Zertifikatsinhaber inne. Das Zertifikat gewährt das Recht auf Dividendengenuß, aber kein Stimmrecht.

10. Die Girosammelverwahrung von Wertpapieren. – Der Treuhandgiroverkehr

Der Effektengiroverkehr, die Verwaltung und stückelose Lieferung von vertretbaren Wertpapieren auf der Grundlage der Sammelverwahrung (§§ 5 ff. des Depotgesetzes vom 4. 2. 1937), ist in Deutschland unter dem Druck der Wertpapierinflation der zwanziger Jahre entwickelt worden. Träger des Giroverkehrs in Wertpapieren und Zentralstellen der am Effektengiroverkehr teilnehmenden Banken (Girokunden) sind die Wertpapiersammelbanken (WSB).

Wertpapiersammelbanken – nach dem ältesten Institut, der Bank des Berliner Kassen-Vereins (A.-G.), Berlin[362], auch Kassenvereine genannt – bestehen an den westdeutschen Börsenplätzen wieder seit 1949, nachdem sie 1942 ihre Tätigkeit an die Reichsbank hatten abtreten müssen. Sie werden in der Rechtsform der AG betrieben und stehen ausschließlich mit Kreditinstituten, ihren Gründern, in unmittelbarer Geschäftsverbindung. Die Kreditinstitute können immer nur einem Kassenverein angeschlossen sein.

In dem Rechtsverhältnis zwischen WSB und Bank (Girovertrag)[363] nimmt die WSB eine reine Treuhänderstellung ein, und zwar auf der Grundlage der Ermächtigung[364]. Mit der Übergabe der Wertpapiere zur Verwahrung oder besser: Verwaltung wird die WSB ermächtigt, materiell fremde, verbriefte Rechte (Dividendenbezug, Bezugsrechts- und Stimmrechtsausübung) im eigenen Namen geltend

[362] Über die Geschichte des Kassen-Vereins siehe Weber, Hans, Der Bankplatz Berlin, Köln und Opladen 1957, S. 130 f.

[363] Rechtlich gesehen ein Dienstvertrag zur Geschäftsbesorgung, § 675 BGB.

[364] Büchner, Rudolf, Die treuhandrechtliche Organisation des Effektengiroverkehrs, Frankfurt a. M. 1956, S. 93–119. Büchner kommt das Verdienst zu, die ermächtigte Treuhand erstmals als Organisationsmittel des Effektengiroverkehrs nachgewiesen zu haben.

zu machen. Gleichzeitig verliert der Treugeber (Geschäftsbank oder deren Kunde) nach außen die formale Legitimation des Rechtsinhabers. Im Innenverhältnis zwischen WSB, Bank und Kunden ist der Nachweis der Berechtigung durch die Depotbuchungen gesichert. Treugut ist einmal die als „Einlage" auf die WSB übertragene Legitimation. Sodann ist Treugut aber auch das mit der Legitimation verbundene materielle Recht, auf das sich die Legitimation bezieht und über das der legitimierte Treuhänder verfügen kann.

Der Besitz von Inhaberpapieren oder von Orderpapieren mit ordnungsgemäßem Blankoindossament verleiht der WSB eine *ausschließliche* Rechtszuständigkeit, die es ihr ermöglicht, ihre eigenrechtliche Treuhändermacht ohne störende Eingriffe seitens der Rechtsinhaber (Ermächtigenden) auszuüben. Sie ist ihren Girokunden über die Verwaltungstätigkeit rechenschaftspflichtig. Die Gefahr einer Machtüberschreitung des Treuhänders ist gering; die Allgemeinen Geschäftsbedingungen der WSB[365] legen den zur Erfüllung aller Verwalterpflichten[366] nötigen Umfang der Ermächtigung ziemlich eindeutig fest.

Mangels Individualität der inhaltlich übereinstimmenden Einzelermächtigungen der Treugeber stellt die Bildung von Rechtsgemeinschaften der Depotteilhaber ein wesentliches Element der Organisation des Effektengiroverkehrs dar. Der Treugeber tritt mit der Einlieferung der Effekten (Übertragung der Legitimation) in eine Rechtsgemeinschaft (Depotgemeinschaft) nach §§ 741 ff. BGB. Beim Abschluß des Gemeinschaftsvertrages mit der WSB, der auf die treuhänderische Verwaltung der gemeinschaftlichen Effekten durch die WSB gerichtet ist, vertritt die Bank ihren Kunden. Dieser erwirbt unmittelbar den Depotanteil an den gemeinschaftlichen Effekten; nicht erst die Bank. Die WSB handelt als Vertreter der Beteiligten an der Depotgemeinschaft; die hierzu notwendige Vollmacht wird ihr zugleich mit der Verschaffung der Legitimation erteilt.

Die Girosammelverwahrung (Sammelverwahrung bei einer WSB, im Gegensatz zur Haussammelverwahrung) erstreckt sich in erster Linie auf die in Urkunden verkörperten Anteils- und Gläubigerrechte gemäß § 1 DepG. Gegenstand giromäßiger Übertragung sind aber auch die sog. Wertrechte, d. h. Kapitalanlagewerte, die unverbrieft oder durch unvollkommene Wertpapiere verbrieft sind. Zum Wesen des Wertrechts – von diesem Begriff spricht man seit 1940 – gehört ferner, „daß es auf einer treuhänderischen Verwaltung beruht, die dem Treuhänder zwar den Rechtsschein eines Eigentümers oder eines Gläubigers vermittelt, ihm

[365] Abgedruckt bei Trost-Schütz, a. a. O., S. 80 ff.

[366] Die WSB übernimmt u. a. die Durchführung des Aufgebotsverfahrens für verloren gegangene Wertpapiere, Erhebung der Widerspruchsklage nach § 771 ZPO bei Vollstreckung in die sammelverwahrten Effektendepots sowie sonstige Verwaltungshandlungen, wenn ihr dies notwendig erscheint.

aber nur die Rechte eines Sammelverwahrers gibt"[367]. Um Giroverkehr in treuhänderisch verwalteten Ansprüchen (Treugiroverkehr) handelt es sich beim Jungscheinverkehr, Schuldbuchgiroverkehr, Treuhandgiroverkehr in Kuxen und beim mittlerweile erledigten Treuhandgiroverkehr in Zuteilungsrechten[368].

Seit 1927 dienen die Einrichtungen der WSB dazu, den Verkehr in sog. Kassenquittungen[369] zu ersetzen. Bei Neuemissionen richtet die WSB dem führenden Emissionshaus auf dessen Antrag hin ein Jungscheinkonto ein. Der Emittent muß sich in dem von der Emissionsbank einzureichenden Schreiben (Jungschein) der WSB gegenüber unwiderruflich verpflichten, an sie die jungen Wertpapiere nach Erscheinen für Rechnung der Emissionsbank zu liefern. Der Jungschein kann nach dem Ermessen des Kassenvereins auch von dem Emissionshaus ausgestellt werden. Die WSB schreibt den Nominalbetrag der zu begebenden Wertpapiere der Emissionsbank bzw. den Banken, zu deren Gunsten die Emissionsbank verfügt hat (Girobanken), auf dem Jungscheinkonto gut. Mit der Gutschrift des Wertpapierbetrages wird die WSB Treuhänder des Emissionshauses. Sie hat den ihr aus dem Jungschein zustehenden Lieferungsanspruch (Jungscheinanspruch) treuhänderisch für die Kontoinhaber (Girobanken) zu verwalten und geltend zu machen.

Durch die Gutschrift auf Jungscheinkonto werden die Bankkunden als Bezugsberechtigte genannt und damit ihre Anteile an dem künftigen Girosammeldepot bestimmt. Die Verfügung über das Jungscheinguthaben übertragen die begünstigten Banken ihrerseits den bezugsberechtigten Kunden. Diese können über ihr Guthaben auf dem Jungscheinkonto und somit (bei Aktien) über die unverbrieften Mitgliedschaftsrechte wie über effektive Stücke verfügen[370]. Mittels des treuhandrechtlich organisierten Effektengiroverkehrs ist es also möglich, daß Wertpapiere bereits vor ihrer Ausgabe gehandelt werden.

Die Stückelosigkeit der Verwahrung und Verwaltung ist bei dem durch die Kriegsfolgengesetzgebung neu belebten Schuldbuchgiroverkehr nicht eine vorübergehende, sondern eine dauernde Erscheinung. Schuldbuchforderungen haben in

[367] Depotgesetz. Gesetz über die Verwahrung und Anschaffung von Wertpapieren vom 4. 2. 1937. Erläutert von Dr. Georg Opitz, 2. Aufl., Berlin 1955, S. 446. – Die Verleihung eines Rechtsscheins dient dem Schutz der Verkehrssicherheit und erhöht damit die Umlauffähigkeit des Rechtes. Siehe darüber Hueck, Alfred, Recht der Wertpapiere, 8. Aufl., Berlin und Frankfurt 1960, S. 6.

[368] Der Wertrechtsverkehr bei den Kassenvereinen ist in den Allgemeinen Geschäftsbedingungen der WSB geregelt (Jungscheinverkehr §§ 34–41, Schuldbuchgiroverkehr §§ 42–47); abgedruckt bei Trost-Schütz, a. a. O., S. 85 f.

[369] Auf den Namen lautende, in der Mehrzahl der Fälle nicht übertragbare Urkunden (keine Wertpapiere!), die ein Anrecht auf Lieferung der endgültigen Stücke verkörpern. Sie werden von den Emissionshäusern den Beziehern junger Aktien oder Schuldverschreibungen nach Zeichnung und Bezahlung des Bezugspreises ausgestellt.

[370] Über die Mitgliedschaftsrechte als Gegenstand des Jungscheingiroverkehrs siehe Büchner, a. a. O., S. 217 ff.

der Vergangenheit schon eine bedeutende Rolle gespielt[371], waren aber schwer beweglich. Um den Verkehr in jenen Schuldbuchforderungen zu erleichtern, die auf Grund des Gesetzes zur endgültigen Regelung der Liquidations- und Gewaltschäden (Kriegsschädenschlußgesetz) vom 30. 3. 1928 (RGBl. I, S. 120) im Reichsschuldbuch eingetragen wurden, nahm der Berliner Kassenverein 1930 den Schuldbuchgiroverkehr auf. Bei diesem Giroverkehr in unverbrieften Forderungen läßt sich die WSB als Gläubiger der Schuldbuchforderungen in das Schuldbuch eintragen. Sie besorgt nicht nur die Einziehung der fälligen Zins- und Kapitalbeträge, sondern verwaltet auch diesen „Sammelbestand" von Schuldbuchforderungen treuhänderisch für die Berechtigten (Treugeber).

Die Treuhänderstellung der WSB beim Giroverkehr für Schuldbuchforderungen ergibt sich aus dem Wortlaut der Verordnung über die Verwaltung und Anschaffung von Reichsschuldbuchforderungen vom 5. 1. 1940 (RGBl. I, S. 30). Nach § 1 dieser VO dürfen sich WSB für „Reichsschuldbuchforderungen ein und derselben Art, die ihnen als Treuhänder für andere Kreditinstitute (als Zwischenverwalter oder für eigene Rechnung) zur Sammelverwaltung anvertraut sind", als Gläubiger in das Schuldbuch eintragen lassen. Die Einzelschuldbuchforderung wird so zu einem Anteil an einer Sammelschuldbuchforderung. Mit der Umschreibung der Schuldbuchforderung auf den Namen der WSB „erwirbt der bisherige Gläubiger einen Anteil an der Reichsschuldbuchforderung der WSB (Anteilsgläubiger). Der Anteil bestimmt sich nach dem Nennbetrag der für den Anteilsgläubiger in Sammelverwaltung genommenen Reichsschuldbuchforderungen". (§ 2 Abs. 1 der VO)

Die VO vom 5. 1. 1940 spricht in § 2 Abs. 1 von zwei Gläubigern: von der WSB, die im Schuldbuch als Gläubiger eingetragen ist, und von dem Anteilsgläubiger – obwohl eine Forderung nach dem System unseres Schuldrechts nur einem Gläubiger zustehen kann. Eine überzeugende Erklärung für diese Gläubigerkonkurrenz zwischen der WSB und den Anteilsgläubigern gibt *Büchner*[372]. Von den Vorschriften des Schuldbuchgesetzes ausgehend[373], stellt er der formell „als Gläu-

[371] Bevor 1891 das Reichsschuldbuch eingeführt wurde, gab es bereits staatliche Schuldbücher. – Siehe hierzu auch Mager, Heinrich, Die rechtliche Bedeutung des Reichsschuldbuches, Diss. Würzburg 1939; Schultzenstein, Siegfried und Wilhelm Dieben, Reichsanleiherecht, Reichsschuldenwesen, Reichsschuldbuch, stückeloser Verkehr in Reichsanleihen, Anleiheablösung, Sonderschulden des Reichs, Abwicklung von österreichischen und tschechischen Anleiheschulden, Berlin 1942; Meder, Hermann und Otto Ernst, Schuldbuchrecht des Bundes und der Länder unter besonderer Berücksichtigung der Ausgleichsforderungen, Frankfurt a. M. 1950.

[372] Büchner, a. a. O., S. 164 ff. Ebenda setzt sich Büchner mit der Unterbewertung der Rechtsstellung der „Anteilsgläubiger" durch Opitz auseinander. Er zeigt auch die Widersprüche in den Gedankengängen von Opitz auf, die dieser auf dem Boden des fiduziarischen Treuhandverhältnisses entwickelt.

[373] §§ 8, 9, 12 des Reichsschuldbuchgesetzes i. d. F. der Bekanntmachung vom 31. 5. 1910 (RGBl., S. 840). Danach kann zwischen dem formell legitimierten Gläubiger (Buchgläubiger) und dem materiellen Gläubiger unterschieden werden. Zur Ausübung der Gläubigerrechte ist aus-

biger" ausgewiesenen WSB die materielle Gläubigerschaft der Anteilsgläubiger gegenüber. Die Schuldbuchforderung steht der WSB zu. Sie hat das durch die Ermächtigung begründete sachliche Recht, die Gläubigerrechte im eigenen Namen auszuüben. Der bisherige Gläubiger erwirbt einen Anteil an der „buchmäßigen" Schuldbuchforderung und wird damit Anteilsgläubiger neben anderen Anteilsgläubigern nach materiellem Recht[374].

Der Rheinisch-Westfälische Kassenverein AG in Essen hatte 1926 für seinen Geschäftsbezirk einen Giroverkehr in Kuxscheinen eingerichtet und ihn dem Effektengiroverkehr angepaßt. Beim neuen Rheinisch-Westfälischen Kassenverein AG, Düsseldorf, ist der Kuxengiroverkehr ohne Bedeutung; an der Düsseldorfer Börse werden nur noch 9 Kuxe amtlich notiert.

Für die zur Wertpapierbereinigung angemeldeten Zuteilungsansprüche eröffneten die westdeutschen Kassenvereine den Kreditinstituten, die am Treuhandgiroverkehr in Zuteilungsrechten teilnehmen wollten, Treuhandverfügungskonten. Die Banken hatten die Zuteilungsrechte aus den Wertpapieren, die beim Inkrafttreten des Wertpapierbereinigungsgesetzes am 1. 10. 1949 für sie selbst oder zugunsten ihrer Kunden als Girosammeldepotanteile verbucht waren, bei der WSB mit dem Nachweis der Richtigkeit anzumelden. Diese schuldrechtlichen Ansprüche trugen damals zu einer wünschenswerten Mobilisierung des Effektenhandels bei. Mit der Erteilung der Gutschriften lösten sich die Treuhandverfügungskonten allmählich auf, und gleichzeitig entstanden sog. Neu-Girosammeldepotanteile, die an Stelle der Zuteilungsansprüche im Freiverkehr notiert wurden[375].

In Anlehnung an den Giroverkehr für vertretbare Wertpapiere richteten die WSB einen „Treuhandgiroverkehr in Aktienrechten der Nachfolgegesellschaften entflochtener Unternehmen" ein, als die auf Grund der alliierten Gesetzgebung aufgeteilten Unternehmungen nur auf den Namen lautende Aktien ausgeben durften[376]. Die beste Lösung der damit aufgetauchten technischen und rechtlichen Probleme (Wie kann der Bank- und Börsenverkehr in diesen Namensaktien ver-

schließlich der Buchgläubiger legitimiert; an ihn darf der Schuldner mit befreiender Wirkung leisten. Der materielle Gläubiger hingegen vermag als Inhaber der Forderung über die Schuldbuchforderung wirksam zu verfügen, aber er ist gegenüber der Schuldenverwaltung nicht legitimiert.

[374] Büchner, a. a. O., S. 166, 168.

[375] Siehe Bedingungen der Kassenvereine des Bundesgebietes für die Teilnahme am Treuhandgiroverkehr in Zuteilungsrechten nach dem Wertpapierbereinigungsgesetz (ZGB), Anlage zu Wertpapier-Mitteilungen, Teil IV B Nr. 1 vom 7. 1. 1950 und Nr. 21 vom 27. 5. 1950; ferner Hens, Mauritius, Der Handel in Zuteilungsrechten. Ein Beitrag zum Recht der Wertpapierbereinigung. Diss. Göttingen 1951.

[376] Vgl. Rundschreiben des Bundesverbandes des privaten Bankgewerbes Nr. 31 vom 18. 2. 1953, abgedruckt in Wertpapier-Mitteilungen, Sonderbeilage zu Teil IV B Nr. 8 vom 21. 2. 1953; Börsenusancen bei Namensaktien vom 23. 2. 1953, abgedruckt in Wertpapier-Mitteilungen Teil IV B Nr. 9 vom 28. 2. 1953, S. 182.

einfacht und wie können beim Rechtsübergang die Kosten der Umschreibung im Aktienbuch der Gesellschaft vermieden werden? Wie ist bei der Eintragung einer Bank für sammelverwaltete Namensaktien der volle eigentums- und depotrechtliche Schutz des berechtigten Aktionärs gewährleistet?) sahen die Banken damals in der treuhandrechtlichen Organisation des Giroverkehrs auf der Grundlage der Ermächtigung (§ 185 Abs. 1 BGB). Die Banken versahen als Bevollmächtigte ihrer Kunden die Namensaktien mit dem Blankoindossament, und für die so vertretbar und sammelverwahrfähig gewordenen Wertpapiere ließen sich die WSB oder die ihnen angeschlossenen Banken treuhänderisch im Aktienbuch eintragen (Legitimationsübertragung). Damit hatten die Namensaktien praktisch die Fungibilität der Inhaberaktien erhalten; der Weg für einen Giroverkehr in Depotanteilen an Namensaktien war frei.

Wie die WSB (hinsichtlich des Girosammeldepots, im Verhältnis zu den Girobanken) hatte die im Aktienbuch eingetragene Bank die Rechtsstellung eines Treuhänders. Der Aktionär stattete sie im Bankvertrag mit den erforderlichen Machtbefugnissen aus, damit sie gegenüber der Gesellschaft alle Rechte aus der Mitgliedschaft in seinem Interesse wahrnehmen konnte; er bzw. die Depotgemeinschaft blieb dessenungeachtet Eigentümer der Namensaktien. Zu den Verwaltungsaufgaben der legitimierten Bank gehörte insbesondere die Ausübung des Bezugsrechtes und des Aktienstimmrechtes nach Weisung des Aktionärs. Der Giroverkehr in Namensaktien endete Mitte 1955, nachdem die militärgesetzlichen Schranken der Dekonzentration in Industrie und Bankwirtschaft gefallen waren und sowohl Montangesellschaften wie Großbanken- und I.G.-Farben-Nachfolger ihre Namensaktien in Inhaberaktien umgewandelt hatten.

Das alte Depotgesetz[377] regelte die Sammelverwahrung nicht ausdrücklich, ließ sie aber als vereinbarte Verwahrungsart (§§ 688 ff. BGB) zu. In das geltende Depotgesetz vom 4. 2. 1937 fand nicht nur die Einrichtung der Sammelverwahrung von Wertpapieren samt der stückelosen Eigentumsübertragung Aufnahme; durch die Vorschrift des § 42 Dep.G sollte auch den nicht urkundlich gestalteten, börsenmäßig (im Freiverkehr) gehandelten Werten der depotrechtliche Schutz verliehen werden können. Denn für diese Werte, denen es an einem Rechtsträger in Form einer Urkunde mangelt, hatten die WSB bereits einen stückelosen Effektenverkehr geschaffen (Effektengiroverkehr im weiteren Sinn).

Der Gesetzgeber folgte in § 42 Dep.G unter Würdigung der Rechtsschöpfung der Treuhand schon der modernen Entwicklung des Börsenhandels; er schrieb aber die Anwendung des Depotgesetzes auf die zur Treuverwaltung anvertrauten Rechte nicht zwingend vor. Statt dessen hat er angesichts der rechtlichen Mannigfaltigkeit der für den Treuverwaltungsverkehr in Betracht kommenden Werte der

[377] Gesetz, betreffend die Pflichten der Kaufleute bei Aufbewahrung fremder Wertpapiere, vom 5. 7. 1896 (RGBl., S. 183, 194) i. d. F. vom 21. 11. 1923 (RGBl. I, S. 1119).

Ausgestaltung des Treugiroverkehrs durch eine weitgehende Ermächtigung ein breites Tor geöffnet[378].

Wenn der Gedanke des Kundenschutzes sich beispielsweise beim Jungscheingiroverkehr, dessen praktische Bedeutung zur Zeit wächst, aber auch bei all den künftigen Formen des Effektengiroverkehrs auf Treuhandgrundlage genau so wirksam erweisen soll wie im normalen Wertpapierverwahrungsverkehr, so müssen die treuverwahrten Beteiligungs- und Forderungsrechte, obwohl sie nur unkörperliche Wertrechte, nicht auch Sachen wie die Wertpapiere darstellen[379], aussonderungssicher (§ 43 KO) und widerspruchssicher (§ 771 ZPO) sein. Die sog. Wertrechtslehre erklärt für alle treuhänderisch verwalteten, am Effektengiroverkehr im weiteren Sinn teilnehmenden Anteils- und Gläubigerrechte die Grundsätze der Verwahrung und des Besitzes für anwendbar[380]. Sie findet im geltenden Recht allerdings keine Stütze[381].

Die Exekutive hat von der Ermächtigung des § 42 Abs. 1 Dep.G erst einmal Gebrauch gemacht, und zwar durch die bereits erwähnte Verordnung vom 5. 1. 1940 und die Verordnung über die Behandlung von Anleihen des Deutschen Reichs im Bank- und Börsenverkehr vom 31. 12. 1940 (RGBl. 1941 I, S. 21). Die Existenz von zwei Erscheinungsformen ein und derselben Reichsanleihe, der Schuldbuchforderungen und der Schuldverschreibungen, erschwerte nämlich immer mehr ihre bankmäßige Behandlung. Auch der Zwang zu weiterer Rationalisierung des Giroverkehrs drängte auf eine rechtliche Gleichstellung der sammelverwalteten Schuldbuchforderungen mit den sammelverwahrten Schuldverschreibungen hin. In § 1 der VO vom 31. 12. 1940 gestand der Gesetzgeber den WSB das Recht zu, die ihnen zur Sammelverwahrung übergebenen Schuldverschreibungen in Schuldbuchforderungen auf ihren Namen umwandeln zu lassen.

Gleichwohl sollte den Zeichnern von Reichsanleihen die Wahl zwischen Schuldbuchforderungen und Schuldverschreibungen erhalten bleiben. Wenn bei einer eigenrechtlichen Umwandlung der Schuldverschreibungen durch die WSB die

[378] „Der Reichsminister der Justiz kann im Einvernehmen mit dem Reichswirtschaftsminister und dem Reichsminister der Finanzen die Anwendung von Vorschriften dieses Gesetzes für Fälle vorschreiben, in denen Kaufleute als Treuhänder für Dritte Wertpapiere besitzen oder erwerben oder Beteiligungen oder Gläubigerrechte ausüben oder erwerben oder in öffentliche Schuldbücher oder sonstige Register eingetragen sind." (§ 42 Dep.G.)

[379] Über die Bedeutung des Wertpapieres als Sache siehe Jacobi, Ernst, Grundriß des Rechts der Wertpapiere im allgemeinen, 3. umgearbeitete Aufl., Leipzig 1928, S. 74 ff.

[380] Siehe Depotgesetz, a. a. O., S. 433–452; Opitz, Georg, Fünfzig depotrechtliche Abhandlungen, Sammelband, Berlin 1954, 32.–36. Abh., S. 533–587; derselbe, Die Treumacht (II), a. a. O., S. 557 ff. – Vgl. indessen die von Reimer Schmidt (Recht und Wirklichkeit der Wertpapierbereinigung, Zeitschrift für das Gesamte Handelsrecht und Konkursrecht, 116. Band, S. 120 f.) erhobenen Einwände.

[381] Den Beweis liefert Büchner (a. a. O., S. 174 ff.) in seiner Auseinandersetzung mit der Wertrechtstheorie von Opitz.

Depotteilhaber die sachenrechtlichen Vorteile ihrer ursprünglich in Wertpapieren verbrieften Forderungen nicht einbüßen sollten, mußte die Sacheigenschaft der Schuldbuchforderungen gesetzlich fingiert werden[382]. Dies geschah durch § 2 der VO vom 31. 12. 1940: „Die nach § 1 begründete Reichsschuldbuchforderung gilt als Teil des Sammelbestandes des Verwahrers im Sinne der Vorschriften des Gesetzes über die Verwahrung und Anschaffung von Wertpapieren vom 4. 2. 1937 (RGBl. I, S. 171). Sie steht den zum Sammelbestand gehörenden Wertpapieren gleich."

Das Wertrecht ist somit für den Schuldbuchgiroverkehr rechtlich den beweglichen Sachen gleichgesetzt; d. h. daß diese treugiromäßig bewegten unverbrieften Rechte sammeldepotfähig und folglich Gegenstand eines Verwahrungsvertrages sein können. Daher kommen auch auf die von jenem Treuhandgebilde erfaßten Werte die allgemeinen Vorschriften über die Verwahrung zur Anwendung[383]. Das Bundesgericht hat diese Rechtskonstruktion in der Entscheidung vom 1. 2. 1952 bestätigt[384]. Die Verordnungen vom 5. 1. 1940 und 31. 12. 1940 gelten nach dem Anleihegesetz der Bundesrepublik von 1950 vom 29. 3. 1951 (BGBl. I, S. 218) und seiner amtlichen Begründung (Bundesanzeiger Nr. 64 vom 4. 4. 1951) sinngemäß auch für die Schuldurkunden der Bundesrepublik Deutschland und für die in das Bundesschuldbuch eingetragenen Gläubigerrechte.

Alle übrigen im Wertrechtsgiroverkehr gehandelten Werte haben bisher noch nicht im Wege der gesetzlichen Sonderregelung kraft Fiktion den Charakter von Sachen gleich Wertpapieren erhalten. In der depotgeschäftlichen Praxis werden indessen diese „freien Wertrechte" wie Wertpapiersammeldepots behandelt[385]. Die Rechtsauffassung über den Verkehr in freien Wertrechten erscheint im Lichte der Wertrechtslehre und in Anbetracht der Zielsetzung des § 42 Dep.G folgerichtig sowie in Ansehung des bereits bundesgesetzlich geregelten Wertrechtsgiros durchaus gerechtfertigt.

Möglicherweise bietet der § 42 Dep.G die Voraussetzung dafür, daß der Treugiroverkehr mit dem Wertpapiergiroverkehr künftig eine Ebene bilden wird, auf der sich eine gemeinsame rechtliche Organisation und schrittweise auch ein internationales Depotrecht aufbauen läßt. Diesbezügliche Bestrebungen laufen praktisch auf eine „Entstückung" des Wertpapierverkehrs hinaus. Wie sehr eine so moderne Fortbildung im Hinblick auf die vergangene langwierige und kostspielige Wertpapierbereinigung[386] zu begrüßen ist, generell eingeführt wäre sie eine Revolutionierung des Effektenwesens, und zwar in Richtung auf eine Mechanisierung hin.

[382] Siehe Büchner, a. a. O., S. 189 ff.

[383] Vgl. auch Schultzenstein-Dieben, a. a. O., S. 175; Meder-Ernst, a. a. O., S. 20, 23.

[384] BGH, Entscheidungen in Zivilsachen, Band 5, S. 27.

[385] Trost-Schütz, a. a. O., S. 39 f. (Ziff. 36).

[386] Heintze, Joachim, Erfahrungen aus der Wertpapierbereinigung. In: ZKW, Jhrg. 1954, S. 30.

IV. Treuhänderische Sonderaufgaben

1. Treuhänderische Tätigkeit der Banken im Zusammenhang mit der Währungsumstellung

Im Rahmen der Neuordnung des Geldwesens vollbrachten die Kreditinstitute eine Menge Dienstleistungen hoheitlicher Art, die sie praktisch zum Vollstrecker der Währungsreform werden ließen. Diese Aufgaben waren im Ausmaß einmalig[387] und bereiteten, wie die Durchführung der zentralen Kreditprogramme, den Banken erhebliche, zum Teil ganz neuartige Belastungen.

Treuhänderischen Charakter weist die Funktion als Anmeldestelle für Altgeldguthaben sowie die von den „Abwicklungsbanken" im öffentlichen Auftrag vorgenommene Auszahlung der „2. Kopfgeldrate" von 20,– DM und der „Geschäftsbeträge" von 60,– DM je Arbeitnehmer an Unternehmen, Gewerbetreibende und Angehörige der freien Berufe auf; sodann die im Vollzug des Währungsausgleichsgesetzes[388] und des Altsparergesetzes[389] ausgeübte Tätigkeit.

Die Erfassung und Befriedigung der Entschädigungsansprüche, die sich nach dem ASpG auf die 13,5 %ige Aufwertung von Altspareinlagen, auf die 10 %ige Zusatzaufwertung der RM-Pfandbriefe und -Obligationen sowie auf die 6,5 %ige Zusatzaufwertung von Altsparerkonten nach dem WAG erstreckten, war recht mühselig und umfangreich[390]. Nach den gesetzlichen Bestimmungen über die Altsparerentschädigung, die 1955 im wesentlichen beendet wurde, hatten die Schuldnerinstitute nicht nur die Ansprüche ihrer Depot- und Schalterkunden zu prüfen und festzustellen, sondern auch die ihnen von fremden Instituten vorgelegten Anträge zu bestätigen (§ 4 Abs. 2 ASpG-DV). Die Geschädigten erhielten nach endgültiger Anerkennung ihres Anspruchs Bescheide und Entschädigungsgutschriften[391] auf Sammelgirokonto, die wie effektive Stücke verwertet werden konnten, oder neu ausgestellte 4 %ige Altsparerpfandbriefe (§ 8 ASpG-DV)[392].

[387] In drei Vierteljahren hat das private Bankgewerbe 104 Mrd. RM umgestellt. (Bundesverband des privaten Bankgewerbes, Köln, Geschäftsbericht 1951, S. 29.)

[388] Gesetz über einen Währungsausgleich für Sparguthaben Vertriebener (WAG) vom 14. 8. 1952 (BGBl. I, S. 546).

[389] Gesetz zur Milderung von Härten der Währungsreform (ASpG) vom 14. 7. 1953 (BGBl. I, S. 495).

[390] Beispielsweise hat allein die Bayerische Vereinsbank bis 1956 Gutschriften aus ihren Schuldverschreibungen in Höhe von nom. 26,5 Mill. DM erteilt. (Geschäftsbericht 1956, S. 22.) – Zuweilen übernahmen auch Zentralinstitute (wie die Deutsche Girozentrale, Deutsche Kommunalbank, Düsseldorf) die Entschädigungsverpflichtungen aus Emissionen ihrer Mitglieder.

[391] Vom 1. 1. 1952 bzw. (bei der Altsparerentschädigung) vom 1. 1. 1953 ab mit 4 % p. a. verzinslich.

[392] In der Bilanz ausgewiesen als Unterposten unter „Schuldverschreibungen im Umlauf".

Über Anträge, aus denen sich die Entschädigungsberechtigung nicht zweifelsfrei ergab, entschied das Ausgleichsamt. Bis zum 31. 12. 1955 wurden bei den Geldinstituten und der Deutschen Bundespost insgesamt 3,246 Mill. Anträge auf Ausgleichsgutschrift im Betrage von 10 927,8 Mill. RM eingereicht[393].

In Höhe der Gutschriften erwarben die Banken gemäß § 11 WAG und § 19 ASpG Rechte auf die Zuteilung von „Deckungsforderungen“[394] gegen den Lastenausgleichsfonds. Die Entschädigungsguthaben wurden in dem Maße zur Auszahlung freigegeben, in dem Deckungsforderungen (zuerst die entstandenen Zinsansprüche) laufend durch Ausschüttungen des Ausgleichsfonds zur Einlösung gelangten. Oftmals haben die Banken die Tilgung aus eigenen Mitteln vorfinanziert.

a) Die Verwaltung der Umstellungsgrundschulden und der Hypothekengewinnabgabe

Durch das Dritte Gesetz zur Neuordnung des Geldwesens (Umstellungsgesetz) vom 20. 6. 1948[395] sind alle Schuldverhältnisse im Verhältnis 10:1 umgestellt worden (§ 16). Diese Umstellung galt mit den Ausnahmen des § 18 Abs. 1 Ziff. 3 des Umstellungsgesetzes auch für sämtliche Hypotheken-, Grund- und Rentenschulden. Dem Schuldner brachte die Abwertung aber keinen Gewinn. Denn auf Grund des Gesetzes zur Sicherung von Forderungen für den Lastenausgleich vom 2. 9. 1948 (Hypothekensicherungsgesetz, Neufassung vom 10. 8. 1949) entstanden mit Wirkung vom 1. 7. 1948 im Rang unmittelbar nach den umgestellten Grundpfandrechten sog. Umstellungsgrundschulden zugunsten der öffentlichen Hand, und zwar in Höhe von $^{9}/_{10}$ des geschuldeten RM-Betrages. Diese Rechte standen nach § 2 des Hypothekensicherungsgesetzes treuhänderisch der Verwaltung des Vereinigten Wirtschaftsgebietes zu. „Der Direktor der Verwaltung für Finanzen bestimmt die Stellen, welche die Rechte ausüben. Bis zur gesetzlichen Regelung sind eingehende Gelder als Treuhandvermögen zu verwalten.“[396] Kraft § 1 der Verordnung zur Durchführung des Gesetzes zur Sicherung von Forderungen für den Lastenausgleich vom 7. 9. 1948 nahmen die Länder die Rechte für die Verwaltung des Vereinigten Wirtschaftsgebietes wahr. Die Länder, vertreten durch die Oberfinanzdirektionen, konnten die Ausübung der Rechte anderen Stellen übertragen. Sie sollten sich dabei „insbesondere der Institute bedienen, die im Rahmen ihres gewöhnlichen Geschäftsbetriebes Realkredite gewähren oder treuhänderisch für die öffentliche Hand verwalten“[397].

393 Enzyklopädisches Lexikon für das Geld-, Bank- und Börsenwesen, a. a. O., 2. Band, S. 1632.

394 Eine auf Empfehlung der BdL in die Bilanzen neu eingefügte Position.

395 Wi.GBl. 1948, Beilage 5 13.

396 § 2 des Gesetzes, abgedruckt bei Schmid, Ludwig, Ratgeber zum Gesetz zur Sicherung von Forderungen für den Lastenausgleich, Haag a. d. Amper 1949, S. 44.

397 § 1 Abs. 2 der Verordnung, abgedruckt bei Schmid, a. a. O., S. 45.

In Bayern übte die Bayer. Staatsschuldenverwaltung die dem Staat durch § 1 Abs. 1 der Verordnung vom 7. 9. 1948 übertragenen Rechte aus. Sie bediente sich hierzu „der in der Anlage zu dieser Anordnung aufgeführten Institute nach näherer Bestimmung des Staatsministeriums der Finanzen“[398]. Die Banken hatten die ihnen anvertrauten Aufgaben, insbesondere auch den Einzug und die Beitreibung der Ausgleichsbeträge mit der Sorgfalt zu erfüllen, die sie ihren eigenen Angelegenheiten widmeten. Sie mußten die vereinnahmten Beträge gesondert verwalten und, nach Abzug eines von der Verwaltung für Finanzen des Vereinigten Wirtschaftsgebietes festgelegten Verwaltungskostenbeitrages, an die Amtskasse der Bayer. Staatsschuldenverwaltung abführen (§ 4 der Anordnung vom 29. 9. 1948).

Die Mitwirkung der Realkreditinstitute bei der treuhänderischen Verwaltung der Umstellungsgrundschulden[399] geschah grundsätzlich freiwillig. Sie konnten die Übernahme dieser Funktion ablehnen, z. B. bei einem zu geringen Volumen an umgestellten Grundpfandrechten. Einige Institute, besonders die Staats- und Landesbanken, haben eingedenk ihrer öffentlichen Aufgabenstellung über die aus eigenen RM-Ausleihungen entstandenen Umstellungsgrundschulden hinaus auch die Verwaltung der Grundschulden aus fremden Hypothekenausleihungen (etwa von Versicherungsgesellschaften und Privatpersonen) übernommen.

Der eigentliche Grund dafür, daß die Grundkreditbanken sich in so großer Zahl für die neuartige Tätigkeit bereit erklärten, war ihr Bestreben, echten Dienst an ihren Kunden, den Schuldnern der ihnen verbliebenen $^{1}/_{10}$-Resthypotheken, zu leisten – nicht etwa die Sorge um entgehende Gewinnchancen[400]. Die Vergütung bestand nämlich in Gebühren, deren Sätze die Verwaltung für Finanzen des Vereinigten Wirtschaftsgebietes mit den betreffenden Verbänden vereinbart hatte, „wobei davon ausgegangen wurde, daß mit diesen Gebühren den Instituten ausschließlich die ihnen durch die Verwaltung der Grundschulden entstehenden Unkosten gedeckt werden sollten“[401] [402]. Die Gebührenregelung war stark differenziert; im wesentlichen enthielt sie folgende Sätze[403]:

398 Anordnung der Bayerischen Staatsregierung zur Durchführung des Gesetzes zur Sicherung von Forderungen für den Lastenausgleich vom 29. 9. 1948, Bayer. Staatsanzeiger, Nr. 40, 2. 10. 1948, S. 3.

399 In den Bilanzen vielfach unter der Position „Durchlaufende Kredite (nur Treuhandgeschäfte)“, aber vor dem Strich, vermerkt.

400 Sie fanden dafür manchmal wenig Verständnis, wie hartnäckige Auseinandersetzungen mit den Kunden bewiesen.

401 Entschließung des Bayer. Staatsministeriums der Finanzen vom 27. 12. 1948 betreffend die Gebühren für die Verwaltung der nach dem Gesetz zur Sicherung von Forderungen für den Lastenausgleich entstandenen Grundschulden, Bayer. Staatsanzeiger Nr. 53 vom 31. 12. 1948, S. 3.

402 Hier erhebt sich die Frage, wieweit damals die wirklichen Kosten festgestellt wurden bzw. werden konnten.

403 Bayer. Staatsanzeiger Nr. 53 vom 31. 12. 1948, S. 4. Die Gebühren wurden in der Folgezeit mehrmals geändert.

1. Bei kriegszerstörten Anwesen, die keinen Ertrag brachten, einmalig 1 ‰ des Kapitals;
2. bei Grundschulden, die im Anschluß an eigene Beleihungen der Institute entstanden waren, ½ % p. a. aus dem Grundschuld-Istkapital pro rata der Isteingänge;
3. bei Grundschulden, die auf Pfandgrundstücken der Hypothekenbanken unmittelbar nach den dinglichen Rechten anderer Gläubiger entstanden waren, in nachstehender Höhe:

Grundschulden in Höhe von	Laufende Gebühren in % des tatsächlichen Zinsaufkommens	Festgebühren in % des Grundschuld-Istkapitals
1 – 50 000 DM	8	0,4
50 000–100 000 DM	6	0,3
über 100 000 DM	5	0,2

Bei der Verwaltung von Umstellungsgrundschulden nach dem Hypothekensicherungsgesetz handelte es sich um eine Ausübung von Vermögensrechten[404], die mehr hoheitsrechtlicher als verwaltungsmäßig-fiskalischer Natur war und die den Kreditinstituten relativ selbständig übertragen wurde[405].

Wahrnehmung von Vermögensrechten in eigenrechtlicher Machtstellung, die Verpflichtung auf vertragliche Bestimmungen und Befolgung der Sorgfaltspflicht, die Einräumung eines gewissen Ermessensspielraumes, nicht zuletzt aber die Bindung der zur Verwaltung der Abgaben eingeschalteten Banken an die Weisungen des Finanzministers, wie sie in folgender Verwaltungsvorschrift zum Ausdruck kommt, kennzeichneten das Verhältnis der Institute zum Staat als ein Treuhandverhältnis.

„Die grundschuldverwaltenden Institute haben bei Ausübung ihrer Verwaltungstätigkeit die ihnen vom Staatsministerium der Finanzen allgemein oder im Einzelfall erteilten Weisungen zu beachten ... Die grundschuldverwaltenden Institute haben die ihnen durch § 4 der Anordnung auferlegte Sorgfalt insbesondere auch bei der Bewilligung von Pfandfreigaben, bei Kapitalverteilungen auf einzelne Grundstücke bei der Abgabe von Löschungs- und Teillöschungserklärungen, bei der Übertragung von Grundschulden auf den Schuldner, bei Eintragungen der Grundschulden im Grundbuch, bei der Einräumung von Stundungen, beim Verzicht auf Ver-

404 Vgl. Kühne, Walter, Bernhard Wolff u. a., Kommentar zum Lastenausgleichsgesetz sowie zum Feststellungsgesetz, Stuttgart und Köln 1953, S. 473, Fußnote 1.

405 Sie konnten z. B. auf Antrag Grundstücke oder Grundstücksteile aus der Haftung entlassen, wenn der Rest zur Sicherung ausreichte, oder einer Änderung des Ranges der Grundschuld zugunsten eines Rechtes zustimmen, das bestellt wurde, um den Aufbau zerstörter Gebäude zu ermöglichen. (§ 2 der 2. DV zum Hypothekensicherungsgesetz vom 8. 8. 1949, Bayer. Staatsanzeiger Nr. 37 vom 16. 9. 1949, S. 3.)

zugszinsen, bei der Vereinbarung von Tilgungsaussetzungen, bei der Durchführung von Vollstreckungsmaßnahmen usw. zu beachten. Sie haben dahin zu wirken, daß die Erträgnisse aus dem belasteteten Grundstück unter Beachtung der Rangfolge der dinglichen Rechte verwendet werden[406]."

An diesem Verhältnis trat auch mit der Verkündung des Gesetzes über den Lastenausgleich (LAG) vom 14. 8. 1952 (BGBl. I, S. 446), das das Hypothekensicherungsgesetz ablöste, grundsätzlich keine Änderung ein. Vielmehr wurden die vertraglichen Beziehungen der verwaltenden Institute zum Land noch klarer herausgestellt, ihre Rechte und Pflichten schärfer umrissen und die Form der Rechnungslegung (Leistungsrechnung, Vermögensrechnung) genau vorgeschrieben.

Die gesetzliche Ermächtigung, wonach Banken als Zahlstellen für die dem Lastenausgleichsfonds zufließenden, nunmehr in „Hypothekengewinnabgabeschulden" umbenannten öffentlichen Grundschulden bestellt werden können, lautet: „Durch Rechtsverordnung kann bestimmt werden, daß 1. die Abgabe an andere Stellen als an die Finanzämter zu entrichten ist und daß die an diese Stellen entrichteten Beträge in bestimmten Zeitabschnitten abzuführen sind; 2. diese Stellen auch sonst bei der Verwaltung der Abgabe und bei der Verwaltung und Verwertung der Grundstücke oder sonstigen Vermögensgegenstände, die in der Zwangsversteigerung zur Rettung eines Abgabeanspruchs erworben worden sind, herangezogen werden; 3. auf diese Stellen die Befugnisse, die zur Erfüllung ihrer Aufgaben erforderlich sind, übertragen werden."[407]

Die grundschuldverwaltenden Banken wurden von der Bayer. Staatsschuldenverwaltung aufgefordert, binnen einer Woche zu erklären, ob sie die Fortsetzung des Auftragsverhältnisses wünschten oder ablehnten. Sie hatten ferner ihr Einverständnis mit der Übernahme der Verwaltung von Abgabeschulden für andere Institute zu bestätigen. Vertragsgegner in dem Vertrage, durch den eine Bank mit der Verwaltung der Hypothekengewinnabgabe (HGA) betraut wurde, ist das Land – nicht etwa die Bundesrepublik Deutschland oder der Lastenausgleichsfonds[408].

Die von den Ländern zur Verwaltung der HGA eingesetzten Institute heißen „beauftragte Stellen für Hypotheken und Gewinnabgabe". Sie sind keine Behörden[409]. Ihre Aufgaben und Befugnisse sind in § 4 Abs. 1 der 4. DV über Ausgleichsabgaben nach dem LAG vom 8. 10. 1952 (BGBl. I, S. 662) näher umschrieben: 1. Ermittlung der der HGA unterliegenden Schuldnergewinne und der sonstigen für die Veranlagung maßgebenden Umstände; 2. Vorbereitung der Veranlagungs-, Herabsetzungs-, Aufteilungs-, Abrechnungs-, Ablösungs- und Vorauszahlungsbescheide sowie die Stellungnahme zu Anträgen, über die das Finanzamt

[406] Erste Bekanntmachung des Bayer. Staatsministeriums der Finanzen zum Vollzug der Anordnung vom 6. 10. 1948 zur Durchführung des Gesetzes zur Sicherung von Forderungen für den Lastenausgleich, Bayer. Staatsanzeiger Nr. 41 vom 9. 10. 1948, S. 2.

[407] § 139 Abs. 1 LAG.

[408] BdF-Erlaß vom 3. 1. 1953. LA-Kartei, Teil II – Hypothekengewinnabgabe, § 139, Karte 3.

[409] OLG Bremen, Beschluß vom 15. 5. 1953, NJW 1954, S. 79.

entscheidet, und zu Rechtsmitteln; 3. Entgegennahme der Abgabeleistungen und ihre Abführung an die bestimmte Landesbehörde; 4. die allgemeine Überwachung der Zahlungseingänge und die Anmahnung fälliger Abgabeleistungen; 5. Stundungen; 6. Entlassungen aus der Haftung; 7. Wahrnehmung der Rechte des Finanzamtes in einem vor den ordentlichen Gerichten ausgetragenen Streit über den Befriedigungsrang der öffentlichen Last; 8. Bewilligung von Vorrechten nach § 116 LAG und der Eintragung von Vermerken nach § 117 LAG; 9. Ausstellung von Bescheinigungen und Erteilung von Auskünften; 10. Wahrnehmung der Interessen des Finanzamtes nach § 5 Abs. 1 Satz 2 und im Verfahren nach § 6 Abs. 1 der 40. DV zum Umstellungsgesetz; 11. die Geltendmachung der Rechte des Finanzamtes im Verfahren der Zwangsversteigerung und Zwangsverwaltung sowie der Rechte aus einer im Zwangsverfahren eingetragenen Sicherungshypothek.

Diese Tätigkeit entspricht im großen und ganzen derjenigen, die die grundschuldverwaltenden Institute nach dem Hypothekensicherungsgesetz ausübten. Lediglich einige Maßnahmen mit ausgeprägtem Hoheitscharakter sind aus Vereinfachungsgründen dem örtlich zuständigen Finanzamt übertragen worden, u. a. die Beitreibung und die Verhängung von Erzwingungsstrafen[410]. In § 4 Abs. 4 der 4. DV vom 8. 10. 1952 ist den Landesfinanzbehörden weiterhin das Recht auf Erteilung von Weisungen und Erlaß von Verwaltungsanordnungen an die beauftragten Stellen vorbehalten. Die beauftragten Stellen haben vor Entscheidungen oder vor Erteilung von Auskünften über Fragen, die aus rechtlichen oder tatsächlichen Gründen zweifelhaft oder die von besonderer wirtschaftlicher Tragweite sind, die Zustimmung des Finanzamtes einzuholen.

Die Haftung der beauftragten Stellen kann sich einmal aus dem Geschäftsbesorgungsvertrag, der das Verhältnis der beauftragten Stelle zur beauftragenden Behörde regelt, ergeben. Er begründet Sorgfaltspflichten, für deren ordnungsmäßige Erfüllung die beauftragte Stelle nach den allgemeinen Vorschriften des bürgerlichen Rechts haftet (§§ 276, 278 BGB). „Eine Beschränkung dieser vertraglichen Haftung auf Vorsatz und grobe Fahrlässigkeit wäre sachlich kaum vertretbar, wohl auch schon durch § 139 Abs. 3 LAG ausgeschlossen.“[411] Sodann dürfte eine Verletzung der Rechte Dritter die beauftragten Stellen zu Schadenersatz wegen unerlaubter Handlung verpflichten (Art. 34 GG in Verbindung mit § 839 BGB)[412].

Aussonderungen und Neuzugängen zufolge schwankt die Höhe dieser öffentlichen Lasten dauernd. So beziffert z. B. die Landesbank und Girozentrale Schles-

[410] BdF-Erlaß vom 10. 10. 1952, BStBl., S. 814.

[411] BdF-Erlaß vom 23. 3. 1953, LA-Kartei, a. a. O., Karte 4.

[412] Ebenda.

wig-Holstein den Bestand ihrer Abgabeschulden aus der Hypothekengewinnabgabe zu den jeweiligen Bilanzstichtagen folgendermaßen[413]:

Jahr:	1949	1950	1951	1952	1953
Mill. DM:	104,993	102,808	99,032	55,578	51,690
Jahr:	1954	1955	1956	1957	1958
Mill. DM:	52,037	56,347	47,945	49,474	105,096

Stückzahl zum 31. 12. 1952: 16 077, zum 31. 12. 1954: 18 148, zum 31. 12. 1955: 17 601, zum 31. 12. 1958: 39 384. Die allgemeine Ermäßigung der Abgabeschulden bewirken Tilgungen und Löschungen. Der wertmäßige Zuwachs am 31. 12. 1955 ergibt sich dadurch, daß von anderen beauftragten Stellen große Posten neu zur Verwaltung hinzugenommen wurden und rückständige Leistungen, die in den angeführten Summen enthalten sind, weiter anstiegen. Ein Teil dieser Rückstände, dem seit 1953 zu stellende Erlaßanträge zugrunde liegen, ist in Erwartung der Erlaßvorschriften gestundet worden[414]. Das Anwachsen im Jahre 1958 beruht auf der verwaltungsmäßigen Zusammenfassung der Hypothekengewinnabgabeschulden gemäß Verordnung des Landesfinanzministers vom 22. 8. 1958.

Von der mit Durchführungsverordnungen zum LAG geschaffenen, zunächst bis zum 31. 12. 1954 befristeten, dann bis zum 31. 12. 1955 bzw. 31. 3. 1956 verlängerten Ablösungsmöglichkeit wurde in Ansehung der dabei gewährten Nachlässe sehr viel Gebrauch gemacht. – Die seit 1956 mögliche Aufteilung der Hypothekengewinnabgabe in Veräußerungsfällen trug zur Steigerung des Grundstücksverkehrs bei.

Trotz aller Hemmnisse[415] schritt die Veranlagung hurtig fort. Bis zum 31. 12. 1956 lagen den Finanzämtern Abgabebescheide in Höhe von ungefähr 80 % des Gesamtbestandes vor. Die Landesbank für Westfalen berichtete zum Ende des Geschäftsjahres 1957, daß die von ihr verwalteten 11 154 Einzelposten im Betrag von ca. 33 Mill. DM zu 95,6 % veranlagt waren[416]. Im Jahre 1958 prüfte die Hessische Landesbank 14 802 Erlaßanträge mit einer Erlaßsumme von rd. 6,4 Mill. DM und legte sie den Finanzämtern zur Entscheidung vor[417].

[413] Geschäftsberichte 1948/52, S. 61, 1953–1958.

[414] Geschäftsbericht 1955, S. 38.

[415] Hervorgerufen anfangs durch das Fehlen eindeutiger Durchführungsbestimmungen, später vor allem durch die Fülle von undurchsichtigen, oft einander widersprechenden Verwaltungsanordnungen und durch die unterschiedliche Auslegungspraxis in den einzelnen Ländern. Schwierigkeiten bereiteten außerdem die Feststellung des Ranges und der Sicherheit jener Abgabeschulden, die im Zuge der Konzentration öffentlicher Verwaltungstätigkeit auf Großbanken übertragen wurden, und die damit verbundene Grundbuchbereinigung. Bisweilen richteten sich mehrere Bodenkreditinstitute eine gemeinsame Verwaltungsstelle ein.

[416] Geschäftsbericht 1957, S. 8.

[417] Geschäftsbericht 1958, S. 30.

Daß die hohen Kosten, bedingt durch die zusätzlich erforderlich gewordenen Arbeitskräfte, von den Gebühren[418] nur ungenügend gedeckt wurden, beklagten nicht wenige Banken[419]. Sie empfanden es aber als eine spürbare Erleichterung, daß ihnen der Staat die im Auftrage der Finanzverwaltung eingezogenen Beträge der enteigneten 9/10-Teile ihrer Darlehen gegen eine knapp bemessene Vergütung vorübergehend überließ. Die Hypothekenbanken sahen so bei ihrem Wiederaufbau die äußersten Existenzsorgen gebannt. Mit Wirkung vom 1. 4. 1958 setzten die Länder die Gebühren für die beauftragten Stellen neu fest.

2. Die Wertpapierbereinigung

Ebenfalls völliges Neuland betraten die Banken mit der Durchführung der Wertpapierbereinigung. Ziel der Wertpapierbereinigung war es, die durch Kriegseinwirkungen und Nachkriegswirren stark zerrütteten Zustände im Wertpapierwesen wieder zu ordnen. Nicht nur infolge der Flucht und Vertreibung der Bevölkerung aus den deutschen Ostgebieten gingen Millionenwerte verloren; auch alle bei der früheren Reichsbank als Wertpapiersammelbank im Streifband- oder Girosammeldepot verwahrten Wertpapiere sind nach dem Einmarsch der russischen Truppen in Berlin vernichtet oder beschlagnahmt worden. Nach Schätzungen von Sachverständigen fielen 40 Mill. Wertpapiere mit einem Nennbetrag von rd. 27 Mrd. RM, davon ca. 17 Mrd. RM Aktien, unter die Wertpapierbereinigung[420]. Zum Handel waren nur die mit Lieferbarkeitsbescheinigung einer Bank versehenen Stücke zugelassen, also jene tatsächlich noch vorhandenen Bestände, bei denen das Eigentum als rechtmäßig anerkannt worden war. Alle anderen der Bereinigung unterworfenen Wertpapiere wurden zum 1. 10. 1949 für kraftlos erklärt[421]. Wer ein Recht an diesen kraftlos gewordenen Urkunden beanspruchte, mußte es durch Vermittlung einer Anmeldestelle bei der Prüfstelle anmelden und sein Inhaberrecht nachweisen.

[418] In der Ertragsrechnung aufgenommen unter die Position „Sonstige Erträge". Zahlen sind jedoch nicht erhältlich.

[419] Beispielsweise die Landesbank und Girozentrale Schleswig-Holstein im Geschäftsbericht 1954, S. 53: „... Dazu kommt im langfristigen Geschäft die weitere Zunahme von Auftrags-, Treuhand- und Verwaltungsgeschäften, bei denen uns nur eine unter dem Durchschnitt liegende Zinsmarge bzw. ein geringerer Verwaltungskostenbeitrag zur Verfügung steht. Die Verwaltung der Hypothekengewinnabgabeschulden, zu der im Jahre 1954 noch die Erstellung der Abgabebescheide und die Beantwortung zahlreicher Anfragen der Ausgleichsämter über vorliegende Kriegsschäden und der Finanzämter für die Veranlagung zur Vermögensabgabe und Vermögenssteuer hinzukamen, hat uns eine zusätzliche Belastung gebracht, die durch die in dem Erlaß des Bundesministers der Finanzen vom 6. 4. 1950 getroffene Gebührenregelung nicht gedeckt wird."

[420] Schmidt, Recht und Wirklichkeit der Wertpapierbereinigung, a. a. O., S. 109.

[421] Vgl. Gesetz über die Ausübung von Mitgliedschaftsrechten aus Aktien während der Wertpapierbereinigung vom 9. 10. 1950 (BGBl. I, S. 690).

Durch die Gesetze zur Bereinigung des Wertpapierwesens[422] hat der Staat den Effektenabteilungen der Banken eine Sonderaufgabe zugewiesen, die in Anbetracht der Vielgestaltigkeit der Bereinigungsmaterie arbeitsmäßig enorme Anforderungen an sie stellte. Die Banken fungierten auf Grund öffentlichen Rechts als Anmeldestelle und als Prüfstelle, sowohl eigener (insofern kein Treuhandgeschäft!) als auch fremder Emissionen[423]. Zwecks Aufdeckung von Doppelanmeldungen wurde für jede Wertpapierart nur ein Kreditinstitut als Prüfstelle zugelassen. Einige Institute waren ferner als Vermittlungsstelle bei der saarländischen Wertpapierbereinigung tätig.

Im Prüfungsverfahren vertrat die Anmeldestelle den Anmelder (§ 14 Abs. 2 WBG). Sie war hierbei an seine Anordnungen gebunden und hatte evtl. erforderliche Ergänzungen der Anmeldung zu veranlassen. Dem vom Wertpapieraussteller der Bankaufsichtsbehörde als Prüfstelle benannten Kreditinstitut oblag es, die Voraussetzungen für die Anerkennung der Ansprüche unter eigener Verantwortung gewissenhaft zu prüfen. Das vorgeschriebene technische Verfahren verlangte gründliche Sorgfalt bei der Nachprüfung der Anträge. Schwierige Rechts- und Beweisfragen tauchten auf, deren Klärung des Einsatzes qualifizierter Kräfte bedurfte.

Nur ein Teil der angemeldeten Rechte konnte einwandfrei nachgewiesen werden. In den übrigen Fällen lag es bis zu einem gewissen Grade im Ermessen der Prüfstelle, die Beweismittel als ausreichend zu betrachten und das Eigentumsrecht als glaubhaft gemacht anzuerkennen. Nach Möglichkeit sollten auch die Wertpapierbesitzer, die nicht den vollen Nachweis für ihre Ansprüche erbringen konnten, vor Rechtsverlusten bewahrt bleiben. Die zur Prüfung der Rechtmäßigkeit des Wertpapierbesitzes bestellte Bank durfte dem Rechtserwerb die Anerkennung versagen, wenn sich keine hinreichende Wahrscheinlichkeit für seine Echtheit ergab. Sie handelte als Treuhänder (d. h. im wohlverstandenen Interesse) des Emittenten. Aber sie mußte bei ihren Entscheidungen auch auf das Interesse der Wertpapiergläubiger Rücksicht nehmen. Diese trugen nämlich den Schaden, wenn die Summe der angemeldeten Rechte den Nennbetrag der betreffenden Wertpapierart überstieg. Dann wurden zunächst die nachgewiesenen Rechte berücksichtigt und schließlich auf die glaubhaft gemachten Rechte Teilgutschriften vorgenommen (§ 39 WBG).

Die auf Grund des Prüfungsergebnisses in eigener Zuständigkeit erlassenen Bescheide erlangten Rechtskraft und waren bindend für Gerichte und Verwaltungs-

[422] Gesetz zur Bereinigung des Wertpapierwesens (WBG) vom 19. 8. 1949 (WiGBl., S. 295), Gesetz zur Änderung und Ergänzung des Wertpapierbereinigungsgesetzes vom 29. 3. 1951 (BGBl. I, S. 211) bzw. 20. 8. 1953 (BGBl. I, S. 940) und ihre Begründungen sowie das Gesetz zur Bereinigung von deutschen Schuldverschreibungen, die auf ausländische Währung lauten, vom 25. 8. 1952 (BGBl. I, S. 553).

[423] Die Rechtsbeziehungen des Anmelders zur Anmeldestelle unterlagen dem Privatrecht; vgl. Huber, a. a. O., S. 533 ff.

behörden. Die endgültige Anerkennung der angemeldeten Ansprüche erfolgte durch Gutschrift auf Sammeldepotkonto bei einer Wertpapiersammelbank oder durch Ausgabe von DM-Urkunden. Schwierigere Fälle blieben besonderen Kammern für Wertpapierbereinigung an den Landgerichten zur Beschlußfassung vorbehalten.

Nach der Verkündung des Zweiten Gesetzes zur Änderung und Ergänzung des Wertpapierbereinigungsgesetzes vom 20. 8. 1953 wirkten die Prüfstellen auch bei der Erfassung und Rückzahlung von Einlösungsbeträgen sowie bei dem Umtausch und der Barablösung in Kraft gebliebener Schuldverschreibungen mit.

Die Aufsicht über das Bereinigungsverfahren übte das Amt für Wertpapierbereinigung, eine obere Bundesbehörde, in ständiger Fühlung mit den Bankaufsichtsbehörden der Länder aus. Die Bankaufsichtsbehörde war berechtigt, der Prüfstelle Weisungen zu erteilen, sodann von ihr Berichterstattung über den Stand des Verfahrens, alle gewünschten Auskünfte sowie Einsichtnahme in ihre Aufzeichnungen und Unterlagen zu verlangen (§§ 35, 54 WBG).

Die Einnahmen der Banken aus der Wertpapierbereinigung – teilweise in den „außerordentlichen Erträgen" enthalten – stellten laut vieler Geschäftsberichte keine angemessene Abgeltung ihrer Aufwendungen dar. Die Anmeldestelle durfte dem Anmelder eine Gebühr von höchstens $1^1/_2$ vom Tausend des Reichsmarknennbetrages der Wertpapiere berechnen. Der Aussteller hatte der Prüfstelle alle in Erfüllung ihrer Aufgaben entstandenen Kosten zu erstatten (§ 59 WBG).

In den ersten Jahren waren die inländischen Papiere Hauptgegenstand der Bearbeitung, später wurde sie auch auf die Auslandsbonds (z. B. deutscher Industrieunternehmen und kirchlicher Organisationen) ausgedehnt. Während die Bereinigung für die Mehrzahl der Aktienwerte 1952 zum Abschluß kam, konnte sie bezüglich der Schuldverschreibungen erst nach dem Inkrafttreten des Zweiten Ergänzungsgesetzes zum WBG am 1. 10. 1953 Fortschritte erzielen.

Bei der Bereinigung der Schuldverschreibungen des Reiches, der Reichsbahn, der Reichspost und des Freistaates Preußen nach dem Allgemeinen Kriegsfolgengesetz[424] wirken die Banken im Auftrage der Bundesschuldenverwaltung als Anmeldestellen mit. Die Anmeldestelle vertritt den Anmelder im Prüfungsverfahren und ist an seine Weisungen gebunden (§ 42 Abs. 3 AKG). Sie hat die Anmeldung der ablösbaren Forderungen aus verbrieften Kapitalanlagen (in § 30 AKG erschöpfend aufgezählt) unter Verwendung amtlicher Vordrucke entgegenzunehmen und an die Bundesschuldenverwaltung zur Prüfung weiterzuleiten. Die als Beweismittel dienenden Urkunden braucht sie der Prüfstelle nur auf Verlangen vorzulegen. Die Kreditinstitute nehmen die Anmeldung der im Depot verwahrten

[424] Gesetz zur allgemeinen Regelung durch den Krieg und den Zusammenbruch des Deutschen Reiches entstandener Schäden (AKG) vom 5. 11. 1957 (BGBl. I, S. 1747).

oder verwalteten fremden Reichstitel nach § 43 AKG von sich aus vor, und zwar in einem vereinfachten Sammelanmeldeverfahren. Gewisse Gläubigergruppen sind von dem Ablösungsrecht ausgenommen (§ 32 AKG).

Nach Anerkennung der abzulösenden und im Verhältnis von 10:1 umzustellenden Ansprüche veranlaßt die Bundesschuldenverwaltung die Eintragung von Sammelschuldbuchforderungen für die Wertpapiersammelbank der jeweiligen Anmeldestellen. Die ablösungsberechtigten Depotkunden erhalten von den Anmeldestellen Gutschrift über die zu 4% verzinslichen DM-Ablösungsschuldverschreibungen des Bundes, der Bundesbahn und der Bundespost, die in 40 gleichen Jahresbeträgen getilgt werden. Bei Kleinbeträgen findet Barablösung statt[425].

3. Besondere treuhänderische Aufgaben der öffentlich-rechtlichen Banken, der Sonderkreditinstitute und der Spezialbanken

a) Landes- und Staatsbanken, die Deutsche Bundesbank

Für mancherlei Dienste halten Bund und Länder die Bestellung der Gesamtheit der Geschäftsbanken zu Treuhändern nicht für zweckmäßig. Gewisse Treuhandaufgaben übertragen sie daher bestimmten, in ihrem Besitz befindlichen oder hinsichtlich der Geschäftsführung ihrer Aufsicht unterstellten Instituten als Hausbanken.

Mit den Hausbanken der Gebietskörperschaften verbindet sich nach wie vor die unausrottbare Vorstellung, daß sie eine leichtere Einflußnahme im Interesse des Gemeinwohls ermöglichen und daß eine Reihe von wirtschaftspolitischen Maßnahmen zentrale und straffe Handhabung erfordere[426]. Ihre Geschichte reicht bis in das Zeitalter des Merkantilismus zurück. Die älteste öffentlich-rechtliche Bankanstalt in Deutschland ist die Braunschweigische Staatsbank, die am 9. 3. 1765 von *Herzog Carl I. zu Braunschweig und Lüneburg* als „Herzogliche Leihhausanstalt" errichtet wurde. Im Juli des gleichen Jahres gründete *Friedrich der Große* eine Königliche Giro- und Lehnbanco, aus der später die Preußische Bank und dann die Reichsbank hervorgegangen ist. Ebenfalls auf ein Patent *Friedrichs II.* geht die epochemachende Gründung der „Königlichen Seehandlung" zurück (1772), die als Preußische Staatsbank bis zum 2. Weltkriege eine führende Stelle neben der Reichsbank behauptete. Außer regulären Bankgeschäften betrieb sie die Kassen-

[425] „Der Bankkaufmann", Wiesbaden, Jhrg. 1958, Nr. 2, S. 73 f; Bank-Lexikon. Handwörterbuch für das Bank- und Sparkassenwesen, hrsg. von Gerhard Müller und Josef Löffelholz, 2. Aufl., Wiesbaden 1959, Sp. 747–754.

[426] Interessant ist in diesem Zusammenhang die Äußerung eines preußischen Finanzministers (v. Scholz) in der Sitzung des preußischen Abgeordnetenhauses am 22. 1. 1888: „Es ist ein eminenter Vorzug, daß in Preußen ein staatliches Bankinstitut (Seehandlung) existiert, welches dem Staate die Möglichkeit gibt, unabhängig von einer Koalition oder einzelnen übermächtigen Kapitalkraft seine Geldangelegenheiten mit Sachkunde und Ehrlichkeit und alleiniger Berücksichtigung der Staatsinteressen zu ordnen." (Bei Weber, Depositenbanken und Spekulationsbanken, a. a. O., S. 234.)

und Anleihegeschäfte (Gewährung von Kassenvorschüssen und Überbrückungskrediten, Verwaltung der Kassenreserven, Auflegung von Staatsanleihen, Unterbringung von Staatsschatzscheinen) des Landes Preußen. Der kameralistischen Handels- und Gewerbepolitik verdankt auch die „Hochfürstlich-Brandenburg-Anspach-Bayreuthische Hof-Banco" die heutige Bayerische Staatsbank, ihre Entstehung (1780). Sie sollte ihrem Gründer, dem Markgrafen *Karl Alexander*, nicht zuletzt die hohen Gebühren für Geldüberweisungen und -umwechslung ersparen, die die Augsburger, Frankfurter und Nürnberger Handelshäuser für die Nachsendung von Geld anläßlich seiner häufigen Auslandsreisen und für die Übermittlung von Subsidiengeldern aus England erhoben[427]. Solche Einrichtungen territorialwirtschaftlichen Autarkiestrebens entstanden in fast allen anderen deutschen Staaten[428], sogar in den kleinsten, z. B. die Lippische Landesbank in Detmold. Sie waren — im Gegensatz zur heute vorherrschenden Rechtsform der selbständigen juristischen Person – früher reine Staatsbetriebe[429]. Erhalten geblieben sind nur die Braunschweigische Staatsbank, die Bayerische Staatsbank und die Oldenburgische Landesbank.

Zu den von Staats- und Landesbanken für die Länder übernommenen Treuhandfunktionen gehören vornehmlich die Bearbeitung und Verwaltung von Landesbürgschaften sowie die Kurspflege in Staatspapieren[430]; ferner die Abwicklung von besonderen Finanzierungshilfen im Interesse des Staates. So betrieb etwa die Bayerische Staatsbank wiederholt die „Finanzierung von Unternehmungen, an denen der Bayerische Staat in besonderem Maße interessiert war"[431]. Als Treuhänder (Ausübung eines Vermögensrechtes in fremdem Interesse mit eigener Rechtszuständigkeit) des Staates tritt die Landesbank auch auf, wenn sie sich für die ihrem Auftraggeber von dritter Seite zur Verfügung gestellten Kassenkredite verbürgt[432]. Sie verfolgt damit nicht einen eigennützigen Zweck, sondern ein öffentliches Interesse, beispielsweise die Belebung des Arbeitsmarktes.

Einige Landesbanken sind in besonderen Treuhandverträgen mit der Regierung zu *Siedlungskreditinstituten* des Staates erklärt worden. Die Landesbank von Schleswig-Holstein zum Beispiel verwaltet seit 1949 fast sämtliche für die landwirtschaftliche Siedlung in Schleswig-Holstein bestimmten Kredite aus Mitteln des Landes, des Bundes (ab 1950) und des ERP-Fonds. Darüber hinaus wurde sie mit der Verwaltung des aus Zins- und Tilgungsrückflüssen derartiger Darlehen zu bil-

[427] Die Bayerische Staatsbank 1780–1955, Geschichte und Geschäfte einer öffentlichen Bank, hrsg. vom Staatsbankdirektorium, 1955, S. 15.

[428] Nicht in Württemberg und Baden.

[429] Siehe Wagner, Adolph, System der Zettelbankpolitik, mit besonderer Rücksicht auf das geltende Recht und auf deutsche Verhältnisse. Ein Handbuch des Zettelbankwesens, 2. Ausgabe, Freiburg i. Br. 1873, S. 144 f.

[430] „In der Position ‚Schatzwechsel und unverzinsliche Schatzanweisungen des Bundes und der Länder' werden ausschließlich Steuergutscheine des Bayerischen Staates ausgewiesen, die wir im Rahmen der uns für diese Papiere obliegenden Kurspflege aufgenommen haben." (Bayerische Staatsbank, Geschäftsbericht 1952, S. 11.)

[431] Bayerische Staatsbank, Geschäftsbericht 1951, S. 8.

[432] 1949 nahm das Land Schleswig-Holstein gegen Bürgschaft der Landesbank bei dem Amt für Finanzen in Bad Homburg einen Kassenkredit von 20 Mill. DM auf (Geschäftsbericht der Landesbank Schleswig-Holstein, S. 42).

denden Sondervermögens beauftragt. Gegenstand der Siedlungsfinanzierung war anfangs die Aufsiedlung einer von Großgrundbesitzern bereitgestellten, 30 000 ha großen Bodenfläche (sog. klassische Siedlung nach dem Reichssiedlungsgesetz vom 11. 8. 1919; RGBl., S. 1429), späterhin die Errichtung von Landarbeiter- und Nebenerwerbsstellen sowie der freihändige Ankauf von Vollbauernstellen durch heimatvertriebene und geflohene Landwirte. Die Entwicklung dieser hauptsächlich über die Siedlungsgesellschaften ausgeliehenen Mittel zeigt unter Berücksichtigung der inzwischen erfolgten Tilgungen und außerplanmäßigen Rückzahlungen folgendes Bild[433]:

Jahr	Stückzahl	Darlehnsbetrag (in 1 000 DM)
	Stand	
Ende 1949	205	5 355
„ 1950	843	19 610
„ 1951	1 762	40 611
„ 1952	3 054	54 146
„ 1953	5 190	76 054
„ 1954	7 226	137 741
„ 1955	11 332	185 217

Die vom Hessischen Landwirtschaftsministerium bewilligten Darlehen und Beihilfen zur Aussiedlung bäuerlicher Betriebe aus zu engen Dorflagen, zur Flurbereinigung, zum Landzukauf usw. – darunter fallen seit 1957 auch die über die Deutsche Siedlungsbank geleiteten Bundesmittel – verwaltet die Treuhandstelle der Hessischen Landesbank. Sie übt gegenüber dem Landwirt von der Bewilligung an alle Gläubigerrechte aus. Im Jahre 1958 zahlte die Bank rd. 60 Mill. DM aus[434].

Mit der Zulassung als *Pachtkreditinstitut* ist der schleswig-holsteinischen Landesbank vom Land die Verwaltung von Pächterkrediten übertragen worden, die Bund und Land in Ergänzung der Mittel nach dem Gesetz zur Förderung der Eingliederung von Heimatvertriebenen in die Landwirtschaft (Flüchtlingssiedlungsgesetz) vom 10. 8. 1949 (WiGBl., S. 231) zur Verfügung stellten[435]. Wie die Preisauftriebstendenz am Grundstücksmarkt erschwerte auch das Ansteigen der Pacht-

[433] Landesbank Schleswig-Holstein, Geschäftsberichte 1948–52 (S. 28), 1954 (S. 14 f.), 1955 (S. 18).

[434] Hessische Landesbank, Geschäftsbericht 1958, S. 29 f.

[435] Vgl. Pachtkreditgesetz vom 5. 8. 1951 (BGBl. I, S. 494). Hervorzuheben ist § 1 des Gesetzes, wonach einer als Pachtkreditinstitut zugelassenen Bank zur Sicherung eines dem Pächter gewährten Darlehens ein Pfandrecht an dem ihm gehörenden Inventar ohne Besitzübertragung bestellt werden kann. Siehe hierzu Sichtermann, Siegfried, Pachtkreditgesetz, mit Durchführungs- und Nebenbestimmungen. Kommentar, Berlin 1954.

preise für landwirtschaftlich genutzte Grundstücke, außerdem die zeitraubende Nachprüfung der Pachtverträge ihre Arbeit manchmal enorm. Jeweils am Ende des Jahres wurden verwaltet[436]:

Jahr	Pächterdarlehen	im Betrage von
1952	217	1,41 Mill. DM
1953	248	1,59 „ „
1954	258	1,83 „ „
1955	283	2,23 „ „

In die Durchführung der ihnen vom Land aufgetragenen finanzwirtschaftlichen Förderungsmaßnahmen schalten die Landesbanken zuweilen Sonderinstitute ein, wie beispielsweise die Wirtschaftsaufbaukasse Schleswig-Holstein AG (WAK)[437] oder die Landesgarantiekasse Schleswig-Holstein GmbH (LGK), Kiel[438]. Satzungsmäßige Aufgabe letzterer ist: „Bürgschaften für Kredite zu übernehmen, die von Kredit- oder Versicherungsinstituten solchen Unternehmen gewährt werden, deren Entwicklung und Förderung in Schleswig-Holstein volkswirtschaftlich erwünscht ist. Die Gesellschaft kann ferner mit Zustimmung des Aufsichtsrates Treuhandgeschäfte (z. B. die Verwaltung von Zinsverbilligungszuschüssen) durchführen, mit denen sie von den obersten oder oberen Landesbehörden beauftragt wird. Die LGK nimmt zu den vom Land unmittelbar zu übernehmenden Bürgschaften gutachtlich Stellung und verwaltet die Landesbürgschaften."[439]

Treuhänderischer Verwaltung der Landesbank Schleswig-Holstein untersteht auch der 1948 von der Regierung Schleswig-Holsteins aus Landes- und Bundeshaushaltsmitteln gebildete „Wirtschaftsfonds für Flüchtlinge" (Wifo)[440]. Nicht weniger als 30 Mill. DM flossen seit der Währungsreform bis zum 31. 12. 1955 aus diesem Fonds[441] und erfüllten damit einen wichtigen sozialpolitischen Zweck: die organische Eingliederung der Vertriebenen, Kriegssachgeschädigten und Spätheimkehrer in die schleswig-holsteinische Wirtschaft und die Minderung der Arbeitslosigkeit.

Auf Grund eines mit dem Land Niedersachsen abgeschlossenen Treuhandvertrages führt die Niedersächsische Landesbank seit dem 1. 1. 1955 die Geschäfte der

[436] Siehe Anm. 433.

[437] 1949 mit einem Gesellschaftskapital von 2 Mill. DM (später erhöht auf 3 Mill. DM) errichtet.

[438] 1949 mit einem Stammkapital von 500 000 DM und einem vom Land zu dotierenden Bürgschaftssicherungsfonds von 1,5 Mill. DM gegründet.

[439] Landesbank und Girozentrale Schleswig-Holstein, Geschäftsbericht 1948–1952, S. 33.

[440] Aus ihm werden zinsverbilligte (durchschnittlich 5%ige), mittel- und langfristige (bis zu 15 Jahren) sowie hinsichtlich der Besicherung begünstigte Darlehen an die Kreise der freien Berufe, des Handwerks und mittelständischen Handels gegeben. Zielsetzung: Unterstützung von Betriebsgründungen, Konsolidierungs- und Rationalisierungsprogrammen.

[441] Landesbank Schleswig-Holstein, Geschäftsbericht 1955, S. 21.

Landestreuhandstelle, eines Finanzierungsorgans im sozialen Wohnungsbau mit einem Milliarden-Fonds[442].

Die Landesbank für Westfalen bearbeitet kraft gesetzlichen Auftrags für die am 1. 4. 1958 errichtete Wohnungsbauförderungsanstalt des Landes Nordrhein-Westfalen die öffentlichen Baudarlehen.

Im Rahmen der staatlichen Auftragsgeschäfte hat die Bayerische Staatsbank für das bayerische Finanzministerium als Bankaufsichtsbehörde Ende des Jahres 1958 die weitere Abwicklung des Reichsmarkgeschäftes des zusammengebrochenen Bankhauses Eichborn & Co., Nürnberg, durchgeführt. Sie umfaßte die Währungsumstellung einschließlich der Altsparerentschädigung, die deutsche und österreichische Wertpapierbereinigung und die im Allgemeinen Kriegsfolgengesetz vorgesehene Anmeldung der Reichstitel ehemaliger Depotkunden[443].

Zum Schluß sei noch darauf hingewiesen, daß die vielfach einer Landesbank angegliederte Landesbausparkasse oder Landessparkasse nicht immer eine nur verwaltungsmäßig getrennte Abteilung der Landesbank einerseits oder ein rechtlich selbständiges Institut andererseits ist, sondern von der betreffenden Landesbank treuhänderisch geleitet werden kann. Entscheidend für eine treuhandähnliche Natur der Beziehungen sind stets die Art der Bindung und die Statuten[444].

In ähnlicher Weise bedient sich die Bundesregierung zur Ausführung ihrer Finanzgeschäfte der *Deutschen Bundesbank,* Sitz Frankfurt. Nach den §§ 12, 13 des Gesetzes über die Deutsche Bundesbank vom 26. 7. 1957 (BGBl. I, S. 745) ist die Bundesbank verpflichtet, unter Wahrung ihrer Aufgabe die Bundesregierung in ihrer allgemeinen Wirtschaftspolitik zu unterstützen und sie in Angelegenheiten von wesentlicher währungspolitischer Bedeutung zu beraten. Allerdings ist es keine essentielle Notenbankaufgabe, generell als Staatsbank des Bundes zu fungieren[445]. Die Ausübung des Stimmrechts aus den für Kreditinstitute verwahrten und verwalteten Wertpapieren ist der Notenbank untersagt. Sie darf auch nicht Bürgschaften übernehmen (§ 25 des Gesetzes). Die Bundesbank erfüllt die ihr auferlegten Pflichten überwiegend als Vollzugs- und Aufsichtsorgan im Sinne des Gesetzes.

[442] 1 719 Mill. DM zum 31. 12. 1958 (Geschäftsbericht 1958).

[443] Nürnberger Nachrichten, Nr. 19 vom 24./25. 1. 1959.

[444] Die Braunschweigische Staatsbank hat eine Abteilung „Öffentliche Bausparkasse Braunschweig"; daneben leitet sie die Braunschweigische Landessparkasse, die eine gemeinnützige Anstalt des öffentlichen Rechts ist. Etwas anders wiederum liegen beispielsweise die Verhältnisse bei der Landesbank Hessen.

[445] Spindler, Joachim von, u. a., Die Deutsche Bundesbank. Grundzüge des Notenbankwesens und Kommentar zum Gesetz über die Deutsche Bundesbank, Stuttgart 1957, S. 109.

b) Öffentliche Sonderkreditinstitute

Über die herkömmlichen Sonderkreditinstitute, wie Grund- und Schiffspfandbrief-, Überseebanken, ragen heute einige überregionale, öffentlich-rechtliche Spezialbankinstitute hinaus, die ihre Entstehung wirtschaftlichen Umwälzungen, währungsrechtlichen Notständen, finanzpolitischen Neuordnungen und dgl. verdanken. Ihre Hauptaufgabe besteht in der Verwaltung von Sondervermögen, Durchführung währungspolitischer Zwangsmaßnahmen und zentraler Kreditförderungsaktionen sowie in der Bewirkung sonstiger Leistungen für den Gewährsträger oder Auftraggeber.

Das erstmalige Erscheinen bedeutender Kreditinstitute mit Sonderaufgaben fällt mit den wirtschaftlichen Stabilisierungsversuchen nach dem 1. Weltkriege zusammen. Mit dem Ziel, die deutsche Währung zu sanieren, wurde 1923 die Deutsche Rentenbank AG, Berlin, gegründet. Aus der 1919 ins Leben gerufenen Reichs-Kredit- und Kontrollstelle G.m.b.H. ging 1922 die Reichs-Kredit G.m.b.H. hervor, die 1924 in die Reichs-Kredit-Gesellschaft AG, Berlin, umgewandelt wurde. Ihr waren ursprünglich die Bankgeschäfte der Reichsunternehmungen übertragen. Durch Gesetz vom 19. 3. 1924 (RGBl. II, S. 71) entstand die Deutsche Golddiskontbank, Berlin, zur Finanzierung der Ausfuhr mittels Diskontierung von (höchstens 9 Monats-) Wechseln; durch Gesetz vom 18. 7. 1925 (RGBl. I, S. 145) die Deutsche Rentenbank-Kreditanstalt, Berlin, die Bank der Agrarbanken, zum Zwecke der Versorgung der Landwirtschaft mit langfristigen Realkrediten und mit Betriebsmittelkrediten mit 6–10monatiger Laufzeit[446]. Unter dem Eindruck der Auswirkungen des Industriebelastungsgesetzes und Aufbringungsgesetzes vom 31. 8. 1924 (RGBl. II, S. 257) errichteten führende Kreditinstitute die Bank für Deutsche Industrie-Obligationen AG, die sog. Industrie-Bonds ausgab und die dafür gestellten Sicherheiten in Form von Einzelobligationen der Unternehmungen verwaltete. Sie kann allerdings, da ihr die Entgegennahme von Einlagen und die Darlehensgewährung fremd blieb, nicht als Bank angesprochen werden; ihre Funktion hätte ebenso gut ein Treuhänder wahrgenommen[447].

Nach dem totalen Zusammenbruch des 3. Reiches schufen Regierungen, Industrie- und Finanzkreise gemeinsam zum Aufbau einer neuen demokratischen, auf friedliche Zwecke gerichteten Wirtschaft die namhaften Sonderkreditinstitute unserer Tage. Dies sind vor allem: die Lastenausgleichsbank, Bad Godesberg, Kreditanstalt für Wiederaufbau, Frankfurt a. M., Landwirtschaftliche Rentenbank, Frankfurt a. M., Industriekreditbank AG, Düsseldorf, Ausfuhrkredit-AG, Frankfurt a. M. und Finanzierungs-AG, Speyer.

[446] Siehe hierüber Weber, Hans, Bankplatz Berlin, a. a. O., S. 138 ff.

[447] Dieselbe Feststellung trifft für den nach der Krise von 1931 einberufenen Umschuldungsverband deutscher Gemeinden zu, der durch Verkauf von Teilschuldverschreibungen die zur Konsolidierung und Regulierung der Kommunalschulden notwendigen Mittel zu beschaffen suchte.

aa) Die Lastenausgleichsbank [448]

Ein flüchtiger Blick in die Bilanzen der Lastenausgleichsbank (LAB), Bad Godesberg, läßt bereits ihre Eigenart einer echten „Treuhandbank“ erkennen. Zum 31. 12. 1957 sind in ihrer Bilanzsumme von 5 700 Mill. DM allein 4 615 Mill. DM durchlaufende Kredite enthalten [449]; mehr als 2 335 Mill. DM Verwaltungskredite werden unter dem Strich vermerkt. Aber auch die langfristig aufgenommenen Darlehen haben ihre Quelle teilweise in öffentlichen Fonds, z. B. im ERP-Sondervermögen, und sind innerhalb bestimmter Programme „weitergeleitet“ worden. Rund 282 Mill. DM aus der Zeichnung von steuerbegünstigten Darlehen sowie 450 Mill. DM Anleiheerlöse erscheinen in gleicher Höhe auf der Aktivseite der Bilanz als Forderungen aus der Weiterleitung der Gegenwerte dieser steuerbegünstigten Darlehen bzw. Anleihen. Insgesamt betrachtet sind die Treuhandgeschäfte der LAB so mannigfaltig, daß sie hier nur knapp umrissen werden können.

In § 1 Abs. 1 und § 4 des Gesetzes über die Lastenausgleichsbank vom 28. 10. 1954 (BGBl. I, S. 293) wird der Bank als Aufgabe die Gewährung von Krediten und finanziellen Beihilfen an die durch Krieg und dessen Folgen betroffenen Personen zugewiesen. In erster Linie für das Bundesausgleichsamt tätig, obliegt ihr die treuhänderische Verwaltung des Ausgleichsfonds und die treuhänderische Ausführung von Geschäften für das Bundesausgleichsamt. Dazu gehören: die Beschaffung von Mitteln zur Vorfinanzierung des Lastenausgleichs durch Aufnahme von Anleihen [450] und steuerbegünstigten Darlehen [451], wobei die LAB (!) Schuldnerin gegenüber dem Darlehensgeber ist; die Auszahlung und Verwaltung [452] von Darlehen nach dem Soforthilfegesetz und dem Lastenausgleichsgesetz sowie nach dem Allgemeinen Kriegsfolgengesetz; ferner die Verwaltung von Deckungsforderungen gegen den Ausgleichsfonds auf Grund des Altsparergesetzes, die Auszahlung von Darlehensmitteln an die Länder laut Bundesvertriebenengesetz vom 19. 5. 1953 (BGBl. I, S. 201), die bankmäßige Prüfung der Anträge auf Bewilligung von Arbeitsplatzdarlehen über 100 000 DM und die Übernahme von Ausfall-

[448] Den folgenden Ausführungen liegen die Geschäftsberichte der Bank von 1950–1958 zugrunde.

[449] Diese Position weist auch die zur Kursstützung zurückgekauften eigenen Schuldverschreibungen aus, die sich im Jahre 1956 um 140 Mill. DM erhöht hatten.

[450] Erinnert sei an die Anleihen 1953 (5 %), 1955 (6 bzw. 5½ %), 1956 (6 %), 1958 (7 %) und 1959 (5½ %).

[451] Nach dem Gesetz über steuerliche Begünstigung von Zuschüssen und Darlehen zur Vorfinanzierung des Lastenausgleichs vom 15. 5. 1953 (BGBl. I, S. 189), nach § 7 f EStG auf Grund der Kleinen Steuerreform vom 24. 6. 1953 (BGBl. I, S. 413).

[452] Auszahlung der Darlehensvaluta an die Hausbank des Kreditnehmers nach Eingang des Bewilligungsbescheides der Lastenausgleichsbehörde und der erforderlichen Unterlagen. Die Verwaltung umfaßt Einzug und zentrale Abrechnung der Zins- und Tilgungsleistungen, Abwicklung notleidend gewordener Kredite sowie Entscheidung über Darlehensstundung und -kündigung.

bürgschaften für Betriebsmittelkredite. Sodann befanden sich Ende 1958 27 300 Aufbaudarlehen nach dem Kriegsgefangenenentschädigungsgesetz vom 30. 1. 1954 (BGBl. I, S. 5) im Betrage von 150 Mill. DM in der Verwaltung der Bank. Die Auszahlung zugunsten des Währungsausgleichs für Sparguthaben Vertriebener näherte sich mit 918 Mill. DM zum 31. 12. 1958 der Milliardengrenze.

Etwa seit 1955 führt die LAB auch die Verrechnung der Aufbaudarlehen mit dem Anspruch auf Hauptentschädigung durch. Die Arbeit wird dadurch, daß die Ausgleichsleistung in Höhe der Darlehenssumme im Zeitpunkt der Darlehensgewährung als erfüllt gilt, sehr kompliziert.

Die Bank übernimmt des weiteren die treuhänderische Weiterleitung und Verwaltung von Krediten aus dem ERP-Vermögen und von sonstigen zweckgebundenen Mitteln der öffentlichen Hand sowie verschiedener Sonderfonds, z. B. des Fonds für Existenzaufbau- und Wohnraumbeschaffungsdarlehen an nichtdeutsche Flüchtlinge.

Nach dem Gesetz über die innerdeutsche Regelung von Vorkriegsremboursverbindlichkeiten vom 20. 8. 1953 (BGBl. I, S. 999) ist der LAB auch die Leistung von Beiträgen und Krediten an deutsche Vorkriegs-Remboursschuldner auferlegt[453].

bb) Die Kreditanstalt für Wiederaufbau[454]

Wie die Lastenausgleichsbank weist auch die durch Gesetz vom 5. 11. 1948[455] ins Leben gerufene Kreditanstalt für Wiederaufbau (KfW), Frankfurt a. M., das Merkmal einer Treuhandbank auf. Dieser Bankanstalt, deren Rechtsstellung in gewisser Hinsicht der der Bundesbank ähnlich ist[456], wurde zur Hauptaufgabe gestellt, die DM-Gegenwertmittel aus den GARIOA- und ERP-Warenlieferungen[457] der USA für die Bundesregierung zu verwalten und sie allen Zweigen der Wirtschaft zu ihrem Wiederaufbau als mittel- und langfristige Darlehen zuzuführen. Insgesamt Milliardenbeträge hat die KfW seit ihrer Errichtung der Grundstoffindustrie, der Energiewirtschaft, der Landwirtschaft und dem Wohnungsbau

[453] Die Kreditgewährung stieg 1958 auf rd. 5,8 Mill. DM an. In Höhe der Beiträge erhält die Bank Ausgleichsforderungen zugeteilt.

[454] Darstellung beruht auf den Geschäftsberichten der Bank von 1949 bis 1958.

[455] Neufassung vom 22. 1. 1952 (BGBl. I, S. 65). Bestimmungen über die Verwendung der Zinsen und Rückflüsse aus ERP-Krediten trifft das Gesetz über die Verwaltung des ERP-Sondervermögens vom 31. 8. 1953 (BGBl. I, S. 1312).

[456] Die KfW untersteht beispielsweise nicht dem Gesetz über das Kreditwesen.

[457] GARIOA = Government appropriation and relief for import in occupied areas: Von den Besatzungsmächten zur Verhinderung von Hunger, Seuchen und dgl. für die Bevölkerung bereitgestellte Waren; über die Art der Verwendung wurden bilaterale Abkommen abgeschlossen. ERP = European Recovery Program: Europäischer Wiederaufbauplan, 1947 von dem damaligen amerikanischen Außenminister George C. Marshall entwickelt, um die zerrüttete europäische Wirtschaft durch Förderung der Zusammenarbeit wieder aufzubauen.

innerhalb verschiedener Programme unmittelbar oder über Kreditinstitute zur Verfügung gestellt. Sie entstammen überwiegend dem treuhänderisch verwalteten Gegenwertfonds, aber auch dem Fonds der Staatlichen Erfassungsgesellschaft für öffentliches Gut (StEG), ferner den Mitteln des Bundeshaushaltes, des Bundesausgleichsamtes, der ECA-Behörde[458], der Notenbank, der Arbeitslosenversicherung und des Kapitalmarktes. Andererseits werden ERP-Mittel nicht ausschließlich von der KfW, sondern auch von der LAB ausgeliehen.

Aus dem Anfangsstadium ihrer Arbeit kann diese der Aufsicht der Bundesregierung unterstellte Bank mit Erfolg verzeichnen: die Durchführung des Sofortprogramms (265 Mill. DM), der drei ECA-Investitionsprogramme (3 700 Mill. DM), des StEG-Kreditprogramms, des Sonderprogramms „Exportintensive Industrie" und die Beteiligung an dem Arbeitsbeschaffungsprogramm und dem Wohnungsbau-Sonderprogramm der Bundesregierung. Im Frühjahr 1950 wurde sie provisorisch mit der Finanzierung mittel- und langfristiger Ausfuhrgeschäfte[459], 1951 mit der Vorfinanzierung der Investitionshilfe der gewerblichen Wirtschaft beauftragt. Begutachtung der Kreditanträge, Weiterleitung der Mittel, beratende und verwaltende Tätigkeit, einschließlich der stichprobenhaften Prüfung am Ort der Kreditverwendung, stellten die wichtigsten Funktionen der KfW im Verlauf jener Kreditaktionen dar, an deren Gesamtvolumen von ungefähr 5 Mrd. DM bis 1951 sie in Höhe von 4,4 Mrd. DM beteiligt war.

Ab 1952 gewann mit dem Auslaufen der Marshallplan-Hilfe der Einsatz von Zinserträgnissen und Tilgungsgeldern aus ECA- und GARIOA-Krediten stetig an Bedeutung. Er bereitete, da deutschen Stellen die Entscheidung überlassen war, weniger Schwierigkeiten als die ERP-Programme mit dem umfangreichen Verordnungswerk der ECA-Mission. Obwohl die KfW über die Rückflüsse nicht restlos wieder verfügen durfte, konnten abermals eingesetzt werden: 1952 rd. 207 Mill. DM, 1955 rd. 463 Mill. DM. Charakteristisch für diesen Zeitabschnitt ist die allmähliche Verlagerung des Schwergewichts von den Obligo-Krediten zu den treuhänderisch weitergeleiteten Krediten, wie folgende Zahlenreihe ausdrückt:

	1952	1953	1954	1955
		in Mill. DM		
Durchlaufende Kredite	6,0	43,8	67,6	123,7
Kassenmäßige Durchleitung[460]	46,4	115,0	73,0	156,0

[458] Economic Cooperation Administration: Verwaltung für wirtschaftliche Zusammenarbeit, Washington; obere Behörde der ERP-Institution.

[459] Für die Exportfinanzierung räumte das Zentralbanksystem einen revolvierenden Rediskontplafond ein, der Ende 1951 726 Mill. DM betrug.

[460] Im Namen des ERP-Sondervermögens.

In den sog. MSA-Investitionsprogrammen[461] dieser Jahre wurden der Wirtschaft zum Teil Mittel aus einer Anleihe der Export-Import-Bank, Washington[462], im wesentlichen jedoch neue Gegenwertmittel zugeführt. Im Mittelstandsprogramm überließ die Bank aus dem ERP-Fonds treuhänderisch einige Millionen den Kreditgarantiegemeinschaften zur Stärkung ihres Deckungskapitals.

Als 1952 die führenden Außenhandelsbanken zur Verwaltung einer von ihnen geschaffenen Exportkreditlinie von ca. 250 Mill. DM die Ausfuhrkredit-AG (AKA) in Frankfurt a. M. gründeten, ging der der KfW von der BdL eingerichtete Rediskontplafond von 600 Mill. DM auf das neue Institut über.

Der langfristigen Finanzierung des Exportes galt nach wie vor die Sorge der KfW – die Laufzeit der Kredite überschreitet bei der AKA nicht 4 Jahre –, und sie konnte zu diesem Zweck auch die Bereitstellung von Mitteln durch die Kapitalsammelstellen erwirken. 1952 schaltete sich die Bank auf Veranlassung der BdL neben der Hermes-Kreditversicherungs-AG in die Abwicklung der unter das deutsch-jugoslawische Abkommen fallenden Ausfuhrgeschäfte ein. Im Rahmen der Berliner Auftragsfinanzierung aus ERP-Mitteln, die sich in der Regel auf 60 % des Auftragswertes beschränkte, erteilte sie 1954 erstmals Kreditzusagen in Höhe von 26 Mill. DM.

Einen bemerkenswerten Umfang erreichte ab 1954 (316,7 Mill. DM) die Übernahme von selbstschuldnerischen Bürgschaften und Ausfallbürgschaften. Bei der Bürgschaftsaktion aus dem Ende 1954 auf 6,4 Mrd. DM angewachsenen ERP-Sondervermögen[463] übernahm die Bank Global- und Einzelbürgschaften entweder im eigenen Namen und für eigene Rechnung (gedeckt durch Rückbürgschaften des ERP-Fonds) oder im Auftrage und im Namen des ERP-Fonds.

1956 konnten aus dem Sondervermögen Investitionsdarlehen von annähernd 754 Mill. DM – zum größten Teil über die KfW – bereitgestellt werden. Hinsichtlich der Verwendung der ERP-Mittel bestimmte die Bundesregierung von nun an nur noch die zu fördernden Wirtschaftszweige; die Auswahl der einzelnen Projekte bleibt der Bank vorbehalten. Darlehen an die Regierung des Saarlandes (175 Mill. DM), an Bundesbahn und Bundespost, an die Montan-Union sowie zum Wiederaufbau der Luftfahrt erhöhten weiterhin die treuhänderisch ausgereichten Kredite.

461 MSA = Mutual Security Agency: Amt für gegenseitige Sicherheit, führte seit 1951 an Stelle der ECA die amerikanische Auslandshilfe in die Militärhilfe über.

462 Dieses staatliche Institut entstand 1934 im Zuge der „New Deal-Politik" Roosevelts. Es sollte neben der Wiederbelebung des in der Weltwirtschaftskrise zusammengeschrumpften internationalen Handelsverkehrs der Finanzierung des Warenaustausches zwischen den USA und der Sowjetunion dienen.

463 Gemäß dem Dritten Gesetz über die Übernahme von Sicherheitsleistungen und Gewährleistungen zur Förderung der Deutschen Wirtschaft vom 6. 12. 1954 (BGBl. I, S. 365).

Zu einer Zunahme der Treuhandkredite in der Bilanz führte 1957 u. a. die vom Bund gewünschte Teilnahme an dem Rückkauf der Werte des Stinnes-Konzerns, eine ebenso neue Aufgabe in der schon recht vielseitigen Tätigkeit der Bank wie die Mitwirkung an der Regelung der Dollar-Anleiheschulden der Deutschen Rentenbank-Kreditanstalt aus der Vorkriegszeit[464]. Noch mehr als die Hälfte, nämlich 57 %, der gesamten Kreditzusagen (1 156,7 Mill. DM) wurde 1957 aus dem ERP-Sondervermögen gegeben, wovon 26,5 Mill. DM auf originäre Gegenwertmittel entfielen. Den Hauptanteil des Kapitalstromes schluckt aber nicht mehr die kapitalintensive Grundstoff- und Großindustrie: Nach der in den ERP-Wirtschaftsplänen festgelegten Aufteilung der Investitionskredite stehen die Landwirtschaft und die Ernährungsindustrie an der Spitze; die Bank hat aus dem Bürgschaftsplafond des ERP-Vermögens von 400 Mill. DM eine Bürgschaftsermächtigung in Höhe von 80 Mill. DM an die Kreditgarantiegemeinschaften gegeben.

Durch hohe vorzeitige Tilgungen auf früher gewährte ERP-Kredite seitens der emissionsfähigen Industrie und Ausweitung der Ausfuhrfinanzierung[465] zeichnete sich das Jahr 1958 aus. Auf Wunsch und gegen Garantieerklärung der Bundesregierung finanzierte die Bank die Stundung und Umschuldung indischer Zahlungsverpflichtungen. Sie übernahm ferner die Treuhänderschaft für die Dollar-Anleihen 1926 und 1928 des Deutschen Sparkassen- und Giroverbandes.

c) *Die Industriekreditbank AG als Vorstand des Sondervermögens „Investitionshilfe“* [466]

Neben ihrer eigentlichen Tätigkeit als Kreditinstitut verwaltete die Industriekreditbank AG, Düsseldorf, (IKB) die nach dem Investitionshilfegesetz[467] von der Wirtschaft selbst zur Linderung ihrer größten Kapitalnot aufgebrachten Mittel. Als Vorstand der mit eigener Rechtspersönlichkeit ausgestatteten Vermögensmasse hatte sie die Aufbringungsbeträge entgegenzunehmen, die Anträge auf Bewilligung von Investitionshilfedarlehen nach bankgeschäftlichen Gesichtspunkten und den vom Kuratorium aufgestellten Bedingungen zu prüfen; dann – nach

[464] Die KfW hat das Angebot auf Barablösung der bereinigten Bonds abgegeben.

[465] Die Bank gab als erstes deutsches Kreditinstitut zur Refinanzierung von Exportgeschäften sog. Kassenobligationen mit 3jähriger Laufzeit aus.

[466] Den Ausführungen liegen die Jahresberichte des Kuratoriums für das Industriekreditbank-Sondervermögen Investitionshilfe über 4 Geschäftsjahre (10. 1. 1952 bis 30. 6. 1955) zugrunde.

[467] Gesetz über die Investitionshilfe der gewerblichen Wirtschaft (IHG) vom 7. 1. 1952 (BGBl. I, S. 7) nebst Gesetz zur Änderung des Gesetzes über die Investitionshilfe vom 22. 8. 1952 (BGBl. I, S. 585), Gesetz über den Abschluß der Investitionshilfe der gewerblichen Wirtschaft vom 24. 4. 1955 (BGBl. I, S. 69), Durchführungsverordnungen, Rundschreiben des Bundeswirtschaftsministers und Verwaltungsrichtlinien.

Bewilligungsbeschluß durch das Kuratorium – die vorgesehenen Sicherheiten zu bestellen, die Investitionsmittel auszuzahlen[468] oder (bei Zwischenfinanzierung durch dritte Stellen, wie die Kreditanstalt für Wiederaufbau) weiterzuleiten, die Einhaltung der Auflagen zu überwachen; schließlich die Zinsabrechnung vorzunehmen und die Wertpapiere als Gegenwert an die Aufbringungspflichtigen auszuhändigen. Sie erhielt dafür laut § 24 Abs. 7 IHG einen Verwaltungskostenbeitrag, der im zweiten Geschäftsjahr des Kuratoriums 3,15 Mill. DM und im vierten Geschäftsjahr 3,45 Mill. DM betrug[469].

Die IKB war an die Weisungen des Kuratoriums als des Trägers der Verfügungsgewalt über das Industriekreditbank-Sondervermögen gebunden. Das Zweckvermögen unterstand der Beaufsichtigung durch den Bundeswirtschaftsminister. Im Aufbringungsverfahren bediente sich die Bank der Mitarbeit von nahezu 200 Kreditinstituten als Hilfsstellen.

Das Aufbringungssoll belief sich am 30. 6. 1955 auf 1 176,1 Mill. DM und verteilte sich auf 132 700 Aufbringungspflichtige[470]. Von dem Investitionshilfe-Betrag von 1 Mrd. DM hat die IKB mehr als 300 Mill. DM an die begünstigten Betriebe der Grundstoffindustrie herausgelegt; der übrige Teil wurde über die Kreditanstalt für Wiederaufbau geleitet.

Die Ausschüttung der vom Sondervermögen gezeichneten 75 Anleihen im Nominalbetrag von über 1 018 Mill. DM[471] erfolgte in vier Stufen. Die beträchtliche Überzeichnung der angebotenen Papiere bei jedem Aufruf machte Repartierungen auf die Erwerbsberechtigten notwendig. Pflichtige mit einer Aufbringungssumme bis zu 3 000 DM waren, wenn sie voll eingezahlt hatten, bevorzugt zu berücksichtigen. Die Investitionshilfe-Gläubiger erhielten für die im Girosammeldepotverkehr zur Verfügung gestellten Wertpapiere Gutschrift und Abrechnung. Der Umstand, daß erwerbsberechtigten Unternehmen in Höhe ihrer Aufbringungsleistung die freie Wahl unter den bereitgestellten Effekten zustand, bedeutete für die Bank eine Erschwerung ihrer Arbeit.

Mit der Ausleihe der 1 Mrd. DM übersteigenden Summe der Investitionshilfe von rd. 160 Mill. DM wurde gemäß § 6 Abs. 3 des Investitionshilfe-Schlußgesetzes die IKB beauftragt.

[468] In Form von a) Vorschüssen (§ 30 Abs. 1 IHG), die von den Investitionshilfe-Schuldnern durch Wertpapiere abzugelten waren, sobald das Kuratorium die Hereinnahme von Wertpapieren in das Sondervermögen verlangen konnte, b) bankmäßig gesicherten Darlehen (§ 30 Abs. 2 IHG), wenn die Begünstigten nicht emissionsfähig waren; für sie trat die IKB gemäß § 31 IHG mit eigenen Schuldverschreibungen ein.

[469] Position 2 der Aufwands- und Ertragsrechnungen 1952/53 und 1954/55.

[470] Gesamtbericht und Jahresbericht für das 4. Geschäftsjahr (1954/55), Anhang.

[471] Überschreitung des Investitionshilfesatzes von 1 Mrd. DM um rd. 18 Mill. DM infolge der zwischen 96 bis 100% schwankenden Übernahmekurse.

d) Private Spezialbanken

aa) Spezialbanken für bestimmte Wirtschaftszweige und Interessengruppen[472]

Teilweise als Treuhänder arbeitet eine Reihe von Spezialbanken, wie die 1923 gegründete Deutsche Verkehrs-Kredit-Bank AG, Frankfurt, die gleichaltrige Getreide-Kreditbank AG, Hamburg, die 1948 errichtete Getreide-Handelsbank AG, Darmstadt, die 1950 von Berlin nach Frankfurt verlegte Bank für Brau-Industrie, die Westdeutsche Apothekerbank e.G.m.b.H., Düsseldorf, die Deutsche Holzwirtschaftsbank AG in Berlin, die Bank für Haus- und Grundbesitz e.G.m.b.H., München, die Export-, Viehmarkt-, Beamten- und Gewerkschaftsbanken usw.[473]. Neben der Gewährung von Warenkrediten und der Importfinanzierung vermitteln sie den ihnen nahestehenden Wirtschaftsunternehmen langfristige Kredite und übernehmen die Verwaltung von Mitgliederbeiträgen, Beteiligungen und Betriebsmitteln, ferner den Zahlungsverkehr und sonstige bankmäßige Geschäfte. Sie stellen sich ihren Mitgliedern aber auch zur Verfügung für die Beratung in Fragen der Vermögensverwaltung und Kapitalanlage, in betriebstechnischen und unternehmungspolitischen Angelegenheiten, in der Praxis des Ein- und Ausfuhrhandels usw. sowie für die Vermittlung von Grundstückskäufen.

Infolge ihrer Stellung als Kreditinstitute für ganz bestimmte Handels- und Gewerbezweige wie Berufsgruppen haben diese „Branchebanken", trotz ihrer manchmal über das gesamte Bundesgebiet ausgedehnten Wirkungsbereiche, nur geringe bankwirtschaftliche Bedeutung erlangt. Zuweilen sind sie weniger Banken als treuhandähnliche Institute, wie z. B. die Deutsche Verkehrs-Kredit-Bank AG, die lediglich die Frachtstundung im Eisenbahngüterverkehr besorgt und die Abrechnung mit der Deutschen Bundesbahn vornimmt; Kreditgeber ist die Bundesbahn.

bb) Hausbanken für einzelne industrielle Großbetriebe

Mit dem augenblicklich neu einsetzenden Prozeß der Konzentration in der Wirtschaft und der Expansionsneigung der Konzerngesellschaften befinden sich auch die Konzern- und Verwaltungsbanken in unentwegtem Vordringen. So ist

[472] Einteilung nach Hirschstein (Hans, Spezialbanken. In: Bank-Archiv, Nr. 21 vom 1. 8. 1924, S. 296 ff.), der die Spezialbanken in „Eingewerbebanken" und „Hausbanken" gliedert. Eine einheitliche begriffliche Abgrenzung des Spezialbankwesens gibt es nicht. Siehe Klein, Alfons, Begriff und Gliederung der Spezialbanken, in: Bankwissenschaft, 4. Jhrg. (1927/28), S. 795 ff.

[473] Siehe hierzu Obst, a. a. O., Band 1, S. 10 f.; Kalveram, Wilhelm, Bankbetriebslehre. In: Die Handelshochschule / Die Wirtschaftshochschule, Band 8, Wiesbaden 1950/52, S. 247–251; Weber, Adolf, Depositenbanken und Spekulationsbanken, a. a. O., S. 69 f. Über die geschichtliche und geschäftliche Entwicklung der früheren Spezialbanken siehe Klein, Alfons, Die Spezialkreditbanken des Handels, a. a. O., S. 886 ff. Eine Aufstellung über die bedeutendsten Spezialbanken, die ihren Sitz in Berlin hatten, siehe Weber, Hans, Bankplatz Berlin, a. a. O., S. 142–144.

für die Nachfolger des früheren I.G.-Farbenkonzerns die Westdeutsche Handelsbank AG, Frankfurt, für die Wintershall-Gruppe die Kali-Bank AG in Kassel, für die August Thyssen-Hütte AG die August Thyssen-Bank AG in Berlin und Düsseldorf tätig. Ebenso haben der Karstadt-Konzern, die Firma Fried. Krupp, die Grundig-Radio-Werke GmbH, die Deutsche Philips GmbH (durch Erwerb des Hamburger Bankgeschäftes Bencke) u. a. zur Erledigung ihrer finanzwirtschaftlichen Angelegenheiten „Hausbanken" in ihren Dienst gestellt[474]. Derartige „hauseigene" Finanzinstitute dienen ihren Auftraggebern mit laufender finanzieller und gelegentlich juristischer Beratung und Arbeitshilfe, mit der Lieferung von geschäftlichen Informationen, Hinweisen produktionswirtschaftlicher Art, marktpolitischen Anregungen und dergleichen mehr. Sie betreiben aber im übrigen nichts wesentlich anderes als die Abwicklung des Geld- und Kapitalverkehrs unter den Konzernunternehmungen und mit den Geschäftsbanken, den Spitzenausgleich zwischen Kapitalmangel und Kapitalüberschuß einzelner Konzernmitglieder, die Finanzierung der Teilzahlungsverkäufe, die Ausgabe von Schuldverschreibungen sowie die Verwaltung der Konzernbeteiligungen als Holding-Banken. Da die Institute deswegen nur als „verselbständigte" Finanzabteilungen der betreffenden Konzerne zu betrachten sind, sollen sie keine weitere Erörterung erfahren.

[474] Vgl. Linhardt, Bankbetrieb und Bankpolitik, a. a. O., S. 45 f. Näheres über die Entstehung der ersten großen Konzernbanken siehe Fischer, Bruno, Konzernbanken. In: Bankwissenschaft, 5. Jhrg., S. 641 ff.

ZWEITER ABSCHNITT

Das Treuhandgeschäft der amerikanischen Banken

A. DIE TRUST COMPANY ALS TYPISCH AMERIKANISCHE WIRTSCHAFTS- UND RECHTSSCHÖPFUNG

I. Der Ursprung und die Entwicklung des korporativen Trustee

Die Tatsache, daß der Gedanke der Treuhand in verschiedenen römischen Rechtsinstituten anklingt, bei den Franken und Langobarden rechtlichen Ausdruck gefunden[475] und sich in England beispiellos entwickelt hat[476], bleibt bestehen, wenngleich gewisse Fortbildungen des trust, wie etwa der community trust und der business trust, ausgesprochen amerikanischer Natur sind, überlieferte Formen umgestaltet und sich ihr eigenes Gepräge gegeben haben. Die Idee der trust company aber ist beim Amerikaner entstanden und von ihm entfaltet worden! Und obwohl der trust eine lange Geschichte hat und bereits Jahrhunderte vor der Unabhängigkeitserklärung der Vereinigten Staaten im Rechtsdenken des Alten Europa nicht nur verwurzelt war, sondern schon durchgreifende Wandlungen erfahren hatte, blieb er doch stets mit der natürlichen Person verbunden. Die Eintragung von trust companies als juristische Gebilde und die Verleihung von Treuhandvollmachten an Banken leitete hingegen eine typisch amerikanische Phase in der Entwicklung des Treuhandwesens ein.

Allerdings führt bis zu den heute im Häusermeer New Yorks hoch hinausragenden Mammutgebäuden der Treuhandgesellschaften kein unmittelbarer Weg. Mit dem Institut des trust kam auch der Einzeltreuhänder vom englischen Mutterland in die Neue Welt – und fand hier ein reiches Betätigungsfeld vor; denn die alsbald stürmisch einsetzende, scheinbar ziellose Industrialisierung des Landes, vor allem in den älteren Neuengland-Staaten, ließ das Bedürfnis aufkommen, umfangreichen und rasch erworbenen Reichtum in trusts sicherzustellen. Nur war hier das Amt eines Vermögensverwalters infolge der sich überstürzenden und unruhigen wirtschaftlichen Verhältnisse schwieriger und mühseliger als anderswo. Das englische Treuhandwesen konnte nämlich auf dem Boden einer dicht wohnen-

[475] Vgl. Schultze, Alfred, Die langobardische Treuhand und ihre Umbildung zur Testamentsvollstreckung, Breslau 1895.

[476] Gegen Ende des 15. Jahrhunderts soll mehr als die Hälfte des englischen Grund und Bodens treuhänderischer Verfügungsgewalt unterstanden haben (Foster, Major B., Raymond Rodgers u. a., Money and Banking, 4. Aufl., Englewood Cliffs, N. J., 1953, S. 496).

den, konservativ denkenden Bevölkerung und politisch-ökonomischen Stabilität gedeihen. Entgegengesetzte Zustände herrschten in den westlichen Kolonien. Die historische Kontinuität, wie sie im Inselreich dem rechtlichen und kulturellen Leben einen unauslöschlichen Stempel aufgeprägt hatte, fehlte vollkommen. Extensive Nutzung und ständiger Eigentumswechsel von Grund und Boden, erstaunlich schnelles Emporblühen von Industrie und Handel und gleichzeitig starke Schwankungen im Besitzstand stellten den trustee vor ungekannte Aufgaben und Probleme. Nicht zuletzt erforderte eine kluge Investition des Trustgutes wirtschaftlichen Blick und vollendete kaufmännische Fähigkeiten. Eine menschliche Einzelperson schien diese hohen Voraussetzungen nicht mehr zu erfüllen und – in Ermangelung nennenswerten Haftungskapitals sowie keiner staatlichen Aufsicht unterstehend – kaum ausreichende Sicherheit vor Verlust zu bieten. So brach sich der Gedanke des korporativen trustee allmählich Bahn[477].

In der neuen kapitalistischen, fortschrittlich-liberal ausgerichteten Wirtschaftsverfassung und Gesellschaftsform glaubte man auf das günstige Zusammenwirken von gemeinsamer Urteilskraft eines Stabes erfahrener Spezialisten (specialization und group judgment!), von wissenschaftlichen Forschungsmöglichkeiten und von modernen technischen Arbeitsverfahren nicht verzichten und keinen Raum mehr für den individual trustee sehen zu können. Mit Recht wurde daher die trust company eine Schöpfung „der Gewandtheit und des organisatorischen Genies des amerikanischen Volkes“ genannt[478].

Ferner führte vor allem die Verbreitung der Gesellschaftsform unter den jungen Wirtschaftsunternehmen der amerikanischen Union zwangsläufig zur Konzeption der gesellschaftlich organisierten Treuhänderinstitution. Schließlich beherrschte auch nicht die grundsätzliche britische Abneigung gegen die korporative Rechtspersönlichkeit das amerikanische Volksempfinden. Die öffentliche Bestellung eines Treuhänders gleich dem englischen public trustee konnte nicht über die ihm persönlich anhaftenden Mängel hinweghelfen. Er entsprach übrigens auch nicht der amerikanischen Mentalität. Ihr fehlt die im europäischen, sogar im freiheitlichen englischen Denken fest verankerte Auffassung vom Staatsgedanken. Lediglich die Wirtschaft und ihre Dynamik vermag den Amerikaner in höchstem Maße zu beeindrucken und in ihren Bann zu ziehen; sie ist die Triebfeder und weitgehend das regulierende Prinzip seines Handelns, erzeugt bis heute noch alles typisch Amerikanische und hat auch die trust company geboren[479].

[477] Vgl. Nachod, Walter, Treuhänder und Treuhandgesellschaften in Großbritannien, Amerika und Deutschland, 2. Aufl., Tübingen 1926, S. 48 f.; Finke, Mary B. und Helen Knox, Moneywise, The Intelligent Woman's Guide to Everyday Finance, New York 1950, S. 126.

[478] Heaton, E., The Trust Company Idea and its Development, Buffalo 1904, S. 7.

[479] Siehe Roth, Hermann M., Der Trust in seinem Entwicklungsgang vom Feoffee to Uses (feoffee to uses = ein mit der Rechtsausübung Belehnter. Anm. d. Verf.) zur amerikanischen

Die trust company ist gesetzlich zur Übertragung von Vermögen und Vermögensrechten, Übernahme von trusts und Ausübung von Agentenfunktionen für Einzelpersonen, Personal- und Kapitalgesellschaften, Vereinigungen und Institutionen, öffentliche wie private, ermächtigt. Zudem ist sie befugt, noch gewisse andere Geschäfte – entsprechend den Gesetzen der einzelnen Staaten –, hauptsächlich aber Bank- und Sparkassengeschäfte, zu betreiben. Sie handelt jedoch bei der Wahrnehmung reiner Treuhandaufgaben für ihre Kunden als trustee, d. h. im wohlverstandenen Interesse anderer. Der feine Unterschied zur regulären Banktätigkeit kommt in folgender Verlautbarung der City Bank Farmers Trust Company of New York zum Ausdruck: "This is the 'other people's money' of which we have custody or management, representing the varied types of trusts and other funds which we administer and invest for clients resident both in the United States and overseas[480]."

Im allgemeinen überschreitet heute – von einigen älteren Instituten abgesehen – das Depositen- und Kreditgeschäft der trust companies im Ausmaß bei weitem ihre fiduziarische Tätigkeit[481]. Sie stellen daher in den Augen der Öffentlichkeit nur eine besondere Gattung von Banken dar, und in Wirklichkeit führen zahlreiche jüngere und kleinere trust companies kaum noch Trustgeschäfte aus.

Die moderne trust company, zuweilen als eine „financial corporation" oder ein „department store of finance" bezeichnet, hat mit der Entfaltung mannigfaltiger Funktionen Lücken in der finanziellen Struktur der aufstrebenden amerikanischen Wirtschaft ausgefüllt[482]. Hierzu scheint sie wie kein anderes Finanzinstitut geeignet gewesen zu sein. Unterzieht man ihre recht verzweigte Treuhändertätigkeit einer gründlichen Betrachtung, so offenbart sie sich als ein kombiniertes Investitionshaus und Agenturbüro. Diese rege Entwicklung stellt eine Erwiderung an den Bedarf des Wirtschaftslebens, aber auch das Geheimnis für das einzigartige Anwachsen der trust companies dar. "The growth of this institution, called into being to meet the diverse requirements of a capitalistic economic system, has been nothing short of phenomenal during the past forty years ... In the course of its evolution, it has not only rounded out the financial system; it has invaded the field of most other financial institutions as well[483]."

Die trust companies haben sich das ungeteilte Vertrauen der Nation errungen. Ihre ausgezeichnete Geschäftsführung hat auch Anerkennung durch die Gerichte

Trust Company. Ein Beitrag zur Entwicklungsgeschichte des Treuhandinstituts im englisch-amerikanischen Recht mit vergleichenden Hinweisen auf deutsches und römisches Recht. Marburg 1928, S. 249 f.

480 Report to the Shareholders 1955, S. 22.

481 Immerhin gab es Ende 1958 noch 54 trust companies, die sich nicht mit dem Depositengeschäft befassen (Federal Deposit Insurance Corporation, Annual Report 1958, S. 162).

482 Encyclopaedia of the Social Sciences, 15 Bände, New York 1948, Band 15, S. 109.

483 Moulton, Harold G., The Financial Organization of Society, 3. Aufl., Chicago 1930, S. 273.

gefunden, die sich ihrer in zahllosen Fällen bedienen. Höchste Aufmerksamkeit widmen sie dem Moment persönlicher Verbundenheit mit dem Kunden, dem unbestreitbaren Vorzug des Einzeltreuhänders. Und deshalb richten die trust companies ihr besonderes Augenmerk nicht nur auf das Verkaufstraining, sondern auch auf die charakterliche Auslese und fachliche Ausbildung ihrer Angestellten. Daß sie deren Wert recht zu schätzen wissen, heben sie immer wieder aufrichtig hervor[484].

II. Die Ausbreitung der Trust Companies über den ganzen nordamerikanischen Kontinent

Für das älteste Institut, das sich mit dem Treuhandgeschäft befaßte, hält man die Massachusetts Hospital Life Insurance Company, die 1818 durch ein besonderes Gesetz des Staates Massachusetts ins Leben gerufen wurde. Jedoch gilt allgemein in der Literatur die 1822 gegründete Farmer's Fire Insurance and Loan Company, New York, (nach 1836 Farmers Loan and Trust Company genannt und seit 1929 verbunden mit der ebenfalls im Treuhandgeschäft erfolgreichen National City Bank of New York[485] zur City Bank Farmers Trust Company of New York) als die erste amerikanische Gesellschaft, der in der charter vom 17. 4. 1822 das

[484] "In the management of the increasing volume of funds entrusted to our care, and in the efficient conduct of our growing business, our greatest asset is our able staff. Each year brings greater responsibilities to trustees, not only because of the increasing variety and complexity of fiduciary business, but because of the changing conditions in the economy generally and the more flexible investment policies which the law now makes possible and people now expect. To discharge these responsibilities effectively, in meeting new problems, and in dealing with old ones of a familiar nature, we rely not only on our long experience, but on broadened study and research, improved facilities and able people." (City Bank Farmers Trust Company, New York, Annual Reports 1955, S. 23, 1956, S. 23.)

[485] Die National City Bank – bis 1865 die staatlich konzessionierte City Bank of New York – ist eng mit den wichtigsten Ereignissen der amerikanischen Geschichte verknüpft. 1812 entstanden, eroberte sie sich die Felder der 1811 in Liquidation gegangenen First Bank of the United States. In der Folgezeit unterstützte sie entscheidungsvoll die Regierung durch Übernahme von Kriegsanleihen ($ 100 000 im Sezessionskrieg und $ 200 000 im spanisch-amerikanischen Krieg). Während des ersten Weltkrieges erwarb sie die International Banking Corporation (Zusammenschluß mehrerer im Ausland aufgekaufter oder errichteter Banken). In jüngerer Zeit ist sie besonders durch den Ausbau des Personalkredits bekannt geworden. 1955 erfolgte ihre Verschmelzung mit der First National Bank of the City of New York, die seit ihrer Gründung im Jahre 1863 (Verabschiedung des National Bank Act!) eine bedeutsame Rolle im amerikanischen Bankleben spielte, zur First National City Bank of New York. Diese Verbindung hatte nicht zuletzt auch eine wesentliche Erweiterung des Treuhandgeschäftes zur Folge. Der angestrebten Vereinigung mit der County Trust Company of White Plains, New York, zu einer Bank-Holdinggesellschaft versagte der Board of Governors of the Federal Reserve System 1958 die Zustimmung. (The First National City Bank of New York and the City Bank Farmers Trust Company, Report to the Shareholders, 1955, S. 5 f.; dieselbe, The Story of the National City Bank of New York, Sonderschrift 1954; Banking, August 1958, S. 90.)

spezielle Recht zur Ausübung von Treuhandfunktionen verliehen worden ist[486]. Ähnliche umfangreiche Treuhandprivilegien erhielten 1830 die New York Life Insurance and Trust Company – erstmals taucht die Bezeichnung „Trust Company" im Namen auf –, die 1831 als erstes Institut zum Vormund („of the property of a minor") ernannt wurde, sowie 1836 zwei Gesellschaften in Philadelphia – die Girard Life Insurance, Annuity and Trust Company (seit 1899 Girard Trust Company) und die Pennsylvania Company for Insurance in Lives and Granting Annuities (1929 vereinigt mit der Bank of North America zur Bank of North America and Trust Company). Letztere, errichtet 1812, wird auch als älteste Treuhandgesellschaft genannt. Bereits 1830 hatte sie Beziehung zu den agency houses in Ostindien aufgenommen, die trustees und andere Privatpersonen vertraten; seit 1836 durfte sie von Gerichten zum Vormund für Unmündige und Schwachsinnige bestellt werden[487].

Anfänglich war bei all den ersten mit trust powers belehnten Instituten das Treuhandgeschäft eng mit dem Versicherungsgeschäft, gleich welcher Art, verbunden[488]. Es blieb sogar eine Zeitlang seinem Umfang nach völlig zweitrangig – eine Trennung der beiden Einrichtungen wurde daher nicht für notwendig erachtet – und bestand hauptsächlich in der Tätigkeit als Pfandhalter der zur Finanzierung des Eisenbahnbaues ausgegebenen Schuldverschreibungen (trustee under corporate mortgages oder corporate deeds of trust). Etwa bis zur Mitte des 19. Jahrhunderts blühten noch ein paar Unternehmungen gleichen Stils auf, gingen aber aus verschiedenen Gründen wieder ein. Eine neue Periode in der Fortbildung der trust companies begann mit der Verleihung der Konzession an die United States Trust Company of New York am 12. April 1853. Die Gesellschaft wurde als erste ausschließlich zur Wahrnehmung von Treuhandfunktionen gegründet, und ihre charter bildete die Grundlage für alle weiteren, von New York und den anderen Staaten verliehenen Trustprivilegien[489].

[486] "... The said corporation shall also have authority to receive and take by deed or devise any effects and property, both real and personal, which may be left or conveyed to them in trust and assume, perform and execute any trust which has been or which may be created or declared by any deed or devise as aforesaid, and the said corporation are authorized to receive, take, possess and stand seized of, and to execute any and all such trusts in the same manner and to the same extent as trustee or trustees might or could lawfully do, and no further." (Cator, G., Trust Companies in the United States, John Hopkins University Studies in Historical and Political Science, Reihe 20, Nr. 5–6, Baltimore 1902; bei Roth, a. a. O., S. 214.)

[487] Encyclopedia Americana, 30 Bände, New York 1947, Band 3, S. 207 f.; Boehmler, Erwin W., Financial Institutions, Homewood, Illinois, 1956, S. 420; Nachod, a. a. O., S. 49.

[488] Außer bei der 1845 gegründeten Pittsburgh Trust and Savings Company.

[489] Prochnow, Herbert V., American Financial Institutions, New York 1951, S. 461; Encyclopaedia Britannica, 24 Bände, Chicago 1947, Band 22, S. 515; Encyclopedia Americana, a. a. O., Band 3, S. 208.

Rückblickend bleibt eine für das amerikanische Wesen und Denken exemplarische Entwicklung der Träger der Treuhandidee festzustellen: Nachdem sich in einem zähen Kampf der korporative Treuhänder gegenüber dem Einzeltreuhänder durchgesetzt hat, wird zwecks weiterer Ausgestaltung zur eigentlichen Treuhandgesellschaft der Umweg über die Versicherungsgesellschaft beschritten. Abschluß dieses geschichtlichen Werdegangs stellt aber erst die moderne Banktreuhandgesellschaft dar, die aus ihrer fundamentalen und stets aufs neue anregenden Kraft eine der tragenden Säulen des amerikanischen Wirtschaftslebens repräsentiert.

Wenn sich auch nach dem Bürgerkrieg (1861–1865) die mit dem Treuhandprivileg ausgestatteten Gesellschaften rasch vermehrten, vor allem in New York, Pennsylvania, New Jersey, Maryland, Illinois, Iowa, Georgia, so waren sie innerhalb des Banksystems doch von geringer Bedeutung – man schätzt ihre Zahl noch um 1875 auf rd. 50. Dann aber sollte mit dem wirtschaftlichen Aufbau der jungen Nation ihre Ausbreitung einzigartige Formen annehmen. Der ungewöhnliche Finanzierungshunger der Kapitalgesellschaften im ausgehenden 19. und beginnenden 20. Jahrhundert und die Akkumulation unermeßlicher privater Vermögen, die der geschickten und kundigen Verwaltung bedurften, verlangten begierig nach den Dienstleistungen der Treuhandgesellschaften[490]. Viele alte Versicherungsgesellschaften wandelten sich in trust companies um, und neue Treuhandinstitute entstanden in allen Teilen des nordamerikanischen Kontinents, und zwar kraft so allgemein gefaßter charter-Urkunden, daß auch – in den einzelnen Staaten teilweise unterschiedlich – nahezu alle Arten von Bankgeschäften betrieben werden durften.

Erst aus der Zeit nach 1875 sind Statistiken über trust companies erhältlich, seitdem die jährlichen Berichte des Comptroller of the Currency, des vom Bundesschatzamt zur Überwachung des Bankwesens ernannten höchsten Beamten, vorliegen. Seinen Angaben fehlt aber der Charakter der Vollständigkeit. Da die trust companies staatlicher Gesetzgebung unterstehen, besitzt der comptroller praktisch kein rechtliches Mittel, sie zur Einreichung von Berichten zu zwingen[491]. Die von verschiedenen Seiten sonst noch aufgestellten Zahlenübersichten weichen vielfach, und manchmal recht erheblich, voneinander ab – eine Erscheinung, die ihren Grund darin hat, daß keine einheitliche Meinung über die Zugehörigkeit der zahlreichen als state bank und trust company zugleich gegründeten Institute sowie der sich im Treuhandgeschäft nicht mehr betätigenden, jedoch noch den Namen „Trust Company" führenden Banken besteht. – Während es, dem Bericht des comptroller of the currency zufolge, in den Vereinigten Staaten im Jahre 1875 erst 35 trust companies mit Mitteln von insgesamt $ 122,9 Millionen

[490] Vgl. Boehmler, a. a. O., S. 421.

[491] Außer im Distrikt von Columbia, wo der comptroller neben den national banks auch alle anderen Bankinstitute direkt überwacht.

gab, stieg ihre Zahl bis 1890 bereits auf 149 mit einem Vermögen in Höhe von $ 503,8 Millionen[492]. Infolge des wirtschaftlichen Aufstiegs erfuhr der Treuhandgedanke in den Jahren vor und kurz nach der Jahrhundertwende seine weiteste Verbreitung, die sich in der rasch und machtvoll wachsenden Bedeutung der trust companies widerspiegelte und die Aufmerksamkeit der Finanzwelt auf sich lenkte. So erhöhte sich in den Jahren von 1891 bis 1900 ihre Zahl von 251 auf 290, die Summe des von ihnen investierten Kapitals von $ 192 Millionen auf $ 236 Millionen; von 1901 bis 1912 nahmen die trust companies zahlenmäßig um das Sechsfache zu und investierten $ 1,5 Milliarden[493].

Den Berichten des comptroller of the currency sind folgende Zahlen über die Ausdehnung der trust companies in der Zeit von 1900 bis 1935 entnommen[494]:

Jahr	Anzahl	Gesamte Mittel	Eigenkapital
		in Mill. Dollar	
1900	290	1 330	239
1905	683	2 865	524
1910	1 091	4 216	800
1915	2 159	5 873	423
1920	1 408	8 320	985
1925	1 680	11 565	1 366
1930	1 564	17 702	2 679
1935	1 007	13 473	1 912

Dieser Aufschwung beruht teilweise auf der Zunahme der für Einzelpersonen übernommenen trusts, wahrscheinlich aber mehr auf den in Zusammenhang mit den Emissionen für Gesellschaften ausgeführten Treuhandgeschäften.

Mit dem Bericht zum 30. 6. 1935 stellte der comptroller of the currency die Veröffentlichungen über trust companies als gesonderte Institute ein; die Unterscheidung zwischen den reguläre Bankgeschäfte betreibenden trust companies und den in treuhänderischem Auftrag tätigen kommerziellen Kreditinstituten hatte längst ihren praktischen Wert verloren.

1946 bestanden in den USA 2 976 Trustinstitute (trust companies und Geschäftsbanken), die ein Vermögen in personal trusts von schätzungsweise – Erhebungen gibt es darüber nicht – 36 Mrd. Dollar verwalteten. Etwa 4/5 des Betrages ruhten in den Händen von 114 Instituten. Ende 1953 sollen die 3 000

[492] Encyclopedia Americana, a. a. O., Band 3, S. 208.

[493] Encyclopedia of American History, hrsg. von Richard B. Morris, New York 1953, S. 506 f.

[494] James, F. Cyril, The Economics of Money, Credit and Banking, New York 1940, S. 417.

Treuhandabteilungen der Banken 75 Mrd. Dollar treuhänderisch in Besitz gehalten haben[495].

Auch über die Grenzen zum Norden des amerikanischen Doppelkontinents griff die trust company-Bewegung über. In *Kanada* tauchte 1882 die erste trust company auf; 1929 zählte man bereits 62, 1951 aber nur noch 48 Treuhandgesellschaften[496]. Sie erfüllen fast all die gleichen Treuhandfunktionen wie die amerikanischen Institute. Außerdem nehmen sie Einlagen entgegen, gewähren langfristige Kredite und geben Schuldverschreibungen aus[497]. – Im Gegensatz zu den amerikanischen Banken ist jedoch den (auf 10 Großbanken zusammengeschmolzenen) kommerziellen Kreditinstituten Kanadas das Treuhandgeschäft von Beginn an fremd geblieben[498].

Die Aktiva der Treuhandinstitute erhöhten sich von 154 Mill. Dollar im Jahre 1928 auf 278 Mill. Dollar im Jahre 1945; die von ihnen verwalteten Treuhandmittel von 1 078 Mill. Dollar auf 3 118 Mill. Dollar[499].

Ähnlich den Verhältnissen in den USA zerfallen in Kanada die Treuhandgesellschaften in solche, die der einzelstaatlichen Gesetzgebung unterstehen (Provincial trust companies), und solche (20 Ende des Jahres 1950), die ihre Entstehung der sog. Dominion charter des Bundesparlaments verdanken (Dominion trust companies). Seit Erlaß des die früheren Gesetze über die trust companies abändernden Trust Companies Act von 1914 (4–5 Geo. V, cc. 40 and 55) werden die bei der Provinzialregierung eingetragenen trust companies nicht mehr statistisch erfaßt. Die im folgenden wiedergegebene Aufstellung[500] über die Höhe der treuhänderisch verwalteten Mittel erstreckt sich daher nur auf die beim Dominion registrierten und der Aufsicht des Dominion Department of Insurance unterstehenden trust companies[501]:

Jahr	Treuhandvermögen in Mill. Dollar	Jahr	Treuhandvermögen in Mill. Dollar
1936	226,0	1941	268,6
1937	228,2	1942	290,6
1938	236,5	1943	313,5
1939	242,4	1944	338,9
1940	256,8	1945	363,3

495 Boehmler, a. a. O., S. 422.

496 Näheres über die Entwicklung der trust companies in Kanada bis zum ersten Weltkrieg siehe The Canada Year Book 1934–35, hrsg. vom Department of Trade and Commerce, Ottawa, S. 993.

497 Thomas, Rollin G., Our Modern Banking and Monetary System, New York 1950, S. 318.

498 Das kanadische Bankwesen lehnte sich in seinen Anfängen stark an das englische Vorbild an und hat sich stets gegen das Eindringen von Bankpraktiken aus den USA zu wehren gewußt. In den Freibriefen der ersten kanadischen Banken (Bank of Montreal, Quebeck Bank) aus dem Jahre 1822 und den darauf fußenden späteren Bankgesetzen sind die erlaubten Bankgeschäfte genau umschrieben (Easterbrook, W. T. und Hugh G. J. Aitken, Canadian Economic History, Toronto 1956, S. 449).

499 The Canada Year Book 1947, a. a. O., S. 1047 f.

500 The Canada Year Book 1947, a. a. O., S. 1051.

501 Jedoch einschließlich der Provincial trust companies der Provinzen Nova Scotia, New Brunswick und Manitoba (ab 1938), die sie der Beaufsichtigung des Dominion Department of Insurance unterstellt haben.

Ein vollständigeres Bild von der Bedeutung der kanadischen trust companies vermittelt eine für die Jahre 1944 und 1945 erstellte statistische Übersicht, wobei die Zahlen, soweit sie die Provincial trust companies betreffen, keiner amtlichen Erfassung entstammen, sondern von den Instituten angegeben wurden und etwa 90 % der Provincial trust companies und ihrer Leistungen erfassen [502].

	1944			1945		
	Prov. Co.	Dom. Co.	Insg.	Prov. Co.	Dom. Co.	Insg.
	In Millionen Dollar					
Eigenmittel	61,9	21,3	83,2	67,0	22,5	89,5
Fremdmittel	123,7	47,7	171,4	136,1	53,1	189,2
Vermögen	185,6	69,0	254,6	203,1	75,6	278,7
Treuhandvermögen	2593,7	338,9	2932,7	2754,5	363,3	3117,8

Exkurs

In *anderen Ländern* wurde den trust companies nicht die gleiche begeisterte Aufnahme bereitet. Zu nennenswertem Einfluß sind sie lediglich noch in den ehemals britischen Kolonien gelangt [503].

Übersichtlichkeit und straffe Reglementierung weist das Treuhandwesen in *Japan* auf. Es wird dort von 6 „trust and banking companies", den Treuhandabteilungen von 11 Kreditinstituten und dem hauptsächlich als Regierungsagenten tätigen Trust Fund Bureau getragen. Seine heutige Struktur ist im wesentlichen das Ergebnis der 1948 durchgeführten Reorganisation der Treuhandgesellschaften [504]. In der neuen Form dürfen sich die trust and banking companies, die über ein Vermögen von nicht weniger als 40 Mrd. Yen verfügen, auch als Banken betätigen; ihre gesetzliche Grundlage bilden das Gesetz über Treuhandgeschäfte von 1922 und das Bankgesetz von 1927. Sie haben eine bestimmte Summe ihres Kapitals beim Trust Fund Bureau als Garantie zu hinterlegen und hinsichtlich der Anlage von Treuhandvermögen genaue Vorschriften einzuhalten. Außer in den bekannten Treuhänderfunktionen treten die japanischen trust companies als Investmentbanken und Revisionsgesellschaften auf [505].

Schließlich haben noch in *Mexiko* die sociedades fiduciarias (93 im Jahre 1950) allgemein Anklang gefunden, die auch Bankgeschäfte betreiben [506].

[502] The Canada Year Book 1947, a. a. O., S. 1048.

[503] Encyclopaedia of the Social Sciences, a. a. O., Band 15, S. 109; Sayers, R. S., Banking in the British Commonwealth, Oxford 1952, S. 11.

[504] 1941 bestanden 26 selbständige trust companies, von denen zwar 7 etwa neun Zehntel des Gesamtkapitals beherrschten; während des Krieges wurden sie zum größten Teil von den ihnen nahestehenden Banken aufgesogen.

[505] Beckhart, Benjamin H., Banking Systems, New York 1954, S. 522, 547, 563 f.

[506] Ebenda, S. 599.

III. Die rechtliche Stellung und die Organisation der Trust Companies

Die trust companies sind Geschöpfe einzelstaatlicher Parlamente; die ältesten verdanken ihre Entstehung einem Freibrief (charter), die späteren einem besonderen Gesetz oder, noch in wenigen Jurisdiktionsbezirken (z. B. Nebraska und Nevada), den General Incorporation Laws. Als erster Bundesstaat erließ New York am 8. 6. 1887 einen Trust Company Act, der auf die charter an die United States Trust Company of New York von 1853 zurückging. Das Gesetz wurde bis 1906 mehrmals ergänzt und diente den übrigen Gesetzgebern häufig als Vorbild.

Heute haben nahezu alle Staaten ihre trust company-Gesetze, die nach strengen Maßstäben Gründung, äußere und innere Organisation, Grundsätze zur Geschäftsführung, Beschlußfassung über Statuten, Geschäftskreis, Treuhandvollmachten, Rechte der Treunehmer (besonders im Falle der Liquidation), Haftung für die Integrität des Trustvermögens, Gültigkeitsdauer von trusts, Anlage der Mittel und Berichterstattung an den Superintendent of Banks im einzelnen regeln. In einigen Staaten, wie New Jersey und Missouri, wird die Erteilung der Zulassung zum Treuhandgeschäft von der Stellung einer Sicherheit (meist in Form von Wertpapieren) bei den staatlichen Aufsichtsbehörden abhängig gemacht[507].

Die Eröffnung von Zweigstellen gestatten mehrere Staaten überhaupt nicht[508] oder nur begrenzt[509]; einige nur den Instituten ihres Landes. Wie ein ausgedehntes Filialnetz die Entwicklung einer Bank entscheidend beeinflussen kann, beweist das Beispiel der Bank of America National Trust and Savings Association in Kalifornien, die mit mehr als 700 Zweigniederlassungen zur größten Bank der Welt emporgewachsen ist. Die trust companies nützen ebenso wie die anderen Geschäftsbanken die ihnen im Rahmen des Gesetzes gebotenen Möglichkeiten[510]. So stützt sich die Marine Trust Company of Western New York (Sitz Buffalo) auf 56 Zweigstellen in 21 Städten[511].

Ein kurzer Überblick über die verwaltungsmäßige Gliederung einer modernen Treuhandgesellschaft möge die Bedeutung erkennen lassen, die amerikanische Banken dem Treuhandgeschäft beimessen.

Die auf das Jahr 1839 zurückgehende Guaranty Trust Company of New York beispielsweise verteilt ihre Tätigkeit auf folgende Verantwortungsbereiche: Banking Department, U. S. Govern-

[507] Abgesehen davon, daß auch zuweilen in den Satzungen die Bildung von Spezialreservefonds (trust guarantee funds) vorgeschrieben ist.

[508] Z. B. Kansas, Missouri.

[509] Z. B. Colorado, Florida, Georgia, Illinois, Texas.

[510] Die rd. 14 000 amerikanischen Banken verfügen über 8 000 Zweigniederlassungen, von denen aber nur knapp 150 Treuhandabteilungen unterhalten. (Banking, November 1957, S. 114, September 1958, S. 39.)

[511] Hogenson, Palmer T., The Economics of Group Banking, Washington, D. C., 1955, S. 53.

ment Bond Department, Municipal Bond D., Foreign D., Corporate Trust and Stock Transfer D., Custody D., Investment and Pension Trust D., Personal Trust D., Comptroller's D. und General Organization D. Außerdem unterhält sie eine Safe Deposit Company und in London eine Executor and Trustee Company.

Der organisatorische Aufbau einer reinen Treuhandgesellschaft, der annähernd 140 Jahre alten City Bank Farmers Trust Company of New York, Schwestergesellschaft des größten New Yorker (der Welt zweitgrößten) Bankhauses, der First National City Bank of New York, ergibt folgendes Bild: Administrative Directory, Investment Advisory and Custodian (Custodian Accounts, Investment Research); Pension Trust Division (Employee Benefit Plan Department, Investment Department, Administrative Dep., Trust and Advisory); Personal Trust Division, aufgegliedert in: Estates and Personal Trust Administration (Trusts, Estates, Traders, Real Estate and Mortgage), Estate Planning, Tax Administration; Corporate Trust Division (Corporate Trusteeships, Transfer and Reorganization, Coupon Paying); Operating Division; Business Development.

IV. Die Beziehung der Trust Company zum Bankgeschäft[512]

Die Zahl der trust companies, die ausschließlich Treuhandfunktionen ausüben und demnach ihre Gewinne allein aus Provisionen erzielen, ist niemals bemerkenswert gewesen. Nachdem sich die Verbindung mit dem Versicherungs- und Leibrentengeschäft als unzweckmäßig erwiesen hatte und deshalb weitgehend gelöst worden war, gingen schon bald mehrere Treuhandgesellschaften – in dem Bestreben, neben den Geschäften für fremde Rechnung auch solche auf eigene Rechnung und Gefahr zu betreiben – zum Bankgeschäft über.

Infolge des dem Treuhandgeschäft eigentümlichen Charakters wurde den trust companies ganz besonders Sicherheit und Verantwortungsgefühl in bezug auf die Anlage von übertragenem Kapital zugemessen. Außerdem vollbrachten sie als Agenten eine Menge gesuchter Dienstleistungen für Einzelpersonen und Gesellschaften und waren so fortwährend in Berührung mit allen nur möglichen wirtschaftlichen Kreisen. Es bedeutete für sie geradezu eine natürliche Folgerung, von ihren Kunden auch Spargelder und Geschäftsdepositen in Empfang zu nehmen, Schecks einzulösen und Wechsel zu diskontieren.

So führten bereits einige der ältesten trust companies den Ausdruck „Loan" (= Kredit) in ihrem Firmennamen, z. B. die Farmer's Loan and Trust Company. Ähnliche entstanden später unter der Bezeichnung „bank and trust company" oder „banking and trust company". Andere wiederum, ohne derartige ausdrückliche

[512] Encyclopedia Americana, a. a. O., Band 3, S. 206; Heaton, a. a. O., S. 12 ff.; Nachod, a. a. O., S. 70 ff.; Encyclopaedia Britannica, a. a. O., Band 22, S. 515; Prather, Charles L., Money and Banking, Chicago 1941, S. 711 f; Westerfield, Ray B., Money, Credit and Banking, 2. Aufl., New York 1947, S. 970 f; Stubbe, A., Organisation des amerikanischen Bankwesens, in Jahrbuch für Gesetzgebung, Verwaltung und Volkswirtschaft, hrsg. von Schmoller, 31. Jhrg. (1907), 2. Band, S. 331–342; „Now Is the Time for Banks to Stand Together", Rede des Präsidenten der American Bankers Association Joseph C. Welman auf der Mid-Winter Trust Conference 1958 in New York (Banking, März 1958, S. 49).

Hinweise in der Firmierung, hoben in ihren Prospekten und sonstigen Veröffentlichungen hervor, daß sie gegen Grundstücksbelastungen oder langfristige Schuldverschreibungen Kredite aus eigenen Mitteln gewährten. Nach der Schaffung eines Nationalbanksystems und einer nationalen Währung im Jahre 1863, die die Vormacht der state banks brach und ihren Einfluß zurückdrängte, entwikkelten sich viele trust companies zu namhaften Finanzierungsinstituten. Die Jahre 1860–1880 erlebten – nach dem Vorbild der 1852 ins Leben gerufenen State and Savings Bank of Buffalo – eine Reihe bedeutender Neugründungen von „savings and trust banks“ (mit mächtig ausgebauten Depotabteilungen), die sich zu harten Rivalen der eigentlichen Sparbanken herausbildeten. – Man nimmt an, daß die trust companies zuvor schon Sparkonten geführt, aber nicht klar zwischen „trust deposit“ und „savings deposit“ unterschieden haben; von nun an blieb die Tätigkeit der beiden Geschäftstypen scharf von einander getrennt.

Immer weiter drangen sie in das Gebiet der reinen Kreditbanken vor: Neben befristeten Einlagen nahmen sie hernach auch Sichteinlagen entgegen; denn der Scheckverkehr hatte sich erst seit der Gründung des ersten amerikanischen Clearing-Institutes in New York (1853) breiter ausdehnen können[513]. Etwa um 1873, als noch keineswegs der größere Teil der Tätigkeit von Treuhandgesellschaften auf den Bankgeschäftszweig entfiel, überflügelten infolge einschränkender Maßnahmen gegen die Notenausgabe der national banks die Annahme von Einlagen und der Ankauf von Wechseln im Sturm das bis dahin in der Union dominierende Banknotengeschäft. Bei diesem Umschwung bot sich den trust companies insofern ein erheblicher Vorteil gegenüber den state und national banks, als sie nicht den gesetzlichen Bestimmungen über Mindestreserven unterworfen waren und sich zur Überwindung von Liquiditätsschwierigkeiten an die Geschäftsbanken wenden konnten[514]. Die in den Freibriefen zur Übernahme von trusts verliehenen Privilegien hatten zuweilen nur noch dekorativen Charakter. Nachdem die Lebens- und Feuerversicherung schon fast restlos aufgegeben war, begann nunmehr das Treuhandwesen den zweiten Rang einzunehmen.

In der Tat verwandelten sich die trust companies während der Jahre 1880 bis 1900 in der Mehrzahl der Staaten in bankmäßig organisierte Institute – auch wenn die Firmenbezeichnung nichts darüber erkennen ließ. Mit großzügiger Gründungscharter ausgestattet und in ihrer Aktivität durch keinerlei Beschränkungen gehemmt, waren sie daher in der Lage, sich leicht und rasch den veränderten Bedürfnissen anzupassen. Kaum eine charter enthielt ein Verbot von Bankfunktionen, ja sogar einige schlossen die Gewährung von Darlehen auf Mobilien und Immobilien mit ein. Das trust company-Gesetz der Legislative New Yorks von 1887 definiert z.B. den Begriff trust company folgendermaßen: “The term ‘trust com-

[513] Hart, Albert G., Money, Debt and Economic Activity, New York 1948, S. 26.
[514] Ebenda, S. 27.

pany' ... means any domestic corporation formed for the purpose of taking, accepting and executing such trusts as may be lawfully committed to it, acting as trustee in the cases prescribed by law, receiving deposits of money and other personal property and issuing its obligations therefor, and lending money on real or personal securities[515]."

Wohl untersagten etwa die Behörden von Pennsylvanien den trust companies Banktätigkeit, jedoch nur solche, zu der sie nach dem Gesetz nicht berechtigt waren. So waren den trust companies nahezu überall sämtliche Bankgeschäfte mit Ausnahme der den national banks im National Bank Act von 1863 vorbehaltenen Notenausgabe gestattet oder wurden in restlichen Fällen erzwungen. Die Staatsregierungen sahen sich vor vollendete Tatsachen gestellt und erkannten den bestehenden Zustand an.

Die originären Geschäftsbanken indessen, die sich der erdrückenden Konkurrenz gegenüber in ihrer Existenz aufs äußerste bedroht fühlten, konnten dieser Entwicklung nicht länger untätig zuschauen und forderten für die trust companies – die übrigens auch nicht den Steuern unterlagen wie die Kreditinstitute – hinsichtlich deren Bankgeschäfte die gleichen Bedingungen. Sie wiesen auf die Gefahr für das gesamte Bankwesen und besonders darauf hin, daß die trust companies nur bestimmten Zwecken dienen könnten, ihre Anzahl dagegen den vorhandenen Bedarf weit übersteige.

Dem Drucke nachgebend, stellten New York, Connecticut und einige andere Staaten die trust companies unter die allgemeine Aufsicht des Banking Department und verpflichteten sie gesetzlich zur gerichtlichen Eintragung. Dessenungeachtet genossen sie weiterhin zahlreiche, den anderen Banken nicht zugängliche Vorteile, z. B. in bezug auf Reservehaltung, Kreditpolitik, Besteuerung usw.[516]. Die Streitigkeiten setzten sich somit fort. Da die trust companies sich aber im Volke ausgesprochener Beliebtheit erfreuten, überdies infolge durchweg soliden und weitblickenden Geschäftsgebarens besorgniserregende Zusammenbrüche nicht aufwiesen[517], sahen sich die Regierungen verständlicherweise zu einem Eingreifen nicht genötigt.

[515] Consolidated Laws ch. 2 art. I sec. 2. Bei Roth, a. a. O., S. 215.

[516] Allerdings sollen hier und da Staaten dem Expansionsdrang der trust companies – sogar bis auf den heutigen Tag – enge Grenzen gezogen und ihnen namentlich das Diskontgeschäft verboten haben. (Siehe Encyclopedia Americana, a. a. O., Band 3, S. 206.)

[517] Zahlungseinstellungen nach der Krise von 1893 (Stubbe, a. a. O., S. 351):

	1893	1895	1897	1898	1899	1900	1901	1902
National banks	154	21	21	4	7	3	5	–
State banks	184	57	24	12	5	8	13	8
Trust Companies	14	2	2	2	2	–	–	2
Privatbanken	196	37	41	28	18	30	32	16

Als 1905 unter dem Einfluß der state und national banks die Clearing-Häuser von New York, Chicago, Boston und Pittsburgh in ihren Statuten von den trust company-Mitgliedern höhere Reservesätze verlangten (10 %, im Ermessensfalle 15 %), schieden diese eher aus dem Clearing-Verkehr aus, als daß sie nachgaben. Sie ließen sich dann durch Privatbankiers oder Agenten beim Clearing-Geschäft vertreten. Den schärfsten Wettbewerbskampf lieferten die trust companies den übrigen Banken im Depositengeschäft, nachdem sie zu deren Verdruß auch noch zur Verzinsung der Sichteinlagen übergegangen waren. Während 1880 auf die national banks 74 %, state banks 18 % und die trust companies 8 % der Gesamteinlagen entfielen, zeigte das Jahr 1904 schon ein Verhältnis von 48 % : 30 % : 22 %[518].

Nach manchen hitzigen Kontroversen vor Gerichten und Parlamenten erging endlich 1906 in New York ein Trust Company Reserve Law, das die Haltung einer Rücklage von 15 % der Gesamtdepositen (davon 5 % in bar) vorschrieb. Die Änderung des Gesetzes im Jahre 1908 erklärte dann die für alle Banken geltenden Gesetze auf die Bankgeschäfte der trust companies für anwendbar. Die anderen Staaten folgten dem Beispiel bald und auf gleichem Wege. Diese etwas überraschend angekündigten Maßnahmen im Zusammenwirken mit der durch Überspekulation in den großen Finanzzentren gleichzeitig heraufbeschworenen Krise mußten bei einigen überdimensionierten Instituten zu finanziellen Erschütterungen führen. So setzte 1907 ein „run" auf die angesehene Knickerbocker Trust Company, New York, ein, die als Depositenbank im Staate New York an erster und unter allen trust companies an zweiter Stelle (nach der Illinois Trust and Savings Bank) stand, und es kam einstweilen zur Schließung der Bank. Ein Teil der trust companies brach zusammen[519]. Mehrere wurden, ohne Verluste für die Gläubiger, liquidiert, die meisten konnten aber nach Abklingen der Panik ihre Pforten wieder öffnen[520].

Die Treuhandgesellschaften sind also im Laufe der Zeit zu einflußreichen Kreditinstituten, Sparbanken oder zu „Finanzwarenhäusern" im amerikanischen Sinne geworden, die bankrechtlich in keiner Weise den state und national banks nachstehen[521]. Sie trugen maßgeblich zur Finanzierung der wirtschaftlichen Durch-

[518] Stubbe, a. a. O., S. 338

[519] Smith, James G., The Development of Trust Companies in the United States, New York 1928, S. 345–352; Faulkner, Harold U., Geschichte der amerikanischen Wirtschaft. Übertragung aus dem Amerikanischen von Walther Schwerdtfeger, Düsseldorf 1957, S. 542.

[520] Insgesamt stellten in den beiden Jahren der Depression 1907 und 1908 mehr als 200 ihre Zahlungen ein (Encyclopedia of American History, a. a. O., S. 506 f.).

[521] Wie sich bereits im Namen vielfach der allgemeine Bankcharakter ausdrückt, möge folgende kleine Auswahl aus dem reichhaltigen Katalog dieses Banktyps zeigen: Florida National Bank & Trust Co., Miami, Harris Trust & Savings Bank, Chicago, Hartford National Bank & Trust Co., Farmington, Conn., Merchants National Bank & Trust Co., Fargo, N. Dak.,

dringung des Westens und zur Erstarkung der jungen amerikanischen Industrie bei. Die moderne „loan and trust company" hat sich ausgezeichnet bewährt und ist im wirtschaftlichen Denken des Amerikaners heimisch geworden. Nach dem Bericht des comptroller of the currency zum 30. 6. 1926 befanden sich von den 49 Mrd. Dollar Depositeneinlagen aller Banken 8,9 Mrd. (= rd. 18 %) in den Händen der trust companies, obwohl diese der Zahl nach nur 5,9 % der berichtenden Banken ausmachten. Ferner hatten die trust companies ca. 13 % der gesamten Spardepositen des Landes in ihrem Besitz[522]. Zu Beginn des zweiten Weltkrieges verfügten sie über 1/3 sämtlicher Bankmittel. Von den 362 dem State Banking Department unterstehenden Instituten im Staate New York waren am 31. 12. 1953 nicht weniger als 119 trust companies – davon 35 in New York City[523]. Heute sind etwa die Hälfte der 20 größten Banken auf amerikanischem Boden trust companies[524].

Laut Federal Reserve Act vom 23. 12. 1913 können die trust companies, wenn sie gewissen Anforderungen, insbesondere bezüglich der Höhe von Kapital und Rücklagen sowie der Geschäftsführung, Genüge getan haben, Mitglieder des Federal Reserve System werden. Allerdings läßt bis jetzt der Drang zum Anschluß noch auf sich warten – hauptsächlich deswegen, weil das Bundesreservesystem doch stärker auf die ursprünglichen Kreditinstitute abgestellt ist.

V. Die Trust Companies als Versicherungsgesellschaften Ihre sonstigen Geschäfte

Wie bereits dargestellt, waren es anfangs Versicherungsgesellschaften, die die Qualifikation als trustee erhielten. Noch etwa bis 1870 wurden zu „fire insurance and trust"- oder „life insurance and trust"-Geschäften bevollmächtigte Institute als Gesellschaft eingetragen (incorporated). Diese seltsame Verbindung dürfte ihren Grund in den unsicheren Verhältnissen und der mangelhaften Ordnung innerhalb des Geld- und Finanzwesens zur Zeit der Kolonisierung haben. Denn als man damals nach einem Ersatz für den Einzeltreuhänder suchte, schienen von den

National Bank of Commerce & Trust Co., Prov. RI., Portland Trust & Savings Bank, Ore., Security Trust & Savings Bank, Billings, Mont., Security Bank & Trust, Vincennes, Ind., Southern Arizona Bank & Trust Co., Tuscon, Fidelity Union Trust Company, Newark, N. Y., First Western Bank & Trust Co., San Francisco.

[522] Hellwig, Rudolf, Das Bankwesen der Vereinigten Staaten von Amerika, Struktur und Entwicklungstendenzen. Finanzwissenschaftliche und volkswirtschaftliche Studien, hrsg. von Karl Bräuer, 11. Heft, Jena 1928, S. 171 f.

[523] Die übrigen verteilen sich auf state banks (99), Sparbanken (130), Privatbanken (3) und Industriebanken (11). The World Almanac and Book of Facts for 1955, hrsg. von New York World-Telegram Corporation, New York, S. 235.

[524] Banking, März 1958, S. 49.

bestehenden corporations beinahe ausschließlich die Versicherungsgesellschaften Gewähr für die erforderliche Sicherheit und ausreichende Vertrauenswürdigkeit zu bieten. Es muß damit der Ansicht von *Westerfield*[525] entgegengetreten werden, der die Kombination insofern für naheliegend hält, als die Verwaltung des treuhänderisch übernommenen Vermögens in der rechtsgeschäftlichen Versicherung vor Feuer und Treubruch ihre Ergänzung finde. Die Erfüllung dieser beiden Arten von Verträgen hat aber a priori eine grundsätzlich verschiedene innere Einstellung zur Voraussetzung – eine individuell-vertrauliche, die persönlichen Wünsche berücksichtigende auf der einen und eine mehr allgemein-kommerzielle auf der anderen Seite.

Die amerikanischen Banken blieben also vom Beruf des Treuhänders zunächst ausgeschlossen[526]. Gegen Ende des 19. Jahrhunderts lösten sich die meisten trust companies vom Versicherungsgeschäft, nachdem es zuvor ohnehin schon von der Treuhändertätigkeit stark in den Hintergrund gedrängt worden war. Lediglich die fidelity insurance – wie sie bekanntlich in ähnlicher Weise von den bond oder surety companies ausgeübt wird[527] –, die title search and insurance und mortgage insurance werden auch heute noch von besonderen Abteilungen einiger trust companies in den Staaten, in denen sie dazu ermächtigt sind, betrieben.

Statt Hinterlegung einer Kaution übernimmt bei der auf versicherungsstatistischer Grundlage beruhenden fidelity insurance die fidelity company gegen Zahlung einer Versicherungsprämie die Bürgschaft für die Zuverlässigkeit von Angestellten und Beamten in vertrauensvollen und verantwortungsreichen Stellungen[528].

Die sog. title search und title insurance companies befassen sich mit der Aufklärung verworrener Rechtslagen bei Grundstücken und grundstücksgleichen Rechten, die aus den turbulenten Zeiten der Staatsgründung herrühren. Sie werden anläßlich der Auflassung oder Beleihung von Grundvermögen häufig damit beauftragt, das infolge einer Reihe von Übertragungen nicht mehr eindeutig nachweisbare (und daher im Wert geminderte) Eigentum des Verkäufers oder Schuldners durch Nachprüfung von Dokumenten und öffentlichen Registern weit in die Vergangenheit zu verfolgen und genau festzustellen. Neben der Ableitung des Rechtstitels leisten sie auch die finanzielle Garantie für die Richtigkeit ihrer Untersuchungen.

In einem title insurance-Vertrag verpflichtet sich die trust company, auf eigene Kosten die Verteidigung eines im Gerichtsverfahren angefochtenen Rechtsanspru-

[525] Westerfield, a. a. O., Seite 971. [526] Siehe Nachod, a. a. O., Seite 49.

[527] Gesellschaften, die sich durch Gewährung sogenannter fidelity bonds und surety bonds für die Ehrenhaftigkeit bestimmter Personen bzw. die Erfüllung gewisser Verpflichtungen bestimmter Firmen oder Personen verbürgen.

[528] Siehe Hellwig, a. a. O., S. 163.

ches zu führen. Endet der Prozeß erfolglos, so hat sie den Versicherten in Höhe der Versicherungssumme zu entschädigen[529].

Als abstracter oder examiner of title[530] verfaßt die trust company in gedrängter Form einen Bericht über frühere Eigentumsrechte, Rechtsübergänge, Belastungen und sonstige mit der Geschichte eines Grundstücks zusammenhängende Begebenheiten. Ihre Haftung ist auf die eines Agenten begrenzt.

Im Zusammenhang mit ihrer auf die Aufdeckung von Rechtsmängeln gerichteten Forschungstätigkeit haben sich die title abstract und title guarantee departments ausgezeichnete Kenntnisse über die örtlichen Besitz- und Grundstücksverhältnisse angeeignet. Sie sind daher in der Lage, Geldanleger beim Erwerb von Hypothekenbriefen zu beraten, geneigte Kreditsucher und Kreditgeber zusammenzuführen oder auch Hypothekenbeleihungen aufzukaufen und an Kapitalanleger weiter zu veräußern. – Die national banks sind grundsätzlich von dem Geschäft der Rechtstitelversicherung ausgeschlossen[531].

Der Erwähnung bedürfen noch die sog. title and mortgage insurance companies, die die Auszahlung von Zinsen und die Tilgung der durch Grundstücksverpfändung gesicherten Kredite garantierten. Weil sie aber während der Krise von 1930 bis 1933 ihren Verpflichtungen vielfach nicht nachkommen konnten und liquidiert oder saniert werden mußten, übt ihre Funktion seitdem eine Bundesbehörde, die Federal Housing Administration, aus.

Nach den Treuhand- und üblichen Kreditbankgeschäften nimmt das safe deposit business, die Vermietung von Schrankfächern, bei trust companies von mehr als lokaler Bedeutung den wichtigsten Rang ein. Die von ihren safe deposit departments zur Aufbewahrung von Urkunden und umfangreichen Wertgegenständen angebotenen Einrichtungen der safe deposit boxes erfreuen sich in den USA einer erheblich stärkeren Benutzung als etwa in Deutschland.

Die Annahme von Spareinlagen zählt bei den trust companies ebenso wie bei anderen Kreditinstituten zu den vier Hauptgeschäftszweigen (banking, trust, safe deposit, savings) und erfährt besonders in jüngster Zeit zunehmende Förderung[532]. Indem sie das Spargeschäft pflegen, hoffen die Banken, auch andere Geschäfte, nicht zuletzt Treuhandaufträge, anlocken zu können[533].

[529] Modern Business Encyclopedia, hrsg. von The World Publishing Company, Cleveland und Ohio 1945, S. 133.

[530] abstract of title = Auszug über die aufeinanderfolgenden Übertragungen (Abtretungen) und andere Tatsachen, auf die sich ein Grundstücksrecht gründet.

[531] Prather, a. a. O., S. 727 f.

[532] Obwohl in fast allen Staaten gemeinnützige und erwerbswirtschaftliche Sparbanken, die mutual savings banks und die stock savings banks, zahlreich vertreten sind.

[533] American National Bank and Trust Company of Chicago, Annual Report to the Stockholders for the Year 1956, S. 12.

Der Handel in Effekten (security trading), namentlich in Staatspapieren, hat sich in den letzten Jahrzehnten merklich erweitert, nachdem den Geschäftsbanken 1933 die kommissionsweise Durchführung von Obligationenemissionen verboten worden war. Die größeren trust companies verfügen über eigens dafür eingerichtete bond departments, selbst dann, wenn, wie z. B. bei der Continental Illinois National Bank and Trust Company of Chicago, ihre Betriebsorganisation sonst nur eine geringe Gliederung aufweist. Kunden sind: Korrespondenzbanken, Gesellschaften und Einzelpersonen[534].

Verschiedene trust companies, vor allem in den Südstaaten, betätigen sich als Grundstücksmakler; andere wiederum erblicken ihre Chance im Hypothekarkredit- und Hypothekenpfandbriefgeschäft sowie in der Hypothekenvermittlung. Schranken für eine mehr oder minder breite Form ihres Wirkens auf finanzwirtschaftlichem Gebiet bilden jeweils die Gesetze der Einzelstaaten. Reine Treuhandinstitute gibt es heute nur noch wenige; unter ihnen sind die City Bank Farmers Trust Company, New York, und die Old Colony Trust Company, Boston, die bekanntesten.

Zur Vorbeugung von Mißverständnissen muß noch auf einen Tatbestand aufmerksam gemacht werden: Nicht alle Institute mit dem Namen „trust company" sind Treuhandgesellschaften. So handelt es sich beispielsweise bei der Savings Banks Trust Company in New York um ein Zentralinstitut der Sparbanken des Landes. Die 1908 in Florida gegründete Atlantic Trust Company ist nichts weiter als eine Holding-Gesellschaft, getragen von der Atlantic National Bank, Jacksonville, Springfield Atlantic Bank, Jacksonville, First Atlantic National Bank, Daytona Beach, und vier weiteren Banken[535].

B. DIE ÜBRIGEN TREUHANDINSTITUTE

Während in Deutschland die Banken keineswegs als alleinige Träger der Treuhandidee gelten, in England die Stellung des Einzeltreuhänders zwar nicht mehr beherrschend, aber noch – in weitestem Sinne – Inbegriff des „holding property in trust" ist, dürfte in den Vereinigten Staaten die Vormachtstellung der korporativen Geschäftsbanken, der trust companies, state banks und national banks[536], auf

534 Continental Illinois National Bank and Trust Company of Chicago, Annual Report to Shareholders 1955.

535 Hogenson, a. a. O., S. 60.

536 Heute zählen, streng genommen, noch einige andere Typen zu den commercial banks, wie z. B. die stock savings banks, über die der comptroller of the currency nicht mehr gesondert berichtet.

diesem Felde unbestritten sein. Von den übrigen Bankunternehmungen und -anstalten des Landes üben nur vereinzelt die Privatbankiers, wie auch der größte unter ihnen (und die größte Bank in der Welt überhaupt), die Bank of America National Trust and Savings Association mit über 700 Zweigstellen in Kalifornien[537], und ferner in ein oder zwei Staaten die genossenschaftlichen Sparkassen (mutual savings banks) gewisse Treuhandfunktionen aus[538].

I. Die State Banks

Die state banks, die keine staatlichen Einrichtungen sind, sondern nur der Legislative der Einzelstaaten unterstehen– im Gegensatz zu den national banks – und wie diese Aktienbanken sind, blickten voller Neid auf die ausschließlich und mit sichtlichem Erfolg von den trust companies ausgeführte Verwaltung von Treuhandvermögen. Als deren wachsenden Übergriff auf das Bankgeschäft schließlich auch noch die Rechtsprechung sanktionierte, beschlossen sie, mit Gleichem zu vergelten. Zahlreiche state banks gründeten Tochtergesellschaften als trust companies oder gliederten sich, nachdem ihnen in mehreren Staaten gegen Mitte des vorigen Jahrhunderts auf Grund entsprechender Gesetze die Treuhänderqualifikation zuerkannt worden war, Treuhandabteilungen an. Um die Jahrhundertwende sollen es etwa 100 state banks gewesen sein, die im Treuhandwesen Fuß gefaßt hatten[539]. Als dann der Federal Reserve Act von 1913 den national banks grundsätzlich die Treuhandvollmacht verlieh, erwachten auch die letzten Einzelstaaten und ermächtigten durch Änderung ihrer Bankgesetze[540] die Bankbehörden, Staatsbanken auf Antrag alle den trust companies in dem jeweiligen Jurisdiktionsbezirk zur Ausübung von Trustfunktionen zugestandenen Rechte zu gewähren. – Seit dieser Zeit ist das Treuhandgeschäft endgültig und aufs engste mit dem Bankgeschäft verbunden, versteht man unter dem allgemeinen Begriff „Trustinstitut“ die Treuhandabteilung beider Banktypen, der trust companies und der eigentlichen Geschäftsbanken. Natürlich unterhalten nicht alle Banken, vor allem nicht die auf dem Lande, trust departments, sondern nur solche von einer bestimmten Größe an vermögen sich die erforderliche Organisation zu leisten.

Die state banks[541] leiten, wie ein Teil der trust companies, die Wahrnehmung fiduziarischer Rechte von den staatlichen Bankgesetzen und der Genehmigung des

[537] Im Besitze der Familie Giannini, 1930 verschmolzen mit der Bank of Italy, San Francisco, und der Bank of California.

[538] Finke und Knox, a. a. O., S. 69.

[539] Prochnow, a. a. O., S. 461.

[540] In New York z. B. durch die Laws of 1919 ch. 159 sec. 1.

[541] Eine genauere Bezeichnung ist „state commercial banks“, da auch die trust companies und größtenteils die nicht eingetragenen (Privat)Banken den staatlichen Parlamenten unterstehen.

übergeordneten superintendent of banks ab. Diese ist an eine Reihe von Bedingungen geknüpft, die jeder Staat an eine Gesellschaft stellt, wenn sie in seinen Grenzen Geschäfte zu betreiben wünscht. Die Erlaubnis, in einem Staat trusts zu übernehmen, schließt keinesfalls die Berechtigung für andere Staaten mit ein. Die Anforderungen der einzelnen Staaten sind nicht einheitlich; sie beziehen sich u. a. auf die Aufbringung von Mindestkapital und -reserven, oft festgelegt im Verhältnis zur Zahl der örtlichen Bevölkerung, Hinterlegung einer Sicherheit beim Bankkommissar (von deren Höhe mancherorts der Umfang der Treuhandvollmachten abhängt) usw. Ist eine staatlich konzessionierte Bank bereits Mitglied des Federal Reserve System, so erhält sie die Zulassung zur Einrichtung einer Treuhandabteilung vom Federal Reserve Board – allerdings nur insoweit, als sie mit dem Gesetz des betreffenden Staates in Einklang steht.

Über Ausmaß und Ergebnis fiduziarischer Tätigkeit der insgesamt 8900 vom State Banking System überwachten Institute[542] existieren keine Zahlenangaben. Den state banks hat das Wirken auf dem Treuhandgebiet unangefochtenen Ruf und lohnende Frucht eingetragen, wie aus ihren jährlichen Veröffentlichungen klar zu ersehen ist. Lassen wir für alle die mächtige, weltbekannte J. P. Morgan & Co. Inc., New York[543], ein altes Emissionsinstitut der USA, jedoch eine relativ junge Treuhandbank – vor ihrer Umwandlung von der „partnership" (die etwa der deutschen OHG entspricht) in eine Aktiengesellschaft im Jahre 1940 stand sie, von den „investment advisory services" abgesehen, dem Treuhandwesen fern – zu Wort kommen: "Development of this field of activity has been constant and substantial since the Company became eligible to perform trust functions on its incorporation in 1940[544]." Und ihr trust and investment department, das sie neben der Abteilung für corporate trusts und fiscal agencies unterhält, meldet stolz: "Accounts supervised – including pension trusts, estates and investment advisory accounts – now have a total value in excess of $ 2 000 000 000[545]."

[542] The World Book Encyclopedia, hrsg. von Field Enterprises, Inc., 19 Bände, Chicago 1949, Band 2, S. 644.

[543] Über die bedeutsame Rolle dieses Bankhauses in der amerikanischen Effektenfinanzierung unter einem ihrer berühmtesten Inhaber, dem älteren John Pierpont Morgan, und dessen wirtschaftliche Macht und politischen Einfluß siehe Corey, Lewis, The House of Morgan, A Social Biography of the Masters of Money, New York 1930, S. 343 ff.; ferner Allen, Frederick L., Pierpont Morgan. Übertragung aus dem Amerikanischen von Gustav Mersu und N. O. Scarpi, Bern 1950.

[544] Annual Report 1956, S. 6 f.

[545] Ebenda.

II. Die National Banks

Das Eindringen der trust companies in die ureigenen Bereiche der eigentlichen Banken und andererseits das Auftreten der state banks als trustees brachten auch die national banks in Harnisch[546]. Als Noten- und Scheckbanken zur Wahrung eines höheren Liquiditätsgrades verpflichtet und vom Hypothekarkreditgeschäft ausgeschlossen, fühlten sie sich im Bankgeschäft ohnehin schon außerordentlich behindert. Energisch forderten sie daher in den ersten Jahren unseres Jahrhunderts die Zulassung zum Treuhandgeschäft. Vorerst revanchierten sich zahlreiche national banks dadurch, daß sie eigens Trustinstitute gründeten, wie z. B. die First National Bank of Chicago im Jahre 1903 die First Trust and Savings Bank of Chicago. Wiederum andere verzichteten auf die ihnen von der Legislative verliehenen national charters und wandelten sich in trust companies um[547]. Um die allmähliche Aufweichung des Nationalbanksystems aufzuhalten und seinen Mitgliedern eine günstigere Wettbewerbsposition zu verschaffen, sprach ihnen der Kongreß schließlich in Abschnitt 11 (K) des Bundesreservegesetzes vom 23. 12. 1913 grundsätzlich das Recht zur Treuhändertätigkeit aus. Danach ist der Board of Governors of the Federal Reserve System ermächtigt, national banks auf Wunsch die besondere Genehmigung zum Gebrauch des Wortes „trust" im Firmennamen und zur Ausübung von bestimmten Treuhandvollmachten (limited trust powers) zu erteilen, „when not in contravention of state or local law". Es hat eine Reihe von Staaten mit diesbezüglich sehr undurchsichtigen Gesetzen gegeben; während einige den national banks bei Schaffung der rechtlichen Voraussetzungen offenes Entgegenkommen erwiesen, verhielten sich andere völlig ablehnend[548].

Bevor jedoch die vom Bund konzessionierten Banken in denselben Treuhänderfunktionen wetteifern konnten, die von den trust companies und state banks in den betreffenden Staaten wahrgenommen wurden, mußten der Federal Reserve Act (durch den Phelan Bill vom 26. 9. 1918) ergänzt, Musterprozesse (test cases) vor den obersten Staatsgerichten geführt und das Supreme Court of the United States um Entscheidung über die Verfassungsrechtlichkeit der Trustklausel in Abschnitt 11 (K) des Gesetzes angerufen werden. Und erst die Befreiung der charters von der zeitlichen Begrenzung sowie ihre Erweiterung zwecks Übernahme

[546] Das auf Bundesautorität beruhende national banking system wurde am 25. 2. 1863 errichtet, als die von den state banks in Umlauf gesetzten Banknoten das Land überfluteten und – der Bundesregierung war nach dem Scheitern der Zweiten Bank der Vereinigten Staaten (1835) die Lust an der Beaufsichtigung des Bankwesens vergangen – dem Geldwesen ein totaler Zusammenbruch drohte. Etwa 7 000 Arten und Nennwerte von Banknoten und gut 4 000 gefälschte hat man festgestellt (Faulkner, a. a. O., S. 530).

[547] Eine Hauptursache für diese Reaktion war aber außerdem die erstrebte Lösung von den ihre Kreditbereitschaft einengenden Vorschriften des Bundes.

[548] Prather, a. a. O., S. 712; Boehmler, a. a. O., S. 421 f; Foster, Rodgers u. a., a. a. O., S. 494 f; Encyclopaedia of the Social Sciences, a. a. O., Band 15, S. 109.

von perpetual trusts (durch den McFadden-Pepper Act im Jahre 1927) eröffneten den national banks den Zugang praktisch zu allen Variationen des Treuhandgeschäftes.

Der Board of Governors wird dem ihm über die Federal Reserve Bank des Distriktes zugeleiteten Antrag einer national bank auf Eröffnung einer Treuhandabteilung nicht stattgeben, ehe er die Vermögens-, Kapital- und Ertragsverhältnisse, die charakterliche und fachliche Eignung der Direktoren der Antragstellerin, die maßgeblichen Staatsgesetze sowie die Bedürfnisfrage und vieles mehr eingehend geprüft hat [549].

Die national banks erlangten also die Anerkennung als Treuhänder nicht so leicht wie die übrigen Kreditinstitute. Sie haben aber die Aufgabe privater Vermögensbildung und -verwaltung mit gleichem Erfolg gelöst wie die Probleme des Bankverkehrs und an der Ausweitung der Trustidee über den ganzen amerikanischen Kontinent hervorragenden Anteil gehabt.

So ergibt sich die interessante Tatsache, daß in den USA nicht nur die Treuhandgesellschaften zu Banken, sondern auch die Geschäftsbanken zu Treuhandgesellschaften geworden sind. Die Ausdehnung der trust companies als *der* Träger des Treuhandwesens hat damit ihr definitives Ende gefunden [550].

Nicht verwirklicht haben sich dagegen die für die Kreditbanken am Anfang ihres neuen Weges gehegten Befürchtungen von *Roth* [551], daß es den oft unvorbereitet und aus Prestigegründen eröffneten Treuhandabteilungen an der ernsten praktischen Erfahrung und einem besonders eingespielten Verwaltungsapparat mangeln würde und daher eine Verflachung des Gedankens der Treuhand zu erwarten sei. Statt des vorausgesagten Mißerfolges erlebten die jungen Treuhandinstitute eher einen staunenswerten Siegeszug, wie die nachfolgenden Zahlenübersichten (Seite 176) beweisen sollen. Ihr unvergleichlicher Aufschwung in der jüngsten Zeit, wie ihn z. B. die City National Bank and Trust Company, Kansas City, Miss., rühmend hervorhebt, berechtigt geradezu zu den größten Hoffnungen. "... Leadership and progress in all other phases of the trust field has continued to produce a rapid, yet balanced, growth of the entire department, which was established over twenty-five years ago. Within the past five years the annual

[549] Board of Governors of the Federal Reserve System, Regulation F, as amended 5. 2. 1951, S. 2.

[550] Der Internal Revenue Code definiert den Begriff „Bank" als „a bank or trust company incorporated and doing business under the laws of the United States (including laws relating to the District of Columbia), of any State or of any territory, a substantial part of the business of which consists of receiving deposits and making loans and discounts, or of exercising fiduciary powers similar to those permitted to national banks under section 11 (k) of the Federal Reserve Act (38 Stat. 262; 12 USC 248 [k]), and which is subject by law to supervision and examination by state, territorial or Federal authority having supervision over banking institutions" (Banking, Juli 1958, S. 56).

[551] Roth, a. a. O., S. 222.

revenues of the department and the assets under its control have nearly trebled, and its personnel has more than doubled[552]."

III. Die Einzeltreuhänder

Als Treuhänder übernimmt heute die amerikanische Kreditbank dieselbe Funktion und Verantwortung wie früher der individual trustee im englischen Mutterland. Die trust company stellt auch die Verkörperung der Treuhandidee im modernen Wirtschaftsleben dar; ihr tritt jedoch in Gestalt des Einzeltreuhänders noch eine, wenngleich kaum gefürchtete und die einzige Konkurrenz entgegen. Der Einzeltreuhänder, der übrigens die Vollmacht zur fiduziarischen Tätigkeit nur aus dem konstitutionellen Recht eines amerikanischen Bürgers ableitet und mancherorts zum Schutze der Benefiziare beim zuständigen Gericht ein Pfand hinterlegen muß, führte anfangs in der Neuen Welt, vor allem in den traditionsbewußten Neuengland-Staaten, alle anfallenden Treuhandgeschäfte aus. Daß er indessen mit der kühnen wirtschaftlichen Entwicklung nicht Schritt zu halten vermochte bzw. ihm das Tor zu einigen Gebieten des Treuhandwesens sogar gänzlich versperrt blieb, wurde bereits dargelegt.

Die Rechtsausübung des individual trustee beschränkt sich heute auf ein kleines Feld und ist häufig nur von untergeordneter Bedeutung[553]. Sein Einfluß zeigt sich allerdings noch nahezu ungemindert als Verwalter von Stiftungsvermögen (foundations) und Versicherungsfonds[554]. In den Händen von Einzelpersönlichkeiten, meistens Rechtsanwälten, liegt ebenfalls ein ganz beträchtlicher Teil der personal trusts, während die trust company unbestreitbar als Repräsentant des corporate trust gilt.

Eine natürliche Person wird bisweilen zusätzlich zu einer Gesellschaft als co-trustee über Privatvermögen eingesetzt, so z. B. ein erfahrener Freund, der die Wünsche des Treugebers besser kennt, aber nicht mit technischen Arbeiten belastet werden soll. Sie tritt auch gelegentlich auf der Domäne des korporativen Treuhänders, bei der Pfandhaltung zugunsten der Obligationengläubiger, als co-trustee neben das Treuhandinstitut – nämlich dann, wenn sich die verpfändeten Grund-

552 Annual Report 1954, S. 29.

553 Diese allgemein vertretene Ansicht wird beispielsweise von Prather (a. a. O., S. 723) nicht geteilt.

554 In drei Staaten (Massachusetts, New York, Connecticut) betätigen sich die Sparbanken in jüngerer Zeit in der savings banks life insurance, einer Art Ersatzlebensversicherung unter der Aufsicht des State Banking and Insurance Department. Die Sparkassen haben 1 % ihrer Prämieneinnahmen an den Savings Banks Life Insurance Fund abzuführen, der in Ergänzung der gesetzlich vorgeschriebenen Rücklagen als zentraler Garantiefonds dient. Dieser Fonds wird von 7 vom Superintendent of Banks mit Zustimmung des Gouverneurs ernannten Treuhändern verwaltet. (The World Almanac and Book of Facts for 1956, a. a. O., S. 231; Statistical Abstract of the United States 1956, a. a. O., S. 426.)

stücke in mehr als einem Staat befinden; denn zahlreiche Regierungen verbieten das Auftreten auswärtiger trust companies innerhalb ihrer Grenzen. Bei Zahlungsunfähigkeit der Schuldnergesellschaft kann der co-trustee sofort und gleichzeitig in den verschiedenen Staaten die zur Zwangsvollstreckung erforderlichen gerichtlichen Schritte unternehmen. Der Trust Indenture Act von 1939 gestattet ausdrücklich die Ernennung eines co-trustee under the terms of a mortgage[555].

Die als Treuhänder tätigen Rechtsanwälte – bekannt sind immer noch die „Boston trustees" – haben sich teilweise zu sog. bar associations zusammengeschlossen und stehen nicht gerade in einem freundschaftlichen Verhältnis zu den Treuhandbanken, seitdem diese in das den Anwaltsgenossenschaften angestammte Gebiet der Testamentsabfassung und -vollstreckung eingedrungen sind. Das höchste Gericht von Connecticut mußte unlängst noch die Klage der State Bar Association als unbegründet abweisen, daß die Banken im Zusammenhang mit der Übernahme von Treuhandfunktionen, namentlich als Testamentsvollstrecker, gesetzlich unzulässigen (siehe Regulation F des Board of Governors, Abschnitt 6, e) Rechtsbeistand leisteten[556]. Die Neigung zur Zusammenarbeit setzt sich jedoch – von örtlichem Aufflackern des Streites abgesehen – allmählich durch[557]. Um die Förderung besserer Beziehungen zwischen diesen beiden Treuhändergruppen bemüht sich besonders die Trust Company Division of the American Bankers Association[558].

Die Vor- und Nachteile der Treuhandgesellschaft gegenüber einer natürlichen Person[559] sind im Schrifttum mehr als praktisch notwendig abgewogen worden.

[555] Siehe Bonneville, Joseph H. und Lloyd E. Dewey, Organizing and Financing Business, 5. Aufl., Englewood Cliffs, N. J., 1952, S. 133; Loring, Augustus P., A Trustee's Handbook, 5. Aufl., Boston 1940, S. 13, 148–151, 252–257.

[556] Erläuterung und Stellungnahme zum Urteil siehe Banking, Juni 1957, S. 98 f.

[557] „Deans attend Conference" (27. Trustkonferenz des Mittelkontinents in St. Louis), Banking, Dezember 1958, S. 120.

[558] Die American Bankers Association, die am 31. 3. 1958 13 968 Banken und 3 449 Zweigstellen als Mitglieder zählte und damit 98 % des amerikanischen Bankenpotentials sowie 99 % aller Bankmittel erfaßte, wurde 1875 durch ein Übereinkommen der damals führenden Kreditinstitute in Saratoga Springs, N. Y., ins Leben gerufen. Sie gliedert sich in die National Bank Division, State Bank Division, Savings D., Trust D. sowie die State Secretaries D., die die Arbeit der 49 staatlichen bankers associations koordiniert (Banking, Mai 1958, S. 144; Public Administration Organizations, A Directory of Unofficial Organizations in the Field of Public Administration in the United States and Canada, hrsg. von Public Administration Clearing House, Chicago 1948, S. 11). – Außer diesem Verband gibt es noch die Investment Bankers Association mit rd. 500 Mitgliedern, der auch trust companies angehören können; die state bankers associations; die Farm Mortgage Bankers Association; die Savings Bank Association, die sich nur über die Staaten New York, Massachusetts und Connecticut erstreckt; die trust company associations der Staaten New York, New Jersey und Massachusetts sowie mehrere kleinere Verbindungen (Robert Morris Club, The Bankers Club of America, Association of Reserve City Bankers, National Association of the Supervisors of State Banks usw.) von nur örtlicher Bedeutung.

[559] An dieser Stelle darf kurz darauf hingewiesen werden, daß im amerikanischen Volksbewußt-

Im Grunde genommen hängen sie doch wesentlich von den Umständen und der Eigenart der einzelnen Treuhandaufgaben ab. Kleinere trusts und trusts stark individueller Zweckbestimmung eignen sich ohne Zweifel zur Übernahme durch individual trustees. Andererseits dürften für eine massenhafte Treuhandverpflichtung und für komplizierte trust-Arrangements, z. B. bei der finanziellen Ausrüstung von Unternehmungen, Banken bevorzugt werden – schon auf Grund ihrer anerkannten Stellung in der breiten Öffentlichkeit und des in jedem Falle vorhandenen, genau festgelegten Haftungskapitals.

sein der gedankliche Gegensatz zwischen freier Einzelpersönlichkeit und Korporation nicht so groß ist, wie vielleicht allgemein angenommen wird. Der Grund für diese Denkungsweise liegt in der Identifizierung der großen Organisationen mit der Würde und Ethik des individuellen, freiheitlichen Kaufmanns der Pionierzeit. Die Idee, die Korporationen instinktiv als freie Individuen zu betrachten, wurde besonders vom obersten amerikanischen Bundesgerichtshof gepflegt; er erdachte eine Art Zeremoniell, um diesen Mythos der korporativen Persönlichkeit lebendig zu erhalten. Die Personifizierung der Korporationen ist ein soziales Phänomen; sie rechtfertigt gewissermaßen das harte Schicksal jener, die niemals einen höheren Rang in der menschlichen Gesellschaft erreichen. (Vgl. Arnold, Thurman W., The Folklore of Capitalism, New Haven 1937, 14. Druck 1956, S. 185–205.)

Die Tätigkeit der National Banks als Trustees[560]. Geldwerte außer

	1930 (30. 6.)	1935 (30. 6.)	1940 (30. 6.)
Zahl der als trustees zugelassenen Banken	2 472	1 932	1 877
Zahl der im Treuhandgeschäft tätigen Banken	1 829	1 578	1 540
Zahl der treuhänderisch privilegierten, aber nicht tätigen Banken	643	354	337
Wert des Gesamtvermögens	23 529,1	22 543,5	32 307,2
Zahl der individual trusts	79 912	129 711	137 629
Zahl der living trusts	[561]	69 162	71 062
Zahl der court trusts	[561]	60 549	66 567
Zahl der agency-Aufträge [562]	—	—	—
Wert der individual trusts	4 473,0	9 251,3	9 345,4
Wert der Investitionen insgesamt	3 705,9	8 342,0	7 492,5
in Obligationen	[561]	4 066,3	3 790,8
in Aktien	[561]	2 442,4	2 310,1
in Grundpfandrechten	[561]	663,9	518,6
in Grundvermögen	[561]	597,6	552,5
Sonstige	[561]	571,8	320,5
Wert der Einlagen bei Sparbanken	8,7	20,2	
Wert der Einlagen in eigenen Banken	153,5	354,3	526,7
Wert der Einlagen bei fremden Banken	15,8	8,3	
Wert der sonstigen Anlagen	589,1	526,5	1 326,2
Zahl der corporate trusts	11 511	16 801	16 273
Wert der Anleiheausgaben, für die Banken als Pfandhalter fungieren	11 803,7	11 605,1	9 317,7
Brutto-Erträge der berichtenden Treuhandinstitute	22,8	26,5	31,7
Durchschnitt pro trust	$ 248	$ 184	$ 206
Durchschnitt pro Institut	$ 14 839	$ 18 723	$ 22 742

[560] Statistical Abstract of the United States, hrsg. vom U. S. Department of Commerce, Washington, 1949, S. 440; 1950, S. 399; 1951, S. 398; 1952, S. 404; 1953, S. 435; 1954, S. 461; 1955, S. 445.

[561] Keine Angaben erhältlich.

[562] Bis 1950 in living trusts enthalten.

Durchschnittszahlen in Mill. Dollar.

1945 (31. 12.)	1946 (31. 12.)	1948 (31. 12.)	1950 (31. 12.)	1952 (31. 12.)	1953 (31. 12.)
1 788	1 782	1 798	1 774	1 781	1 767
1 504	1 507	1 505	1 518	1 513	1 513
284	275	284	256	268	254
76 015,8	70 564,0	73 520,7	81 969,8	91 749,6	93 431,9
153 833	163 866	172 719	191 874	256 850	271 704
81 727	87 938	93 839	107 139	92 107	100 246
72 106	75 928	78 880	84 735	92 018	93 985
—	—	—	—	72 725	77 473
15 764,8	17 852,4	20 420,4	34 597,2	39 666,0	43 150,2
12 031,8	14 051,1	16 354,0	18 399,0	22 199,9	24 241,1
8 082,4	9 336,1	10 716,7	11 984,4	14 517,2	15 792,3
2 823,1	3 487,9	3 935,3	4 214,8	5 267,4	5 666,8
336,5	357,6	704,6	752,8	809,7	996,0
465,1	494,5	547,9	608,0	736,3	801,0
324,7	375,1	449,5	838,9	869,3	985,1
		befristete Einlagen:	291,1	421,4	418,1
749,2	834,6	841,9			
		Sichteinlagen:	756,9	823,1	894,1
2 983,8	2 966,7	3 224,5	15 150,2	16 221,5	17 596,9
18 507	18 379	21 821	25 396	34 143	37 846
8 195,1	8 576,0	11 009,7	16 049,8	16 052,0	17 625,8
561	561	561	70,0	80,6	86,0
$ 236	$ 276	$ 305			
$ 28 504	$ 35 128	$ 41 112			

C. DIE TREUHANDGESCHÄFTE IM EINZELNEN

I. Zum Wesen des Trust und des Trustgeschäftes

Die geradezu in unerschöpflicher Auswahl vorhandenen, mehr oder weniger guten, weit ausholend oder knapp gefaßten Begriffsbildungen des trust[563] bringen allesamt folgenden Vorgang zum Ausdruck: Der trustor oder truster, oft auch grantor, donor, settler und creator genannt, gibt Eigentum und Besitz über näher bestimmtes Vermögen (trust property, trust estate, corpus) auf und überantwortet es einem Treuhänder – in der Erwartung, daß dieser es zum Nutzen eines oder mehrerer, eindeutig benannter Treunehmer (beneficiary oder cestuique trust) entsprechend der im Treuhandvertrag erläuterten Zielsetzung verwaltet. Alle Arten von Vermögen können in einen Trustfonds überführt werden. Es gilt in ausgedehntem Maße die dingliche Surrogation: Jeder mit Mitteln des Treugutes erworbene Gegenstand wird dem Fondsvermögen einverleibt. Der Begründer des trust kann sich selbst, eine andere Person oder eine Institution, aber nicht den Treuhänder zum Treunehmer ernennen. Er mag etwa den Vertrag so abfassen, daß die Erträge aus dem trust zu Lebzeiten ihm, nach seinem Tode der Ehefrau und nach deren Ableben wiederum den Kindern zufließen (life tenants); daß bei Beendigung des trust das Vermögen einem Erben ausgezahlt (remainderman) oder, bei Aussterben der Familie einem gemeinnützigen Zweck zugewendet werden soll.

In der Vertragsurkunde (trust indenture) werden bis in die Details Dauer des trust, die zu treffenden Vorkehrungen bei Auflösung des trust und der Heimfall (reverter) des Gutes bei Eintritt unvorhersehbarer Ereignisse, z. B. des Todes des Treunehmers vor dem des Treugebers, geregelt. Sie enthält inter alia die Bedingungen, unter denen das Trustgut und eventuell dessen Erträge zu verwalten und zu investieren sind, sowie gewisse Kontrollmöglichkeiten des Treugebers. Sie wird deed of trust genannt, soweit sie sich auf Grundvermögen bezieht, und trust agreement, wenn sie persönliche Habe betrifft. Trusts, die gegen das Gemeinwohl verstoßen, und mit unsittlicher oder ungesetzlicher Zweckbestimmung sind verboten. Lediglich die Trustverträge über Grundstücke bedürfen nach einzelstaatlichem Gesetz, wie schon im alten England nach dem Statute of Frauds (1676), der Schriftform; dagegen können die sich auf Fahrnis erstreckenden trusts mündlich rechtswirksam begründet werden, sofern sie nicht Bestandteil eines Testamentes bilden.

Die Rechte und Pflichten des trustee sind in dem general law of trusts, einer Summe allgemeiner, in langjähriger Gewissensrechtsprechung aufgestellter ethischer

[563] Vgl. Siebert, a. a. O., S. 59 f.

Prinzipien, und in Einzelgesetzen festgelegt. Die gesetzlichen Vorschriften haben aber nur ergänzende Bedeutung. Der Treuhänder hat den trust strikt nach den Bestimmungen des Vertrages zu verwalten. Er hat dabei diligentiam quam in suis rebus aufzuwenden[564]. Er ist kein Versicherungsträger; er verantwortet nicht Fehler, die er im guten Glauben begeht. Vernachlässigt der Treuhänder die Sorgfaltspflicht grob fahrlässig, so haftet er persönlich für den daraus entstehenden Schaden. Loyalität gegenüber dem Treugut, nicht weniger auch Treuepflicht und Offenheit gegenüber dem Benefiziar sind Grundideen im Treuhandrecht. Treubruch (breach of trust) wird streng geahndet[565].

Treuhänderisch verwaltetes Gut der Bank soll von dem übrigen (Geschäftsbank-) Vermögen scharf getrennt gehalten werden. Alle seinetwegen vorgenommenen Transaktionen sind in besonderen Büchern und Protokollen genauestens auszuweisen. Weiterhin schreibt der Federal Reserve Act vor:

> "No national bank shall receive in its trust department deposits of current funds subject to check or the deposit of checks, drafts, bills of exchange or other items for collection or exchange purposes. Funds deposited or held in trust by the bank awaiting investment shall be carried in a separate account and shall not be used by the bank in the conduct of its business unless it shall first set aside in the trust department United States bonds or other securities approved by the Board of Governors of the Federal Reserve System[566]."

Nach Annahme des Treuhandauftrages kann ihn der trustee nur mit Zustimmung des Benefiziars oder des Gerichtes zurückgeben. Das Gericht läßt niemals die Ausführung eines trust aus Mangel an einem Treuhänder scheitern. Es ist sogleich zur Neubestellung bereit, wenn der Ernannte aus irgendeinem Grunde sein Amt nicht antritt. Andererseits kann der trustee auch nicht ohne weiteres abgesetzt werden; keinesfalls deswegen, weil er sich nicht der Willkür des Benefiziars zu fügen pflegt[567].

Der Treuhänder wird Eigentümer nach common law (legal owner), er hat in der Regel[568] den Rechtstitel inne. Der Benefiziar genießt aber dadurch, daß die Gerichte Treuhandverträge als sakrosankt betrachten, außerordentlich starken

[564] Das heißt, er muß begründete Ansprüche durchsetzen und sie gegen Angriffe schützen. Er kann seine Vollmachten nicht abtreten, wenngleich er die Ausführung gewisser untergeordneter Arbeiten, wie Aufbewahrung der Wertpapiere, den hierzu geeigneten Instituten übertragen darf.

[565] Siehe hierzu Brunner, a. a. O., S. 60–68; Siebert, a. a. O., S. 74–76; Foster, Rodgers u. a., a. a. O., S. 501 f; Loring, a. a. O., S. 4 ff., 62 ff.

[566] Federal Reserve Act, Sec. 11 (k) par. 15, bei Peterson, Marvin J. und D. R. Cawthorne, Money and Banking, verb. Aufl., New York 1949, S. 291.

[567] Griffith, V. A., Outlines of the Law. A comprehensive Summary of the Major Subjects of American Law. Indianapolis 1950, S. 487–491.

[568] Nicht etwa bei der Testamentsvollstreckung, wo der Testamentsvollstrecker nur Verfügungsmacht erwirbt.

Schutz. Er ist owner in equity und braucht niemals zu befürchten, daß das Treugut bei Vollstreckung gegen den Treuhänder in die Zwangszugriffsmasse fallen könnte.

II. Einteilung der treuhänderischen Tätigkeit

Zahlreich sind im Schrifttum die Versuche, die trust services der amerikanischen Banken systematisch zu ordnen. Im allgemeinen liegen ihnen aber, bewußt oder zufällig, die gleichen Gliederungsgesichtspunkte zugrunde, nämlich: 1. der Zweck einer Treuhänderbestellung, 2. die Eigenart des Benefiziars, 3. die Form der Trustbegründung.

Nach *Smith*[569] erfüllt der Treuhänder eine vierfache Aufgabe in unserem wirtschaftlichen und sozialen Dasein: 1. rechtliche Betreuung von Menschen, die wegen Minderjährigkeit, Krankheit und aus sonstiger Unzulänglichkeit nicht für sich selbst sorgen können, 2. Verwaltung und Bewirtschaftung von Vermögen jener Personen, die dazu nicht in der Lage sind oder sich der damit verbundenen Last und Verantwortung entledigen möchten, 3. Liquidation und Verteilung von Nachlaßvermögen, 4. für Andere stellvertretend tätig zu sein (als Agent).

Ist der Benefiziar Betrachtungsobjekt bei der Untersuchung der verschiedenartigen fiduziarischen Beziehungen im Wirtschaftsverkehr der Gegenwart, so sind die folgenden Gruppen von trusts zu unterscheiden: 1. private trusts, a) personal trusts – zugunsten von natürlichen Personen, b) corporate trusts – Treunehmer sind eingetragene Gesellschaften, 2. public trusts, die Verwaltung des Vermögens von Stiftungen, Vereinen, Sammlungen, nationalen und internationalen Organisationen, gebietsrechtlichen Körperschaften, von Wohltätigkeits- und Erziehungseinrichtungen (institutional trusts, community trusts, charitable trusts).

Vornehmlich in älteren Werken bestimmt die Form der Errichtung eines trust das Gliederungsprinzip. Danach sind zu trennen: 1. expressed (ausdrücklich erklärte) trusts, 2. implied (stillschweigende, schlüssige) trusts, 3. resulting (durch unwiderlegbare Vermutung, Fiktion entstehende) trusts, 4. constructive oder involuntary (durch Gesetz oder Billigkeitsrechtsprechung unabhängig von einem Parteiwillen konstruierte) trusts. Diese Einteilung ist nur für rechtsvergleichende Betrachtungen von praktischem Nutzen[570]. Dem Aufbau dieser Arbeit hingegen dient besser nachstehende: Ernennung 1. durch das Gericht, 2. im Testament, 3. im Vertrag, 4. durch Bevollmächtigung (agency).

Man trifft zuweilen den Begriff „trustee" auch in einer engeren Auslegung an, nämlich im Sinne eines rechtsgeschäftlich bestellten Treuhänders (voluntary trusts), dem die vom Gericht er-

[569] Smith, a. a. O., S. 24.

[570] Siehe darüber Siebert, a. a. O., S. 61–67; Brunner, a. a. O., S. 69–71.

nannten Treuhänder, wie der executor, administrator und besonders der guardian sowie der conservator, gegenübergestellt werden.

Die Klassifikation der Treuhandbeziehungen nach aktiven und passiven trusts – im Hinblick auf die Mitwirkung des trustee – hat nur noch historischen Wert.

Sinnvoll und allgemein verbreitet ist die Unterscheidung der Treuhandgeschäfte schlechthin in personal oder individual trusts (zugunsten von Privatpersonen) und corporate trusts (für private Gesellschaften, öffentlich-rechtliche Körperschaften, religiöse Organisationen, gemeinnützige und mildtätige Institutionen), wenngleich die Zugehörigkeit zu einer Kategorie nicht die zur anderen ausschließt. Ihr entspricht auch bei den Banken die Aufteilung der Treuhandabteilung in personal trust department und corporate trust department.

Nun werden von jedem Treuhandinstitut, teilweise schon infolge gesetzlicher Beschränkung, nicht alle nur denkbaren Trustfunktionen ausgeübt, wenn auch die wichtigsten in den Bankprospekten stets zu finden sind. Höchst umfangreich und beinahe erschöpfend ist der Katalog der Treuhandgeschäfte, den die bekannte New York Trust Company anbietet; sie sollen Gegenstand der Darstellung in den nächsten Abschnitten sein.

Personal Trusts

Testamentsvollstreckung, Übernahme testamentarisch und vertraglich begründeter trusts, Verwaltung von Pensions- und Gewinnbeteiligungsfonds, Vormundschaft, Treuhänderschaft bei Gläubigerausschüssen und unter Verwahrungsverträgen, Verwahrung von Wertpapieren, Beratung in der Vermögensplanung und Kapitalanlage.

Corporate Trusts

Pfandhalterschaft bei grundpfandrechtlich gesicherten Anleiheausgaben; Registrierung und Übertragung von Namenspapieren, Entgegennahme der Zeichnung bei Emissionen, Auszahlung von Zinsen und Dividenden, Umtausch und Einlösung von Effekten, Haltung der neu zu bewertenden Wertpapiere bei Sanierungen usw.

III. Treuhandgeschäfte der Banken für Privatpersonen

Mit enormem publizistischen Aufwand suchen die Banken engeren Kontakt mit dem Kunden zu gewinnen, in vertraulichen Gesprächen seine persönlichen Verhältnisse ausführlich und individuell zu behandeln, um mit der Ausarbeitung eines Programms zur treuhänderischen Investition seines Barvermögens beauftragt zu werden. Die First National Bank of Chicago beispielsweise hat im Laufe eines Geschäftsjahres dreimal die Damen ihrer Kundschaft zu öffentlichen Aussprachen eingeladen und mit ihnen über Probleme der Treuhandverwaltung, namentlich der testamentarischen trusts, diskutiert[571]. Die Banken sehen auch ihre Bemühungen in den voraufgegangenen Jahren mit Erfolg gekrönt, denn sie sprechen von „highlights“ im personal trust-Geschäft.

So schreibt die City Bank Farmers Trust Company, die über die First National City Bank of New York mit ihren 78 Zweigstellen in der Umgebung New Yorks und 74 Auslandsfilialen über einen ausgedehnten Geschäftskreis verfügt: "In 1956 new business developed by our Personal Trust Division reached new peaks. The number and the dollar amounts of living trusts established with us increased substantially, and the number of wills in which we have been designated to act exceeded last year's total, which established a long-time record. Also, the number of estates we commenced administering during 1956 was the largest in over 20 years[572]."

Beachtlich ist die Leistung einer Bank mit der Bilanzsumme von rd. einer Milliarde Dollar: „... Accounts administered by personal trust have increased by nearly $ 60 million in the past two years ...[573]."

Die auf das Jahr 1784 zurückreichende First National Bank of Boston streicht 1957 stolz heraus, daß das auf Grund von Verträgen und von gerichtlicher Bestellung verwaltete Treuhandvermögen von 924 Mill. Dollar sowie die von ihr als Agenten verwahrten Mittel in Höhe von 1 130 Mill. Dollar insgesamt nun die zwei Milliarden Dollar-Grenze überschritten hätten. Ein Jahr später betragen sie fast zwei und eine viertel Milliarde Dollar[574].

In einer neuen Terminologie wenden sich seit geraumer Zeit die Banken an das Publikum, um seine Aufmerksamkeit auf ihre ständige Dienstbereitschaft zu lenken. Das sog. estate planning, eine modifizierte personal trust-Verwaltung, komme seinen besonderen Wünschen hinsichtlich der treuhänderischen Kapitalanlage noch besser entgegen, behaupten die Banken und konzentrieren darauf unentwegt ihre Werbung. Sie gehen dabei von der untrüglichen Tatsache aus, daß für dieses Geschäft – man versteht ganz schlicht darunter die geschickte, werterhaltende Investition von Vermögenswerten zum höchst erzielbaren Nutzen der Kunden oder anderer von diesen bedachter Personen – augenblicklich die Bedingungen günstiger denn je sind[575]: größere Einkommensbildung bei allen arbeitenden Schichten des Volkes, höhere Zuwendungen aus den Sozial- und Gemeinschaftsversicherungen sowie zunehmende Abschöpfung durch Besteuerung und schleichende Verringerung des Geldwertes, die schon eine kompetente Beratung und umsichtige, von wirtschaftlichem Denken geleitete Dispositionen erfordert.

Die Entwicklung gab ihnen anscheinend recht, denn so heißt es bei der Mellon National Bank and Trust Company, Pittsburgh: "The New Business and Estate Planning Division of the Per-

[571] Annual Report 1957, S. 8.

[572] Report to the Shareholders 1956, S. 20.

[573] The Philadelphia National Bank, Annual Report 1955, S. 8.

[574] Annual Report 1957, S. 6, 1958, S. 10.

[575] City Bank Farmers Trust Company, New York, „What You Should Know about Personal Trusts“, Sonderschrift der Estate Planning Division, ohne Erscheinungsjahr, S. 5 f.

sonal Trust Department has had the most successful year on record [576]." Oder: „Unserer Estate Planning Abteilung kommt besondere Bedeutung zu. Es ist ein relativ frisches Feld, auf dem wir aber – ohne in die Vorrechte der Juristen eingreifen zu wollen – nützliche, auf die nennenswerte Ersparnis von Erbschaftssteuern gerichtete Berechnungen und Vermögensplanungen anstellen können. Dank der Leistungen dieser Abteilung ist uns eine Menge neuer Testaments- und Trustaufträge zugegangen [577]."

Für die Ausführung von personal trusts stellte der Exekutivausschuß der Treuhandabteilung der American Bankers Association 1933 Grundsätze auf, die noch heute als goldene Regel im Handbuch jedes Treuhänders stehen [578]. Die wesentlichen sind:

Bei der Ausübung des Treuhandgeschäftes für Einzelpersonen muß die Bank bestrebt sein, für die Treunehmer einen sorgfältigen und qualitativ gleichmäßigen Finanzdienst zu leisten. Es gehört zu ihrer vornehmsten Pflicht, dem Willen des Treugebers so nachzukommen, wie er im Trustvertrag seinen Niederschlag gefunden hat. Voraussetzungen für die Erfüllung dieser Aufgaben sind wohlwollende, taktvolle und persönliche Beziehungen zu den derzeitigen Benefiziaren, wobei die Interessen der künftigen Benefiziare im Auge zu behalten sind. Die Treuhandinstitute sollen sowohl alle personal trusts der direkten Überwachung des Leiters der Treuhandabteilung unterstellen als auch die Treunehmer in unmittelbare Fühlung mit ihm bringen. Personal trust-Arbeit ist von Natur aus vertraulich, und das von einem Kunden in die Bank gesetzte Vertrauen darf unter keinen Umständen, außer in den vom Gesetz bestimmten Fällen, preisgegeben werden. Die treuhänderisch verliehenen Rechte allein zum Nutzen der Benefiziare und niemals zur Erlangung eigener Vorteile zu gebrauchen, ist nach wie vor Kardinalgebot für den Treuhänder. Er hat alle Achtsamkeit aufzuwenden, die ein kluger, mit der Materie vertrauter Mensch aufbringen würde; ferner hat er über seine Tätigkeit genauestens Bücher zu führen und die Treunehmer zu unterrichten [579].

1. Testamentsvollstreckung

Die Treuhandverhältnisse, die durch richterliche Bestellung entstehen (by court appointment) und von den Staatsgesetzen bis in alle Einzelheiten geregelt sind, bleiben seit jeher auf wenige Formen beschränkt, stellen aber die bekanntesten personal trusts dar. Gerade in den letzten Jahren konnten die Banken mancherorts

[576] Annual Report 1958, S. 8.

[577] The Bank of California National Association, Annual Report 1958, S. 8 f.

[578] Von ihnen sagte Walter Kennedy, Präsident der First National Bank, Montgomery, Ala., (Banking, Juni 1958, S. 98): "It (statement) is our charted course from which we should never vary; a guide to sound management, and it should be your constant compagnion."

[579] A Statement of Principles of Trust Institutions, Artikel III, Board of Governors of the Federal Reserve System, Regulation F, a. a. O., Anhang, S. 32.

einen erheblichen Teil des probate business, der mit der Erbschaftsverwaltung zusammenhängenden Tätigkeit, an sich ziehen und den Rechtsanwalt (counsellor, attorney at law), dem bisher das Amt des Testamentsvollstreckers gewöhnlich angetragen wurde, weitgehend verdrängen[580]. Sie fungieren als executors of the estate, soweit sie in einem Testament (will) als solche ernannt sind; als administrators of the estate, wenn sie von dem für die Beglaubigung des Testamentes zuständigen Gericht mit der Verwaltung und Verteilung des Nachlasses jener Personen beauftragt werden, die ohne Hinterlassung eines rechtsgültigen Testamentes gestorben sind (intestates). Der administrator bedarf der Billigung seitens aller Betroffenen. Wenn der Erblasser (testator) im Testament keinen executor bestimmt hat, oder wenn der Genannte verstorben ist, sich weigert, sein Amt anzutreten, oder vom probate court als unfähig erklärt worden ist, wird ebenfalls vom Gericht ein Testamentsvollstrecker, ein administrator with the will annexed, eingesetzt. Als co-executor oder co-administrator teilt die Bank die Verantwortung mit einer privaten Person, z. B. dem Ehegatten.

Der executor leitet seine Vollmacht aus der letztwilligen Verfügung, der administrator vom intestacy law (Gesetz über das Fehlen eines Testamentes) ab. Jedoch können beide erst mit Zustimmung des surrogate (probate) court von der Hinterlassenschaft Besitz ergreifen. Die Einholung der letters testamentary, der gerichtlichen Beglaubigung des Testamentes, leitet daher die Abwicklung der Vermögensübertragung ein. Die Aufstellung eines Inventars über das ganze hinterlassene Vermögen, die Feststellung und Begleichung aller Schulden, einschließlich der Steuern sowie der Bestattungskosten, die Benachrichtigung der Lebensversicherungsgesellschaft, Beitreibung von Forderungen, Abwehr unberechtigter Ansprüche gegen die Erbmasse, die Verteilung des Restvermögens gemäß den Bestimmungen des Testamentes oder Instruktionen des Richters und die Einreichung eines Abschlußberichtes an das Gericht gehören dabei zu den wichtigsten Aufgaben[581].

Der Testamentsvollstrecker fällt alle zur Erhaltung der Integrität des Vermögens notwendigen Entscheidungen; er hat peinlichst Sorge dafür zu tragen, daß der letzte Wille des Verstorbenen erfüllt wird, aber auch die rechtmäßigen Wünsche der Erben in jeder nur möglichen Weise berücksichtigt werden. Manche sich hierbei

[580] Dies geht unmißverständlich aus vielen Geschäftsbriefen hervor: "Al phases of Trust Division business continued to grow substantially in 1954, and it is particulary to note the sharp rise in Will appointments" (The Philadelphia National Bank, Annual Report 1954, S. 6); "While the increase in business was general, it was particulary noticeable in agency services and in the number of wills admitted to probate" (The Bank of California National Association, Annual Report 1956, S. 18); "The number of customers who appointed the bank as executor and testamentary trustee increased again in 1958" (Wells Fargo Bank, San Francisco, Annual Report 1958, S. 6).

[581] Westerfield, a. a. O., S. 973; Hellwig, a. a. O., S. 166 f.; Foster, Rodgers u. a., a. a. O., S. 499; Fundamentals of Investment Banking, hrsg. von Investment Bankers Association of America, Englewood Cliffs, N. J., 1949, S. 773 f.

ergebende Schwierigkeiten kann der Erblasser durch exakte Regelung von Einzelfragen im Testament vorwegnehmen, wie zum Beispiel: Soll der Testamentsvollstrecker ein zu hinterlassendes Geschäft nicht eine Zeitlang als Treuhänder fortführen, anstatt es aufzulösen, wozu er mangels anderweitiger Vorschriften (retention clause) verpflichtet wäre? Soll er für die Liquidation des Vermögens eine günstigere Marktlage abwarten und infolgedessen zwecks Einlösung von Verbindlichkeiten etwa Kredit aufnehmen dürfen[582]?

2. Vormundschaft[583]

Nach ihrer Unabhängigkeitserklärung sahen sich die jungen Staaten der amerikanischen Union gezwungen, nicht nur für intestates, sondern auch für den rechtlichen Schutz von Waisen sowie von sonstigen Geschäftsunfähigen und deren Vermögen zu sorgen. In Anlehnung an das englische Vorbild übertrugen sie die Auswahl und Ernennung des Vormunds den chancery-Gerichten (der Billigkeitsrechtspflege), auch bekannt als „orphan's courts". Heute wird ein guardian of minors entweder auf Anordnung des örtlichen Gerichts oder durch Testament oder Vertragsurkunde, vorbehaltlich der richterlichen Bestätigung, bestellt. Viele Staaten geben Kindern, die das 14. Lebensjahr vollendet haben, das Recht, sich ihren Vormund selbst zu wählen, z. B. Alabama, Arizona, Kansas, Minnesota. Einige verbieten zur Vorbeugung gegen Interessenkonflikte die Ernennung des executor vom elterlichen Vermögen zum guardian.

Eine Treuhandgesellschaft fungiert als guardian zwecks Verwaltung des Gutes von Minderjährigen (guardian of the property) und als conservator bei Personen, die nicht imstande sind, ihre Vermögensverhältnisse in ausreichender Weise selbst zu ordnen, z. B. Schwachsinnige, Geistesgestörte, Gewohnheitstrinker, Verschwender (conservator of estates of incompetents). Sie kann in mehreren Staaten auch neben einem Einzeltreuhänder auftreten, wenn dieser als guardian bzw. conservator nur für die unmündige Person (guardian of a person) eingesetzt worden ist. In Louisiana sind, da dort niemals equity-Gerichte bestanden haben, die courts of law ermächtigt, für Waisen einen tutor und für sonstige von der Geschäftsfähigkeit ausgeschlossene Personen einen curator einzusetzen[584].

Die Wahrnehmung der Interessen dieser schutzbedürftigen Menschen verlangt ein unvergleichlich hohes Verantwortungsbewußtsein. Die wichtigsten Pflichten

[582] Siehe Callahan, Parnell, How to Make a Will, Legal Almanac Series Nr. 2, Oceana Publications, New York 1947, S. 83–85; Modern Business Encyclopedia, a. a. O., S. 34.

[583] Mackay, Richard V., Guardianship Law, Legal Almanac Series Nr. 6, Oceana Publications, New York 1948, S. 7–15, 29 ff.; Prochnow, a. a. O., S. 460; Prather, a. a. O., S. 719; Finke und Knox, a. a. O., S. 176 f; Encyclopaedia Britannica, a. a. O., Band 22, S. 514.

[584] Lousiana Trust Estates Act von 1938.

eines guardian und eines conservator – manchmal auch committee (of the property of incompetent persons) genannt – sind: Das bewegliche Hab und Gut in Besitz zu nehmen und unter Befolgung der gesetzlichen Vorschriften zu liquidieren sowie den Erlös höchst gewinnbringend in „mündelsicheren" Wertpapieren anzulegen[585], die Kontrolle über die Immobilienwerte auszuüben und von ihnen alle Beeinträchtigungen fernzuhalten; sodann über die Tätigkeit eine genaue Rechnungslegung zu führen und der Justizbehörde Bericht zu erstatten sowie bei Beendigung der Vormundschaft eine Schlußabrechnung vorzulegen. Nur in Übereinstimmung mit dem Gericht kann er Grundstücke veräußern oder belasten, Kredit aufnehmen oder geben und Prozesse führen.

Der guardian of a person hat wie ein kluger Mann (prudent man) für den Unterhalt und die Erziehung seines Mündels zu sorgen, die dessen Herkommen entspricht. Die Kosten sind grundsätzlich aus den Einkünften, nicht aus dem Mündelvermögen selbst zu bestreiten.

Die Vergütung ist gesetzlich geregelt oder wird jeweils vom Gericht bestimmt. Sie beträgt z. B. in Louisiana 10 % des jährlichen Einkommens aus dem Mündelvermögen; in Oklahoma 3 % der Tantiemen aus Erdöl- und Gasbeteiligungen, 10 % der Einkünfte aus Grund- und sonstigem Vermögen, wobei sie insgesamt $ 4 000 pro Jahr nicht überschreiten darf[586].

Die guardianship wird aufgehoben, wenn der Pflegebefohlene die Großjährigkeit erlangt hat oder wenn in den betreffenden Fällen – wie etwa bei Trunksüchtigen und Geistesschwachen – eindeutig eine Heilung festgestellt worden ist. In einigen Staaten endet die Vormundschaft durch Heirat nur bei weiblichen Minderjährigen (Delaware, Maryland, Texas).

Die Staaten Alabama, Colorado, Hawaii, Idaho, Tennessee und noch andere haben für Kriegsteilnehmer ein besonderes Gesetz, den Uniform Veteran's Guardianship Act, erlassen.

Guardianship unterscheidet sich von der trusteeship dadurch, daß der Rechtstitel beim Minderjährigen bzw. Mündel verbleibt, wohingegen der trustee stets den title of property zugunsten des Benefiziars innehat. Die Tätigkeit des Vermögensverwalters unter Vormundschaft ist durch staatliche Gesetzgebungsakte sowie eine Vielzahl entschiedener Rechtsfälle fest umrissen und untersteht der Aufsicht des Gerichtes. Der Fiduziar unter echter Treuhänderschaft leitet seine Rechte und Pflichten weitgehend von den Bestimmungen der Trusturkunde ab; im übrigen handelt er nach eigenem Gutdünken.

[585] Erst seitdem die amerikanischen Gerichte die Regel des Common Law, das Mündelvermögen müsse in seiner Natur erhalten bleiben, über Bord geworfen haben.

[586] Mackay, a. a. O., S. 54.

3. Treuhandtätigkeit im engeren Sinn

Durch letztwillige Verfügungen können ebenfalls eigentliche Treuhänderschaften entstehen (trusteeships under will); sie sind Bestandteil eines Testamentes und treten erst nach dem Tode der Begründer in Kraft. Bei dem weitaus größten Teil der personal trusts nimmt jedoch der Treuhänder die ihm auferlegten Pflichten bereits zu Lebzeiten des Treugebers wahr (trustee oder co-trustee under deed of trust).

Der *testamentarische* trust wird rechtswirksam, nachdem ihn der trustee akzeptiert hat und das Vermögen vom executor ausgehändigt worden ist. Die Ernennung des Treuhänders bedarf aber noch der Bestätigung durch das Gericht; diese kann zugleich mit der Beglaubigung des Testamentes eingeholt werden. Der trustee under a will – es ist nicht selten die gleichzeitig mit der Testamentsvollstreckung betraute Bank – wird mitunter auch zu der Ausarbeitung des Testamentes hinzugezogen.

In unserer unsteten, an wirtschaftlichen Wechselfällen nicht armen Zeit könne es sich, so glaubt man, für die Zukunft des Treuhandvermögens als unheilvoll erweisen, wenn den verschiedenartigen rechtlichen, finanziellen, steuerrechtlichen und verwaltungstechnischen Auswirkungen der Entscheidungen nicht sogleich meisterhaft begegnet werde. Angesichts solcher Anforderungen kommt es nicht allein auf klare Bestimmungen an; auch die Frage, ob dem testamentarisch ernannten trustee nicht überhaupt weite Vollmachten zugebilligt werden sollen, statt ihm seine Rechte zu beschneiden, erheischt gründliche Überlegung. Eine großzügige, geschmeidige und dem entscheidungsfreien Ermessen genügend Spielraum lassende Ausgestaltung des Testamentes setzt selbstverständlich ein Höchstmaß an Vertrauen in die Gewissenhaftigkeit des trustee voraus, macht ihn aber auch erst zu einem wirklichen Treuhänder. – Den Auftrag zur Anfertigung der Testamentsurkunde selbst erhält gewöhnlich der Haus-Rechtsanwalt[587].

Die Schaffung eines trust under will ist bis heute die Standardmethode von Vermögensübertragungen geblieben[588]. Häufig wünscht beispielsweise die Ehegattin das Vermögen nach dem Tode ihres Mannes bis zur Volljährigkeit ihrer Kinder als Einheit aufrechtzuerhalten; die künftigen Erben sollen noch nicht sofort das volle Verfügungsrecht über ihre Erbanteile bekommen, aber schon an den Einkünften teilhaben. Allerdings nicht nur das Mittel zur wirtschaftlichen Siche-

[587] Mehr Hilfestellung gegenüber den Rechtsanwälten bei dieser Arbeit durch die Treuhandinstitute erbat auf der Mid-Continent Trustkonferenz der American Bankers Association im November 1958 Gilbert T. Stephenson, ehemaliger Leiter des Trustforschungsinstitutes der Graduate School of Banking und eine prominente Persönlichkeit im amerikanischen Treuhandwesen. (Banking, Dezember 1958, S. 118)

[588] Die Irving Trust Company, New York, etwa stellt fest: "A four-fold increase in the dollar amount of new estates was another highlight of the year in our personal trust activities. This reflects the steadily increasing number of people who have named the ‚Irving' as executor and trustee in their wills" (Annual Report 1956, S. 10).

rung von Familienangehörigen, sondern auch steuerliche Vorteile gegenüber der konventionellen Erbübertragung wurden in dem testamentary trust entdeckt und haben ihm zur Popularität verholfen[589].

Die bisher geschilderte Tätigkeit des Treuhänders, einschließlich der des Vormundes und des Testamentsvollstreckers, umfaßt der Begriff der „court trusts". Court trusts sind übrigens die ältesten Treuhandgeschäfte und können, wie bereits erwähnt, nur mit Genehmigung des Gerichtes ausgeführt werden. Ihnen gegenüber stellt man die jüngere, jedoch in den letzten Jahrzehnten zahlen- und umfangmäßig rascher gewachsene Gruppe der „living trusts", alle anderen personal trusts der Banken für die verschiedensten Zwecke, die allein durch *freie Vereinbarung* (under voluntary agreement) zustande kommen.

Der living trust erlangt schon zu Lebzeiten des Treugebers (maker of the trust), nämlich mit der Übergabe des Trustgutes an den Treuhänder, Rechtskraft. Der Tod des Treugebers berührt – im Gegensatz zum erbrechtlichen Vermögensübergang – die einheitliche Existenz des trust und seine Gültigkeit in keiner Weise[590]. Gegenstand eines durch privaten Vertrag mit einer Bank begründeten living trust, auch „inter vivos" genannt, kann sein die Verwaltung von Grundstücken, Pfandrechten, Geld und sonstigen Vermögenswerten, ja sogar der Betrieb gewerblicher Unternehmungen. Invalide, Betagte, alleinstehende Frauen, die glauben, sich um ihren persönlichen Besitz nicht genügend kümmern zu können, vertrauen ihn Trustinstituten zu treuen Händen an. Desgleichen wünschen Menschen, die sich ständig oder längere Zeit auf Reisen oder im Ausland befinden, der Mühewaltung um ihr Hab und Gut zeitweilig oder zeitlebens enthoben zu sein.

Der trustee übernimmt den völligen Schutz des Eigentums, sammelt Erträgnisse, empfängt den Gegenwert für ausgeloste Effekten und reinvestiert diese Beträge oder zahlt sie – je nach den vertraglichen Abmachungen – in festgelegten Zeitabständen an den Benefiziar aus. Er besorgt außerdem für Steuererklärungen die nötigen Unterlagen, hält sich für Auskünfte bereit und gibt regelmäßig Mitteilungen heraus. Zukunftssorge, die Sicherung der Ausbildung von Kindern sowie des Lebensunterhaltes der im Umgang mit Kapitalvermögen und -einkünften unerfahrenen oder unfähigen Familienangehörigen, steht des öfteren den Beweggründen zur Errichtung eines Trustfonds voran.

In Verträgen über eheliche Gütertrennung wird zumeist das gesondert zu haltende Gut der Ehefrau einem Treuhänder unterstellt. Ferner kann ein Kaufmann, um seine Familie bei geschäftlichen Fehlschlägen vor größter wirtschaftlicher Not zu bewahren, bestimmte Teile von seinem Geschäftsvermögen abzweigen und in einen trust überführen.

[589] Siehe anschauliches Zahlenbeispiel bei Finke und Knox, a. a. O., S. 169–172.

[590] Der living trust darf aber durch testamentarische Zuwendungen erweitert werden, so wurde auf der 39. Mid-Winter Trust Conference geäußert. (Banking, März 1958, S. 114)

Voluntary trusts dienen zur Unterstützung bedürftiger Personen, ohne den Anschein eines Wohltätigkeitsaktes zu erwecken, des weiteren zum Aufbau eines unabhängigen Vermögensstockes aus zielbewußt angesammelten Ersparnissen. Setzt jemand in die ökonomischen Fähigkeiten seiner Ehefrau und in die Veranlagung seiner Kinder kein großes Vertrauen, so wird er tunlichst, um ihnen nach seinem Tode ein hinreichendes Einkommen zu sichern, an Stelle einer direkten Erbübertragung einen Treuhandvertrag mit seiner Bank zu ihren Gunsten auf die Dauer ihrer Lebenszeit abschließen. Auf diese Weise bleibt den Treunehmern der Eigentumsanspruch erhalten, das Nachlaßgut aber wunschgemäß kontrolliert und vor den Gefahren sinnloser Vergeudung und unzweckmäßiger Verwertung geschützt. Schließlich ist es kein ungewöhnlicher Fall, wenn sich Menschen mit wenig Sinn für wirtschaftliche Betätigung die Sorge um ihr Vermögen vom Treuhänder abnehmen lassen, um förderhin ungehemmt ihre ganze Aufmerksamkeit dem Beruf, wissenschaftlichen Arbeiten oder privaten Neigungen widmen zu können[591].

Der living trust kann als widerruflich oder unwiderruflich erklärt werden. Der Vorbehalt des Widerrufs erlaubt es dem Treugeber, den Trustvertrag nach aufmerksamer Beobachtung der treuhänderischen Verwaltung und des Verhaltens des Benefiziars zu ergänzen, zu ändern oder aufzuheben. Steuervorteile führen an erster Stelle zum Abschluß eines unwiderruflichen trust – was in Wirklichkeit eine Schenkung bedeutet –, geben ihm aber nicht genug Anreiz, so daß seine Anwendung auf die Unterstützung gemeinnütziger Zwecke nahezu beschränkt bleibt.

a) Der Spendthrift Trust[592]

Dem Schutze des benefiziarischen Rechtes am Treugut, etwa gegen Abtretung durch einen leichtsinnig veranlagten Treunehmer oder gegen den Zugriff seiner Gläubiger, dient die sog. spendthrift (Verschwender) clause. Die englische chancery-Judikatur hat, aus liberal demokratischer Grundhaltung heraus, spendthrift trusts generell für rechtswidrig gehalten. Eine Behinderung des freizügigen Verkehrs des Eigentums bzw. der Belastung desselben mit den Schulden seines Inhabers komme, so argumentierte sie, einer Eigentumsbeschränkung gleich und verstoße deshalb gegen das Gemeinwohl. Das Sondervermögen der Ehefrau bildete eine Ausnahme. In den USA beharren noch vereinzelt Gerichte auf diesem Standpunkt, z. B. in Rhode Island. Indessen hat die Mehrzahl der Staaten, dem Spruch des Massachusetts Gerichts in dem bekannten Fall „Broadway Nat. Bank v. Adams 133 Mass. 170 (1882)“ folgend, die Rechtsgültigkeit der spendthrift trusts aner-

[591] Prather, a. a. O., S. 717 f; Encyclopaedia of the Social Sciences, a. a. O., Band 15, S. 110; Encyclopedia Americana, a. a. O., Band 3, S. 206; Prochnow, a. a. O., S. 470; Finke und Knox, a. a. O., S. 173 f.

[592] Roth, a. a. O., S. 207 ff.; Loring, a. a. O., S. 44–50; Encyclopaedia Britannica, a. a. O., Band 22, S. 513.

kannt[593]. Mehrere Staatsgesetze erklären lediglich Beschränkungen bezüglich des Kapitals, nicht der Erträge für rechtsunwirksam (West Virginia); andere dulden wiederum umgekehrte. Ein paar Staaten begrenzen das Veräußerungs- und Verpfändungsverbot auf einen Bruchteil vom Einkommen oder auf eine feste Summe (Louisiana).

Spendthrift trusts (equitable estates with restraint on alienation) können nicht für die eigene Person geschaffen werden. Daß der Benefiziar aus freiem Entschluß oder auf Drängen seines Gläubigers das Recht auf die Trusterträge abtritt, läßt sich selbstredend nur so lange verhindern, wie diese sich noch in der Verfügungsgewalt des trustee befinden.

Die Nutzanwendung dieser Rechtsschöpfung wird in der Literatur überschätzt. So meint *Loring:* „Das Bestehen oder das Fehlen einer solchen Klausel und das Ausmaß ihrer Anwendung ist von größter praktischer Bedeutung für die Treuhandverwaltung[594]." Dem muß abschließend widersprochen werden; denn ihr Effekt ist ebenso zu erreichen, wenn im Treuhandvertrag die Entscheidung über die Zahlungsmodalitäten in das pflichtgemäße Ermessen des Treuhänders gestellt wird oder dieser nur den zum Lebensunterhalt notwendigen Betrag ausbezahlen darf.

b) Dauer eines Trusts

Der trust kann eine bestimmte Zeit oder bis zum Eintritt eines bezeichneten Ereignisses währen, er soll aber keineswegs die Erhaltung von ewigem Wohlstand und den Aufbau einer Dynastie von Reichtum über Jahrhunderte fördern. In diesem Punkte haben sich die Staaten der Neuen Welt – allerdings aus sozialen Erwägungen heraus – fast durchweg die Anschauung der englischen Gerichte, daß nämlich eine Einschränkung der Vermögensveräußerung der „public policy" nicht dienlich sei, zu eigen gemacht. Mit dem Common Law übernahmen sie auch, um die schrankenlose Anhäufung von Vermögenswerten in dem Wirbel der Gründerzeit zu unterbinden, die „rule against perpetuities" – nach *Maitland* eine „Norm zur Verhütung endloser Rechtszustände" [595]. In den Staaten wird diese „common law rule" verschieden interpretiert. Sie besagt allgemein, daß personal trusts, die über die Dauer von „a life in being and twenty-one years after" und – im Falle eines erbberechtigten nachgeborenen Kindes – höchstens neun Monaten hinaus abgeschlossen werden, ungültig sind. Die Gesetzgebung des Staates New York, und ähnlich auch die von Arizona und Wisconsin, spricht von „duration

[593] Z. B. California Civil Code, sec. 867; North Dakota Compiled Laws 1913, sec. 5377; Kansas Gen. Statutes 1915, sec. 11677; Consolidated Laws of New York, Personal Property Law sec. 15 subs. 1, I, Real Prop. Law sec. 103 subs. 1.

[594] Loring, a. a. O., S. 44.

[595] Brunner, a. a. O., S. 41.

of the lives of two specified persons"; in Louisiana dehnt sich die Gültigkeit noch auf zehn Jahre nach dem Tod des Treugebers aus. Vor Ablauf dieser gesetzlich vorgeschriebenen Frist ist das Treugut aufzulösen oder auf ein agency-Konto zu übertragen; es kann also für zwei bis drei Generationen erhalten, dann schlechterdings auch verschwendet werden. Und so büßt das alte Sprichwort „three generations from shirt sleeves to shirt sleeves" nicht im geringsten an Wahrheitsgehalt ein[596].

Community trusts und die für öffentliche Zwecke errichteten institutional trusts sowie unter gewissen Voraussetzungen auch corporate trusts sind von der rule ausgenommen.

c) Der Trust im Steuerrecht

Wie bereits mehrmals angeklungen, ist die treuhänderische Rechtsübertragung eng mit steuerrechtlichen Problemen verknüpft. Angesichts ihrer Verbreitung nimmt es kein Wunder, wenn ein Grund ganz besonders und immer aufs neue die Wachsamkeit des Staates auf sie lenkt: Die Steuerumgehung mit Hilfe des trust. Die mißbräuchliche Anwendung des trust – durch das Vorhandensein von Schlupflöchern im Steuersystem freilich begünstigt – bereitet etwa seit 1926, als die Sätze der Vermögen-, Erbschaft- und Schenkungsteuer spürbar angehoben wurden, dem Fiskus offensichtlich Sorge. „Wahrscheinlich die Hälfte des ererbten Vermögens wurde übertragen, um mindestens einmal die Erbschaftsteuer zu überspringen. Der fiskalische Effekt dieser Handlungsweise wird sich erst dann richtig auswirken, wenn die Erstbegünstigten sterben und Millionenwerte unversteuert auf die nachfolgenden Begünstigten übergehen[597]."

Manche dunkle Manipulation vermag natürlich durch Richterspruch in die rechte Bahn gelenkt und so steuerlich erfaßt zu werden.

Zum Beispiel A überträgt B schenkungsweise sein Vermögen. Eine Woche später errichtet B einen trust in der Weise, daß die Erträge aus dem Vermögen A zufließen sollen und daß nach dessen Tode der Fonds zu seinem, des B, Gunsten aufzulösen ist. Der Testamentsvollstrecker wird jedoch vor Gericht, das diese zweizügige Transaktion als einen einzigen Rechtsvorgang ansieht, kaum beweisen können, A habe kein Trustgut hinterlassen und B sei der Begründer des trust. A ist hier Treugeber.

Oder: Jemand setzt seine Ehefrau als Treuhänder über das von seinem steuerpflichtigen Vermögen zugunsten der Kinder abgesonderte Treugut ein. Diese schließt zu gleicher Zeit und über die gleiche Summe einen Treuhandvertrag ab, nur mit dem Unterschied, daß der Ehemann als Treuhänder dieselben Vollmachten über Einkommen und Kapital des trust erhält. In den Augen des Gerichtes tritt hier tatsächlich niemand mehr Rechte ab als er zurückbekommt, und die Po-

[596] Collier's Encyclopedia, 20 Bände, hrsg. von P. F. Collier & Son Corp., New York 1950, Band 18, S. 691; Klise, Eugene S., Money and Banking, Cincinnati, Ohio, 1955, S. 508; Foster, Rodgers u. a., a. a. O., S. 497.

[597] Groves, Harold M., Financing Government, 3. Aufl., New York 1950, S. 247.

sitionen der beiden vor der Trustverpflichtung und nachher sind identisch. Den vertraglichen Vereinbarungen sind keine echten Schenkungsmotive zu entnehmen [598].

Aber der Meinungsstreit um vielerlei Gestaltungsformen des trust, so die Widerrufbarkeit des Trustvertrages, die sog. Heimfall-Klausel [599] oder um den Begriff des „gift to take effect at death", ist bislang durch keine exakte Klarstellung zum Verstummen gebracht. Machtlos steht die Finanzbehörde noch den Folgerungen aus jenem Grundsatz gegenüber, daß jeder trust ein selbständiger Steuerzahler ist.

Ein findiger Steuerpflichtiger kann beispielsweise sein aus Kapitaleinkünften bezogenes Einkommen von angenommen jährlich $ 100 000 auf 100 zugunsten seiner Kinder unwiderruflich abgeschlossene trusts von je $ 1 000 verteilen und es etwa in Versicherungsverträgen sich wieder ansammeln lassen. Im Wege dieser Aufspaltung entgeht er der Progressionswirkung der Einkommensteuer (personal income tax); er nimmt außerdem hundertmal den „persönlichen" Freibetrag von $ 100 [600] in Anspruch. Einer gesetzlichen Regelung, die nach den Wünschen des Finanzministeriums darauf abzielt, sowohl alle trusts mit gemeinsamem Treugeber und gemeinsamem Treunehmer steuerlich als einen trust zu betrachten als auch deren Erträge mit dem persönlichen Einkommen des gemeinsamen Treugebers zusammenzufassen, soweit die trusts zugunsten der nächsten Familienmitglieder errichtet worden sind, begegnen noch prinzipielle Bedenken [601].

Die ausgeschütteten wie auch die dem Fonds zufließenden Trusterträge werden in einigen Ausnahmefällen beim Treugeber besteuert, z. B. wenn er sich ein wesentliches Kontrollrecht vorbehalten hat oder der trust nur der Ablösung von Unterhaltsverpflichtungen dienen soll – als ob überhaupt kein Trustvertrag bestünde [602]. In der Regel sind Einkünfte aus Treuhandvermögen, sofern sie ausbezahlt werden, beim Benefiziar zusammen mit seinen übrigen Einnahmen steuerpflichtig. Sie unterliegen dagegen der Besteuerung beim Treuhänder (und damit innerhalb niedrigerer Steuerstaffeln), wenn dieser sie reinvestiert.

Einer grenzenlosen Ausnutzung der Akkumulationstechnik suchte der Kongreß 1954 mit der „5-year throw-back rule", Abschnitte 665–8 des Gesetzes über die Steuereinnahmen (Internal Revenue Code) von 1954, Einhalt zu gebieten. Das Gesetz erhebt die Steuer von allen der Gewinnanhäufung während der letzten fünf Jahre entstammenden Ausschüttungen beim Benefiziar – so als ob sie ihm sogleich zugeflossen wären. Ausnahmebestimmungen haben es jedoch durchlöchert und seinen Wert beträchtlich gemindert. Auch die Vorschriften des Internal Revenue Code zur Erschwerung der Einkommensverlagerung in niedrigere Steuerstufen

[598] Bowe, William J. (Professor der Rechtswissenschaften an der Universität Colorado, Mitglied der American Bar Association und Berater von Treuhandinstituten in Steuersachen), Reciprocal Trusts, Banking, September 1957, S. 102 f. Siehe ebenda weitere Beispiele.

[599] Höchstrichterlich behandelt im Fall Helvering v. Hallock, 309 U. S. 106 (1940).

[600] Bis 1937 sogar $ 1 000.

[601] Siehe Groves, a. a. O., S. 202.

[602] Ebenda, S. 199 f.

mittels der „sprinkle trusts" – diese ermächtigten den trustee, die Erträge aufgeteilt, beispielsweise an den Vater und seine vier Kinder, auszuzahlen – verfehlten teilweise ihre Wirkung[603].

Zahllos sind die Zweifelsfragen, die sich aus der Einkommensbesteuerung immer wieder für die Treuhandverwaltung ergeben und an die Trustinstitute sowie den Internal Revenue Service herangetragen werden. Um ihrer Klärung willen ergingen deshalb zu dem die trusts betreffenden Teil des Code eine Reihe von Durchführungsbestimmungen und keine Gesetzeskraft erlangenden Richtlinien[604]. Dadurch konnten u. a. einige Unsicherheiten bezüglich der Doppelsteuervergünstigungen und der 1959 wirksam werdenden „5-year throw-back rule" beseitigt werden. Ferner wurde klargestellt, daß in den meisten Staaten Zuschüsse an die Witwe für die Zeit, in der das Vermögen dem Verfahren der Testamentsvollstreckung unterliegt, gesetzlich erlaubt sind und – im Zusammenhang mit Section 642 (g) des Internal Revenue Code of 1954 – daß Vergütungen an den Rechtsanwalt und den executor entweder bei der Berechnung der Einkommensteuer oder der Vermögensteuer, aber nicht bei beiden abzugsfähig sind[605].

Ein elementarer Leitsatz wäre noch der Erwähnung wert: Es gibt vor der income tax auf Einkommen aus Treuhandvermögen, auch wenn es der Tilgung von Schulden des Treugebers dient, und vor der estate tax, etwa durch Abwälzung der Last auf den Fonds, keinen Ausweg.

Angenommen ein Treugeber hat für den zugunsten seiner Kinder begründeten trust von 100 000 Dollar bei einem Steuersatz von 20 % rd. 16 700 Dollar (20 % von ca. $ 83 300, da sich der zu versteuernde Betrag der Schenkung um die Höhe der Schenkungsteuer vermindert) Schenkungsteuer zu leisten. Er kann sie nun vom Treuhänder zahlen lassen oder zu ihrer Entrichtung einen Kredit (gesichert durch den Trustfonds) aufnehmen und diese Schuld im Laufe der nächsten Jahre mit den Trusterträgen ablösen; dennoch wird er betreffs der Erträge steuerpflichtig. Stirbt er, bevor die letzte Rate getilgt ist, so wird das Trustgut sogar seinem Vermögen einverleibt[606].

Ungeachtet aller Einschränkungen weist der Internal Revenue Code 1954 auch eine überraschende Fülle von Möglichkeiten auf, Steuern mittels des Institutes der Treuhand zu sparen. Einmal kann man der Einkommensbesteuerung in den hohen Progressionsstufen Vermögensteile dadurch entziehen, indem man sie in einem unwiderruflichen Trustvertrag zugunsten der minderjährigen Kinder oder Enkelkinder bindet. Das Treugut muß an die Kinder bei Vollendung ihres 21. Lebensjahres verteilt werden (minority trusts nach section 2503, c). Jenen, denen eine so

[603] Näheres siehe Bowe, William J., Trusts to Save Income Taxes, in: Banking, Januar 1957, S. 82 ff.

[604] Veröffentlicht im Federal Register und im Internal Revenue Bulletin.

[605] Banking, April 1958, S. 58–60.

[606] Bowe, William J., Banking, Januar 1958, S. 56 f.

baldige Auflösung des Fonds nicht paßt, bietet der gewöhnliche unwiderrufliche Trust eine Alternative. Von den günstigen Auswirkungen des section 2042 auf den unwiderruflichen Versicherungstrust zugunsten eines anderen als des Versicherten ist im nächsten Kapitel die Rede[607].

Als ein beliebtes Mittel, den hohen Einkommensteuersätzen auszuweichen, gilt in den letzten Jahren der sog. short-term trust. Gemäß den §§ 671–675 des Code von 1954 werden die Erträge aus trusts mit Laufzeit von mehr als zehn Jahren beim Benefiziar zur Einkommensteuer herangezogen, wenn sie an ihn ausgeschüttet werden und sich der Treugeber über diese Mittel keine Kontroll- sowie Mitbestimmungsbefugnisse vorbehalten hat[608].

Auch die gegenwärtig geltenden Schenkungsteuergesetze des Bundes enthalten einige Vorschriften, die einen Anreiz zur treuhänderischen Übertragung von Vermögen bieten: Sie gewähren einen einmaligen Freibetrag von 30 000 $; jährlich sind 3 000 $ steuerfrei; die Beträge verdoppeln sich, wenn der Ehepartner der Schenkung zustimmt. Die Steuersätze betragen etwa $^3/_4$ der Sätze der Vermögensteuer und beginnen mit $2^1/_4$ %.

4. Der Lebensversicherungstrust

Zwar schon im vorigen Jahrhundert in den USA bekannt, wurde der sog. life insurance trust aber erst in den Jahren nach 1920 von den trust companies in engem Zusammenwirken mit den Versicherungsgesellschaften stärker entwickelt. Nach dem 2. Weltkriege erlebte dann diese Art von Lebensversicherung in Verbindung mit einem Treuhandvertrag wohl einen Aufschwung ohnegleichen[609].

Der personal insurance trust, nicht zuletzt auch ein Weg der Steuerflucht, teilt Züge des living und court trust zugleich. Der eigentliche Versicherungsnehmer überträgt das Recht aus der Versicherungspolice einem als custodian of life insurance policies fungierenden Treuhandinstitut und trifft vertragliche bzw. testamentarische Regelung darüber, wem der Versicherungserlös nach seinem Tode zuzuwenden ist. Häufig lauten die Vereinbarungen dahingehend, daß die Versicherungssumme bei Fälligkeit investiert werden und die Quelle einer dem Benefiziar periodisch zufließenden Rente bilden soll. Der Treugeber kann sich selbst

[607] Foosaner, Samuel J., Some Prospective Answers to Tax Planning Problems, Banking, Januar 1957, S. 96 f.

[608] Ausführlich bei Bowe, William J., Short-Term Trusts, Banking, Juni 1957, S. 94 f.

[609] „Ein Drittel von Amerikas erarbeitetem Reichtum, vielleicht auch mehr, befindet sich nun in treuhänderischer Obhut. Der life insurance trust wurde alsbald sehr populär, und mehr als eine Milliarde Dollar Lebensversicherungen sind in trusts überführt. Und das ist nur ein Bruchteil der 100 Milliarden Dollar laufender Lebensversicherungsverträge, so daß die ununterbrochene Entfaltung dieser trusts als gesichert erscheint." (Compton's Pictured Encyclopedia and Fact-Index, Chicago 1948, Band 14, S. 148).

zum Treunehmer ernennen und sich den zu Lebzeiten fällig werdenden Versicherungsbetrag in Annuitäten ausbezahlen lassen. Charakteristisch für das insurance trust agreement ist die vertragliche Garantie der Versicherungseinlösung. Sein Vorzug besteht darin, daß eine trust company hinsichtlich der endgültigen Bestimmung der Versicherung mehr Raum für flexiblere Vertragsgestaltung und Ermessensentscheidungen läßt. Wechselnden Umständen und komplizierten Familienverhältnissen kann nachträglich Rechnung getragen werden. Wegen der zusätzlichen Gebühren des Trustinstitutes lohnt sich der insurance trust erst bei größeren Vertragsabschlüssen. – Versicherungstrusts können sein fundiert (funded) – dann werden Wertpapiere oder sonstiges Vermögen dem Treuhänder übergeben, der aus deren Erträgen die Prämien an den Versicherungsträger abführt – oder nicht fundiert; im letzteren Falle (unfunded arrangement) leistet der Versicherte die Prämienzahlung[610].

Der bevorzugte Typus ist heute der widerrufliche unfundierte Versicherungstrust, der über das Leben des Treugebers (donor) versichernde Policen abgeschlossen wird. Er löst keine Schenkungsteuerpflicht aus. Die Glanzzeit des unwiderruflichen, auf das Leben des donor bezogenen insurance trust reichte bis in den letzten Krieg, als widerwärtige Steuergesetze – die zur Leistung der Prämien bestimmten Einkünfte aus den Wertpapieren wurden fortan beim Treugeber besteuert – das Interesse für sie entmutigte. Beachtenswerte Steuervergünstigungen genießt augenblicklich der Abschluß von unwiderruflichen fundierten Lebensversicherungstrusts über Policen auf das Leben anderer als des donor[611].

Ebenso den unablässigen Anstrengungen der Versicherungsgesellschaften, den Sonderwünschen entgegenzukommen, ist etwa um 1910 der business insurance trust entsprungen. Mittels dieser Form der Versicherungstreuhand sollen Gesellschaften vor den durch Tod oder Ausscheiden eines Teilhabers oder Angestellten in Schlüsselposition eventuell entstehenden Rückschlägen geschützt werden. Sie findet hauptsächlich Anwendung bei kleineren Unternehmen (Familienbetrieben, Personengesellschaften), für die eine kontinuierliche Geschäftsführung von entscheidender Bedeutung ist[612].

Anläßlich der Tätigkeit des Staates im Zusammenhang mit der Arbeitslosenversicherung, sozialen Altersversorgung u. ä. ist von insurance trust-Einnahmen und insurance trust-Ausgaben die Rede[613]; sie haben aber mit dem Lebensversicherungstrust nichts zu tun.

[610] Handbook of Insurance, hrsg. von Clyde J. Crobaugh, New York 1949, S. 113, 287–290; Maclean, Joseph B., Life Insurance, 6. Aufl., New York und London 1945, S. 208 f.; Boehmler, a. a. O., S. 425 f.

[611] Einzelheiten und Beispiele siehe Banking, März 1957, S. 100 f.

[612] Clough, Shepard B., A Century of American Life Insurance, A History of the Mutual Life Insurance Company of New York 1843–1943, New York 1946, S. 238; Finke und Knox, a. a. O., S. 176.

[613] Siehe darüber The Book of the States 1954–55, hrsg. vom Council of State Governments, Chicago, S. 202–207.

5. Tätigkeit als Agent für Einzelpersonen

Fachlich ausgebildet und praktisch erprobt, boten die Treuhandinstitute schon frühzeitig alle Voraussetzungen, neben der treuhänderischen Verwaltung von Vermögen die verschiedenartigsten Dienste als Agenten zu verrichten. Erst diese agency services haben ihre Verbindungen zu den großen Wirtschaftsunternehmen so eng gestalten können; heute stellen sie einen beachtlichen Teil des personal trust-Geschäftes dar[614].

Das agency-Verhältnis entsteht in der Weise, daß eine Person, der Auftraggeber, eine andere Person, den Agenten, bevollmächtigt, für sie in bestimmten Geschäfts- oder Vertragsangelegenheiten gegenüber Dritten, gewissermaßen als Medium, zu handeln. Die Ermächtigung kann zeitlich begrenzt und zu jeder Zeit widerrufen werden. Jede Rechtsausübung des Agenten wird gegenüber dem Auftraggeber wirksam; letzterer übernimmt für sie die Verantwortung, soweit sie im Bereich der Bevollmächtigung liegt. Seiner Natur nach begründet also das agency agreement ein Substitutsverhältnis. So zitiert das Gericht *Meecham:* "The characteristic of the agent is that he is a business representative. His function is to bring about, modify, affect, accept performance of, or terminate contractual obligations between his principal and third persons[615]." Oder es meint, in Abgrenzung zu der manuellen und routinemäßigen Tätigkeit der Dienerschaft: „Ein Agent ist mehr der direkte Vertreter seines Herrn, mit höheren Machtbefugnissen und breiterem Ermessensspielraum ausgestattet als der Diener[616]."

Eine agency-Beziehung kommt zustande durch: 1. ausdrückliche Ernennung, wobei die Schriftform nur für wenige Ausnahmefälle, z. B. Vertragsabschluß über Grundstücke, von Staatsgesetzen zwingend vorgeschrieben ist; 2. konkludente Handlung des Agenten; 3. nachträgliche Billigung des agency-Rechtsgeschäftes seitens des Prinzipals; 4. Verhalten des Auftraggebers, das auf Bestehen einer agency schließen läßt (authority by estoppel). Niemand vermag Vollmachten zu verleihen, die er selbst nicht hat[617].

Der Agent hat – ein fundamentaler Gegensatz zum trustee – hinterlegtes Gut, etwa Wertpapiere, nicht zu rechtlichem Eigentum, sondern nur in Gewahrsam (custody); der Auftraggeber behält es vollkommen unter Kontrolle und kann

614 "Our Personal Trust Department is serving more customers in various fiduciary and agency capacities than at any time in the past. New business acquired during the year set new records both in number of accounts and in dollar volume." (Manufacturers Trust Company, New York, Annual Report 1955, S. 10 f.).

615 Saums v. Parfet et al., 270 Mich. 165, 258 N. W. 235, zitiert bei Hicks, Clifford M., Business Law, New York 1952, S. 408.

616 Kingan & Co. v. Silvers, 13 Ind. App. 80, 37 N. E. 413, ebenda, S. 409.

617 Siehe Hicks, a. a. O., S. 401 ff.; Bouvier's Law Dictionary and Concise Encyclopedia, 2. Bände, hrsg. von John Bouvier, Kansas City, Mo., 1914, 2. Band, S. 2687–2706.

es jederzeit zurückfordern [618]. Die Schattierungen der agency-Beziehung reichen, je nach dem Inhalt der getroffenen Vereinbarungen, von der reinen Auftragsausführung über die Beratung bis zu der mit voller Haftung verbundenen Verwaltungstätigkeit. Sie lassen sich aber recht gut in 6 Klassen einteilen [619].

1. „Safekeeping", sichere Aufbewahrung, ist das einfachste Agentengeschäft und beschränkt sich im wesentlichen auf die fachmännische Sicherung von Wertgegenständen (valuables) und Vermögensrechten „against theft, loss or destruction" sowie die Aushändigung auf Anweisung des Eigentümers. Sie erfordert nichts weiter als die übliche Sorgfalt bei Erhaltung der Identität des Gutes. Hierher gehört auch die Funktion des „repository for wills of living persons" (Testamentsaufbewahrung).

2. Aus der „custodianship" folgt schon eine stattliche Anzahl von Aufgaben, die im Vertrag eindeutig bestimmt und abgegrenzt sein müssen. Im allgemeinen hat der custodian den Auftraggeber von den sich aus Vermögensbesitz ergebenden Pflichten zu entlasten. Fiduciary custody-Konten werden gehalten für die Ansammlung von Erträgen und Tilgungserlösen, für die Leistung wiederkehrender Zahlungen, Verwahrung von Wertpapieren und -unterlagen, Ausführung von Kaufs- und Verkaufsaufträgen usw. Als depositary (oder bailee) verwahren Banken den sich als executor oder trustee betätigenden natürlichen Personen die Trustfonds und nehmen ihnen einzelne schwierige oder routineartige Verwaltungsaufgaben ab. Die völlige Freiheit bei der Vertragsgestaltung führt dazu, daß die Trennungslinie zwischen custody und safekeeping nicht immer klar zu ziehen ist. Ebenso wenig abrupt ist der Übergang von der custody agency zum Depotgeschäft (safe deposit facilities) der Banken, zu dem zwar den national banks nach dem National Bank Act der Zugang versperrt ist, das sie jedoch in angegliederten safe deposit companies betreiben [620].

3. Weit höhere Anforderungen, die Sachkenntnis und das Verantwortungsbewußtsein eines echten Treuhänders, verlangt die „management agency"; sie schließt selbständiges Urteilsvermögen und aktives Handeln des management-Agenten ein. Als solche ist die treuhänderische Verwaltung von Grundbesitz zu nennen, die u. a. umfaßt die Sorge für die Instandhaltung, Verpachtung und

618 Über das Verhältnis von trust und agency und das Problem der Stellvertretung in der anglo-amerikanischen Rechtswissenschaft siehe Siebert, a. a. O., S. 76–89.

619 Siehe Encyclopaedia Britannica, a. a. O., Band 22, S. 514 f.; Collier's Encyclopedia, a. a. O., Band 3, S. 70 f.; James, a. a. O., S. 423 f.; Prochnow, a. a. O., S. 464 f.

620 Bekanntlich ist die Continental Illinois Safe Deposit Company eng mit der Continental Illinois National Bank and Trust Company of Chicago, die National City Safe Deposit Company mit der First National City Bank of New York and the City Bank Farmers Trust Company verbunden.

Vermietung, die Einziehung sowie unter Umständen die Investierung der Miet- und Pachtzinsen, den Erwerb und die Veräußerung der Grundstücke entsprechend den Anordnungen des Auftraggebers oder auch im Wege der Kommission (die nicht selten in ein treffliches Grundstücksgeschäft der Banken mündet). Schließlich übernimmt der management agent auch rein persönliche Dienstleistungen, wie die Reservierung von Reiseplätzen, Hotelzimmern und dergleichen mehr.

4. Die „attorneyship-in-fact" entsteht durch schriftliche Bevollmächtigung des Agenten, für den Geschäftsherrn in bestimmter Funktion tätig zu sein. Als attorney-in-fact (Bevollmächtigter, Vertreter) tritt die Bank auf, wenn sie beispielsweise für einen Kaufmann, der sich auf Reisen begibt oder krankheitshalber über längere Zeit vom Geschäft abwesend ist, sein Vermögen verwaltet sowie seine geschäftlichen und privaten Interessen wahrnimmt. Die Bank kann das Recht (power of attorney) erhalten, auf das attorney-Konto Schecks auszustellen.

5. Die „escrow agency" dient der Hinterlegung von Dokumenten oder sonstigen Wertgegenständen, die erst beim Eintritt eines bestimmten Ereignisses oder bei Erfüllung vereinbarter Bedingungen ausgehändigt werden sollen (escrows). Die in „escrow" gehaltenen Urkunden sind jeglicher Kontrolle der Vertragspartner entzogen. Wenn z. B. die Rechtslage des Kaufobjektes noch ungeklärt ist oder eine Partei der anderen mißtraut, werden Übertragungsurkunde und Kaufsumme solange beim escrow depositary hinterlegt.

Auch bei Geschäftsbeziehungen über größere Entfernungen und Staatsgrenzen hinweg sowie in Verbindung mit Alimentenzahlungen wird oftmals die Mittlerinstanz eines escrow agent herangezogen. Dieser handelt somit als Unparteiischer für zwei oder mehrere in einem Rechtsverhältnis zueinander stehende Personen. Er ist gewöhnlich zur Diskretion nicht verpflichtet und lediglich an die für Agenten geltenden Vorschriften gebunden; weitere Verantwortung obliegt ihm nicht.

6. Der „fiscal agent" (Finanzagent) hat sein fruchtbarstes Arbeitsfeld in dem Dienst für Gesellschaften gefunden; er ist aber auch für Privatpersonen als Börsenmakler (broker) tätig, versorgt sie mit Mitteilungen betreffs Anleihekündigungen, Steuererklärungen usw. und erteilt Auskünfte in allen güterrechtlichen Fragen (advisory in planning individual estates and trusts).

Noch ein anderes Geschöpf des Einfallreichtums der Amerikaner beweist, daß ihre Banken allenthalben nicht nur auf die Schaffung unübertreffbarer technischer Annehmlichkeiten[621], sondern auch auf eine Erweiterung der bank- und treuhandgeschäftlichen Dienstleistungen für ihre Kunden bedacht sind: der entgelt-

[621] Wie der mehrstockigen Parkgarage gleich neben der Schalterhalle („In-The-Bank" parking garage), der ebenfalls im Bankgebäude eingerichteten und direkt von der Straße erreichbaren „Motorbank" – wo man mit dem Kraftfahrzeug bis unmittelbar vor den Schalter

liche Kapitalanlageberatungsdienst. Dieser investment advisory service, wie ihn z. B. die City Bank Farmers Trust Company, New York, unter zugkräftigen Schlagzeilen propagiert – die richtige Erhaltung wohlverdienten Vermögens sei ebenso schwierig wie dessen Gewinnung, in Anbetracht der wirtschaftlichen und politischen Unbeständigkeit sowie der mangelnden Klarheit und Übersichtlichkeit im Steuerrecht bedürfe der private Investor verläßlichen Rates usw.! – erfreut sich wachsenden Zuspruches[622]. Seiner bedienen sich vor allem jene, die aus irgend einem Grunde den Abschluß eines formalen Treuhandvertrages scheuen, dennoch bei der verständigen Anlegung ihres Geldes, zur Sicherung des ursprünglichen Wertes des Kapitals bei gleichzeitiger Erzielung eines stetigen Einkommens, der vollendeten Kenntnisse der Treuhandinstitute in der Kunst und Alternation der Vermögensplanung nicht entbehren möchten.

Bevor der Kunde seine Ersparnisse der Beaufsichtigung einer Bank im Rahmen einer agency unterstellt, kann er, wie vor Errichtung eines trust, Gelegenheit nehmen, in unverbindlicher Form und im Beisein des eigenen Rechtsanwaltes, mit dem zuständigen trust officer seine familienrechtliche und berufliche Lage, seine künftigen Pläne und Absichten zu besprechen. Der trust officer, der regelmäßig mit dem investment advisory committee der Bank zusammentrifft, wird als Fachmann wie als Vertrauensperson gleichermaßen respektiert; er steht auch später für Nachfragen zur Verfügung.

In der Eigenschaft als Beratungsagent investiert die Bank die ihr überlassenen Mittel sowohl unter günstigster Ausnutzung der Gegebenheiten am Effektenmarkt als auch unter Berücksichtigung individueller Wünsche. Sie hat weiterhin den Fonds zu verwalten, z. B. Erträge anzusammeln und zu überweisen, sowie als „privater Finanzsekretär", „who is always on the job", den Kunden zur Zurückhaltung oder zum Verkauf zu raten, sie über Vorrechte bei Emissionen und Konversionen, über Kapitalerhöhungs-, Fusions- und Reorganisationsvorhaben, Rückkaufsaufforderungen u. ä. zu unterrichten. Als Entgelt berechnet die Bank eine verhältnismäßig niedrige Jahresgebühr, die sich nach dem Kurswert der in Verwaltung gehaltenen Wertpapiere richtet.

Der Kunde kann sämtliche Aufzeichnungen zu jeder Zeit einsehen. Näheres über Börsenwert, Verzinsung, Änderungen in der Zusammensetzung des Kontos usw. erfährt er durch monatliche Auszüge und jährliche Berichte. Auf Verlangen

fahren und dort jedes Bankgeschäft erledigen kann, des Tag- und Nachtdienstes oder des Bank-By-Mail Service (z. B. ein in Europa stationierter Soldat sendet eine auf sein Konto gezogene Tratte an die Bank mit dem Auftrag, seiner Mutter ein neues Kleid zu kaufen).

[622] City Bank Farmers Trust Company, New York, Report to the Shareholders 1956, S. 20; dieselbe, Sonderdruck „How to Get the Most out of Your Investments", ohne Seitenangabe; Irving Trust Company, New York, Annual Report 1957, S. 14; The National City Bank of Cleveland, Annual Report 1958, S. 11.

werden auch die zur Einkommensbesteuerung erforderlichen Bescheinigungen über bezogene Einkünfte ausgestellt.

Die custody services werden hin und wieder aus der Gruppe der personal trusts ausgeklammert und mit gleichartigen agency services für Gesellschaften zu den investment services zusammengefaßt. Ihre Bedeutung veranlaßte die angesehene, rd. 2 800 Angestellte zählende Irving Trust Company, New York, zu der Feststellung: "The demand for investment and custody services was well sustained during the year. Through Advisory Custody Accounts, we offer a complete service combining custody and handling of securities with investment supervision by an experienced staff. Over the years this service has shown phenomenal growth. The less comprehensive Custody Accounts also continue to be popular. At very low cost, often tax deductible, such accounts free owners of securities from the details of servicing and safekeeping their holdings. In the aggregate, the custody activity of the Bank, including all investment services for individuals, corporations and banks, both domestic and foreign, amounts to several billion dollars [623]".

IV. Treuhandgeschäfte der Banken für Aktiengesellschaften

Das Treuhandgeschäft für Einzelpersonen, einstmals der Grundstock für das Aufblühen der trust companies gewesen, übt auch heute noch die stärkste Anziehungskraft auf sie aus. Zwei- bis dreimal größer ist trotz alledem der Umfang der Treuhandtätigkeit für eingetragene Kapitalgesellschaften, der corporate trusts, die sich seit der Jahrhundertwende zum gewaltigsten Zweig des amerikanischen Treuhandwesens herausgebildet haben. Einzelne Trustinstitute verdanken ihnen sogar sagenhaften Aufstieg, wie z. B. die State Street Trust Company of Boston. Im englischen Wirtschaftsleben nur schwach entwickelt, ist der corporate trust in den Vereinigten Staaten die Grundlage der Gesellschaftsfinanzierung und für das Unternehmertum unserer Tage unentbehrlich geworden; er hat der trust company auf ihrem ureigenen Gebiete ein vielseitiges und gewinnbringendes Wirkungsfeld erschlossen.

Das Ergebnis dieses Werdeprozesses drückt sich alljährlich in den Berichten der Banken nur in lapidaren Sätzen aus, wie etwa: „Korporative Treuhänderschaft ... erreichte in bezug auf Ausmaß und Erträge wiederum einen Höhepunkt. Mit der Realisierung ihrer umfangreichen Finanzierungsprojekte erteilten uns Gesellschaften eine stattliche Anzahl neuer Treuhandaufträge. Der Dollarwert aller Emissionen, die wir als trustee beglaubigt haben, stieg weiterhin rapide an [624]."

1. Pfandhalterschaft für die Inhaber von Schuldverschreibungen

„Neue corporate trust-Bestellungen schließen ein diejenige als trustee für die $4^3/_8$ %igen erstrangigen mortgage bonds der Reynolds Metals Company in Höhe von $ 155 Mill., fällig 1980, und als trustee für die $3^3/_4$ %igen erstrangigen

[623] Annual Report 1956, S. 10.

[624] Morgan & Co., Inc., New York, Annual Report 1956, S. 7.

mortgage pipe line bonds der El Paso Natural Gas Company in Höhe von $ 132 Mill., fällig 1972[625]." So und ähnlich berichten die Banken allenthalben über ihre Tätigkeit als Treuhänder bei der Begebung von pfandrechtlich gesicherten Anleihen. Sie ist die älteste und bekannteste unter den corporate trusts überhaupt, so daß sie sogar in Fachkreisen häufig mit dem corporate trust-Geschäft identifiziert wird. Zur Befriedigung ihres Kapitalbedarfs beschreiten die amerikanischen Gesellschaften als Exponenten der kapitalistischen Wirtschaftsordnung den Weg der Selbstfinanzierung ungleich weniger als den auf den freien Kapitalmarkt. Dort besorgen traditionsreiche Finanzierungsbanken (investment bankers) als „Großhändler" den Absatz ihrer zu bequemen Nennwerten – auch zu $ 500 und $ 100 (baby bonds) – angebotenen Teilobligationen.

Als kollektive Sicherheit für die Rechte der Obligationäre bestellt die Schuldnergesellschaft dem Treuhandinstitut zuweilen noch ein Pfandrecht an einem bestimmten Grundstück, das englische real estate mortgage des Common Law, gewöhnlich aber ein corporate mortgage, eine Liegenschaften wie bewegliches Vermögen (Maschinen, Beteiligungen, Patente, Goodwill) umfassende Sicherungsübereignung. An Stelle des einen Vertragspartners, der Gesamtheit der Wertpapierbesitzer, tritt also der Treuhänder; der private Geldanleger erhält das sichtbare Zeichen des Schuldversprechens, den bond, der Treuhänder die Anleihedeckung. Im Gegensatz zu den deutschen Beleihungsformen wird der trustee formeller Eigentümer des Sicherungsgutes[626], wobei sein Eigentum durch die Schuldtilgung resolutiv bedingt ist. Das Rechtsverhältnis zu den Schuldtitelinhabern ist mehr als nur ein schuldrechtliches; die Obligationäre, die benefiziarischen Gläubiger, haben ein equity-Recht an den im Eigentum des trustee for bondholders stehenden Sicherheiten[627].

Die Ausgestaltung des mortgage in Verbindung mit dem corporate trust begann mit der verkehrswirtschaftlichen Erschließung des Kontinents. Ein corporate mortgage, dieses hypothekenähnliche besitzlose Pfandrecht, gab erstmals 1846 die Baltimore and Ohio Railroad. Als trustee fungierte damals der Präsident der Gesellschaft. Die New York and Erie Eisenbahngesellschaft ernannte zum ersten Male 1849 völlig unabhängige Personen zu Treuhändern ihres „Second Mortgage"; sie waren ermächtigt, bei Nichtbeachtung termingerechter Zins- und Rückzahlungsverpflichtungen auf Beschwerde eines Obligationärs hin das Pfandgut

[625] Manufacturers Trust Company, New York, Annual Report 1955, S. 10.

[626] Allerdings nicht mehr in allen Staaten, z. B. New York und Wisconsin, wo die equity-Rechtsprechung nicht wie etwa in Pennsylvania und New Jersey die title-Theorie, sondern – an die moderne Abwandlung anknüpfend – die lien-Theorie (des dinglichen Rechts) anwendet. Unterscheidung dieser Systeme ist beispielsweise in Hinsicht der Veräußerung und der Zwangsvollstreckung (foreclosure) in das Pfandvermögen wichtig.

[627] Siehe Gerstenberg, Charles W., Financial Organization and Management of Business, 2. verb. Aufl., New York 1939, S. 217 ff.; Siebert, a. a. O., S. 370.

zwecks Erfüllung der Gläubigeransprüche freihändig zu verkaufen. Als erster korporativer Treuhänder trat 1870 die Farmers Loan and Trust Company in dem „First Consolidated Mortgage" der Erie Railroad Company auf[628].

Bei den corporate mortgages sind drei Unterarten zu unterscheiden[629]: closed-end, limited open-end und open-end mortgages. Beabsichtigt eine Gesellschaft nach Abschluß einer Emission weiteres Anleihekapital aufzunehmen, so muß sie als Sicherheit eine neue Hypothek (junior mortgage) anbieten; die frühere ist geschlossen (closed). Second oder third mortgage bonds sind aber schwieriger unterzubringen. Das limited open-end mortgage dagegen trägt auch dem voraussichtlichen Finanzierungsbedarf der folgenden Jahre Rechnung. Es genügt die Angabe der Höchstzahl der zu emittierenden Papiere im Emissionsvertrag, die dann serienweise abgesetzt werden dürfen. Teilschuldverschreibungen unter einem open-end mortgage können in unbegrenzter Höhe und zu jeder Zeit als Stücke einer einzigen Anleihe ausgegeben werden. Sie sind allseits beliebt, weil die Begebung einer großen Anleihe sich als technisch einfacher und billiger erweist als die einer Reihe kleinerer Ausgaben. Die mehr flexibleren limited und open-end mortgages schließen gewisse Schutzvorschriften gegen mißbräuchliche Anwendung ein[630].

Die Verpfändungserklärung ist in der deed of trust, einer inhaltlich dem Emissionsprospekt ähnlichen, aber oft das Ausmaß eines Buches einnehmenden Urkunde, sorgfältig ausgearbeitet. So werden darin u. a. die rechtlichen Grundlagen der Emission, Zweck und Form der Anleihe, Art und Umfang der als Sicherheit angebotenen Werte, dann Stückelung, Verzinsung und Kündigung, Übertragbarkeit, Börseneinführung sowie Registrierung der Wertpapiere ausführlich dargelegt. Es folgen vielfach weitschweifige Erörterungen über die Bildung eines „sinking fund[631]", die Einbeziehung der gegebenenfalls nachträglich hinzuerworbenen Vermögensbestandteile in die Pfandmasse („now owned or hereafter

[628] Roth, a. a. O., S. 227.

[629] Encyclopedic Dictionary of Business, hrsg. von Prentice-Hall, Inc., New York 1952, S. 408 f.; Dauten, Carl A., Business Finance. The Fundamentals of Financial Management. 2. Aufl., Englewood Cliffs, N. J., 1956, S. 193; Bonneville und Dewey, a. a. O., S. 136 f.

[630] 1. Die Gesamtverschuldung des Anleihenehmers darf einen bestimmten Prozentsatz des Vermögenswertes nicht überschreiten, 2. die Höhe der Anleiheschulden soll auf ein rechtes Verhältnis zum Aktienkapital beschränkt bleiben, 3. die Dividendenausschüttung muß begrenzt werden.

[631] Zur völligen oder teilweisen Tilgung von Schuldverschreibungen vorgesehene Rückstellung. Die Bedeutung dieser sinking fund reserve hat in den USA wesentlich zur Verbreitung der sog. sinking fund bonds beigetragen. Bei der Emission einer solchen Anleihe verpflichtet sich die Schuldnerin, bis zum Fälligkeitstermin durch periodische Gewinnzuweisungen (vor der Dividendenzahlung) einen Amortisationsfonds zu bilden, der gewöhnlich von einem trustee verwaltet wird. Verstoß gegen diese Vertragspflicht kann die Kündigung der Obligation zur Folge haben. Näheres siehe Gerstenberg, a. a. O., S. 275–302.

acquired[632]"), Substitution von Sicherungsgegenständen und über Vorkehrungen zur Erhaltung der Anleihedeckung, z. B. deren Versicherung. Um die Bedienung der ausstehenden Anleihen nicht leichtfertig aufs Spiel zu setzen, wird mitunter der Gesellschaft zur Auflage gemacht, künftige Emissionswünsche nur unter der Voraussetzung bestimmter Ertrags- und Liquiditätsverhältnisse zu verwirklichen.

Mit großer Reichweite sind gewisse Einzelpflichten sowie die Aufgaben des trustee under deed of trust für den Fall der Vertragsverletzung (Einstellung des Zinsen- und Kapitaldienstes, zweckfremde Verwendung der Anleihemittel) und der Auflösung oder des Zusammenbruches der Gesellschaft festgelegt. Er hat die Ordnungsmäßigkeit der Emission zu bestätigen, die Schulddokumente formell und materiell zu prüfen und als Pfand in Verwahrung zu nehmen sowie zu bescheinigen, daß die bonds echt und in Übereinstimmung mit den Bestimmungen der deed emittiert worden sind. Um einer Mehrausgabe vorzubeugen, versieht der trustee die Schuldverschreibungen mit dem Zertifikat: "This bond is one of the bonds described in the within mentioned mortage and deed of trust." Eine Garantie des Wertes oder der Einlösung der Stücke übernimmt er jedoch nicht[633].

Die Rechtsmacht des trustee for bond issues ist der Kernpunkt der Emissionsverträge und wird fast immer in besonderen trust indentures eingehend und eindeutig umschrieben. Er ist rechtlich verpflichtet, die Interessen der Obligationengläubiger, zu deren Gunsten er den Rechtstitel am Sicherungsgut hält, in jeder Hinsicht zur Geltung zu bringen. Stellt der Anleiheschuldner die Zahlungen ein und wird binnen bestimmter Frist eine zufriedenstellende Änderung nicht herbeigeführt, so kann der indenture trustee als nomineller Anleihegläubiger die verpfändeten Gegenstände ohne Einleitung eines gerichtlichen Verfahrens für verfallen erklären, d. h. sie zum Teil oder ganz in Besitz nehmen und veräußern. Er darf aber auch den Betrieb für die Obligationäre so lange weiterführen, bis diese einen Ausschuß zur Übernahme der verantwortlichen Leitung gebildet haben, und andere, ihm in der indenture ausdrücklich zugebilligte oder von der prudent man-Formel (= wie ein vernünftiger Mensch unter gleichen Umständen handeln würde) gedeckte Schritte unternehmen. Er ist berechtigt, sich dabei jederzeit an die Gerichte um Hilfe zu wenden.

Die Schwäche und Selbstgerechtigkeit, die der bond trustee bei dem Ivar Kreuger-Skandal und einigen ähnlichen Krachs bewiesen hatte, rief in der Öffentlichkeit Unruhe und Empörung wach. Daraufhin unterzog im Jahre 1936 die Securities and Exchange Commission die Tätigkeit der Banken als Pfandhalter einer gründlichen Untersuchung und stellte fest, daß diese primär als Agenten der

632 After-acquired Clause, zum Schutze der Obligationäre vor Wertminderung des Pfandgutes bei den (nicht seltenen) Schuldverschreibungen mit langer Laufzeit.

633 Foster, Rodgers u. a., a. a. O., S. 507; Hellwig, a. a. O., S. 167 f; Encyclopedic Dictionary of Business, a. a. O., S. 212 f.; Fundamentals of Investment Banking, a. a. O., S. 56.

Gesellschaft fungierten und den Wertpapieranlegern nicht immer wirksamen Schutz widerfahren ließen.

Durch ihre Größe und ihr Ansehen trugen die zum trustee for bondholders bestellten Institute wesentlich zum Erfolg einer Finanzierung bei, enttäuschten aber andererseits durch ihre passive Haltung. Auf Grund der Dehnbarkeit ihrer Vollmachten trachteten sie danach, ihre Haftung soweit wie möglich, ja nur auf grobe Fahrlässigkeit zu beschränken. Zeitweise enthielten die trust indentures, die sie durch eigene Anwälte abfassen ließen, mehr Entlastungsklauseln als positive Verpflichtungen des Treuhänders[634].

Der lange umkämpfte Barkley oder Trust Indenture Act von 1939 (Pub. Nr. 253, 76. Sitzung des Kongresses), in dem die heftige Kritik und die Reformvorschläge der Kommission Niederschlag gefunden haben, leitete die ersehnte Wendung dieser für den Ruf des Treuhänderamtes nicht förderlichen Verhältnisse ein. Den Geschäftsbanken wurde die Funktion des trustee of corporate mortgages nicht genommen; geraten sie jedoch in widerstrebende Interessenlagen, z. B. durch Massewaltung und Kreditgewährung oder durch Pfandhaltung bei mehreren Anleihen ein und desselben Emittenten, so sollen sie für deren Beseitigung sorgen oder zurücktreten. Die Ernennung zum trustee under corporate indenture erfolgt weiterhin von der Anleiheschuldnerin aus, kann aber nur an eine unabhängige, der staatlichen Aufsicht unterstehende Gesellschaft mit einem Eigenkapital von mindestens 150 000 $ ergehen. Der trustee for bond mortgages ist, obwohl ihn die wirtschaftliche Abhängigkeit von der emittierenden Gesellschaft zu einer gewissen Nachgiebigkeit zu zwingen vermag, heute echter Treuhänder; benefiziarischer Eigentümer des Treugutes, also Treunehmer, ist jeder einzelne Wertpapierinhaber, nicht die Gesellschaft – entgegen einer vielfach herrschenden Ansicht. Der trustee hat sich über ihre finanzielle Lage und alle die Pfandsicherheit berührenden Vorgänge laufend zu informieren, die Obligationäre von Zeit zu Zeit hierüber zu unterrichten und sie von einem Zahlungsverzug (default) der Gesellschaft innerhalb von 90 Tagen in Kenntnis zu setzen. Nicht zuletzt verlangt das Gesetz von 1939, daß die bonds, notes[635] und debenture bonds[636] der Anleihen von mehr als 1 000 000 $ nur unter einer trust indenture zum Verkauf angeboten werden, die

[634] Näheres über die Enthüllung dieser Mißstände siehe Jome, Hiram L., Corporation Finance, New York 1948, S. 387–394.

[635] Schuldscheinähnliche, zur Deckung eines vorübergehenden Kapitalmangels gewöhnlich an Banken abgegebene Anleihepapiere mit einer Laufzeit von kaum mehr als 10 Jahren. Sie unterliegen nicht der bundes- und einzelstaatlichen Registrierungspflicht sowie der Besteuerung und können nach Bedarf, also unabhängig von den Marktschwankungen, die bei der öffentlichen Ausgabe von bonds keineswegs außer acht zu lassen sind, begeben werden.

[636] Titel einer – infolge außerordentlich guten Kredites des Kapitalsuchers oder in Ermangelung beleihbaren Vermögens – nicht besonders gesicherten Anleihe; sie werden ebenfalls unter einer deed of trust emittiert. Fast alle staatlichen und kommunalen Anleihen sind „debentures“.

die gesetzlichen Minimalanforderungen an eine wahre Gläubigervertretung erfüllt und von der Securities and Exchange Commission[637] genehmigt worden ist[638].

Exkurs

Anleihetypen[639]

Fast verwirrend ist in der amerikanischen Effektenfinanzierung die Vielfalt privater Emissionen und ihre Terminologie. Eingeteilt nach dem Zweck der Ausgabe gibt es: purchase money, construction und extension bonds (zur Finanzierung des Erwerbs, der Errichtung und Erweiterung von Anlagen) sowie consolidated, refunding, reorganization bonds (zur Konsolidierung, Tilgung der in Umlauf befindlichen Anleihen, zur Sanierung der Gesellschaft). Nach der Art der Sicherheitsleistung unterscheidet man prior lien bonds, die hinsichtlich der Sicherung früher emittierten Papieren mit dem Einverständnis ihrer Inhaber vorangehen dürfen; first, second, third etc. mortgage bonds (nach der Rangordnung der Rechte am Pfandobjekt); dann bridge und dock bonds, verkauft von Brückenbau- und Dockfirmen gegen Belastung bestimmter Vermögensbestandteile; divisional bonds der Eisenbahngesellschaften, gedeckt durch Pfandrechte an Teilabschnitten der neu gelegten Bahnlinien. Man kennt außerdem receiver's certificates, ausgegeben vom Zwangsverwalter, um der notleidend gewordenen Unternehmung durch Zuführung neuen Kapitals wieder zur Zahlungsfähigkeit zu verhelfen; assumed, guaranteed oder stamped bonds: bei Verschmelzungen übernommene, von anderen Gesellschaften bezüglich der Zins- und Tilgungsleistung garantierte[640] oder mit den veränderten Emissionsbedingungen gekennzeichnete Werte.

[637] Eine Anstalt der Bundesregierung mit fünf Kommissaren an der Spitze, die auf fünf Jahre vom Präsidenten ernannt werden. Sie wacht über die Einhaltung der sieben das Effektengeschäft betreffenden Gesetze: Securities Act of 1933, Securities Exchange Act of 1934, Public Utility Holding Company Act of 1935, Chapter X of the Bankruptcy Act (1933, 1938), Trust Indenture Act of 1939, Investment Company Act of 1940, Investment Advisers Act of 1940.

[638] Westerfield, a. a. O., S. 975 f.; Collier's Encyclopedia, a. a. O., Band 3, S. 87; Dauten, a. a. O., S. 192; Klise, a. a. O., S. 506 f.; Chandler, Lester V., The Economics of Money and Banking, New York 1948, S. 522; Koontz, Harold D., Government Control of Business, Boston und New York 1941, S. 539.

[639] Bonneville und Dewey, a. a. O., S. 141–152; Dauten, a. a. O., S. 195–203, 219–221; Collier's Encyclopedia, a. a. O., Band 3, S. 89 f.; Leffler, George L., The Stock Market, New York 1951, S. 25–33; Sauvain, Harry C., Investment Management, Englewood Cliffs, N. J., 1953, S. 36–43; Prime, John H., Investment Analysis, New York 1946, S. 7–27; Hundhausen, Carl, Anleihen und Aktien in der amerikanischen Effektenfinanzierung, in: Zeitschrift für Handelswissenschaftliche Forschung, 25. Jhrg. (1931), S. 5 ff., 64 ff., 128 ff.

[640] Siehe Hundhausen, Carl, Die Garantie Dritter für Aktien und Anleihen in der amerikanischen Effektenfinanzierung, in: Zeitschrift für Betriebswirtschaft, 7. Jhrg. (1930), S. 743 ff.

Schließlich werden auf dem amerikanischen Markt auch Wandelobligationen (convertible bonds), Anleihen mit gruppenweise abgestuften Fälligkeitsterminen (serial bonds) und mit vorbehaltenem Kündigungsrecht (callable bonds) sowie neben den Inhaberschuldverschreibungen (coupon bonds) auch Namensschuldverschreibungen (registered bonds) aufgelegt.

Die Möglichkeit, den Wert ihrer Deckung an der täglichen Börsennotierung unschwer abzulesen, bieten die seit den zwanziger Jahren bekannten collateral trust bonds, jene durch Verpfändung von Wertpapieren gesicherten Schuldtitel. Namentlich Konzerne geben sie aus und verpfänden dafür einem trustee under collateral trust indenture in ihrem Besitz befindliche Anteile abhängiger Unternehmungen. Dem Pfandschuldner verbleibt aber in der Regel das Stimm- und Dividendenbezugsrecht. Sinkt der Kurswert des collateral unter eine im Anleihevertrag festgelegte Grenze, so kann der trustee Nachschuß verlangen. Manchmal dienen als collateral-Deckung noch zusätzlich Grundstücke, Urheberrechte und Versicherungspolicen[641].

Anleihen, die ausschließlich durch Pfandbestellung an beweglichem Betriebsvermögen gesichert sind (chattel mortgages), werden neuerdings vereinzelt von Fluggesellschaften[642], hauptsächlich aber auch heute noch von Eisenbahngesellschaften zur Finanzierung des Erwerbs von rollendem Material begeben[643]. Auf Grund eines equipment trust agreement mit der Herstellfirma erbringt die Käuferin bei Lieferung der Fahrausrüstung einen bestimmten Betrag, etwa 25 % des Kaufpreises, in bar, der Rest wird durch Verkauf von equipment trust bonds aufgebracht. Das Eigentum an den neuen Wagen und Lokomotiven erhält ein trustee, der sie der Schuldnerin mietweise überläßt (nach dem sog. Philadelphia Plan) oder unter Eigentumsvorbehalt verkauft (New York Plan). Aus den Mieterträgen leistet er den jährlichen Verzinsungs- und Tilgungsdienst. Nach vollständiger Einlösung der equipment trust notes – sie sind in 10 bis 15 Jahresserien fällig – steht der Gesellschaft das Recht auf Übereignung des dem trustee zur Sicherheit der Wertpapiergläubiger verpfändeten Materials zu. Der Konstruktion des bloßen Eigentumsvorbehaltes, bei der die jährlichen Ratenzahlungen zur Amortisation der Anleiheschuld verwendet werden, zieht man den Philadelphia Plan wegen der klaren Rechte vor[644]. Die Stücke einer equipment trust-Obligation – streng genom-

[641] Näheres siehe Gerstenberg, a. a. O., S. 238 ff.

[642] Irving Trust Company, New York, Annual Report 1958, S. 20.

[643] So ersuchten beispielsweise die New York Central Railroad und die Gulf, Mobile, and Ohio Railroad die Interstate Commerce Commission um die Erlaubnis, „to issue equipment trust certificates totaling $9 480 000 for use in buying new equipment" (New York Times vom 18. 5. 1957).

[644] Schätzungsweise 97 % der am 1. 1. 1934 ausstehenden equipment-Schuldverschreibungen waren nach dem Philadelphia Plan ausgestellt (Hickman, Braddock W., The Volume of Corporate Bond Financing since 1900. A Study by the National Bureau of Economic Research, New York. Princeton 1953, S. 33).

men sind es Trustzertifikate – bilden, da ihre Rückzahlung der Wertminderung des Trustgutes weit vorauseilt, ein sicheres und deshalb begehrtes Anlagemittel; freilich sind sie auch nicht so hoch verzinslich. Einen wahren Siegeszug erlebten sie, wie aus nachstehender Aufstellung zu ersehen ist, in den Jahren 1920 bis 1927, als sie 53% der Eisenbahnemissionen ausmachten. 1927 betrug der Anteil der corporate equipment-Anleihen an den fundierten Schulden der Eisenbahngesellschaften 10%, aller Industriezweige insgesamt aber weniger als 5%[645].

Zu Beginn des Jahres in Umlauf befindliche equipment-Zertifikate:

Jahr	Insgesamt	von Eisenb.-gesellschaften	Jahr	Insgesamt	von Eisenb.-gesellschaften
	in Mill. Dollar			in Mill. Dollar	
1900	21,7	21,7	1927	1 274,7	1 206,6
1905	99,0	98,2	1930	1 160,3	1 105,5
1910	257,4	243,4	1935	724,8	693,2
1915	465,1	436,4	1940	557,8	540,6
1920	383,8	346,5	1944	667,0	656,8
1925	1 216,5	1 132,0			

Jedoch um 1956 herum schwand aus verschiedenen Gründen das Interesse der institutionellen Anleger für Eisenbahn-equipment-Anleihen zusehends. Andererseits schätzt man den künftigen Kapitalbedarf der Eisenbahngesellschaften, im Hinblick auf den herrschenden Mangel an Transportraum, auf jährlich 1 bis 1½ Mrd. Dollar, der, wenn er nach bisheriger Finanzierungsmethode[646] gedeckt werden soll, Emissionen in Höhe von $ 800 bis 1200 Mill. erfordern würde. Da man sich aber hinsichtlich der Unterbringung derartiger Summen keinen falschen Hoffnungen hingibt, werden neue Finanzierungsquellen ersonnen: Beim Kongreß wurde bereits ein sog. Selbsthilfeplan eingebracht, der als erstes die Errichtung einer Bundesbehörde (Railway Equipment Agency) vorsieht. Diese soll Verkehrsmaterial an die Eisenbahnen langfristig vermieten. Nur die Amortisationskosten bestimmen die Höhe des Mietzinses (Nettomiete); die Instandhaltung übernimmt die Mieterin[647].

[645] Hickman, a. a. O., S. 36, 262 f.

[646] Während der Zeit von 1953–1957 wurden die Investitionen in Beförderungsmitteln von durchschnittlich 750 Mill. Dollar jährlich zu $ 400 Mill. durch Verkauf von equipment bonds finanziert.

[647] Business Horizons, hrsg. vom Bureau of Business Research, Indiana Universität, Frühjahr 1958, Nr. 2, S. 44–48.

2. Zwangsverwaltung, Sanierung und Konkursverwaltung[648]

Wird einem Gesellschaftsvorstand unregelmäßige oder betrügerische Geschäftsführung, einem Testamentsvollstrecker Verletzung der Sorgfaltspflicht, einem trustee Ruin seines Vermögens oder Treubruch nachgewiesen oder ist durch schwerwiegende Differenzen unter Geschäftsteilhabern die Grundlage zur vertrauensvollen Zusammenarbeit erschüttert usw., so kann beim Gericht die Bestellung eines Massewalters, des receiver nach dem altenglischen Common Law, beantragt werden. Die amtliche Durchführung der Massewaltung und Schuldenreglung bei gewerblichen Unternehmen hat sich im Wege des Gewohnheitsrechtes herausgebildet. Nach wiederholten Versuchen, anläßlich Kriege und Wirtschaftskrisen, gelang es dem Kongreß erst 1898, auf Grund einer Ermächtigung in der Bundesverfassung (Art. I, Sec. 8), über die verschiedenartigen bankruptcy laws der einzelnen Staaten ein nationales Konkursgesetz zu setzen, das in seinen Grundzügen noch heute gültig ist. Da es jedoch in erster Linie das Liquidationsverfahren behandelte, die Gerichte aber danach trachteten, das Vermögen sowie die Ertragskraft von insolvent gewordenen Gesellschaften möglichst im Status quo ante zu erhalten, entwickelten sie in ständiger Rechtsprechung die Institution der equity receivership.

Der receiver in equity, auf Ersuchen eines Gläubigers vom Gericht eingesetzt, übernahm das Vermögen der Unternehmung, hatte diese weiterzuführen, Ansprüche gegen sie zu prüfen, ihre wirtschaftliche und finanzielle Lage zu untersuchen und darüber den Gerichtsbehörden Rechenschaft abzulegen. Die Ausarbeitung eines Sanierungsplanes (plan of reorganization) oblag ihm nicht, sondern blieb den Gläubigern bzw. ihren Ausschüssen vorbehalten. Vermochte der receiver die Schuldnerin inzwischen wieder in die Lage zu versetzen, allen ihren Verpflichtungen pünktlich und gefahrlos nachzukommen, so unterblieb die Verwirklichung des Planes.

Dem nonstatutory-Verfahren der equity receivership hafteten zahlreiche Mängel an: Die Doktrin von der absoluten Priorität (der Gläubiger) nahmen allzusehr die Aktionäre und die Geschäftsleitung in Anspruch; da das Sanierungsprogramm der Annahme durch alle interessierten Parteien bedurfte, konnte eine oppositionelle Minderheit jede wirkungsvolle Maßnahme verschleppen oder vereiteln, sofern sie nicht in unmäßiger Weise ausbezahlt wurde; ferner führten unreelle, dunkle Machenschaften unter den Gläubigerkomitees zu unbilliger Behandlung mancher Wertpapierbesitzer. Es fand daher in den vergangenen Jahren nur noch vereinzelt Anwendung, nachdem der Bankrupty Act 1933, 1934 und 1938 (Chandler Act) in bezug auf die Reorganisation von Unternehmungen zur Abwendung des Konkurses ergänzt worden war.

[648] Bouvier's Law Dictionary, a. a. O., Band 2, S. 2825–2828; Fundamentals of Investment Banking, a. a. O., S. 426 f., 446–461; Dauten, a. a. O., S. 415–431; Hicks, a. a. O., S. 1056 ff.; Gerstenberg, a. a. O., S. 756 f., 764–781, 794; Jome, a. a. O., S. 224–230.

Der neue Bankruptcy Act regelt die Sanierung von Aktiengesellschaften – dazu gehören auch die Eisenbahngesellschaften mit innerstaatlichen Verkehrslinien – mit ausstehenden gesicherten Schuldverschreibungen in Abschnitt X, von Schuldnergesellschaften ungesicherter Forderungen (small corporations) in Abschnitt XI und von Unternehmungen in nicht korporativer Form mit grundpfandrechtlich gesicherten Schulden in Abschnitt XII.

Der Antrag auf Einleitung einer Zwangsverwaltung unter Abschnitt X (bis 1938 sec. 77 B) des Gesetzes nebst den nötigen Nachweisen kann von den Aktionären, von drei oder mehr Gläubigern mit Gesamtforderungen von mindestens $ 5000, vom Anleihetreuhänder (involuntary receivership) und nunmehr auch von der Gesellschaft selbst[649] (voluntarily) eingebracht werden. Befürwortet ihn das Bundesdistriktsgericht, so beauftragt es einen oder mehrere unabhängige trustees mit der Geschäftsaufsicht über die Schuldnerin, der Feststellung des Vermögenswertes und der Schulden, mit der Erstattung von Berichten über Fortgang und Wirtschaftslage der Unternehmung sowie eines Gutachtens über die Frage, ob eine Reorganisation oder eine Liquidation zweckmäßiger erscheint. Der Treuhänder ist nicht Agent der Gesellschaft oder Substitut der Geschäftsleitung, sondern ausführendes Organ des Gerichtes. Die wichtigsten Ergebnisse seiner Überwachungsarbeit hat er auch den Aktionären und Gläubigern mitzuteilen. Auf Grund der von der Schuldnerin, den Gläubigern und Anteilseignern eingereichten Vorschläge entwirft der trustee – im Gegensatz zum gesetzlich nicht kodifizierten equity-System – einen plan of reorganization; die Gläubigerausschüsse wirken nur beratend mit.

Bei der Vorbereitung des Sanierungsprogramms ist eine Reihe von Muß- und Kannvorschriften des Gesetzes zu beachten. Überdies darf der trustee keine Möglichkeit unausgeschöpft lassen, um die Wiedergesundung der Schuldnergesellschaft herbeizuführen und ihre künftige Zahlungsbereitschaft zu gewährleisten. Er hat sich deshalb um die Beseitigung einer vorhandenen Überkapitalisierung, die realistische Neubewertung des Vermögens und um eine durchgreifende Auswechslung des Personals zu kümmern. Er befaßt sich des weiteren mit der Rationalisierung des Betriebsablaufs und einer kritischen Durchleuchtung der Absatzorganisation sowie der Marktkonstellationen.

Der Treuhänder wird sodann über Tilgungsaufschub und Umschuldungen, über Zinssenkung, mehr oder weniger drastische Herabsetzung der Gläubigerforderungen sowie des Eigenkapitals und über den Umtausch von Obligationen gegen sog. income bonds[650] oder Vorzugsaktien verhandeln. Neben der Änderung der Kapitalstruktur muß er die fixen Kosten zu verringern suchen, beispielsweise durch Abschluß neuer Miet- und Pachtverträge, Abstoßung wenig einträglicher Nebenbetriebe usw., und einen mehrjährigen Dividendenstop fordern. Auch wird er die Zuführung frischen Kapitals, etwa durch Zuzahlung der Aktionäre oder durch Ausgabe von (den Masse-

649 Nicht von Banken, Versicherungs-, Eisenbahn- und kommunalen Unternehmen, die sich, wenn sie von Verbindlichkeiten entbunden werden wollen, an die übergeordnete Aufsichtsbehörde wenden müssen.

650 Hinsichtlich der Verzinsung vom jährlichen Gewinn abhängige und in der Regel mit Kumulativwirkung ausgestattete Anleihewerte; vielfach gesuchter als Vorzugsaktien, die von zahlreichen Kapitalsammelstellen als Anlagemittel nicht gehalten werden dürfen.

schulden vorgehenden) sog. receiver's certificates, für unumgänglich erachten. Der trustee hat sich bei all seinen Erwägungen vom Prinzip der Vernunft, Fairness und Gerechtigkeit gegenüber allen Interessentengruppen leiten zu lassen.

Es ist keine Seltenheit, daß die Leitung der wieder aufgerichteten Gesellschaft, weil sie in den ersten Jahren noch auf schwachen Füßen steht und einer straffen Führung nicht entbehren kann, voting trustees übertragen wird.

Der Richter hat das Recht, den Sanierungsplan zu akzeptieren oder abzulehnen, und überwacht gegebenenfalls dessen Ausführung. Er kann dem trustee under corporate reorganization leitende Angestellte der Gesellschaft als zusätzliche trustees beigeben oder, wenn die Verschuldung sich auf weniger als $ 250 000 beläuft, diese an Stelle des trustee in der Geschäftsführung belassen.

Ähnlich sind die Aufgaben des trustee bei der Schuldenregelung (arrangement) unter den anderen Abschnitten des Bankruptcy Act. Er braucht jedoch nach Abschnitt XI nicht eine unabhängige Person zu sein. Für Reorganisationen von interstaatlichen Eisenbahngesellschaften, die bis in die jüngste Vergangenheit gewissermaßen zu den alltäglichen Erscheinungen gehören[651], sind in Abschnitt VIII (ursprünglich sec. 77) besondere Regelungen getroffen. Die wichtigste bezieht sich auf die Einschaltung der Interstate Commerce Commission. Diese Behörde hat

[651] "We have been active in the reorganization of the Missouri Pacific Railroad Co. and have been designated by the Reorganization Managers as trustee for the new General Mortgage Series A Bonds due in 2020 . . ." läßt etwa die Manufacturers Trust Company, New York, verlauten (Annual Report 1955, S. 10).

Zahlen sprechen am deutlichsten:

Eisenbahnzwangsverwaltungen 1872—1944 *

Jahr	Anzahl der Gesellsch.	Meilen-länge	Jahr	Anzahl der Gesellsch.	Meilen-länge
1872	7	1 160	1911	39	4 593
1875	63	11 125	1914	68	18 608
1878	94	12 956	1917	82	17 376
1881	40	5 175	1920	61	16 290
1884	40	7 295	1923	64	12 623
1887	58	9 780	1926	45	17 632
1890	48	8 553	1929	29	5 703
1893	93	11 397	1932	55	22 545
1896	151	30 475	1935 **	87	68 345
1899	71	9 853	1938	109	76 938
1902	27	1 475	1941	91	69 859
1905	26	796	1944	76	50 497
1908	52	9 529			

* Locklin, Philip, Economics of Transportation, 3. Aufl., Chicago 1949, S. 598.

** Die Zahlen ab 1935 schließen Autobahnen mit ein.

ein Entscheidungsrecht über den Sanierungsplan: Sie kann ihn mißbilligen, abändern lassen oder einen eigenen aufstellen, sie verlangt seine Annahme durch Schuldtitelinhaber und Aktionäre bestätigt. Von ihrer Zustimmung ist nicht nur die Ernennung des trustee, sondern auch dessen Vergütung abhängig. Der Prozeß nach dem Bankruptcy Act hat sich als nicht weniger umständlich und langwierig erwiesen als nach der equity receivership[652]. Um ihn zu beschleunigen, wurde das Gesetz 1948 durch den Mahaffie Act ergänzt.

Der trustee wird erst nach erfolgreicher Beendigung des gerichtlichen Verfahrens entlastet. Besteht keine Aussicht, der permanenten Zahlungsschwierigkeiten Herr zu werden, so schlägt er dem Gericht die Einsetzung eines Liquidators vor bzw. überwacht er selber auf Geheiß des zuständigen Gerichtsbeamten, des referee in bankruptcy, die Liquidation. Der trustee in bankruptcy wird zwar von der Gläubigerversammlung gewählt, ihr Beschluß bindet aber den referee nicht[653]. Er ist – im Gegensatz zum Konkursverwalter des deutschen Rechts – Eigentümer der Konkursmasse[654].

3. Tätigkeit als Agent für Gesellschaften

Zu einer nennenswerten Kapazitätsausweitung wurden die Treuhandinstitute gezwungen, als gewerbliche Unternehmungen sie in zunehmendem Maße als Agenten – als „Hausmädchen" – in ihren Dienst nahmen. Die ihnen von Aktiengesellschaften übertragenen Aufgaben, die gewiß notwendig sind, aber nicht unmittelbar deren Betriebszweck dienen, stellen nicht nur – arbeitsmäßig – den größten Teil der corporate trusts, sondern auch einen integrierenden Bestandteil des amerikanischen Bankgeschäftes überhaupt dar.

"An active year in the securities markets likewise placed heavy demand on the fiscal agency services performed by the company for many corporations. These operations — comprising principally the functions of stock transfer agent, registrar, stock subscription agent, and dividend and coupon paying agent — again produced substantial revenues and contributed to the rounded banking service offered to clients[655]."

a) Der Transfer Agent und Registrar

Unter den corporate agencies der Banken ragen, infolge der Verbreitung der Namensaktie in den USA, die Registrierung von Aktienbesitz und -übertragung besonders hervor. Nach den Bestimmungen der New Yorker Börse sind die

[652] Koontz, a. a. O., S. 188–191.

[653] „Das Gesetz enthält keinen Anhaltspunkt für die Annahme, daß die Wahl des trustee durch die Gläubiger für alle Fälle absolut sei ... Die ganze Angelegenheit der Treuhänderbestellung unterliegt letztlich der Macht und Kontrolle des Gerichtes" (In re Austin Resort & Land Co., 12 Fed. Supp. 459, zitiert bei Hicks, a. a. O., S. 1064).

[654] Dillavou und Howard, a. a. O., S. 183 f.

[655] J. P. Morgan & Co. Inc., New York, Annual Report 1956, S. 7.

Emittenten der bei ihr notierten Wertpapiere verpflichtet, auf eigene Kosten einen registrar und einen transfer agent mit Sitz südlich der Chambers Street in der Borough of Manhattan, City of New York, zu unterhalten. Beide bedürfen der Zustimmung des Börsenvorstandes. Der registrar kann mit dem Pfandhalter, nicht aber mit dem transfer agent identisch sein, da sie ihre Tätigkeit gegenseitig kontrollieren sollen. Den transfer of stock darf die Gesellschaft selbst erledigen; der damit beauftragte Angestellte muß dann eine andere als die zur Unterzeichnung der Aktienurkunden berechtigte Person sein. Jedoch schaltet schon seit Jahrzehnten jedes größere Unternehmen dafür eine Treuhandbank ein. Überträgt die Gesellschaft noch in anderen Städten Banken die transfer agency, so müssen die Papiere in Form und Farbe übereinstimmen und ebenso in New York übertragbar sein. Ähnlich lauten auch an den anderen Plätzen die an die Zulassung zum Börsenhandel geknüpften Bedingungen.

Objekt der dauernden Beschäftigung von transfer agent und registrar bilden die Aktien und ein Teil der festverzinslichen Werte, nämlich die sog. registered bonds. Da die Inhaber dieser Namensschuldverschreibungen sowohl auf den Titeln selbst als auch in den transfer books der Gesellschaft bzw. ihres bond registrar oder transfer agent namentlich verzeichnet sind, kann ein Eigentumsübergang durch Kauf – im Gegensatz zu den coupon bonds – nicht ohne Registeränderung rechtskräftig werden. Registered bonds sind entweder in bezug auf Anleihebetrag und Verzinsung registriert – dann zahlt die Gesellschaft die Zinsen per Scheck – oder nur hinsichtlich der Kapitalsumme; in diesem Falle werden die beigefügten Kupons allen Vorlegern eingelöst (inhaberähnliche Schuldpapiere).

Bündelweise erhält der transfer agent jeden Morgen Anteile und registrierte Zinspapiere zum Umtausch. Bevor er den Boten der Wertpapierhändler die Quittungen aushändigt, vergewissert er sich, ob die Echtheit der Unterschriften garantiert und die von Bund und einigen Staaten erhobene Verkehrsteuer (transfer tax) durch Aufkleben von Steuermarken entrichtet worden ist. Noch am gleichen Tage werden die eingereichten Zertifikate für ungültig erklärt, dafür auf den Namen der Erwerber (transferees) gleich viele neue ausgestellt und diese mit den alten an den registrar weitergegeben. Jeden Wechsel des Eigentumsrechtes vermerkt der transfer agent in den stock record books. Jeweils ein paar Wochen vor der Hauptversammlung schließt er diese Bücher ab, um in Ruhe die Teilnehmerlisten vorzubereiten. Der transfer agent nimmt auch die Aufteilung von Anteilszertifikaten vor, z. B. eines Zertifikates über 100 Anteile in zwei über 60 und 40 Anteile, und die Anmeldungen für verlorengegangene Wertpapiere entgegen.

Der registrar for stocks and bonds, der ein vollständiges Verzeichnis über alle von der Gesellschaft emittierten Effekten führt und gewöhnlich die Originalstücke in Verwahrung hält – an ihrer Stelle befinden sich Zertifikate in Umlauf –, überprüft nochmals den Umschreibungsvorgang auf seine Rechtmäßigkeit. Die neuen

Zertifikate trägt er in das Register ein, versieht sie mit seiner Beglaubigung und sendet sie allesamt an den transfer agent zurück[656].

Ziel und Zweck der Registrierung ist es, die Wertpapierbesitzer vor irrtümlicher oder betrügerischer Mehrausgabe, Fälschung, Nachbildung und ähnlichen Gefahren zu schützen. Mißstände dieser Art sind nämlich in dem berüchtigten Schuyler-Betrug im Jahre 1863 offen zu Tage getreten, als *Robert Schuyler,* der damalige Präsident und transfer agent der New York and New Haven Railroad, vorsätzlich eine Überemission des Grundkapitals der Gesellschaft vornahm. Damit nicht künftig jemals mehr neue Aktienzertifikate unterzeichnet als frühere vernichtet werden, verlangt seit 1869 die New Yorker Börse, daß alle bei ihr zum Verkehr zugelassenen Werte bei einem unabhängigen Treuhandinstitut registermäßig zu erfassen sind[657].

Zu den transfer agent-Funktionen rechnet auch die Durchführung der sog. stock splits zwecks breiterer Streuung des Eigentums (!). Bei der Aufteilung des Kapitalstocks der Standard Oil Company, New Jersey, im Jahre 1956, einer der größten ihrer Art, hatte beispielsweise die Guaranty Trust Company of New York innerhalb kürzester Frist nicht weniger als 1 500 000 neue Zertifikate auszustellen und 21 t Postgut an 326 000 Aktionäre in der ganzen Welt zu versenden[658].

b) Der Zahlungsagent[659]

Eine nur natürliche Entwicklung führte von der Registrartätigkeit zu dem Amt des paying agent. In dieser Eigenschaft nimmt die Bank für Körperschaften jedweder Art, öffentliche wie private, mit oftmals Tausenden von Aktionären, und für sonstige große Wertpapierschuldner die Auszahlung von Zinsen und Dividenden sowie die Einlösung von gekündigten Anleihen, Schuldscheinen und von Aktien vor (redemption agent for retirement of bonds and stocks). Sie behält die Steuern ein und führt sie ab, versendet die Geschäftsberichte, die Aufforderungen zur Ausübung des Bezugsrechtes und die Einladungen zu Aktionärsversammlungen; sie veröffentlicht ferner wichtige Bekanntmachungen der Auftraggeberin und übermittelt ihr zweckdienliche Informationen. Mehr und mehr wird heute der Ballast der Kapitalverwaltung auf die Banken abgewälzt[660]. Vermerkt z.B. die

[656] Dice, Charles A. und Wilford J. Eiteman, The Stock Market, 3. Aufl., New York 1952, S. 120, 296–302; Leffler, a. a. O., S. 389–396, 424 f.; Stubbe, a. a. O., S. 332; Gerstenberg, a. a. O., S. 124 f.

[657] James, a. a. O., S. 426.

[658] Annual Report 1956, S. 10 f. Die Irving Trust Company hebt hervor, daß „numerous stocks dividends and splits swelled the large volume of business already on the books" (Annual Report 1956, S. 11).

[659] Siehe James, a. a. O., S. 427; Encyclopaedia Britannica, a. a. O., Band 22, S. 515; Encyclopaedia of the Social Sciences, a. a. O., Band 15, S. 111.

[660] Diese verfügen über elektronische Maschinen, die die erforderlichen Buchungsarbeiten und

Guaranty Trust Company „an increase in paying agency appointments during the year“[661]. Oder die Continental Illinois National Bank and Trust Company of Chicago: “Our volume of services as . . . dividend disbursing agent and coupon paying agent for corporations and public agencies continues to increase[662].”

Als fiscal agent, der oft auch financial agent genannt wird und bisweilen die Funktion des paying agent mit einschließt, übernimmt das Trustinstitut für Gesellschaften alle möglichen Dienstleistungen finanzwirtschaftlicher Natur. So besorgt sie die Zahlung von Zinsen und Steuern zu den Fälligkeitsterminen, der Löhne und Gehälter, besonders auch an den Vorstand – zum Zeichen korrekter Geschäftsführung –, und übrige Kassengeschäfte.

c) Sonstige Agententätigkeit

Die tadellose und prompte Erledigung dieser Aufgaben hat in der Geschäftswelt stärksten Widerhall gefunden. Gesellschaften übertrugen folglich immer mehr Teile ihrer Geschäftstätigkeit finanzwirtschaftlichen Charakters auf Banken, die sich für jedweden Dienst bereit hielten. Aber auch die wachsende Kompliziertheit, die ständig enger werdende Verflechtung wie die durch Spezialisierung hervorgerufene Unübersichtlichkeit des Wirtschaftsgeschehens führten dazu, daß sie sich heute in zahllosen Fällen der Mitwirkung von Treuhandinstituten bedienen.

Zur Hinterlegung sowie zum Umtausch der Wertpapiere bei Sanierungen und Fusionen bestellt man einen depositary und exchange agent, für die technische Durchführung der Liquidation einen liquidating agent und zur Vertretung auf Aktionärsversammlungen ein proxy. Besonders häufig bekleiden Banken das Amt eines Depositars; so kennt man den depositary for stocks and bonds, den depositary under voting trust agreements und den depositary for underwriting syndicates. Die Tätigkeit als custodian, escrowee (Aufbewahrung und Aushändigung unter bestimmten Bedingungen) und manager von Tilgungsfonds wurde bereits erwähnt. Als subscription agent nehmen die Banken die Zeichnung auf das Angebot des Bezugsrechtes bei Kapitalerhöhungen sowie der Schuldverschreibungen bei Anleiheemissionen entgegen und besorgen die Ausgabe von Interimsscheinen bzw. später der endgültigen Stücke[663]. Sie kassieren Prämien für Versicherungsgesellschaften

statistischen Aufstellungen in einem Arbeitsgang bewältigen (Ausstellung der Dividendenschecks, Ausfertigung der Mitteilungen an die Behörden). “The bank’s stock transfer division makes use of electronic calculating units to process dividend checks. The machines calculate checks to be paid to stockholders of companies for which Guaranty acts as transfer agent. Last year these machines processed close 6 000 000 dividend checks“ (The Guaranty Survey, November 1956, S. 20).

661 Annual Report for the Year 1956, S. 11.

662 Annual Report to Shareholders 1955.

663 Siehe J. P. Morgan & Co., Inc., New York, Annual Report 1955, S. 2; Guaranty Trust Company of New York, Annual Report 1957, S. 12.

und treten in den verschiedensten Beraterfunktionen auf, z. B. als business investment adviser for corporate treasurers and banks, adviser in corporate financing, adviser to correspondent banks in operating methods, building arrangements etc.[664].

Eine Ausweitung der Agentengeschäfte bringt für die Großbanken an den Hauptkapitalplätzen, so in den Städten New York und Chicago, ihre Funktion als Korrespondenzbank von sog. out-of-town banks und sonstigen dem Federal Reserve System nicht angehörenden Banken mit sich. Von diesen über den ganzen Kontinent verstreuten Instituten nehmen die „Banken der Banken" nicht nur Einlagen entgegen, sondern vollbringen für sie noch bereitwilligst – täglich fällige Gelder dürfen nicht verzinst werden – eine Reihe von Leistungen der verschiedensten Art. Sie halten Wertpapiere in Verwahrung, aber auch zum Verkauf und zur Verpfändung am zentralen Geldmarkt gegen Lombardkredite bereit; sie nehmen Wertanalysen von Effektenportefeuilles vor, beschaffen ihren Bankkunden sogar Theater- und Eisenbahnfahrkarten und beteiligen sie an ihren Gruppenversicherungen[665]. Angelockt durch diese Vergünstigungen unterhalten bei ihnen auch Mitgliedsbanken des Federal Reserve System Depositenkonten – sehr zum Verdruß der örtlichen Federal Reserve Banks[666].

Führende New Yorker Banken ermöglichen die Anlage und den Handel in ausländischen Aktien, ohne daß die Originalpapiere über die Grenzen hin und her bewegt werden müssen. Sie verkaufen für namhafte ausländische Gesellschaften übertragbare, an der New Yorker Börse zugelassene Zertifikate, sog. American Depositary Receipts, die auf die bei einem ausländischen Agenten hinterlegten Anteile dieser Gesellschaften ausgestellt sind[667].

664 Die Manufacturers Trust Company, der New Yorker Korrespondent von mehr als 2 200 amerikanischen Banken, hat für Bankkunden in 20 Jahren 1 121 Gutachten über Arbeitsverfahren angefertigt (Annual Report 1955, S. 8 f.).

665 Ende 1956 waren dem Correspondent Bank Group Life Insurance Plan der Manufacturers Trust Company 668 Kreditinstitute – 30 mehr als im Jahr zuvor – mit insgesamt 8 546 Angestellten angeschlossen (Annual Report 1956, S. 10).

666 Kemmerer, Edwin Walter und Donald L., The ABC of the Federal Reserve System, 12. Aufl., New York 1950, S. 212.

667 Die Irving Trust Company, New York, vertritt bei dieser Methode des Kapitalexports 40 überseeische Unternehmungen (Annual Reports 1956, S. 11, 1957, S. 15, 1958, S. 20). Die Guaranty Trust Company of New York schreibt: "Active dealings in shares of foreign corporations were reflected in heavy turnover in Guaranty's American Depositary Receipts". (Annual Report 1956, S. 11; siehe ferner 1957, S. 11).

4. Verwaltung von Pensions-, Gewinnbeteiligungs- und Arbeitslosenunterstützungsfonds

Nicht nur auf dem rein bankgewerblichen Sektor gelang es den amerikanischen Bankinstituten im letzten Jahrzehnt, neue Formen der Dienstleistung zu entwickeln oder an sich zu ziehen[668]. Auch als Treuhänder erkannten sie rechtzeitig sich anbahnende Entwicklungen und wußten sie, sich ein Arbeitsgebiet mit ungeahnten Entfaltungsmöglichkeiten zu sichern: die Verwaltung von Pensions- und Gewinnbeteiligungsfonds sowie sonstiger, von den Unternehmungen der Wirtschaft zu Gunsten ihrer Beschäftigten (Gehalts- und Lohnempfänger) errichteten Unterstützungskassen (welfare plans). Während die von Banken verwalteten Vermögenswerte der privaten Altersversorgung noch vor etwa 15 Jahren keine nennenswerte Rolle spielten, übertrafen sie vor einiger Zeit in nicht wenigen Fällen schon die Summe der Geschäftsdepositen[669]. Anfang 1958 wurden sie auf rd. 40 Mrd. Dollar geschätzt; sie erfahren einen Zuwachs um ungefähr $ 4 Mrd. jährlich[670]. Über durchschnittlich 600 retirement plans werden jeden Monat Verträge abgeschlossen[671]. Man nimmt – Statistiken geben uns leider keinen genauen Aufschluß – ihre Zahl an mit 500 000, von denen 30 000 mehr als je 100 Personen erfassen[672].

Von diesem gigantischen Aufstieg profitieren auch die kleineren Banken. So hat z. B. bei der Central National Bank of Cleveland der Erfolg mit ihrem „Combined Investment Fund for Pension and Profit-Sharing Trusts" alle Erwartungen übertroffen. „Es sind genug Anzeichen vorhanden, daß dieser Zweig unserer corporate trust-Arbeit zur weiteren Ausdehnung des Geschäftsvolumens beitragen wird[673]."

Die Investition der in employee-benefit-trusts angesammelten Mittel wirft keine grundsätzlich anderen Probleme auf als die Investition sonstiger Trustdepositen. Wie sich das Vermögen aller Pensionstrusts, außer jenen, die von Versicherungsgesellschaften verwaltet werden, auf die üblichen Anlagewerte verteilt hat, mag beispielsweise ein Ausschnitt der Jahre 1951–1955 zeigen[674].

668 Z. B. die Teilzahlungsfinanzierung und das Personalkleinkreditgeschäft („Borrow-by-Check" System).

669 City National Bank and Trust Company, Kansas City (Mo.), Annual Report 1954, S. 28. Diese Bank konnte in der Zeit von 1950–1954 die Zahl ihrer pension trust-Engagements von 3 auf 43 erhöhen.

670 Banking, März 1958, S. 114.

671 Carlysle A. Bethel, Präsident der Treuhandabteilung der American Bankers Association vor der 27. Mid-Continent Trust Conference, Banking, Dezember 1958, S. 116.

672 Banking, Juni 1959. S. 57.

673 Annual Reports 1957, S. 8, 1958, S. 10.

674 Prozentzahlen errechnet aus den absoluten Werten der Tabellen in der Druckschrift „Corporate Pension Funds, 1955", Statistical Series Release Nr. 1426 vom 31. 12. 1956, hrsg. von der Securities and Exchange Commission, Washington, S. 2, 5.

Jahr	1951	1952	Buchwert 1953	1954	1955	Kurswert 1955
			in Mill. Dollar			
Gesamtvermögen	6 876	8 505	10 222	12 153	14 230	15 895
			in % zum Gesamtvermögen			
Kassenbestände, Bankeinlagen	4,2	3,2	3,0	2,4	2,4	2,1
Bundesanleihen	31,6	26,1	22,5	18,8	17,8	15,7
Industrieobligationen	45,5	48,9	50,7	52,3	50,8	44,6
Vorzugsaktien	3,9	4,0	3,9	3,8	3,6	3,3
Stammaktien	11,8	14,4	16,1	18,8	20,8	30,2
eigene	3,6	3,5	3,3	3,1	3,1	5,9
fremde	8,2	10,9	12,8	15,7	17,7	24,3
Hypotheken	[675]	[675]	[675]	[675]	1,0	0,9
Sonstige Deckung	3,0	3,4	3,8	3,9	3,6	3,2
	100	100	100	100	100	100

Die Änderung von Abschnitt 10 (c) der Regulation F zum Federal Reserve Act am 13. 6. 1955 gestattet es den Banken, die Mittel weniger umfangreicher Trustprogramme in Gemeinschaftsfonds zusammenzufassen[676] und sie so in den Genuß der Vorteile größerer trusts, nämlich besserer Verteilung des Wagnisses und gleichmäßigen Flusses der Einkünfte durch mehr Streuungsmöglichkeiten, zu bringen – vorausgesetzt, daß im Trustvertrag eine solche Regelung ausdrücklich vorgesehen ist[677]. Die ausgegebenen Anteilszertifikate verkörpern die den einzelnen Einlegern an diesen Spezialfonds pro rata zustehenden Rechte.

Seitdem die national banks nach der neuen Fassung der Regulation auch trusts von mehr als $ 100 000 in die kollektive Investition einbeziehen dürfen, glauben zahlreiche Institute, die Verwaltung kleiner pension, savings und profit-sharing trusts noch elastischer gestalten und in bestimmte Klassen aufteilen zu können [678]. So gründete z. B. die National City Bank of Cleveland den Investment Fund for Retirement Trusts, der sich aus dem Fixed Income Fund und dem Equity Fund zusammensetzt; ersterer hält Rentenwerte, Hypotheken und Vorzugsaktien, der letztere Stammaktien und Wandelobligationen [679].

[675] Keine getrennten Angaben erhältlich.

[676] Etwa in dem „Cleveland General Trust" der Union Commerce Bank, Cleveland, Ohio, (Annual Report 1957, S. 11) oder dem „Correspondent Bank Retirement Plan" der Manufacturers Trust Company, an dem Ende 1956 bereits 58 Banken beteiligt waren (Annual Report 1956, S. 13); siehe auch Annual Report 1958, S. 10, der First National Bank of Boston, die in dem „pooling" kleiner Pensionstrusts führend ist.

[677] Board of Governors of the Federal Reserve System, Annual Report 1955, S. 85.

[678] The Kansas City Times, 9. 12. 1955.

[679] Annual Report 1957, S. 9.

Eine betriebliche Altersversorgung, als Ergänzung der staatlichen Sozial- und freiwilligen Individualversicherung gedacht und *alle* Betriebsangehörigen einschließend, stellte für amerikanische Vorstellungen fraglos eine bedeutungsvolle Neuerung dar. Um so mehr verblüfft es, wie die Banken, die ja nicht nur als Treuhänder in dem bisher geschilderten engeren Sinne, sondern vor allem auch als Berater bei der Ausarbeitung von Pensions- und Gewinnbeteiligungsprogrammen mitwirken, in relativ kurzer Zeit mit ganzen Teams von Fachleuten vor der Kundschaft aufwarten konnten. Die vorteilhafteste Aufstellung von genau auf die individuellen Bedürfnisse verschiedener Branchen, Betriebsgrößen und Unternehmungsformen zugeschnittenen Plänen setzt schon ein vorzügliches Anpassungsvermögen an die zeitlichen Notwendigkeiten wie ein intensives Studium voraus. Die Banken haben sich für den „alltäglichen Gebrauch" eine Reihe von Schemas ausgearbeitet, die aber zur Angleichung an die besonderen Umstände in Einzelfällen genügend Raum lassen[680]. Sie scheuen keine Anstrengungen, um durch Geschicklichkeit, Sorgfalt und persönliche Aufmerksamkeiten ihre Geschäftsfreunde vollkommen zufriedenzustellen.

Die Beiträge zu dem employee trust, der übrigens der Genehmigung der Gewerkschaft bedarf, werden meistens von den Unternehmern allein, manchmal außerdem noch, zu einem sehr geringen Teil, von den Arbeitnehmern sowie den Gewerkschaften aufgebracht. Den beiden letztgenannten Gruppen können später erforderlich gewordene Erhöhungen, etwa aus Gründen zunehmender Langlebigkeit, nicht aufgebürdet werden[681]. Höhe und Grundlage der Bemessung der vertraglich zugesicherten Leistungen aus den Fonds bilden den Ausgangspunkt für die Aufstellung der Pläne; sie sind zu verschieden, um sie hier zu charakterisieren. In dem Falle eines Pensionstrusts wird z. B. ein halbes Prozent des durchschnittlichen Jahreseinkommens der letzten fünf Jahre, multipliziert mit der Anzahl der Jahre der ununterbrochenen Beschäftigung im Betrieb, für die Berechnungen zu Grunde gelegt[682].

Die betriebliche Altersversorgung schließt oftmals eine Unfallversicherung mit ein; sie kann den aus der Firma Ausscheidenden eine Barauszahlung gewähren oder die Berechtigung, die Gruppenversicherung geradewegs, ohne ärztliche Untersuchung, in eine Einzelversicherung umzuwandeln. Neben den Einrichtungen der staatlichen Arbeitslosenfürsorge stehen – etwa seit 1955 – schon vielen Arbeitnehmern, namentlich denen der Stahlindustrie, die Vergünstigungen betrieblicher Arbeitslosenunterstützungsfonds, der supplemental unemployment benefit plans, offen.

Entwürfe über die Steuerbegünstigung ähnlicher Selbstversicherungsfonds der freien Berufe, sowohl der Einzelschaffenden wie auch ihrer Vereinigungen und Verbände (Simpson und Keogh bills), sind dem Kongreß seit 1951 fünfmal

680 City National Bank and Trust Company, Kansas City, Mo., Annual Report 1955, S. 28.
681 American National Bank and Trust Company of Chicago, Annual Report 1956, S. 14.
682 The Kansas City Times, 25. 11. 1954.

– aber auf Betreiben des Finanzministeriums bisher ohne Erfolg – vorgelegt worden[683].

Da die employee benefit-Institutionen keiner amtlichen Kontrolle unterstanden, blieb gelegentliche mißbräuchliche Verwendung ihrer Mittel nicht aus und auch der Öffentlichkeit nicht verborgen. 1954 untersuchte erstmals das Versicherungsdepartment des Staates New York diese Zustände und erregte mit der Veröffentlichung: „Whose Welfare?“ erhebliches Aufsehen. Weitere Aufdeckungen folgten. 1957 befaßte sich schließlich der Senatsausschuß für Arbeit und Volkswohlfahrt mit Gesetzesvorschlägen über Anmeldung und Offenlegung privater Versicherungsfonds. Es waren Fälle bekannt geworden, wo die Verwaltungskosten, die die Anschaffung von Cadillac-Fahrzeugen für den Geschäftsführer einer derartigen Einrichtung auf dessen Namen mit einschlossen, mehr als 20% der Zuweisungen ausmachten. Es kam sogar vor, daß die Kosten – mit 37% der Einnahmen – die Fondsleistungen überschritten, wenn z.B. der Geschäftsführer und sein Stellvertreter $ 103 102 oder 95% der Gesamtausgaben bezogen. Diese beiden Verwaltungspersonen erhielten aber als Gewerkschaftsführer eine ebenso hohe oder noch höhere Vergütung. Nur wenig jedoch konnte mit dem Federal Disclosure Act von 1959 erreicht werden: Die Publizitätspflicht für die welfare funds und die Überprüfung der Berichte durch eine Abteilung „Welfare and Pension Reports“ des Arbeitsministeriums. Unabhängig davon schreiben Gesetze der Staaten Washington, New York, Connecticut, California und Wisconsin die Form der jährlichen Berichterstattung und die Prüfung der Fonds vor; für Nichtbefolgung setzen sie strenge Strafen fest. Über die Einhaltung der staatlichen Vorschriften wacht der insurance commissioner, oftmals in Verbindung mit dem banking commissioner[684].

Auch die Verwaltung öffentlicher Pensionsfonds, etwa zugunsten von Angestellten im Schuldienst und bei Behörden, wird zuweilen Banken übertragen. So tritt z. B. die Mellon National Bank and Trust Company, Pittsburgh, als „investment adviser to certain retirement funds of the Commonwealth of Pennsylvania“ auf, die Ende 1956 einen Wert von über $ 740 Mill. erreichten[685]. Im übrigen soll die Treuhandtätigkeit der Banken für öffentlich-rechtliche Körperschaften Gegenstand des nächsten Kapitels sein.

V. Banken als Agenten der Regierung und Behörden

Die Irving Trust Company beispielsweise bietet „services for public utilities“ an und verwaltet als „depositary for federal tax payments“ für den Bund ihm zufließende Gelder aus der Einkommensteuer sowie den Verbrauchssteuern und

683 Näheres über diese Pläne siehe Banking, Mai 1959, S. 50 ff.

684 Banking, Juni 1959, S. 57 ff.

685 Annual Report 1956, S. 11.

Sozialabgaben. Als „agent for U.S. Savings Bonds" und „agent for U.S. Treasury marketable securities" besorgt sie Zeichnung, Umtausch und Einlösung von Bundesschuldverschreibungen[686].

Die Funktion amerikanischer Banken als Verwahrer für Gerichtskassen und Fiskalagent der Regierungsstellen (governmental bodies and agencies) hat eine wechselvolle Geschichte. In die erste nach der Unabhängigkeitserklärung (von Robert Morris) gegründete Bank, die Bank of North America in Philadelphia, brachte der Continental Congress einen Teil des Kapitals ein und bestimmte sie als seinen financial agent[687]. In diesem Amte folgten ihr die First Bank of the United States (1791–1811) und die von Präsident Andrew Jackson bekämpfte Second Bank of the United States (1816–1836). Die beiden letztgenannten Institute vereinigten unter ihrem Dach Zentralbank- und Geschäftsbankfunktionen. Im Auftrage der Bundesregierung hatten sie die vorwiegend in Banknoten entrichteten Bundessteuern in Empfang zu nehmen und die Banknoten den diese emittierenden Kreditinstituten zur Einlösung vorzulegen. Später fielen diese Aufgaben den national banks zu, nachdem alle Versuche, das Geld- und Währungswesen von einem zentralen Bankorgan lenken zu lassen, an dem Widerstand der Föderalisten gescheitert waren. 1914 gab es 1 584 vom Schatzamt zur Verwahrung fiskalischer Mittel privilegierte national banks[688]. An dieser Praxis wurden im Laufe der Jahre eine Reihe von Mängeln offenbar; u. a. verließen sich die betreffenden Banken in Zeiten der Geldknappheit zu sehr auf die „großväterliche" Hilfe des Finanzministeriums in Form verstärkter Regierungseinlagen, anstatt sich um Ordnung im eigenen Haus zu kümmern.

1913 ermächtigte der Federal Reserve Act den Secretary of the Treasury, die Mittel des Bundes bei den Federal Reserve banks zu deponieren, sich ihrer als Fiskalagenten zu bedienen und dem Federal Reserve System angeschlossene Banken zusätzlich als Depositare ernennen zu dürfen[689]. Überdies konnte er die Höhe der den Mitgliedsbanken zugestandenen Einlagen bestimmen, wenngleich es nicht an Vorschlägen fehlte, dieses Recht den zuständigen Federal Reserve banks zu übertragen. Die vollkommene Hinausdrängung der kommerziellen Kreditinstitute aus

[686] Annual Report 1956, S. 24 f. Von dergleichen Aufgaben berichtet auch die Mellon National Bank and Trust Company, Pittsburgh, Annual Report 1957, S. 10. Näheres über die Bestellung von Banken zu Fiskalagenten der Regierung nach dem Current Tax Payment Act von 1943 sowie ihre Überwachung durch das Bureau of Accounts des Treasury Department siehe United States Government Organization Manual 1956–57, hrsg. von Federal Register Division, National Archives and Records Service, Washington, D. C., S. 113, Manual 1957–58, S. 116.

[687] Hart, a. a. O., S. 25.

[688] Kemmerer, a. a. O., S. 21.

[689] Kemmerer, a. a. O., S. 72 ff.; Welfling, Weldon, Money and Banking, A First Course, New York 1947, S. 213 f. Siehe auch für die folgenden Ausführungen.

dem staatlichen Auftragsgeschäft verhinderte der Eintritt der USA in den ersten Weltkrieg. Nun wurde der Kreis der government depositaries für die Aufbringungsbeträge der sog. Liberty Loans und anderer Kriegsanleihen sogar auf Nichtmitglieder des Federal Reserve System, also alle state banks und trust companies, erweitert.

Zahlungsagenten der Regierung blieben allein die 12 Bundesreservebanken. Sie zogen die Steuern und die Erlöse aus dem Verkauf der im Vorgriff auf künftige Steuereinnahmen ausgegebenen Bundesschuldtitel aus allen Teilen des Landes zusammen. In betont volkstümlich ausgerichteten Werbefeldzügen bereiteten sie den Geschäftsbanken den Weg für eine günstige Placierung der Kriegsanleihen, sie überwachten die Zinszahlungen sowie die Konversion der bonds und lösten die von der Regierung zur Erfüllung ihrer Zahlungen ausgestellten Schecks den vorzeigenden Banken ein. Des weiteren hatten die Federal Reserve banks die regionalen Depositarbanken auszuwählen, die von diesen zu hinterlegende collateral-Deckung zu prüfen und für die gerechte Zuteilung der Einlagen an die Banken sowie die pünktliche Abberufung die Verantwortung zu tragen. Die Führung der Bundesreservebanken war ehrlich bemüht, den Finanzminister von Finanzierungssorgen zu erleichtern. Deswegen räumte sie ihm auch mehr als einmal kurzfristige Kontoüberziehungen ein.

Der Bankenkrise zu Beginn des Jahres 1933 fiel eine Anzahl im Dienste der Regierung stehender Geschäftsbanken zum Opfer; der Bund konnte sich jedoch, im Besitze guter Sicherheiten, schadlos halten. Die Regierungsdepositen waren anfangs von allen Banken, die Federal Reserve banks ausgenommen, zu verzinsen. Die Verzinsung täglich fälliger Gelder, zu denen sie gehören, wurde aber durch das Bankgesetz von 1933 aufgehoben. Das Bankgesetz von 1935 verpflichtete die Kreditbanken, gegen öffentliche Einlagen genauso Reserven zu halten wie gegen private[690].

Eine weitgehend dezentrale Verwahrung kennzeichnete wieder die Einlagenpolitik des Schatzamtes während des zweiten Weltkrieges. Ende 1945 wiesen 10 870 Institute auf den Kriegsanleihekonten insgesamt $ 22 600 Mill. aus[691]. Denn 185,7 Mrd. Dollar Regierungsobligationen wurden in der Zeit vom 1. 5. 1941 bis 3. 1. 1946 untergebracht; davon machten die sieben Kriegsanleihen und die abschließende Siegesanleihe annähernd 157 Mrd. Dollar aus[692].

Die dem Federal Reserve System angegliederten kommerziellen Banken benutzt der Bund auch heute noch als „general" und „special depositaries"[693]. Zwar

690 Board of Governors of the Federal Reserve System, Annual Report 1946, S. 45.

691 Secretary of the Treasury, Annual Report 1945, S. 134.

692 Faulkner, a. a. O., S. 737. Die Verschuldung des Bundes stieg in der Folgezeit weiter an, nämlich von $ 252,8 Mrd. in 1949 auf $ 280,8 Mrd. in 1955 (U. S. Treasury Department, Treasury Bulletin, November 1956, S. 20).

693 Klise, a. a. O., S. 372 ff. Siehe ebenda Übersichten über Höhe der Einlagen.

benötigt er sie nicht unbedingt, aber in Ansehung der teilweise großen Entfernungen zwischen den Bundesreservebanken wie ihren Zweigstellen möchte er sie als Annahme- und Auszahlungsagenten nicht entbehren.

Die Hauptlast der amtlichen Kapitaldispositionen trugen und tragen die Federal Reserve banks. Im Jahre 1945 haben sie für Rechnung der Regierung 510,6 Mill. Zahlungsanweisungen in einer Summe von 124,6 Mrd. Dollar bearbeitet, 381, 6 Mill. U.S. Obligationen im Werte von 300 Mrd. Dollar abgesetzt oder zurückgezahlt und auf 18,3 Mill. Kupons der vom Bund begebenen oder garantierten Anleihen $ 2348 Mill. ausgezahlt[694]. Die regulierenden Einwirkungen des Staates auf die private Finanzierung vollziehen sich ebenfalls über die Bundesreservebanken. Auf Grund eines Gesetzes vom März 1942 verbürgten sie sich in der Zeit von April 1942 bis Dezember 1945 gegenüber 1400 Banken für 8000 Anleihen im Betrage von 9,9 Mrd. Dollar[695].

Mehr als 3 100 der annähernd 18 600 Reservebankbeamten sind heute vollauf mit fiscal agency-Arbeit beschäftigt. Die zahlreichen Bundesanstalten, wie Reconstruction Finance Corporation, Commodity Credit Corporation, Home Owner's Loan Corporation, Federal Deposit Insurance Corporation, Federal Land Banks u. ä., spannen in zunehmendem Maße die Federal Reserve banks für sich ein, z. B. als custodian für hereingenommene collateral-Sicherheiten. Diese Tätigkeit bedarf nach Ansicht des Board of Governors, der nur ein allgemeines Aufsichtsrecht über die Reservebanken besitzt, dringend einer Koordinierung. In seinen Empfehlungen an den Kongreß drängt er auf eine straffere Reglementierung der fiscal agency services der Federal Reserve banks durch Änderung der Bankgesetze[696].

Gewisse custodian-Funktionen sind den Federal Reserve banks in den Gesetzen über den Ankauf von Gold und Silber (1934) aufgetragen. Verschiedene Agentendienste leisten sie für die Regierung beim Kauf und Verkauf fremdstaatlicher Währung für den Stabilisierungsfonds sowie in internationalen Angelegenheiten; ferner für ausländische Zentralbanken, für die Weltbank usw.

VI. Sonstige Treuhandfunktionen

1. Der Business Trust

In der Schöpfung des business trust, auch business association formed under deed of trust oder nach seinem Ursprung „Massachusetts trust" genannt, manifestiert sich aufs neue die immanente Lebenskraft der trust-Idee und der charakteristische amerikanische Erfindergeist. Der trust als rechtliche Substanz der Verwaltung von Vermögen mit idealer Zielsetzung hatte sich auf englischem Boden glänzend bewährt; warum sollte er sich nicht auch zur Erfüllung von wirtschaftlich-unter-

[694] Peterson und Cawthorne, a. a. O., S. 140, 144 f.

[695] Kemmerer, a. a. O., S. 177.

[696] Federal Reserve Bulletin, November 1956, S. 1184, Juli 1957, S. 765.

nehmerischen Zwecken eignen! Zeichneten ihn dazu damals steuerliche Vorteile gegenüber den corporations aus, war doch diesen der Handel in Grundstücken nicht überall erlaubt[697] und schienen Rechtsprechung und Gesetzgebung der joint stock association, einem von der britischen Insel mit eingeführten, der Offenen Handelsgesellschaft entsprechenden geschäftlichen Zusammenschluß von Einzelpersonen, von Anfang an nicht sonderlich gewogen zu sein.

Nicht von den staatlichen Gesetzen, sondern vom Common Law leitet der business trust Wesen und Gestalt ab. Auf Grund eines Treuhandvertrages (declaration of trust)[698] betreibt eine Gruppe von trustees wie der Vorstand einer Aktiengesellschaft ein gewerbliches Unternehmen. Sie haben lediglich grob fahrlässiges Handeln zu verantworten; haftpflichtig ist allein das ihnen von den Teilhabern des „common-law trust“ gegen Ausstellung von Zertifikaten übertragene Kapital[699]. Die Anteilseigner (Benefiziare) haben keinen Einfluß auf die Geschäftsführung[700] und können auch nicht periodisch oder nach Laune Treuhänder absetzen und ernennen; andernfalls würden die Gerichte dieses Rechtsgebilde, das ohnehin schon ihr Mißfallen und ihren Argwohn erregt hat, als partnership behandeln und somit die Haftungsbeschränkung der Zertifikatsinhaber gegenüber den Gläubigern verneinen[701]. Der Nachfolger eines verstorbenen trustee wird von seinen die Verantwortung teilenden Kollegen, selten auch von den Benefiziaren gewählt. Die „certificates of beneficial interest“ sind übertragbar und gewähren dividendenähnliche Bezüge[702].

Der common law trust verbindet vortrefflich die Vorzüge einer nicht eingetragenen Gesellschaft mit der beschränkten Haftpflicht. Allerdings ist seine Lebensdauer auch der für trusts geltenden zeitlichen Begrenzung (21 Jahre und 9 Monate nach dem Tode eines der Begründer) unterworfen. Die Tatsache, daß die benefiziarischen Rechte der Kapitalbesitzer den besonderen Schutz des equity-Rechts genießen, macht diese Organisationsform der Unternehmung geradezu verlockend – wenngleich die Steuerbehörde wie auch der Bundesgesetzgeber sie den corpora-

[697] Die Abneigung gegen den Landbesitz der „toten Hand“ rührt noch von dem gegen den ausgedehnten Klosterbesitz gerichteten englischen Statute of Mortmain (1279) her.

[698] Als Modell eines Massachusetts trust agreement ist noch heute der „Boston Personal Property Trust“ aus dem Jahre 1913 berühmt. Siehe Abdruck bei Gerstenberg, a. a. O., S. 71-77.

[699] Worauf bei allen Geschäftsabschlüssen und in Briefköpfen aufmerksam zu machen ist. Man stößt daher in den business trust-Verträgen immer wieder auf etwa folgende Klausel: Neither the trustees nor the cestuis que trustent (shareholders) shall ever be personally liable hereunder as partners or otherwise, but for all debts the trustees shall be liable as such to the extent of the trust fund only. (Gerstenberg, a. a. O., S. 66 f.).

[700] Jedoch dürfen auch die Treuhänder Anteile besitzen, siehe Black's Law Dictionary, 3. Aufl., St. Paul, Minn., 1933, S. 1763.

[701] Frost v. Thompson (1914), 219 Mass. 360; Simson et al. v. Klipstein, zitiert bei Dillavou und Howard, a. a. O., S. 574–576.

[702] Bonneville und Dewey, a. a. O., S. 52–58; Jome, a. a. O., S. 29; Dauten, a. a. O., S. 39 f.

tions gleichstellen. Flexibel im Aufbau und frei von den mannigfaltigen Belastungen, die die Aufsichtsbehörden oftmals den Niederlassungen fremdstaatlicher Gesellschaften auferlegen[703], hat sich der Massachusetts trust weitesten Wirkungskreis erobert. Seine Wurzeln ragen bis in die Sphäre der investment trusts hinein; er ist aber von den illegalen monopolistischen Trusts klar zu unterscheiden. Noch versagen ihm einige Staaten die gesetzliche Anerkennung, nichtsdestoweniger ist seine Rechtsgültigkeit allgemein gesichert.

2. Der Voting Trust

Vorzüglich eignet sich die Institution der Treuhand zur Sicherung der kontinuierlichen Geschäftspolitik und zur Konzentration der Leitung einer Unternehmung. Auf gewisse Zeit, etwa bis zur Überwindung finanzieller Schwierigkeiten oder bis zum Ausgleich einander widerstrebender Kräfte, übertragen die Aktieninhaber unter einem sog. voting trust-Vertrag ihre Anteile an einen oder mehrere Treuhänder und erhalten dafür „voting trust certificates". Sie verlieren ihre Stellung als Aktionär in den Büchern der Gesellschaft und damit ihr Stimmrecht, bleiben aber benefiziarische Eigentümer der Aktien. Diese Rechtsverleihung geht also weit über die Stimmrechtsermächtigung der Depotbanken hinaus. Die Trustzertifikate, die zum Bezug der Dividende und bei Auflösung des trust zum Umtausch berechtigen, sind übertragbar und werden an den Börsen gehandelt. Sie sind Wertpapiere im Sinne des Securities Act von 1933 wie des Securities Exchange Act von 1934.

Die Beteiligung am trust muß allen Aktienbesitzern offen stehen. Der Rechtsstatus des voting trust wird in der Union keineswegs gleichermaßen interpretiert. Im Staate New York z.B. dürfen bei Bankgesellschaften seit 1925 keine voting trusts gebildet werden. Sie sind dort auch auf eine Dauer von zehn Jahren begrenzt, wohingegen ihre Gültigkeit in New Jersey nur befristet sein muß[704].

Der voting trust ist eine Erscheinungsform des amerikanischen Aktienrechts und enthält echte Treuhandelemente. Er diente oftmals als Abwehrmittel gegen das schrittweise Eindringen nach Marktbeherrschung strebender Außenseiter in die Unternehmungsführung. Andererseits aber hat sich aus den von mehreren Gesellschaften zur Durchführung eines bestimmten Projektes auf kooperativer Basis errichteten voting trusts der Trust zur Bildung wirtschaftlicher Monopole entwickelt[705]. Der wirtschaftliche Trust tauchte erstmals 1879 in Gestalt des Standard

703 Z. B. die Ernennung eines Agenten, Entrichtung von Lizenzgebühren; siehe Dillavou und Howard, a. a. O., S. 492–494.

704 Bonneville und Dewey, a. a. O., S. 90 f.; Jome, a. a. O., S. 521–524; Dice und Eiteman, a. a. O., S. 21; Gerstenberg, a. a. O., S. 117–120. Über die Entstehung von voting trusts, Grundlagen des voting trust-Vertrages und Aufgaben des voting trustee siehe auch Hundhausen, Carl, Voting Trusts (Stimmrechtstrusts) in der Effektenfinanzierung der Vereinigten Staaten. In: Bank-Archiv, 30. Jhrg. Nr. 1 vom 1. 10. 1930, S. 9 ff.

705 Cyclopedia of American Government, a. a. O., S. 578 f.

Oil Trust auf, als die Aktienpakete und damit die Kontrolle von etwa 40 miteinander konkurrierenden Gesellschaften einem Gremium von neun trustees (darunter John D. Rockefeller) übergeben und dafür den Eigentümern Zertifikate ausgestellt wurden. Diese Konstruktion der „business combination" hat in den folgenden Jahren ganzen Wirtschaftszweigen eine einheitliche Organisation gegeben, bis dann die Anti-Trustgesetzgebung (Sherman, Clayton Acts) neue Formen der Vereinigung zur Einschränkung oder Ausschaltung des Wettbewerbs, z. B. die Holdinggesellschaften, entstehen ließ.

D. DIE INVESTITION VON TREUHANDVERMÖGEN – TREUHÄNDERISCHE GEMEINSCHAFTSFONDS

Auch in der Investitionspolitik gehen Treuhandabteilung und reguläre Bankabteilung vollkommen eigene Wege; in allen größeren Banken werden daher ihre Anlagegeschäfte klar von einander getrennt. Jedwede Vermögenstransaktionen zwischen diesen beiden Bereichen bankgewerblicher Praxis sind strikt untersagt. Die Kapitalanlage wird zu einem zentralen Problem der personal trust-Verwaltung, wenn der creator in dieser Hinsicht dem trustee völlige Handlungsfreiheit eingeräumt hat. In den übrigen Fällen bleibt nämlich der Treuhänder streng an die Bestimmungen des Testamentes bzw. Vertrages (nonlegal trusts) oder – sofern darin keine Entscheidung über die Anlage des ihm zur treuen Hand anvertrauten Gutes getroffen worden ist – des Gesetzes oder des Gerichtes bei richterlicher Bestellung gebunden. Die Investition von Trustdepositen ist nicht nur im common law, sondern auch im partikularen Recht der Staaten geregelt. Die Auswahl der Anlageobjekte beschränkt sich auf ein paar Typen von Wertpapieren. Diese „legal investments" weichen in den einzelnen Jurisdiktionsbezirken von einander ab[706]; im allgemeinen sind es die gleichen, die auch von den Sparbanken erworben werden dürfen: Bundes-, Staats- und Kommunalanleihen[707], erststellige Hypotheken sowie hochgradige Schuldverschreibungen von öffentlichen Versorgungsbetrieben und von Eisenbahngesellschaften.

In zunehmendem Maße wird jedoch der Treuhänder, um die Wünsche des Treugebers besser verwirklichen zu können, ausdrücklich ermächtigt, nach eigenem Ermessen, d. h. ungeachtet der staatlichen Beschränkungen zu investieren. Es ermöglicht nicht nur ein leichteres Ausweichen vor der Besteuerung und höhere Gewinnerzielung durch Erwerb von vergleichsweise guten, aber der Nichterfüllung irgendwelcher gesetzlicher Anforderungen zufolge billigen Papieren; das eigene

[706] Siehe darüber Loring, a. a. O., S. 342–364.

[707] Einschließlich der in jüngerer Zeit bekanntgewordenen „U. S. Government Agency obligations".

Ermessen bietet auch dadurch, daß es die Anlage in Stamm- und Vorzugsaktien bedeutender Industrieunternehmen erlaubt, einen gewissen Schutz vor den Gefahren inflationistischer Strömungen[708]. Dem freien Ermessensspielraum sind Grenzen gesteckt durch die „prudent man rule" oder „American rule", die dem trustee für eine „vernünftige" Verhaltensweise folgende Direktiven gibt: "In acquiring, investing ... and managing property for the benefit of another, a fiduciary shall exercise the judgment and care under the circumstances then prevailing, which men of prudence, discretion and intelligence exercise in the management of their own affairs, not in regard to speculation but in regard to the permanent disposition of their funds, considering the probable income as well as the probable safety of their capital[709]."

Diese Doktrin wurde erstmals 1830 in einem vielseits beachteten Urteil des Supreme Judicial Court of Massachusetts[710] ausgesprochen und später von mehreren Staaten mittels Gesetz oder gerichtlicher Entscheidung übernommen. Sie erfuhr nach dem 2. Weltkrieg, als die öffentlichen Anleihewerte nur unangemessene Erträge abwarfen und die Steuerschraube empfindlich angezogen wurde, in mehr oder minder modifizierter Form ihre weiteste Verbreitung und ersetzte in etwa 40 Staaten die Liste der festverzinslichen „legal investments". In New York, wo sie 1950 als 20. Staat ihren Einzug hielt, dürfen die Treuhänder mangels genauer Vereinbarungen in der Trusturkunde bis zu 35 % eines Trustfonds in Stammaktien oder anderen, nicht in der „legal list" aufgeführten Wertpapieren (nonlegal securities) halten. Diese doch wieder mehr dem Faktor Sicherheit zuneigende sog. New Yorker rule hat in mehreren Staaten Nachahmung gefunden[711].

Für Verluste, die aus Handlungen unter Beachtung der „Massachusetts rule" entstehen, haftet der trustee nicht. Den Börsenschwankungen gegenüber hat er eine ruhige Haltung zu bewahren. Hält die sinkende Tendenz an, so soll er jedoch verkaufen, ohne Rücksicht auf Verluste. Die lange Reihe gerichtlich behandelter Fälle, in denen der trustee ungewöhnlich lange mit der Veräußerung gezögert hatte, steht ihm warnend vor Augen[712].

[708] „Sollte es sich in nicht ferner Zukunft herausstellen, daß die Inflationsneigung unerschütterlich bleibt und die politische Führung die schleichende Inflation als Lebensstil (way of life) akzeptiert hat — was unbegreiflich wäre —, dann ist für Obligationen jeder Art, ohne Rücksicht auf ihre Qualität und ihre steuerliche Behandlung, kein Raum mehr in irgendeinem Portfolio." (Marcus A. Nadler, New York, auf der 40. Mid-Winter Trustkonferenz im Februar 1959. Banking, März 1959, S. 110).

[709] Stephenson, Gilbert T., Estates and Trusts, New York 1949, S. 178, bei Sauvain, a. a. O., S. 449 f.

[710] Harvard College v. Armory, 9 Pickering 446.

[711] Boehmler, a. a. O., S. 430 f.; Prime, a. a. O., S. 167–169; Fundamentals of Investment Banking, a. a. O., S. 23; Sauvain, a. a. O., S. 447 ff.; Board of Governors of the Federal Reserve System, Regulation F, a. a. O., Abschnitt 10, S. 7 f., Anhang, S. 32 f.

[712] Loring, a. a. O., S. 163.

William J. Bowe schneidet die Frage an, ob nicht die in Ausübung des freien Ermessens betriebene Investitionspolitik des modernen trustee die Behandlung mancher allzu profitintensiver Treuhandverwaltungen als „corporations" seitens der Steuerbehörden zur Folge haben könne. Solange aber das Spekulationsinteresse im traditionellen Treuhandgeschäft sekundär bleibt, hegt er keine derartigen Befürchtungen, hinweisend auf das höchstrichterliche Urteil Morrissey v. Commissioner 296 U. S. 344 (1935), das die Elemente eines gesellschaftsartigen business trust herausstellt:

„Sein Ziel ist nicht, Vermögen zu halten und zu bewahren, unter mehr oder weniger zufälligen Vollmachten wie bei den herkömmlichen Trusttypen, sondern ein Medium zu schaffen, unter dem sich ein Geschäft betreiben und daraus Gewinn ziehen läßt. Durch die Errichtung eines solchen trust können sich bequem Personen zusammenschließen, um in Grundstücken zu handeln, größere Landstriche wirtschaftlich zu erschließen, ... oder zur Erzeugung und Bearbeitung oder zum Absatz und Austausch von Gütern oder zu sonstiger Gewerbeausübung. Alle, die ein benefiziarisches Recht erwerben, suchen an dem Nutzen aus der Vereinigung ihrer Interessen in einem gemeinschaftlichen Unternehmen teilzuhaben, indem sie entweder dem Vorhaben gleich zu Beginn beitreten oder sich später – gemäß den vertraglichen Abmachungen – daran beteiligen [713].»

Treuhänderische Vermögensverwaltung bedeutet wohl mehr als starre, risikolose Verwahrung, indessen nicht waghalsige Spekulation. Die hinsichtlich der Investierung gewährte Ermessensfreiheit verleiht ihr zwar die zur Erhaltung der Wertbeständigkeit des Treuhandvermögens unerläßliche Elastizität, bürdet ihr aber auch größere Verantwortung auf. Die langfristige Sicherheit des Kapitalstocks und zugleich die Erzielung eines möglichst gleichmäßigen und hohen Nutzens (jedoch preservation more than accumulation!) gilt als traditionelles, aber immer noch oberstes Prinzip. Im übrigen ist dem besonderen Zweck des trust und den Umständen Rechnung zu tragen. Jeder trust hat, da er streng getrennt zu verwalten ist und keiner dem anderen gleicht, sein eigenes Investitionsproblem. Ein Stab von Mitarbeitern, mit praktisch erprobtem Wissen und in dauernder Übung geschult, steht dem trust officer zur Seite, der die Investitionsprogramme aufstellt sowie die Trustbestände nicht nur systematisch vergleicht und überwacht, sondern erforderlichenfalls auch austauscht.

Diese Kontrolltätigkeit verlangt für jeden Fonds exakte Berechnungen und Kalkulationen, wie an folgendem Beispiel, einem 100 000 Dollar trust under will, erläutert werden soll [714]:

	Buchwert	Notierung 2. 6. 58	Kurswert	Ertrag
Festverzinsliche Werte				
$ 10 000 U. S. Schatzanw. 3 5/8 %, fäll. 15. 2. 62	$ 10 000,00	105	$ 10 500,00	$ 362,50
10 000 U. S. Schatzanw. 3 1/2 %, 15. 5. 60	10 000,00	104	10 400,00	350,00

713 Banking, Oktober 1957, S. 61.

714 Banking, März 1958, S. 7 ff., September 1958, S. 6.

	Buchwert	Notierung 2. 6. 58	Kurswert	Ertrag
$ 5 000 Amer. Tel. & Tel. 4 3/8 %, 1. 4. 85	$ 5 037,50	106	$ 5 300,00	$ 218,75
5 000 Idaho Power, 4 1/2 %, 1. 1. 87	5 200,00	105	5 250,00	225,00
5 000 Tenn. Gas Trans. 4 3/4 %, 1. 11. 76	5 175,00	105	5 250,00	237,50
5 000 Public Serv. Elec. & Gas, 4 5/8 %, 1. 3. 77	5 100,00	107	5 350,00	231,25
Rendite 3,96 %	$ 40 512,50		$ 42 050,00	$ 1 625,00
Vorzugsaktien				
30 Ant. U. S. Steel, 7 %	$ 4 650,00	155	$ 4 650,00	$ 210,00
400 Ant. Atchison, Topeka & Santa Fe, $ 0,50	4 100,00	9 5/8	3 850,00	200,00
Rendite 4,84 %	$ 8 750,00		$ 8 500,00	$ 410,00
Aktien				
50 Ant. Guaran. Trust	$ 3 400,00	81	$ 4 050,00	$ 200,00
50 „ New York Trust	3 350,00	80	4 000,00	178,00
20 „ Amer. Tel. & Tel.	3 560,00	179	3 580,00	180,00
100 „ Cleveland Elec.	3 900,00	39	3 900,00	160,00
100 „ Idaho Power	3 600,00	42	4 200,00	150,00
80 „ Gen. Mot. Corp.	3 760,00	39	3 120,00	160,00
75 „ U. S. Gypsum	3 900,00	77	5 775,00	206,25
100 „ Amer. Cyanamid	4 000,00	447	4 700,00	160,00
60 „ Owens Ill. Glass	3 660,00	69	4 140,00	150,00
60 „ General Elec.	3 840,00	60	3 600,00	120,00
80 „ United Fruit	3 840,00	48	3 840,00	240,00
35 „ Kennecott Copp.	4 060,00	90	3 150,00	210,00
60 „ Standard Oil	3 600,00	54	3 240,00	135,00
Rendite 4,39 %	$ 48 470,00		$ 51 295,00	$ 2 249,25
Barbestand	$ 2 267,50		$ 2 267,00	
Insgesamt	$ 100 000,00		$ 104 112,00	$ 4 284,25

	Vermögenswert	%	Ertrag	Rendite
Obligationen	$ 42 050,00	40,4	$ 1 625,00	3,96 %
Vorzugsaktien	8 500,00	8,2	410,00	4,84 %
Stammaktien	51 295,00	49,2	2 249,25	4,39 %
Barbestand	2 267,00	2,2	—	—
	$ 104 112,00	100,0	$ 4 284,25	4,10 %

Der Buchwert basiert auf den Kursverhältnissen am Ende des Monats April 1957. Aus den Trusteinkünften ist der Lebensunterhalt einer Witwe mit zwei minderjährigen Kindern zu bestreiten. Die Frage an den trust officer lautet nun: Müssen Änderungen auf dem Effektenkonto vorgenommen werden? Sie wird in einer der Musterlösungen im wesentlichen mit „nein“ beantwortet. Man gesteht zwar zu, daß am 2. Juni 1958 das Programm in anderer Weise zusammengestellt worden wäre; langfristige Rentenpapiere hätte man den Schatzanweisungen vorgezogen. Auch einige Aktienwerte verdienten, den Kurssteigerungen zufolge, eine ungenügende Dividende. Da aber der Treuhänder bei kurzphasigen Konjunkturzyklen mit Korrekturen zurückhalten soll, erscheint es ihm im vorliegenden Falle ratsam, die Zusammensetzung beizubehalten. Lediglich 15 Anteile U. S. Gypsum und 35 Anteile Kennecott Copper werden gegen attraktivere Woolworth Aktien eingetauscht.

Die Anlage der Mittel ist das Kernstück des Treuhandgeschäftes. Der Erfolg und damit der Ruf des Treuhandinstituts hängt von den auf Kenntnis der politischen Entwicklungen und auf zuverlässige Informationen gestützten Entscheidungen ab. Investment-Experten in den von größeren Instituten unterhaltenen trust investment departments untersuchen mit den Methoden der Statistik und auf wissenschaftlicher Grundlage Unternehmungen auf die Eignung ihrer Papiere als Anlageobjekte hin, werten ausgiebigst Geschäftsberichte und die der Bankabteilung zugehenden Nachrichten aus, nehmen persönlich sog. „first-hand“ Besichtigungen bei Betrieben und Wirtschaftsorganisationen vor und stellen bei verschwiegenen Gesellschaften Nachforschungen an[715].

Derartige Studien sind in den letzten Jahren notwendig geworden, seitdem die Aktie auch vom Treuhänder als Anlagemittel bevorzugt wird. Bewogen von der bedrohlich zunehmenden Kaufkraftminderung des Dollars, verfolgen die Treuhandbanken heute eine Investitionspolitik, die vor einem Vierteljahrhundert mit den Grundsätzen konservativer Treuhandverwaltung unvereinbar gewesen und als riskant, wenn nicht verantwortungslos bezeichnet worden wäre. Die im folgenden wiedergegebene Skizze veranschaulicht, welchen Anteil am Anlagekonto eines widerruflichen trust über 75 000 Dollar fünf Mitglieder des Committee on Trust Investments der American Bankers Association, Trust Division, im Herbst 1957 den Dividendenwerten zumessen[716].

Bei diesem Beispiel ist zu berücksichtigen: Der Treugeber, der die 75 000 Dollar in bar einzahlt, möchte die Art der Anlage ganz und gar der Weitsicht und Routine des investment committee anheimstellen. Jedoch wünscht er, daß bei der Zusammensetzung des living trust mehr Gewicht auf die Erzielung von Wertzuwachs als von Erträgen gelegt wird. Nach seinem Ausscheiden aus dem Berufsleben, in etwa 15 Jahren, soll der Fonds die Quelle eines einträglich fließenden Einkommens bilden; die Gewinne könnten daher für absehbare Zeit dem Trustvermögen zugeführt und reinvestiert werden. Die fünf angebotenen Lösungen sind nach Ablauf eines Jahres, eines

[715] City Bank Farmers Trust Company, Sonderschrift „How to Get the Most out of Your Investments“, o. J.; American National Bank and Trust Company of Chicago, Annual Report 1958, S. 12.

[716] Banking, Oktober 1958, S. 4 ff.

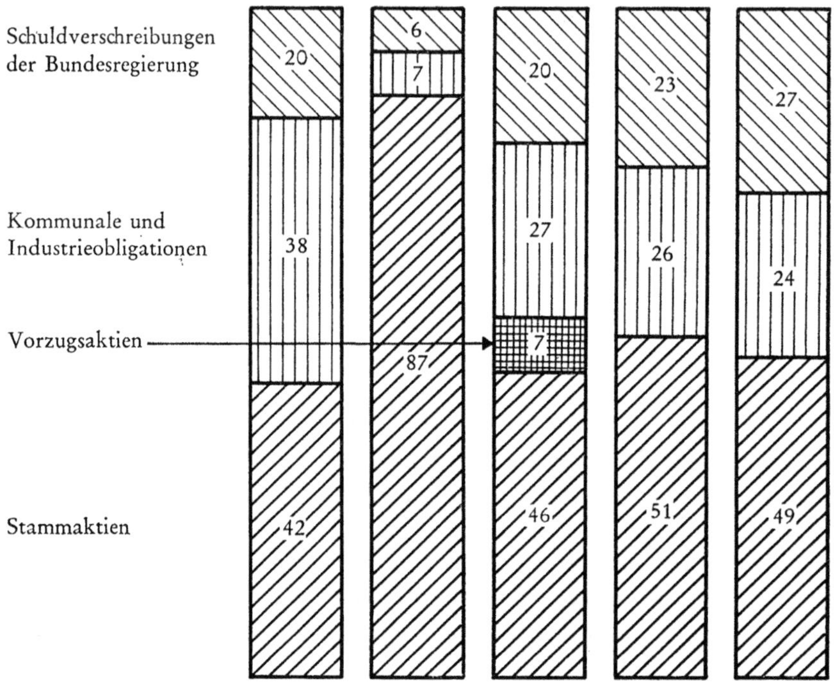

		Lös. 1	Lös. 2	Lös. 3	Lös. 4	Lös. 5
Erwarteter Jahresertrag	$	2.830	2.494	2.679	2.511	2.486
Rendite in	%	3,76	3,32	3,55	3,30	3,30

Jahres voller errastischer Bewegungen am Effektenmarkt, unter dem Aspekt der nun herrschenden Situation auf weitere Gültigkeit der damals getroffenen Entscheidungen geprüft worden. Dabei haben sich nur geringfügige Berichtigungen innerhalb der einzelnen Wertpapiergruppen als notwendig erwiesen.

Das stärkere Eindringen der Aktien in die trust-Portfolios hat naturgemäß die Problematik der Investition gewaltig vergrößert, wie auch im Mai 1958 auf der Trustkonferenz der 12 Südstaaten in Atlanta deutlich zum Ausdruck kam[717]. Zu einer einheitlichen Linie konnten die Vertreter der führenden Treuhandgesellschaften nicht finden, und im allgemeinen bewahrten sie, angesichts der Auftriebstendenzen am Aktienmarkt, den gesellschaftlichen Anteilsrechten gegenüber abwartende Zurückhaltung. Nichtsdestoweniger dürfte man sich, so war zu vernehmen, bei der industriellen Expansion im Süden des Landes dem Kapitalbedarf und den glänzenden Gewinnaussichten verschließen und auf eine „defensive investment policy" versteifen. Die Aufnahme von Stammaktien guter Marktgängigkeit in die Trustkonten bis zu 40 oder 45 % sei nach der augenblicklichen Lage zu befür-

[717] Siehe Banking, Juni 1958, S. 4 ff.

worten. Chancen könne man besonders den Werten der chemischen, Elektro-, Erdöl-, Papierindustrie sowie der Energie- und – trotz ihrer Krise infolge der gegenwärtigen Überkapazität – Aluminiumerzeugung, ferner der elektronischen und Büroausstattung geben. Eine zögernde Haltung müsse gegenüber den dividendentragenden Papieren jener Wirtschaftszweige eingenommen werden, die überdurchschnittliche Ergebnisse und eine „exotische" Zukunft versprächen und infolgedessen spekulative, nicht auf Wertanalysen beruhende Preisanstiege verzeichneten. Imponieren würden auf lange Sicht vielmehr nur die von tüchtigen Kräften geführten und mit bewährten Forschungsabteilungen ausgerüsteten Unternehmungen, selbst wenn sie an der Börse hin und wieder Einbußen erlitten.

Über die tatsächliche Zusammensetzung des fiduziarisch verwalteten Vermögens geben die Bankbilanzen keine Auskunft. Die Position „Depositen" weist nur einen geringen Teil des Treuhandvermögens aus: Kassenbestände, die der Investition oder der Verteilung durch die personal trust- oder pension trust-Abteilung harren, und Mittel, die durch die corporate trust-Abteilung im Rahmen ihrer Tätigkeit als depositary, paying agent usw. laufen. Wie sie vorübergehend eingesetzt werden, soll der Status von 1957 und 1958 der City Bank Farmers Trust Company dartun[718]:

	1957	1958
	in 1000 Dollar	
Aktiva		
Flüssige Mittel und Guthaben bei Banken	49 774	45 699
Anleihen des Bundes	79 147 [719]	76 101
Staats- und Kommunalanleihen	23 911 [719]	25 140
Andere Wertpapiere	2 301	2 961
Kredite	2 343	2 772
Anteil an der Bundesreservebank	600	600
Bankgebäude, Einrichtung	2 800	2 907
Sonstiges Vermögen	5 011	5 481
	165 887	161 661
Passiva		
Depositen	124 177	118 118
Rückstellungen	8 245	8 948
Eigenkapital	10 000	10 000
Reserven	10 000	10 000
Freie Rücklagen	13 465	14 595
	165 887	161 661

[718] Reports to the Shareholders 1957, S. 26, 1958, S. 26.

[719] Die Schuldtitel der Bundesregierung waren zu 65 % und die des Staates und der Gemeinden zu 40 % innerhalb von fünf Jahren fällig.

Aber auch hinsichtlich der Gesamtheit der Banken liegen keine amtlich genauen Zahlen vor; denn die jährliche statistische Erfassung der in personal trusts gehaltenen Anlagewerte auf nationaler Ebene wurde erst kürzlich angekündigt[720].

In seiner ausgezeichneten Untersuchung über Kapitalbildung und Kapitallenkung unter Vermittlung der Finanzinstitute entwirft uns *Goldsmith* auch ein Bild über die von den personal trust departments der Banken durchgeleiteten Kapitalströme seit dem Anfang dieses Jahrhunderts[721]. Danach ist das ständig nachlassende Interesse der personal trust departments für Grund und Boden als Anlagemittel das hervorstechendste Merkmal. Während um 1900 schätzungsweise $^2/_5$ ihrer Trustdepositen in Grundbesitz (durch Erwerb und Beleihung) angelegt wurden, ist es in den 30er Jahren nur noch $^1/_{10}$ und heute ein verschwindend kleiner Bruchteil[722]. Einen weiteren, nicht übersehbaren Zug stellt der wachsende Anteil der Bundesschuldtitel am Portefeuille dar; er stieg von einem bedeutungslosen Prozentsatz zur Zeit der „Great Depression" auf fast 30 % im Jahre 1952. Bei den steuerfreien Staats- und Kommunalobligationen ist infolge des schwächeren Angebots – alle verfügbaren Papiere würden knapp die Hälfte des personal trust-Vermögens decken – nur ein mäßiger Zuwachs zu verzeichnen. An erster Stelle rangieren immer noch die Werte privater Unternehmen. Entschieden geändert hat sich allerdings das Verhältnis zwischen Beteiligungspapieren und privaten Anleihepapieren. Denn 1900 standen sich beide Arten als gleich begehrt gegenüber; 1939 hingegen erreichten die Aktien bereits die doppelte Höhe der bonds, die dann 1952 nur noch den 5. Teil des corporations aus der Treuhandverwaltung zufließenden Anteilkapitals ausmachten. 1952 investierten die personal trust departments über $^2/_5$ ihrer Mittel in Aktien. Dieser Wandel geht aus der nachstehenden tabellarischen Übersicht hervor[723]:

720 Banking, März 1958, S. 22.

721 Goldsmith, Raymond W., Financial Intermediaries in the American Economy since 1900. A study by the National Bureau of Economic Resarch, New York. Princeton 1958, S. 174 f.

722 Die gleiche Tendenz ist auch bei den öffentlichen Trustfonds festzustellen. So erregte seinerzeit ein Gesetzentwurf vom Bankausschuß des Repräsentantenhauses, der die Verwendung von 1 Mrd. Dollar aus dem Veterans Life Insurance Trust Fund zu Hypothekendarlehen vorsah, größtes Aufsehen (Guaranty Trust Company of New York, The Guaranty Survey, Mai 1957, S. 7).

723 Absolute Zahlen siehe Goldsmith, Financial Intermediaries, a. a. O., S. 384.

	1900	1912	1922	1929	1933	1939	1945	1949	1952
				in Mrd. Dollar					
Gesamtes Treuhandvermögen	3	7	18	30	25	35	45	50	60
				in Prozent					
Barbestände	1	3	3	3	3	4	4	4	4,2
Sofort verfügbar	10	10	7,5	5	5	5	3	2	1,7
Langfristige Darlehen									
an Landwirtschaft	13,6	8,4	6	2,1	1,9	1,3	0,4	0,2	0,1
an eingetragene Gesellschaften	4	2,3	1,7	1,3	1,5	1	0,5	0,3	0,2
Obligationen	20	20	20	22,5	20	20	8	8	8,3
Aktien	20	35	35	42	32	37	40	40	41,6
Staats- und Kommunalanleihen	5	5	10	10	15	12	10	10	10
Bundesanleihen	—	—	5	3	10	10	27,5	30	29,2
Sonstige Anlagen	26,4	16,3	11,8	11,1	11,6	9,7	6,6	5,5	4,7
Anlagen im Ausland (in Mrd. $ [724])	—	0,1	0,2	1,0	0,5	0,5	0,7	1,0	

1. Treuhänderische Gemeinschaftsfonds

Eine Ausnahme von der Regel, daß jedes in einem trust gebundene Gut gesondert zu halten ist, bildet der sog. common oder commingled trust fund. Er setzt sich aus zahlreichen kleinen trusts zusammen, die alle am Vermögen und Gewinn des Gesamtfonds ideell, im Verhältnis ihres Anteils, beteiligt sind. Der Gemeinschaftsfonds verteilt das Anlagerisiko der Einzeltrusts „in einer Weise, wie es für sie sonst nicht erreichbar wäre. Mit Hilfe dieses Fonds kann die company dem Publikum wirtschaftlichere Leistungen anbieten, als wenn jeder trust einzeln investiert würde[725]." Denn $ 25 000 fordern die Banken gewöhnlich als Mindesthöhe für individual trusts, und erst trusts von mehr als $ 50 000 halten sie für einträglich genug. So erschließt diese Art kollektiver Kapitalinvestition, die Ähnlichkeit mit der open-end investment company (mutual fund) verrät[726], auch der

[724] Goldsmith, Raymond W. u. a., A Study of Saving in the United States, Band 3, Princeton/New Jersey 1956, S. 58.

[725] Annual Report 1956, S. 12 der Guaranty Trust Company of New York, einer der führenden Treuhandbanken. Sie berichtet über ihre beiden common trust funds, daß der First Discretionary Common Trust Fund einen Wert von 34 Mill. und der First Legal Common Trust Fund einen solchen von 13. Mill. Dollar verkörpert, die sich insgesamt auf 946 trusts erstrekken. – Eine kleinere Bank, die Wells Fargo Bank in San Franzisko, beziffert die durchschnittliche Höhe der in ihrem common trust fund vereinigten trusts auf $ 21 000 (Annual Report 1957, S. 7).

[726] Siehe die durch ein Preisausschreiben gewonnene beste Begriffsbestimmung in 30 Worten: "A mutual fund combines the capital of many investors to employ experienced management in purchasing securities of many companies, thus providing diversification and supervision

großen Masse von „persons of small means" alle Vorteile der Treuhandverwaltung großer Fonds: Sicherheit und stetige Einnahmen durch breitere Wagnisstreuung, einfache, wirksame und weniger kostspielige Verwaltung. Die rasche Zunahme der common trust funds – mit 45 im Jahre 1958 die stärkste seit 1937 – spiegelt die Lebens- und Entwicklungsfähigkeit der amerikanischen Treuhand wider.

Die ersten commingled trusts wurden um 1930 von der City Farmers Trust Company of New York City, der Brooklyn Trust Company of Brooklyn und der Equitable Trust Company of Wilmington, Delaware, errichtet. Die Ergänzung des Revenue Act im Jahre 1936, die die Doppelbesteuerung (Besteuerung des Gewinnes beim Fonds und der Einkünfte beim Benefiziar) aufhob, begünstigte ihre weitere Ausdehnung[727]. Die gesetzliche Grundlage verschaffte ihnen Juni 1937 der Board of Governors of the Federal Reserve System durch Regulation F, Abschnitt 17 (c). Sie gestattet den national banks, wie die state banks und trust companies in den betreffenden Staaten commingled funds zu unterhalten. Die Anlagestreuung regelt die Regulation in ähnlicher Weise wie der Investment Company Act für investment companies. Sie schreibt ferner vor, daß der Fonds jährlich zu prüfen und sein Wert mindestens alle drei Monate festzustellen ist. Er kann nur mit den Kosten belastet werden, die auch bei der Einzelverwaltung anfallen würden; Extra-Gebühren für die Leitung der commingled trust funds darf die Bank nicht berechnen. Die Höhe eines jeden in einem oder mehreren Gemeinschaftsfonds angelegten trust ist auf $ 100 000 begrenzt; trusts mit ein und demselben Treugeber oder Treunehmer sind als ein trust zu betrachten. In den vergangenen Jahren hat mehr als ein Viertel der Bundesstaaten den Uniform Common Trust Fund Act angenommen; alle anderen ermöglichten die kollektive Investition von Treuhandvermögen durch eigene Gesetze[728].

Ende 1958 gab es in 44 (43 im Jahre 1957) der 49 Staaten 322 (277) common trust funds mit mehr als 104 000 (91 000) Treuhandkonten. Sie wurden von 246 Banken getragen und repräsentierten einen Wert von 2 434,4 (1 965,5) Mill. Dollar[729]. Die größte Anzahl von common trust funds haben die Staaten Pennsylvania (53), New York (43), Massachusetts (18), Virginia (15) und California (15) aufzuweisen. Als letzter Staat erhielt Neumexiko 1958 seinen ersten common trust

the investors could not individually afford." (Straley, John A., What about Mutual Funds, New York 1954, S. 5).

727 Die endgültige Befreiung von der federal income tax erreichten manche common trusts erst vor einigen Jahren durch eine Verfügung des Schatzamtes (The Kansas City Times, 9. 12. 1955).

728 Boehmler, a. a. O., S. 428 f; Sauvain, a. a. O., S. 456–458; Foster, Rodgers u. a., a. a. O., S. 505; Klise, a. a. O., S. 509; Board of Governors, Regulation F, a. a. O., S. 12–18; American National Bank and Trust Company of Chicago, Annual Report 1956, S. 10.

729 Das Anwachsen um $ 469 Mill. bewirkte zu fast zwei Dritteln die Steigerung des Kurswertes.

fund. Unter den Federal Reserve Distrikten rangiert New York (50) vor Philadelphia (48) und Richmond (37)[730].

Je nach dem Investitionsprinzip werden drei Arten von Fonds unterschieden: Treuhandmittel, für deren Verwaltung dem trustee Ermessensfreiheit zugestanden worden ist, finden ihre Anlage im discretionary common trust fund. Beim legal common trust fund stehen nur die für die individual trusts gesetzlich zugelassenen Anlagewerte zur Auswahl. Der special common trust fund hält ausschließlich genau bestimmte Papiere oder solche einer spezifischen Gattung; er kann ebenfalls entweder discretionary oder legal investments enthalten. Ein Blick in folgende Zahlenreihen mag aufschlußreich sein[731]:

	Anzahl der Fonds	Anzahl der Banken	Wert des Fondsvermögens in Mill. Dollar
Discretionary fund	180	174	1 804,1
Legal fund	73	72	342,6
Special fund	69	43	287,7
Insgesamt	322	246 [732]	2 434,4

Die prozentuale Aufgliederung der commingled trust-Anlagen ergibt folgendes Bild[733]:

	1929	1933	1939	1945	1949	1952
			in Mill. Dollar			
Gesamtvermögen	21	32	50	150	500	1 100
verteilt auf:			in Prozent			
Hypotheken	16,4	14,8	11,5	—	—	—
Bundesanleihen	3,3	5,1	4,8	31,2	35,1	30,2
Sonstige Zinspapiere	21,2	32,8	31,0	20,8	13,7	15,6
Vorzugsaktien	28,3	18,4	18,7	18,7	14,7	12,5
Stammaktien	30,0	25,0	31,7	27,9	35,6	40,1
Sonstiges Vermögen	0,8	3,9	2,3	1,4	0,9	1,6
	100	100	100	100	100	100

730 Federal Reserve Bulletin, Mai 1958, S. 535–538, Mai 1959, S. 477–482.

731 Federal Reserve Bulletin, Mai 1959, S. 480.

732 Geringer als Summe der Einzelzahlen, da viele Banken mehrere Fonds betreiben.

733 Goldsmith, Financial Intermediaries, a. a. O., S. 386. Die Zahlen können, wie Goldsmith eingangs betont, mangels einwandfreier überstaatlicher Statistiken keinen Anspruch auf Vollständigkeit erheben.

Vollständige Übersichten über common trust funds werden erst seit 1955 vom Board of Governors erstellt. Die letzten weisen folgendes Ergebnis aus[734]:

	1958					1957
	Discret. Fonds	Legal Fonds	Spezial-fonds	Insgesamt		
	in Mill. Dollar				in %	
Bundesanleihen	117,8	34,6	21,4	173,8	10,8	7,2
Staats- und Kommunalanleihen	19,5	7,3	20,3	47,1	2,2	1,9
Übrige festverzinsliche Werte	455,4	120,6	71,2	647,2	26,7	26,5
Vorzugsaktien	144,0	52,0	25,2	221,2	10,4	9,1
Stammaktien	1 038,1	116,8	137,6	1 292,5	47,7	53,1
Hypotheken	18,9	6,3	8,6	33,8	1,5	1,4
Sonstiges Vermögen	10,4	5,0	3,4	18,8	0,7	0,8
Gesamtvermögen	1 804,1	342,6	287,7	2 434,4	100	100

E. DIE ERTRAGSLAGE IM TREUHANDGESCHÄFT

Hätte nicht manchmal der auf ökonomische Chancen gerichtete Spürsinn der Amerikaner die engen Fesseln der englischen Anschauung vom Treuhänderamt gesprengt, würde die Neue Welt niemals den Nährboden für die einzigartige Ausbreitung des trust und damit der trust companies geliefert haben. So lehnen sie auch die klassische Auffassung von der ehrenamtlichen Stellung des Treuhänders rundweg ab. Fiduziarische Verwaltung ist eine mit Verantwortung und Kosten verbundene Dienstleistung, für die der trustee eine angemessene Entlohnung beanspruchen kann[735]; ihm steht nach equity rules sogar ein Zurückbehaltungsrecht am Treugut zu.

Die Entschädigung wird gewöhnlich im Treuhandvertrag niedergelegt und bemißt sich nach der Höhe des Kapitalstocks und/oder der Erträge[736]. Ihre Sätze sind gestaffelt, aber oftmals nach Gebieten und nach der Größe der Städte sowie der Berechnungsgrundlage verschieden. Auf sie übt zudem der harte Wettbewerbskampf, der der Banken solide Geschäftsführung zu gefährden scheint, heftigen Druck aus. Teilweise ist die Vergütung, insbesondere deren Mindest- und Höchstgrenze, von den Staaten – allerdings unterschiedlich – gesetzlich geregelt; für court trusts wird sie auch vom Gericht festgelegt. So dürfen beispielsweise im Staate

[734] Federal Reserve Bulletin, Mai 1959, S. 478 f. (zusammengestellt aus Tabelle 1 und 2).

[735] Siehe Board of Governors, Regulation F, a. a. O., Anhang, Art. 5, S. 33.

[736] Die Argumente für und gegen ihre öffentliche Bekanntgabe kritisierte eingehend Gilbert T. Stephenson auf der Trusttagung des Südens 1958, siehe Banking, Juni 1958, S. 98.

New York executor und administrator als Ersatz ihrer Aufwendungen 5 % von den ersten $ 2 000, 2½ % von den nächsten $ 20 000 und 1½ % von den weiteren $ 28 000 des verwalteten Substanzwertes in Abzug bringen. In Maine wird die Arbeit eines guardian mit ca. 5 % vom jährlichen Trusteinkommen und 5 % vom Kapital, fällig bei Beendigung des Treuhandverhältnisses, honoriert. Dem trustee under will billigt Georgia jährlich ein Entgelt von 2½ % auf alle Einnahmen und Ausgaben zu; Kentucky 5 % von den Trusteinkünften, ⅕ % der Vertragssumme und eine Zugabe bei Sonderleistungen[737].

Schon seit Jahren bemühen sich die New Yorker Banken um eine Lockerung der amtlichen Gebührenregelung. Ständig steigende Kosten[738] haben nämlich nach dem Kriege den Gewinn aus einigen Zweigen des personal trust-Geschäftes fühlbar geschmälert. Doch wurde die von der Legislative des Staates New York beschlossene Erhöhung der „compensation rates" für executors und trustees, obwohl diese noch den Stand von 1923 bzw. 1943 zeigten, 1955 durch das Veto des Gouverneurs zu Fall gebracht. Die Verabschiedung eines neuen, heiß umstrittenen Gesetzes im Sommer 1956 brachte dann einen knappen Ausgleich der vorausgegangenen Kostensteigerungen, befriedigte aber keineswegs; die Kommission der New Yorker Institute blieb fast die niedrigste in der ganzen Union[739].

Leider werden die Erträge aus dem Treuhandgeschäft in den Berichten amerikanischer Banken nicht getrennt ausgewiesen. Keine Angaben, sondern lediglich eine Vorstellung von dem Verhältnis der Gebühren und Provisionen, die die Vergütung für Treuhandtätigkeit einschließen, zu den übrigen Einnahmen sind aus den folgenden drei Ergebnisrechnungen der J. P. Morgan & Co., Inc., zu gewinnen[740]:

	1954	1955 in 1 000 Dollar	1956
Zinsen aus Krediten	8 868	11 619	16 096
Zinsen aus öffentlichen Schuldverschreibungen	3 737	3 602	3 786
Zinsen, Dividenden aus sonstigen Effekten	346	680	544
Gebühren und Provisionen	3 791	4 701	5 099
Erträge aus Effekten-, Devisenhandel u. ä.	1 166	1 016	1 020
Insgesamt	17 908	21 618	26 545
Bilanzsumme	839 596	975 032	854 615

[737] Boehmler, a. a. O., S. 433 f.; Encyclopaedia Britannica, a. a. O., Band 22, S. 513; Loring, a. a. O., S. 325–341.

[738] Immenses Anwachsen ist vor allem bei den Personalkosten zu verzeichnen. Sie betragen heute 70–75 % des Gesamtaufwandes einer Treuhandabteilung (Banking, März 1959, S. 112).

[739] City Bank Farmers Trust Company, Report to the Shareholders 1955, S. 20 f; Guaranty Trust Company of New York, Annual Report 1956, S. 11 f.; Manufacturers Trust Company, Annual Report 1956, S. 12.

[740] Annual Reports 1955, S. 6, 1956, S. 10.

Die merklich ansteigenden Gebühren und Provisionen entspringen in erster Linie „fiscal agency operations, trust administration and investment advisory services".

Erfolgsrechnungen der Trustfiliale der First National City Bank of New York, der rd. 1 600 Mitarbeiter zählenden City Bank Farmers Trust Company, vermitteln folgendes Bild[741]:

	1954	1955	1956	1957	1958
			in 1 000 Dollar		
Zinsen auf Kredite	283	350	410	370	189
Zinsen, Dividenden aus Wertpapieren	1 916	2 335	2 407	2 491	2 662
Gebühren, sonstige Erträge	10 585	14 165	16 816	19 085	19 477
Gesamteinkommen	12 784	16 850	19 633	21 946	22 328
Aufwand —	10 907	14 463	16 976	18 057	18 312
Gewinn	1 877	2 387	2 687	3 889	4 016

Von der Trust Division der American Bankers Association vor einiger Zeit veranlaßte Untersuchungen haben ergeben, daß 75 % der erfaßten trust departments keinen Gewinn erbringen und nur 10 % einigermaßen rentabel arbeiten. Dabei erwiesen sich die Institute in den westlichen Staaten als weitaus gesünder als alle anderen des Landes. Keine Zauberformel, sondern allenfalls Anleitungen, um auf den Weg aus der Verlustzone zu gelangen, glaubt *Walter Kennedy*, früherer Präsident der Trust Division, auf der 32. westlichen Gebietskonferenz in Los Angeles im Oktober 1958 zu geben[742]:

1. Keine Aufnahme der Treuhandtätigkeit, bevor man nicht einwandfreie Dienste mit modernen Einrichtungen und Arbeitssystemen anbieten kann. 2. Heranbildung eines qualifizierten Personals und höchst wirkungsvolle Ausnutzung seiner Zeit und Fähigkeiten. 3. Getreue Befolgung des „Statement of Principles of Trust Institutions" (S. 183) und der vom Board of Governors herausgegebenen Richtlinien unter Regulation F des Federal Reserve Act. 4. Aufstellung einer Kostenrechnung. 5. Ablehnung solcher Aufträge, die keine adäquate Gewinnmarge zugestehen; über die Bedingungen für übernommene verlustreiche Verwaltungen muß erneut verhandelt werden. 6. Von den Leistungen am Rande des trust business sind so viele wie möglich anderen Abteilungen zu belasten. 7. Nütze die durch die Bankabteilung dargebotene Unterstützung beim weiteren Ausbau des Treuhandgeschäftes und jedes verfügbare Mittel zur Pflege fruchtbarer Zusammenarbeit mit allen leitenden Personen der Bank.

[741] Annual Reports 1955, S. 21, 24, 25; 1956, S. 21, 24 f; 1957, S. 23; 1958, S. 24.

[742] Banking, November 1958, S. 114.

ZUSAMMENFASSUNG

Die Abhandlung, insbesondere ihr zweiter Abschnitt, dürfte erkennen lassen, daß die in der römischen Rechtskultur elementar nachweisbare, aus dem germanischen Lehensrecht entwickelte Treuhandidee auch im Rechtsleben der kapitalistisch wirtschaftenden Neuzeit einen bedeutsamen Platz einnimmt. Immer wieder in neue Formen gekleidet, bietet sie die zweckmäßige, zuweilen einzig denkbare Lösung zahlreicher Probleme des modernen Wirtschaftslebens.

Während das Treuhandgeschäft in Deutschland sich teils auf verkümmerte, aus dem Mittelalter herübergerettete Treuhandelemente stützt, im übrigen aber in Anlehnung an das anglo-amerikanische Beispiel oder auf völlig unsicherem Boden unter z. T. unklaren Vorstellungen aufgebaut worden ist, weist es in den USA kontinuierliches Wachstum und strukturelle Geschlossenheit auf. Der Trust verdankt seine Ausbreitung einer vorausschauenden Rechtspflege, die durch kluge Interpretation auftretende Hindernisse und Widerstände aus dem Wege räumte. Gestützt auf eine weitgehende, wenngleich uneinheitliche Kodifikation des Treuhandrechts, wachte die amerikanische Rechtsprechung mit sicherem Instinkt für Geschäfts- und Lebensnotwendigkeiten und den Gestaltungswandel in der Wirtschaft über die Entfaltung neuer Treuhandformen, lenkte die Entwicklung in geordnete Bahnen und verschaffte ihnen Geltung durch kühne Rechtsbildung. Das deutsche Gesetzesrecht hingegen weist den Treuhandgeschäften als solchen keine Rechtswirkungen zu. Hierin liegt das Dilemma und zugleich die Problematik des deutschen Treuhandwesens überhaupt.

Der deutsche Gesetzgeber hat zu dem ganzen Komplex der Treuhand noch nicht Stellung genommen. Zu einem organischen Einbau des Institutes der Treuhand in unsere Rechtsordnung durch Rechtsprechung und Rechtstheorie, wie etwa in Großbritannien und den Vereinigten Staaten, ist es bisher nicht gekommen. Die Gestaltung der Rechte von Treuhänder und Treugeber bildet nach wie vor das Problem des Treuhandrechts. Anzustreben ist ein inhaltlich stark herabgesetztes Eigentum, ein der Ermächtigung weitgehend angenähertes Sonderrecht des Treuhänders.

Die Wirtschaft verwendet den Begriff Treuhand in einem weiteren Sinne als die Jurisprudenz – allerdings zuweilen auch recht lax, gemessen am Gehalt des englischen Trust. Er schließt nicht die Übertragung des Eigentums am Treugut als notwendig mit ein und besagt vor allem, daß der einer treuen Hand erteilte Auftrag ausschließlich auf unbedingtem „Vertrauen" fußt. Bei diesem Vertrauens- und Schutzverhältnis „zur treuen Hand" ist der Treugeber auf die Treue des Treuhänders angewiesen. Hinter der Form kann die Rechtsmacht durch Vertrag verschieden bestimmt werden. Hier zeigt sich die konstruktionelle Stärke der Treuhand und auch ihre werbende Kraft für die Zukunft.

Träger des Treuhandwesens in Deutschland sind im wesentlichen die Banken und die übrigen dem Gesetz über das Kreditwesen unterstehenden Institute. Die Übernahme von Treuhandfunktionen durch die Banken hat ihr Vorbild in den amerikanischen trust companies; die Entwicklung des Treuhandgeschäftes der deutschen Banken ist aus ihrer Stellung als Universalbanken zu verstehen.

Das deutsche Treuhandgeschäft gehört nicht zu den gewinnreichen Bankleistungen. Unter dem Gesichtspunkt seiner Ertragsfähigkeit hebt es sich, auch sogar während der „fetten" Jahre nach der Währungsreform, deutlich vom übrigen Bankgeschäft ab. Die fortwährend wiederkehrende ausdrückliche Betonung, daß die aus der Mitwirkung an den Sonderkreditaktionen erzielten Erträge keinen Ausgleich für dabei übernommenes Risiko und geleisteten Arbeitsaufwand bedeuten, daß die Kosten für die Währungsumstellung vom Staat nur unzureichend ersetzt würden usw., durchzieht wie ein Klagelied die Geschäftsberichte der Banken.

Für eine niedrigere Zinsspanne zeigte man im Hinblick auf den gewünschten wirtschaftlichen Effekt ohne weiteres Verständnis, eine Verwaltungsgebühr aus ERP-Kreditaktionen zugunsten der Landwirtschaft von durchweg 0,75 % erschien den Banken aber kaum noch zumutbar. Sie stellten, da der Ersatz der Kosten nicht ausreichte, ohne Bedenken Barauslagen gesondert in Rechnung. Soweit es sich um tatsächlich entstandene Ausgaben handelte, beanstandete der Bundesrechnungshof diese Praxis nicht[743].

Zahlenmäßige Angaben findet man allerdings weder in den Bankausweisen noch in sonstigen Veröffentlichungen der Banken. Dieser Mangel hat kaum seinen Grund allein darin, daß die Banken dem Treuhandgeschäft nicht die Bedeutung beimessen, die einen gesonderten Ausweis des Ertrages aus der Treuhandtätigkeit rechtfertigen würde. Vielmehr sind die Erfolgsrechnungen der Banken generell infolge der in § 132 Akt.G unzulänglich geregelten Ausweispflicht der Erträge mangelhaft gegliedert[744].

Gebühren und Vergütung von Verwaltungskosten aus Treuhand- und Auftragsgeschäften sind bisweilen mit den Provisionen zusammengefaßt. Im übrigen wer-

[743] Castelli, a. a. O., S. 66 f.

[744] „Es ist zur herrschenden Übung geworden, in Zahlenangaben über das gesetzliche Maß nicht hinauszugehen." Linhardt, Bankbilanzen, a. a. O., S. 43.

den Erträge aus dem Treuhandgeschäft unter dem Sammelposten „Sonstige Erträge“ ausgewiesen.

Die Wirtschaft bedient sich der Treuhandschaft zu Sicherungszwecken und zu Verwaltungszwecken. Heute, in einer Zeit der Konzernunternehmungen und Großbanken sowie angesichts der zunehmenden Verwicklung unserer Wirtschaftsordnung, vermag sowohl die Körperschaft als auch der Einzelinhaber von Vermögenswerten nicht mehr alle Verpflichtungen, die der Geschäftsverkehr und das Sicherheitsbedürfnis erfordern, allein zu erfüllen. Der Treuhänder bietet sich hier als die geeignetste Institution an, Vermögen von Einzelpersonen und Organisationen nach wirtschaftlichen Gesichtspunkten uneigennützig zu verwalten, privatwirtschaftliche Interessen, sei es für Aktionäre und Obligationäre oder für Gesellschaften, zu vertreten, Privatpersonen wie Geschäftsleuten als Vertrauensstelle und Ratgeber zur Verfügung zu stehen sowie als unparteiischer Wächter und Vollzieher im Dienste des Staates zu fungieren.

Der treuhänderische Charakter zeigt sich bei einzelnen Bankgeschäften erst in den Anfängen; er bedarf noch der echten Ausgestaltung und der Festigung, so z. B. bei der Ausübung des Depotstimmrechtes. Dieses Ziel ist aber mit den Vorschlägen des Regierungsentwurfs zur Regelung des Depotstimmrechtes nicht zu erreichen. Sie führen eher zu einer mechanischen Erledigung von Formalitäten. Die Lösung des Problems liegt nicht allein in Gesetzesbestimmungen; die Lebenstatsachen sind stärker, als gesetzliche Anordnungen zu sein vermögen. Sie liegt vielmehr in dem Wohlverhalten der Banken, das ihnen den Berufsadel verleihen würde.

In dem Investment Trust wurde mit Hilfe der Treuhandkonstruktion eine neue Finanzierungsstufe auf dem Wege des Kapitalflusses vom Sparer zum industriellen Investor geschaffen. Die Finanzsphäre des Investment Trust tritt der Gütersphäre gegenüber. Die Diskussion über die Frage, ob die Abhängigkeit der Investmentgesellschaften von den Banken für die Entwicklung des Investment-Sparens förderlich ist, hat noch kein Ende gefunden.

Vollständigkeit in der Behandlung der Treuhandgeschäfte und erschöpfende Erledigung der herangezogenen konnte in dieser Arbeit nicht angestrebt werden. Hier sollten folgende Tatsachen zum Ausdruck kommen: Die Treuhand ist eine lebenskräftige und entwicklungsfähige Einrichtung des Wirtschaftslebens. Die Treuhandgeschäfte durchziehen den gesamten Wirtschaftsverkehr in vielfacher Weise. Ganze Gruppen von Rechtsgeschäften haben sich gebildet, in denen Treuhandelemente verkörpert sind. Die Übernahme von Treuhandfunktionen durch die deutschen Banken stellt eine beträchtliche Bereicherung ihrer Geschäftstätigkeit dar und trägt zur Hebung ihres Ansehens beim Publikum bei.

Das rechtliche Institut der Treuhand ist in der kapitalistischen Wirtschaftsverfassung ein wichtiges Instrument der Kapitalbildung, Kapitalerhaltung und Kapitallenkung; es dient der sicheren Wertübertragung (bei der Testamentsvollstreckung), dem internationalen Güteraustausch (beim Remboursgeschäft) wie dem Zahlungsbilanzausgleich (Förderung des Ankaufs ausländischer Wertpapiere durch Übernahme des Interessenschutzes zugunsten der Kapitalanleger). Die gute Kurspflege fremder Wertpapiere ist eine der Voraussetzungen für einen vollkommen funktionsfähigen Kapitalmarkt. Die treuhandrechtliche Organisation des Jungscheingiroverkehrs hat zur Vereinfachung des Emissionsverfahrens geführt und den Handel in gezeichneten, aber noch nicht ausgegebenen Wertpapieren erleichtert. Die Erfahrungen mit dem Jungscheingiroverkehr und dem Schuldbuchgiroverkehr ließen den Plan reifen, auf die Verbriefung von Kapitalmarktwerten im Interesse der Kostenersparnisse für Emissionen und bankmäßige Verwahrung ganz zu verzichten. Die Treuhand erlangte daher sowohl für die Privatwirtschaft als auch für die Volkswirtschaft größte Bedeutung.

In den USA hat die Treuhand wie in keinem anderen Land zum Aufbau der Wirtschaftsmacht beigetragen. Erstaunlich ist dort die Vielgestaltigkeit des Treuhandgedankens, wie sie eben nur auf einer sicheren Rechtsgrundlage möglich ist. Entscheidenden Anteil an dieser Entwicklung hat – das darf hierbei nicht übersehen werden – die Eigenart des in Jahrhunderten weitergebildeten case law mit seiner Pflege der Sachverhaltsschilderungen, der Zurückhaltung im Formulieren allgemeiner Grundsätze, mit seiner Auslegungskunst, der Bevorzugung der älteren Entscheidung vor der jüngeren, dem Aufspüren von kleinen Unterschieden im Sachverhalt zwischen einem Präjudiz und dem vorliegenden Falle. Das dogmenfreie, allen Systematisierungsversuchen abholde angelsächsische Recht ist ein "law of reason", ist trotz aller Verfeinerung ein Volksrecht geblieben – das zeigt auch der Weg des Treuhandwesens in den Vereinigten Staaten.

Der Abschnitt über das Treuhandgeschäft der amerikanischen Banken hat gleichzeitig auch erkennen lassen, daß die Treuhandtätigkeit amerikanischer Banken auf bestimmten Gebieten nicht einfach von deutschen Instituten kopiert werden darf. Dafür fehlen zu sehr gewisse sachliche und rechtliche Voraussetzungen (Gleichheit der beiderseitigen Rechtssysteme, gesetzliche Regelung der Treuhand im deutschen Recht), sind die psychologischen Bedingtheiten – trotz der Wirkung des nivellierenden Moments allgemeiner kaufmännischer Interessen – im Bankleben beider Völker grundsätzlich zu unterschiedlich. Aber der Grundgedanke der altdeutschen Treuhand, der im englisch-amerikanischen Recht systematisch ausgebaut worden ist, müßte in der deutschen Geschäftspraxis häufiger zum Ausdruck kommen. Die Ausführungen über die amerikanischen Treuhandgeschäfte sollten hierfür Anregungen bieten.

Mit den dargestellten Anwendungsfällen ist das Treuhandgeschäft der Banken in sich und zeitlich nicht abgeschlossen. Wie die übrige Banktätigkeit erhält es durch die Bewegungen des wirtschaftlichen und politischen Lebens stets frische Impulse, andere Prägung und ganz neue Formen. Verschiedene treuhänderische

Funktionen nehmen in den letzten Jahren im Verhältnis zum Gesamtgeschäft an Bedeutung ab, wie etwa die Weiterleitung zentraler Kredite. Die Verwaltung der Umstellungsgrundschulden, wodurch die Treuhandschaft im Grundstücksrecht zu erheblicher Geltung kam, ist teilweise wieder auf die Finanzämter übergegangen. Dafür haben sich aber bereits neue Wege in die Zukunft erschlossen, beispielsweise in der Vermittlung und Beratung auf der Grundlage eines Treuhandvertrages.

Die Stellung, in der die moderne Geschäftsbank auf Grund ihres Ansehens, ihres Schatzes an Erfahrungen und Informationen als Mittlerin zwischen Vertragschließenden auftritt und ihre Kenntnisse im Interesse Dritter gegen Entgelt zur Verfügung stellt, ließe sich auf der Ebene echter Treuhandtätigkeit noch stärker ausbauen. Auch die vielseitigen Möglichkeiten einer treuhänderischen Beratung auf dem Gebiet der Kapitalanlage, wie sie amerikanische Kreditbanken schon seit Jahrzehnten ausüben, sind nach wie vor ungenügend ausgeschöpft.

Ein fruchtbares und zukunftsreiches Arbeitsfeld, das von den deutschen Banken bisher noch nahezu unbeachtet blieb, auf dem aber die Amerikaner schon seit langem eine lebhafte Tätigkeit entfalten, ist die Verwaltung der betrieblichen Unterstützungs- und Pensionskassen [745]. Die in diesen Fonds für die Altersversorgung der Betriebsangehörigen angesammelten Mittel haben seit der Währungsumstellung ansehnliche Summen erreicht. Rund 500 Mill. DM werden ihnen jährlich zugeführt. Schwieriger als die Bildung der Pensionsrückstellungen ist die Aufrechterhaltung der Erfüllbarkeit der rechtsverbindlich gegebenen Pensionszusagen, da die „zurückgestellten" Beträge weitgehend zur Finanzierung von Investitionen verwendet werden [746]. Im Bundesfinanzministerium werden Maßnahmen erwogen, die die betriebsfremde Anlage und damit die sozialpolitische Zweckbestimmung des betrieblichen Sozialkapitals sicherstellen sollen. Hier dürfte sich den Banken für die Verwertung des Treuhandgedankens ein ausgedehntes Gebiet eröffnen.

Im letzten Jahrzehnt haben sich tiefgreifende Wandlungen in der sozialen Struktur der Bevölkerung vollzogen. Sie brachten die Erhöhung der Einkommen und erweiterte Möglichkeiten zur privaten Rücklagenbildung mit sich. Die Banken sehen sich infolgedessen einer wachsenden Zahl neuer potentieller Bankkunden gegenüber. Diese auch für treuhänderische Vermögensanlage zu interessieren, muß eine der vordringlichsten Aufgaben der Zukunft sein.

[745] In der Betriebswirtschaftslehre hat sich bereits der Begriff des Sozialkapitals eingebürgert (siehe Fischer, Guido, Betriebswirtschaftliches Sozialkapital, in: Zeitschrift für Betriebswirtschaft, 29. Jhrg. [1959], Nr. 12, S. 725 ff.). Zum Sozialkapital gehören die Sozialen Rücklagen, für die keine rechtliche Verpflichtung des Betriebes, aber wirtschafts- und sozialethische Bindungen bestehen, und die Sozialrückstellungen, jenes durch Pensionsversprechen gebundene Fremdkapital.

[746] Siehe Saage, Gustav, Pensionsrückstellungen – eine „dauernde Last", in: FAZ, Nr. 40 vom 17. 2. 1960, S. 13.

Hier erhebt sich die Frage, ob die deutschen Banken wirklich alle Anstrengungen zur Ausdehnung des Treuhandgeschäftes unternehmen. In dieser Hinsicht kann wieder auf die amerikanische Bankpraxis als Vorbild hingewiesen werden. In dem „Financial Advertising" hat sie sich schon vor Jahrzehnten eine Bewegung geschaffen, die alle in der modernen Werbung bekannten Mittel verwendet und zu einer bemerkenswerten Steigerung der Banktätigkeit, nicht zuletzt auch der Treuhandaufträge geführt hat[747]. Zu den sichersten Werbemethoden der amerikanischen Banken gehört eine wirkungsvolle Zeitungswerbung sowie die nachhaltige Propagierung gewisser Ideen: Erhaltung des ersparten Vermögens durch Anlage in einem Trust, Sicherung der finanziellen Unabhängigkeit und Fürsorge für Familienangehörige durch Errichtung eines Versicherungstrusts usw.

Die Arbeit hat folgendes ergeben: Das Rechtsinstitut der Treuhand hat auf kulturellem und wirtschaftlichem Gebiet sowohl Ideenhaftigkeit als auch praktische Anwendbarkeit gezeigt. Die Entwicklung deutet darauf hin, daß es auch künftig in den mannigfaltigsten Formen Verwendung finden wird. Auf Grund ihres wesensmäßigen Zusammenhangs mit dem anglo-amerikanischen trust könnte die Treuhand einen wichtigen Beitrag zur Rechtsangleichung leisten. Vorbedingung hierfür ist ihre Aufnahme in den Kreis der kodifizierten Rechtsinstitutionen.

[747] Hundhausen, Carl, Kundenwerbung amerikanischer Banken (Financial Advertising). In: Bank-Archiv, 28. Jhrg. (1928/29), S. 340 ff. „Das Financial Advertising ist die Summe einer stark systematisierten, künstlerisch, psychologisch und ökonomisch hochstehenden Werbebewegung von Banken, Börsenfirmen usw." Ebenda, S. 341. – Siehe auch Linhardts Besprechung des Werkes: Kundenwerbung amerikanischer Banken (Financial Advertising) von Carl Hundhausen, Berlin, Leipzig und Wien 1929, in: Zeitschrift für Betriebswirtschaft, 7. Jhrg. (1930), S. 150 ff.

LITERATURVERZEICHNIS

A. Bücher

Adler, Hans, Walther Düring und *Kurt Schmaltz,* Rechnungslegung und Prüfung der Aktiengesellschaft, Handkommentar für die Bilanzierungs- und Prüfungspraxis nach dem Aktiengesetz unter Berücksichtigung der sonstigen handelsrechtlichen Vorschriften, 3. neubearbeitete Aufl., Stuttgart 1957

Ahlbäumer, Anton, Treuhandverhältnis im Steuerrecht, Heft 6 der Steuerrechtlichen Schriftenreihe, hrsg. von *Ottmar Bühler,* Berlin 1935

Allen, Frederick Lewis, Pierpont Morgan. Übertragung aus dem Amerikanischen von *Gustav Mersu* und *N. O. Scarpi,* Bern 1950

Arnold, Thurman W., The Folklore of Capitalism, New Haven 1937, 14. Druck 1956

Barocka, Egon, Investment-Sparen und Investment-Gesellschaften. Eine volkswirtschaftliche und rechtspolitische Betrachtung, Stuttgart 1956

Beckhart, Benjamin H., Banking Systems, New York 1954

Beckmann, Liesel, Die betriebswirtschaftliche Finanzierung, 2. Aufl., Stuttgart 1956

Beham, Peter, Das deutsche Pflichtprüfungswesen, hrsg. von *Otto Mönckmeier.* Schriftenreihe: Der Wirtschaftsprüfer, Schriften aus dem Bereiche des deutschen Wirtschaftsprüfungswesens, Berlin 1940

Bernicken, Hans, Bankbetriebslehre, Stuttgart 1926

Beyerle, Franz, Die Treuhand im Grundriß des deutschen Privatrechts, Weimar 1932

Bitschnau, Roland, Das Revolvingsystem in der Industriefinanzierung, Frankfurt a. M. 1959

Boehmler, Erwin W., Financial Institutions, Homewood, Illinois, 1956

Bösch, Hans Jürgen, Die Kurspflege bei Wertpapieren, Frankfurt a. M. 1959

Bonneville, Joseph H. und *Lloyd E. Dewey,* Organizing and Financing Business, 5. Aufl., Englewood Cliffs, N. J., 1952

Brunner, Max, Wesen und Bedeutung der englisch-amerikanischen Treuhand (Trust). Schriftenreihe: Abhandlungen zum schweizerischen Recht, hrsg. von *Guhl,* 62. Heft, Bern 1931

Büchner, Rudolf, Die treuhandrechtliche Organisation des Effektengiroverkehrs, Frankfurt 1956

Bussmann, Karl Ferdinand, Finanzierungsvorgänge, München 1955

Derselbe, Betreuung und Prüfung der Unternehmungen, 19. Lieferung der Schriftenreihe: Die Wirtschaftswissenschaften, hrsg. von *E. Gutenberg*, Wiesbaden 1960

Chandler, Lester V., The Economics of Money and Banking, New York 1948

Chorley, Lord, früher *Sir Ernest Cassel*, Law of Banking, 3. Aufl., London 1950

Clough, Shepard B., A Century of American Life Insurance, A History of the Mutual Life Insurance Company of New York 1843–1943, New York 1946

Corey, Lewis, The House of Morgan, A Social Biography of the Masters of Money, New York 1930

Dauten, Carl A., Business Finance. The Fundamentals of Financial Management, 2. Aufl., Englewood Cliffs, N. J., 1956

Depotgesetz. Gesetz über die Verwahrung und Anschaffung von Wertpapieren vom 4. 2. 1937. Erläutert von *Georg Opitz*, 2. Aufl., Berlin 1955

Dice, Charles A. und *Wilford J. Eiteman*, The Stock Market, 3. Aufl., New York 1952

Die Bayerische Staatsbank 1780–1955. Geschichte und Geschäfte einer öffentlichen Bank, hrsg. vom Staatsbankdirektorium, 1955, gedruckt bei E. Kieser KG, Augsburg

Dillavou, Essel R. und *Charles G. Howard*, Principles of Business Law, 5. Aufl., New York 1952

Dölle, Hans und *Konrad Zweigert*, Gesetz Nr. 52 über Sperre und Beaufsichtigung von Vermögen. Kommentar, Stuttgart 1947

Easterbrook, W. T. und *Hugh G. J. Aitken*, Canadian Economic History, Toronto 1956

Eberlein, Gerhard, Kurspflege bei Anleihen, Diss. der Freien Universität Berlin (Maschinenschrift), 1950

Ebner von Eschenbach, Hans-Christoph Frhr., Die Rechte des Anteilinhabers nach dem Gesetz über Kapitalanlagegesellschaften, Diss. Erlangen 1959

Eichler, Hermann, Die Rechtslehre vom Vertrauen. Privatrechtliche Untersuchungen über den Schutz des Vertrauens, Tübingen 1950

Derselbe, Institutionen des Sachenrechts. Ein Lehrbuch. 2. Band / 1. Halbband, Berlin 1957

Emmerich, Hugo, Die Sanierung, I. Teil: Der Begriff der Sanierung, der außergerichtliche Vergleich, die Sanierungstreuhand. Mannheim, Berlin, Leipzig 1930

Endemann, F., Lehrbuch des Bürgerlichen Rechts, 6. Aufl., Berlin 1900, 2. Band

Enneccerus, Kipp und *Wolff*, Lehrbuch des Bürgerlichen Rechts, 10. Bearbeitung, Tübingen 1957, 3. Band

Ertel, Hermann A., Treuhandbuch. Grundriß des gesamten deutschen Rechtes in Einzelausgaben, hrsg. von *Paul Posener*, 101. Band, Berlin 1927

Derselbe, Wegweiser durch das Recht des Treuhänders. 9. Band der Reihe: Wegweiser für Wirtschaftsprüfer und Wirtschaftstreuhänder, hrsg. von *Paul Gerstner*, Berlin und Leipzig 1940

Faulkner, Harold U., Geschichte der amerikanischen Wirtschaft, Übertragung aus dem Amerikanischen von *Walther Schwerdtfeger*, Düsseldorf 1957

Finke, Mary B. und *Helen Knox*, Moneywise, The Intelligent Woman's Guide to Everyday Finance, New York 1950

Foster, Major B., Raymond Rodgers u. a., Money and Banking, 4. Aufl., Englewood Cliffs, N. J., 1953

Fundamentals of Investment Banking, hrsg. von Investment Bankers Association of America, Englewood Cliffs, N. J., 1949

Gerstenberg, Charles W., Financial Organization and Management of Business, 2. verb. Aufl., New York 1939

Gerstner, Paul, Die Organisation der Treuhandunternehmungen. In: Revisions- und Treuhandwesen. Schriftenreihe: Grundriß der Betriebswirtschaftslehre, hrsg. von *Walter Mahlberg* u. a., Band 10, Leipzig 1926

Derselbe, Revisions-Technik. Handbuch für kaufmännische und behördliche Buchprüfung, 5. verb. Aufl., Berlin und Leipzig 1930

Gierke, Julius von, Bürgerliches Recht. Sachenrecht, 3. Aufl., Berlin – Göttingen – Heidelberg 1948

Goetz, Oscar, Treuhandwesen und Wirtschaft. Unter Berücksichtigung der Gutachten der deutschen Handelskammern und der Rechtsprechung, Berlin und Leipzig 1925

Goldsmith, Raymond W., Financial Intermediaries in the American Economy since 1900. A Study by the National Bureau of Economic Research, New York. Princeton 1958

Goldsmith, Raymond W. u. a., A Study of Saving in the United States, Band 3, Princeton, N. J., 1956

Gossens, Franz, Der große Ratgeber für krisenfeste Geldanlagen, München 1959

Griffith, V. A., Outlines of the Law. A comprehensive Summary of the Major Subjects of American Law, Indianapolis 1950

Groves, Harold M., Financing Government, 3. Aufl., New York 1950

Handbook of Insurance, hrsg. von *Clyde J. Crobaugh*, New York 1949

Hart, Albert G., Money, Debt and Economic Activity, New York 1948

Heaton, E., The Trust Company Idea and its Development, Buffalo 1904

Hein, Johannes, Grundriß des Treuhandrechts. Eine systematische Darstellung, Berlin 1929

Derselbe, Jahrbuch des Treuhandrechts, 2. Jhrg. 1930, Berlin 1931

Hellwig, Rudolf, Das Bankwesen der Vereinigten Staaten von Amerika, Struktur und Entwicklungstendenzen. Schriftenreihe: Finanzwissenschaftliche und volkswirtschaftliche Studien, hrsg. von *Karl Bräuer*, 11. Heft, Jena 1928

Hens, Mauritius, Der Handel in Zuteilungsrechten. Ein Beitrag zum Recht der Wertpapierbereinigung, Diss. Göttingen 1951

Hickman, Braddock W., The Volume of Corporate Bond Financing since 1900. A Study by the National Bureau of Economic Research, New York. Princeton 1953

Hicks, Clifford M., Business Law, New York 1952

Hintner, Otto, Das Treuhandwesen in der deutschen Volkswirtschaft, München, Berlin und Leipzig 1926

Derselbe, Kreditsicherung durch den Treuhänder. Betriebswirtschaftliche Schriftenreihe, hrsg. von *Fritz Schmidt*, 3. Band, Bühl-Baden 1934

Hogenson, Palmer T., The Economics of Group Banking, Washington, D.C., 1955

Huber, Ernst Rudolf, Wirtschaftsverwaltungsrecht, 2 Bände, 2. Aufl., Tübingen 1953/54, Band 1

Hueck, Alfred, Recht der Wertpapiere, 8. durchgesehene Aufl., Berlin und Frankfurt a. M. 1960

Iltgen, Heinrich, Das Konsortialgeschäft der Banken, Kölner Diss., Köln 1925

Jacobi, Ernst, Grundriß des Rechts der Wertpapiere im allgemeinen, 3. umgearbeitete Aufl., Leipzig 1928

Jaeger, Ernst, Konkursordnung, mit Einführungsgesetzen, Kommentar, 8. Aufl., Berlin 1958

James, F. Cyril, The Economics of Money, Credit and Banking, New York 1940

Jörgens, Max, Finanzielle Trustgesellschaften, Stuttgart und Berlin 1902

Jome, Hiram L., Corporation Finance, New York 1948

Kaeferlein, Hans, Der Bankkredit und seine Sicherungen, 7. Aufl., Stuttgart 1953

Kalveram, Wilhelm, Bankbetriebslehre. In: Die Handelshochschule / Die Wirtschaftshochschule, Band 8, Wiesbaden 1950/52

Kemmerer, Edwin Walter und *Donald L.*, The ABC of the Federal Reserve System, 12. Aufl., New York 1950

Kent, Raymond P., Money and Banking, 3. Aufl., New York 1956

Kleinlein, Hermann, Die Einziehungsermächtigung. Eine rechtsdogmatische und rechtspolitische Untersuchung über ihre Zulässigkeit bzw. Notwendigkeit unter besonderer Berücksichtigung der Erfordernisse in der Wirtschaftspraxis, Nürnberger Diss. 1956

Klise, Eugene S., Money and Banking, Cincinnati, Ohio, 1955

Knies, Karl, Das Geld. Darlegung der Grundlehren von dem Gelde, insbesondere der wirtschaftlichen und der rechtsgiltigen Functionen des Geldes, mit einer Erörterung über das Kapital und die Übertragung der Nutzungen, Berlin 1885

Koch, Arwed, Banken und Bankgeschäfte unter besonderer Berücksichtigung der Rechtsverhältnisse, Jena 1931

Koontz, Harold D., Government Control of Business, Boston, New York 1941

Kühn, Rolf, Reichsabgabenordnung. Steueranpassungsgesetz, Finanzverwaltungsgesetz, Nebengesetze, 5. erg. Aufl., Stuttgart 1958

Kurzrock, Hans u. a., Die Bank. Ihre Einrichtungen und Geschäfte, 3. Aufl., Brannenburg/Rosenheim 1956

Larenz, Karl, Lehrbuch des Schuldrechts, 2 Bände, München und Berlin 1953, I. Band (Allgemeiner Teil)

Leffler, George L., The Stock Market, New York 1951

Leitner, Friedrich, Bankbetrieb und Bankgeschäfte, 6. Aufl., Frankfurt a. M. 1923

Liefmann, Robert, Beteiligungs- und Finanzierungsgesellschaften, 5. Aufl., Jena 1931

Linhardt, Hanns, Bankbetriebslehre, Band I, Bankbetrieb und Bankpolitik, Köln und Opladen 1957

Derselbe, Bankbetriebslehre, Band II, Bankbilanzen, Köln und Opladen 1960

Derselbe, Kreditkontrolle. Betriebswirtschaftliche Bibliothek, hrsg. von *Wilhelm Hasenack,* Essen 1954

Derselbe, Die Britischen Investment Trusts. Schriftenreihe: Betriebs- und finanzwirtschaftliche Forschungen, hrsg. von *Fritz Schmidt,* II. Serie, Heft 62, Berlin 1935

Locklin, Philip, Economics of Transportation, 3. Aufl., Chicago 1949

Loring, Augustus P., A Trustee's Handbook, 5. Aufl., Boston 1940

Maclean, Joseph B., Life Insurance, 6. Aufl., New York und London 1945

Mager, Heinrich, Die rechtliche Bedeutung des Reichsschuldbuches, Diss. Würzburg 1939

Meder, Hermann und *Otto Ernst,* Schuldbuchrecht des Bundes und der Länder unter besonderer Berücksichtigung der Ausgleichsforderungen, Frankfurt 1950

Meier, Karl, Die deutschen Treuhandgesellschaften, Versuch einer Darstellung ihrer Entwicklung und ihres Wesens, Frankfurter Diss. 1923

Merkel, Hans-Günter, Theorie der Kapitalmarktpolitik. Schriftenreihe: Unternehmung im Markt, hrsg. von *G. Bergler, J. Fettel, H. Linhardt* und *E. H. Sieber,* Band 1, Berlin 1955

Moulton, Harold G., The Financial Organization of Society, 3. Aufl., Chicago 1930

Nachod, Walter, Treuhänder und Treuhandgesellschaften in Großbritannien, Amerika und Deutschland, 2. Aufl., Tübingen 1926

Nord, Walther, Das Recht des Treuhänders, Berlin 1927

Obst, Georg, Kapitalsanlage und Vermögensverwaltung. Praktische Winke, 3. veränderte Aufl., Leipzig 1919

Derselbe, Das Bankgeschäft, 2 Bände, 9. Aufl., Stuttgart 1930

Obst, Georg und *Otto Hintner,* Geld-, Bank- und Börsenwesen, 33. Aufl., Stuttgart 1951

Opitz, Georg, Fünfzig depotrechtliche Abhandlungen, Sammelband, Berlin 1954

Peterson, J. Marvin und *D. R. Cawthorne,* Money and Banking, verb. Aufl., New York 1949

Prather, Charles L., Money and Banking, Chicago 1941

Predöhl, Andreas, Außenwirtschaft. Weltwirtschaft, Handelspolitik und Währungspolitik. Reihe: Grundriß der Sozialwissenschaft, Band 17, Göttingen 1949

Prime, John H., Investment Analysis, New York 1946

Prion, W., Kapital und Betrieb. Finanzierungsfragen der deutschen Wirtschaft, Leipzig 1929

Derselbe, Betriebsprüfung, Wirtschaftsberatung und der Wirtschaftsprüfer, Berlin 1931

Prochnow, Herbert V., American Financial Institutions, New York 1951

Raschenberger, Marie, Internationales Revisions- und Treuhandwesen, Wien 1929

Reich, Joachim, Die Rechtsstellung des Treuhänders bei der Verschmelzung von Aktiengesellschaften (§ 240 Abs. II des Aktiengesetzes vom 30. 1. 1937), Diss., Düsseldorf 1940

Rhode, Heinz, Juristische Person und Treuhand. Grundzüge einer Lehre vom zweckgebundenen Recht, Berlin 1932

Riesser, J(akob), Zur Entwicklungsgeschichte der deutschen Großbanken mit besonderer Rücksicht auf die Konzentrationsbestrebungen, Jena 1905

Derselbe, Die deutschen Großbanken und ihre Konzentration im Zusammenhang mit der Entwicklung der Gesamtwirtschaft in Deutschland, 4. Aufl., Jena 1912

Rittershausen, Heinrich, Internationale Handels- und Devisenpolitik, 2. Aufl., Frankfurt 1955

Roth, Hermann M., Der Trust in seinem Entwicklungsgang vom Feoffee to Uses (feoffee to uses = ein mit der Rechtsausübung Belehnter. Anm. d. Verf.) zur amerikanischen Trust Company. Ein Beitrag zur Entwicklungsgeschichte des Treuhandinstituts im englisch-amerikanischen Recht mit vergleichenden Hinweisen auf deutsches und römisches Recht, Marburg 1928

Roth, Pirmin, Treuhandgesellschaften, ihre Geschäfte, Organisation und wirtschaftliche Bedeutung, Erlanger Diss., Freiburg 1916

Sauvain, Harry C., Investment Management, Englewood Cliffs, N.J., 1953

Sayers, R. S., Banking in the British Commonwealth, Oxford 1952

Schleß, Robert, Mittelbare Stellvertretung und Treuhand, Leipzig 1931

Schmalenbach, Eugen, Die Beteiligungsfinanzierung, 8. verb. Aufl., Köln und Opladen 1954

Derselbe, Die Aktiengesellschaft, 7. verb. Aufl., Köln und Opladen 1950

Schmid, Ludwig, Ratgeber zum Gesetz zur Sicherung von Forderungen für den Lastenausgleich, Haag a. d. Amper 1949

Scholz, Hellmut, Das Recht der Kreditsicherung. Ein Handbuch für die Praxis, 2. neugefaßte Aufl., Berlin 1957

Schultze, Alfred, Die langobardische Treuhand und ihre Umbildung zur Testamentsvollstreckung, Breslau 1895

Schultzenstein, Siegfried und *Wilhelm Dieben,* Reichsanleiherecht, Reichsschuldenwesen, Reichsschuldbuch, stückeloser Verkehr in Reichsanleihen, Anleiheablösung, Sonderschulden des Reiches, Abwicklung von österreichischen und tschechischen Anleiheschulden. Berlin 1942

Seischab, Hans, Die Funktionen und der Wertumlauf der Banken, Stuttgart 1938

Sellien, Helmut, Finanzierung und Finanzplanung, Wiesbaden (Verlag Gabler), o. J.

Senn, Wendelin, Die westdeutschen Investmentgesellschaften als Mittel zur Förderung der westdeutschen Kapitalmarktpolitik, Nürnberger Diss. 1960

Siara, Georg und *Wolfgang Tormann,* Gesetz über Kapitalanlagegesellschaften vom 16. April 1957. Kommentar. Mit einer ausführlichen Einleitung von *August Neuburger* MdB, Frankfurt 1957

Sichtermann, Siegfried, Pachtkreditgesetz. Mit Durchführungs- und Nebenbestimmungen. Kommentar, Berlin 1954

Siebert, Wolfgang, Das rechtsgeschäftliche Treuhandverhältnis. Ein dogmatischer und rechtsvergleichender Beitrag zum allgemeinen Treuhandproblem. Reihe: Arbeiten zum Handels-, Gewerbe- und Landwirtschaftsrecht, hrsg. von *Heymann,* Nr. 68, Marburg 1933

Sillén, O., Internationaler Überblick über das Treuhand- und Bücherrevisionswesen. In: Revisions- und Treuhandwesen. Schriftenreihe: Grundriß der Betriebswirtschaftslehre, hrsg. von *Walter Mahlberg* u. a., Band 10, Leipzig 1926

Smith, James G., The Development of Trust Companies in the United States, New York 1928

Soergel, Hs. Th. und *W. Siebert,* Bürgerliches Gesetzbuch. Mit Einführungsgesetz und Nebengesetzen, Kommentar, 1. Band, Stuttgart 1959

Sombart, Werner, Der moderne Kapitalismus. Dritter Band: Das Wirtschaftsleben im Zeitalter des Hochkapitalismus, 2. Halbband, München und Leipzig 1927

Spahn, Franz Josef, Die Einschaltung der Kreditinstitute bei Eingliederungsdarlehen nach dem Lastenausgleichsgesetz, Frankfurt a. M. 1958

v. Spindler, Joachim u. a., Die Deutsche Bundesbank. Grundzüge des Notenbankwesens und Kommentar zum Gesetz über die Deutsche Bundesbank, Stuttgart 1957

Steinrücke, Bernhard, Das Konsortialgeschäft der deutschen Banken, neubearbeitet von *Herbert Scholze,* Berlin 1956

Stordel, Harry, Die dingliche Rechtsstellung des öffentlich-rechtlich bestellten Treuhänders, Nürnberger Diss. 1956

Straley, John A., What about Mutual Funds, New York 1954

Strunden, Thomas M., Typologie der niederländischen Effektentreuhänder. Schriftenreihe der Österreichischen Bankwissenschaftlichen Gesellschaft, 9. Heft, Wien 1959

Theisinger, Karl, Effekten als Kapitalbeschaffungsmittel der Unternehmung, Stuttgart 1928

Thomas, Rollin G., Our Modern Banking and Monetary System, New York 1950

Toyka, Rudolf, Der Treuhänder, insbesondere seine Rechtsstellung in der Aktiengesellschaft und in der Gesellschaft mit beschränkter Haftung, Erlanger Diss. 1929

Triegler, Ludwig, Die Technik des Außenhandels, Wien 1948

Trost-Schütz, Bankgeschäftliches Formularbuch, 14. Ausgabe, Berlin 1955

Wagner, Adolph, System der Zettelbankpolitik, mit besonderer Rücksicht auf das geltende Recht und auf deutsche Verhältnisse. Ein Handbuch des Zettelbankwesens, 2. Ausgabe, Freiburg i. Br. 1873

Weber, Adolf, Depositenbanken und Spekulationsbanken. Ein Vergleich deutschen und englischen Bankwesens, 4. Aufl., München und Leipzig 1938

Derselbe, Geld und Kredit, Banken und Börsen, 6. neub. Aufl. in Verbindung mit *Werner Hofmann,* Heidelberg 1959

Weber, Hans, Der Bankplatz Berlin, Köln und Opladen 1957

Welfling, Weldon, Money and Banking. A First Course, New York 1947

Westerfield, Ray B., Money, Credit and Banking, 2. Aufl., New York 1947

Wolff, Martin und *Ludwig Raiser,* Sachenrecht. Ein Lehrbuch, 10. Bearbeitung, Tübingen 1957

Wolff, Siegfried, Das Gründungsgeschäft im deutschen Bankgewerbe, Stuttgart und Berlin 1915

Zahn, Johannes, Die treuhänderische Übertragung und Verwaltung von Körperschaftsrechten, insbesondere von Aktien, Kuxen und G.m.b.H.-Anteilen, Bonn 1931

B. Nachschlage- und Sammelwerke, Broschüren, Zeitungen, Zeitschriften, Druckschriften

Außenhandelslexikon. Handbuch für Außenhandel und Auslandskunde, hrsg. von *Karlrobert Ringel,* 4. Aufl., Frankfurt a. M. 1956

Bank-Archiv, Zeitschrift für Bank- und Börsenwesen, Jahrgang: 22, Nr. 19; 23, Nr. 8; 20, Nr. 8, 20

Banking. Journal of the American Bankers Association, Januar, März, Juni, September, Oktober, November 1957, Januar, März, April, Mai, Juni, Juli, August, September, Oktober, November, Dezember 1958, März, Mai, Juni 1959

Bank-Lexikon. Handwörterbuch für das Bank- und Sparkassenwesen, hrsg. von *Gerhard Müller* und *Josef Löffelholz,* 2. Aufl., Wiesbaden 1959

Bankwissenschaft. Halbmonatsschrift für Bank-, Börsen- und Finanzierungsfragen, Jahrgänge: 5, 6, 8

Baumbach, Adolf und *Alfred Hueck,* Aktiengesetz, Beck'sche Kurz-Kommentare, Band 23, 9. Aufl., München und Berlin 1956

Bayerischer Staatsanzeiger, Nr. 40 vom 2. 10. 1948, Nr. 41 vom 9. 10. 1948, Nr. 53 vom 31. 12. 1948, Nr. 37 vom 16. 9. 1949

Black's Law Dictionary, 3. Aufl., St. Paul, Minn., 1933

Board of Governors of the Federal Reserve System, Regulation F, As amended, vom 5. 2. 1951

Derselbe, Federal Reserve Bulletin, November 1956, Juli 1957, Mai 1958, Mai 1959

Böttcher, Conrad und *Heinz Meilicke,* Umwandlung und Verschmelzung von Kapitalgesellschaften, 5. völlig neubearbeitete Aufl., Berlin und Frankfurt 1958

Bouvier's Law Dictionary and Concise Encyclopedia, 2 Bände, hrsg. von *John Bouvier,* Kansas City, Mo., 1914, Band 2

Bundesanzeiger, Nr. 64 vom 4. 4. 1951, Nr. 72 vom 12. 4. 1957

Bundesgerichtshof, Entscheidungen in Zivilsachen, Köln-Berlin, Band 5 (1952)

Bundesgesetzblatt

Bundessteuerblatt

Business Horizons, hrsg. vom Bureau of Business Research, Indiana Universität, Frühjahr 1958, Nr. 2

Callahan, Parnell, How to Make a Will, Legal Almanac Series Nr. 2, Oceana Publications, New York 1947

Castelli, Rechtliche und wirtschaftliche Probleme zentraler Kreditaktionen und ihre Bedeutung für die Sparkassen. In: Vorträge für Sparkassenprüfer, September 1954, Deutscher Sparkassenverlag GmbH, Stuttgart

Collier's Encyclopedia, hrsg. von P. F. Collier & Son Corp., 20 Bände, New York 1950, Band 3, 18

Compton's Pictured Encyclopedia and Fact-Index, 15 Bände, Chicago 1948, Band 14

Cyclopedia of American Government, hrsg. von *Andrew C. McLaughlin* und *Albert B. Hart,* 3 Bände, New York 1949, Band 3

Das Bürgerliche Gesetzbuch. Kommentar, hrsg. von Reichsgerichtsräten und Bundesrichtern, 5 Bände, 10. Aufl., Berlin 1953/56, 3. Band

Denkschrift zur Reform des Aktienrechts, hrsg. vom Bundesverband des privaten Bankgewerbes (e. V.), Köln, April 1958

Der Bankkaufmann, Wiesbaden, Jhrg. 1958, Nr. 2, 10; 1960, Nr. 1

Der Volkswirt, Nr. 47 vom 26. 11. 1955

Deutsche Juristen-Zeitung, 37. Jhrg. (1932)

Deutsche Zeitung und Wirtschaftszeitung, Köln, Nr. 48 vom 16. 6. 1956, Nr. 14 vom 18. 1. 1960, Nr. 38 vom 15. 2. 1960

Dittes, Heinrich, Die Kredithilfen des Bundes und der Länder an die gewerbliche Wirtschaft, Sonderausgabe der Zeitschrift für das gesamte Kreditwesen, hrsg. bei *Fritz Knapp,* Frankfurt a. M. 1960

Encyclopaedia Britannica, 24 Bände, Chicago 1947, Band 22

Encyclopaedia of the Social Sciences, 15 Bände, New York 1948, Band 15

Encyclopedia Americana, 30 Bände, New York 1947, Band 3

Encyclopedia of American History, hrsg. von *Richard B. Morris,* New York 1953

Encyclopedic Dictionary of Business, hrsg. von Prentice-Hall, Inc., New York 1952

Entwurf eines Gesetzes über das Kreditwesen, zur Beschlußfassung an den Deutschen Bundestag übersandt im Mai 1959, Bundestagsdrucksache 1114, Verlag Dr. Hans Heger, Bad Godesberg

Entwurf eines Gesetzes über Kapitalanlagegesellschaften, Bundestagsdrucksache Nr. 4199 vom 19. 3. 1953; 2. Entwurf des Gesetzes, Bundestagsdrucksache Nr. 1585 vom 9. 7. 1955

Enzyklopädisches Lexikon für das Geld-, Bank- und Börsenwesen, 2. Aufl. vom Handwörterbuch des Bankwesens, 2 Bände, Frankfurt 1957

First National City Bank of New York and the City Bank Farmers Trust Company, The Story of the National City Bank of New York, 1954

Dieselbe, What You Should Know about Personal Trusts, o. J.

Dieselbe, How to Get the Most out of Your Investments, o. J.

Frankfurter Allgemeine Zeitung, Frankfurt, Nr. 208 vom 9. 9. 1957, Nr. 211 vom 12. 9. 1957, Nr. 216 vom 18. 9. 1957, Nr. 213 vom 14. 9. 1957, Nr. 232 vom 7. 10. 1957, Nr. 234 vom 9. 10. 1957, Nr. 238 vom 14. 10. 1957, Nr. 246 vom 23. 10. 1957, Nr. 264 vom 13. 11. 1957, Nr. 290 vom 14. 12. 1957, Nr. 291 vom 16. 12. 1957, Nr. 190 vom 19. 8.1959, Nr. 221 vom 24. 9. 1959, Nr. 232 vom 7. 10. 1959, Nr. 13 vom 16. 1. 1960, Nr. 14 vom 18. 1. 1960, Nr. 48 vom 26. 2. 1960, Nr. 65 vom 17. 3. 1960, Nr. 72 vom 25. 3. 1960, Nr. 81 vom 5. 4. 1960, Nr. 96 vom 25. 4. 1960

Godin, Reinhard Freiherr von und *Hans Wilhelmi,* Gesetz über Aktiengesellschaften und Kommanditgesellschaften auf Aktien (Aktiengesetz) vom 30. Januar 1937, 2. Aufl., Berlin 1950

Guaranty Trust Company of New York, The Guaranty Survey, November 1956, Mai 1957

Handbuch des gesamten Kreditwesens, hrsg. von *Walter Hofmann,* 6. Aufl., Frankfurt a. M. 1960

Handelsblatt, Düsseldorf, Nr. 55 vom 12. 5. 1958, Nr. 165 vom 2./3. 10. 1959, Nr. 168 vom 7. 10. 1959, Nr. 173 vom 14. 10. 1959, Nr. 36 vom 22. 2. 1960, Nr. 37 vom 23. 2. 1960, Nr. 40 vom 26./27. 2. 1960, Nr. 57 vom 23. 3. 1960, Nr. 67 vom 6. 4. 1960

Industriekurier, Düsseldorf, Nr. 188 vom 3. 12. 1959

Juristische Wochenschrift, Jhrg. 1925, 1926, 1928, 1930

Kühne, Walter, Bernhard Wolff u. a., Kommentar zum Lastenausgleichsgesetz sowie zum Feststellungsgesetz, Stuttgart und Köln 1953

Lastenausgleichs-Kartei, Teil II

Mackay, Richard V., Guardianship Law, Legal Almanac Series Nr. 6, Oceana Publications, New York 1948

Modern Business Encyclopedia, hrsg. von The World Publishing Company, Cleveland und Ohio 1945

Neue Juristische Wochenschrift, München und Berlin, Band 1952, 1954

New York Times, vom 18. Mai 1957

Palandt, Kommentar zum Bürgerlichen Gesetzbuch, 17. Aufl., München und Berlin 1958

Public Administration Organizations, A Directory of Unofficial Organizations in the Field of Public Administration in the United States and Canada, hrsg. von Public Administration Clearing House, Chicago 1948

Referentenentwurf eines Aktiengesetzes, veröffentlicht durch das Bundesjustizministerium, Oktober 1958

Reichsgericht, Entscheidungen in Zivilsachen, Leipzig, Band 68, 79, 84, 91, 94, 95, 99, 117, 118, 119, 122, 126, 127, 131, 133, 152, 153

Dasselbe, Entscheidungen in Strafsachen, Band 11, 69

Ritter, Carl, Aktiengesetz, mit Einführungsgesetz, Durchführungsverordnungen und Einführungsverordnungen für Österreich und die sudetendeutschen Gebiete, 2. vollständig neubearbeitete Aufl., Berlin und München 1939

Schlegelberger, Franz, Leo Quassowski u. a., Aktiengesetz. Gesetz über Aktiengesellschaften und Kommanditgesellschaften auf Aktien vom 30. Januar 1937, Kommentar, 3. Aufl., Berlin 1939

Securities and Exchange Commission, Washington, Corporate Pension Funds, 1955, Statistical Series Release Nr. 1426 vom 31. 12. 1956

Statistical Abstract of the United States, 1949–56 (8 Bände), hrsg. vom U.S. Department of Commerce, Washington

Staudingers Kommentar zum Bürgerlichen Gesetzbuch mit Einführungsgesetz und Nebengesetzen, 11. Aufl., Berlin 1957, I. Band (Allgemeiner Teil)

Süddeutsche Zeitung, Nr. 291 vom 5./6. 12. 1959

Teichmann, Robert und *Walter Koehler,* Aktiengesetz. Gesetz über Aktiengesellschaften und Kommanditgesellschaften auf Aktien vom 30. Januar 1937, mit Einführungsgesetz, Durchführungsverordnungen und dem D-Mark-Bilanzgesetz, Kommentar, 3. Aufl., Heidelberg 1950

The Book of the States 1954–55, hrsg. vom Council of State Governments, Chicago

The Canada Year Book, 1934–35, 1947 (2 Bände), hrsg. vom Department of Trade and Commerce, Ottawa

Theisinger, Karl und *Josef Löffelholz,* Die Bank. Lehrbuch und Nachschlagewerk des Bank- und Sparkassenwesens, 2. Band: Die Bankgeschäfte, Wiesbaden 1952

The Kansas City Times, vom 25. 11. 1954, 9. 12. 1955

The World Almanac and Book of Facts for 1955, 1956 (2 Bände), hrsg. von New York World-Telegram Corporation, New York

The World Book Encyclopedia, hrsg. von Field Enterprises, Inc., 19 Bände, Chicago 1949, Band 2

Times, vom 23. 12. 1959

Treuhandgesellschaft des Deutschen Wertpapierbesitzes GmbH, Düsseldorf, Gutachten über den Vorschlag zur Sanierung der Bayerischen Motoren Werke AG

United States Government Organization Manual 1956–57, 1957–58 (2 Bände), hrsg. von Federal Register Division, National Archives and Records Service, Washington, D.C.

U.S. Treasury Department, Treasury Bulletin, November 1956

Wertpapier-Mitteilungen, Teil IV B, Nachrichten und Bekanntmachungen zu Wertpapierfragen und zur Wertpapierbereinigung, Frankfurt. Nr. 20 vom 18. 5. 1957; Nr. 8 vom 21. 2. 1953 (Sonderbeilage); Nr. 9 vom 28. 2. 1953

Wirtschaftsprüfer-Handbuch 1959, hrsg. vom Institut der Wirtschaftsprüfer in Deutschland e. V., Düsseldorf 1959

Wirtschaftstreuhänderjahrbuch 1935, hrsg. von *Mönckmeier*, Leipzig 1935

Wirtschaft und Statistik, hrsg. vom Statistischen Bundesamt, 11. Jahrg. N. F. (1959), Heft 8; 12. Jahrg. N. F. (1960), Heft 3

Zeitschrift für das gesamte Kreditwesen, Heft 16 vom 15. 8. 1959, Heft 6 vom 15. 3. 1960

C. *Aufsätze und Abhandlungen in Zeitungen, Zeitschriften, Festschriften und Nachschlagewerken*

Altgelt, Konrad, Treuhänderaufgaben der Banken bei In- und Auslandsanleihen. In: Die Deutsche Bankwirtschaft. Ein Schulungs- und Nachschlagewerk für das deutsche Geld- und Kreditwesen, 5 Bände, Berlin 1935–1938, 3. Band

Bernicken, Hans, Das Emissionsgeschäft der Banken. In: Bankwissenschaft, 2. Jhrg., Heft 20 vom 15. 1. 1926

Boesebeck, Ernst, Rechtliche und soziologische Betrachtungen zur Aktienrechtsreform. In: Der Volkswirt, Nr. 38 vom 18. 9. 1954

Bote, Hans Peter, Der Eigentumserwerb bei der Ausgabe von Aktienurkunden nach der Verschmelzung zweier Aktiengesellschaften. In: Zeitschrift für das Gesamte Handelsrecht und Konkursrecht, Band 118 (1955)

Breckner, Friedrich, Zehn Jahre öffentliche Finanzierungshilfen. In: ZKW, 13. Jhrg., Heft 3 vom 1. 2. 1960

Brestel, Heinz, Revolving-Kredite. In: FAZ, Nr. 259 vom 6. 11. 1954

Bühler, Ottmar, Aktienrechtsreform dringlich geworden. In: Die Aktiengesellschaft, Zeitschrift für das gesamte Aktienwesen, 2. Jhrg. (1957), Nr. 6

Dembitz, Lewis N., Die Investment-Gesellschaften in den Vereinigten Staaten von Amerika. Deutsche Übersetzung in: Die Aktiengesellschaft, 3. Jhrg. (1958), Nr. 12

Eulan, Fritz, Der Treuhänder für das feindliche Vermögen. In: Bank-Archiv, 17. Jhrg., Nr. 11 vom 1. 3. 1918

Fischer, Curt Eduard, Das Depotstimmrecht der Banken und die Reform des Aktiengesetzes. In: Zeitschrift für handelswissenschaftliche Forschung, 10. Jhrg. N. F., Januar 1958

Fischer, Guido, Betriebswirtschaftliches Sozialkapital. In: Zeitschrift für Betriebswirtschaft, 29. Jhrg. (1959), Nr. 12

Flume, Werner, Die Person – Leitbild unserer Wirtschaftsordnung, Personalisierung gegen Konzentration. In: die aussprache, hrsg. von der Arbeitsgemeinschaft selbständiger Unternehmer e. V., Bonn, 8. Jhrg., Juni 1958

Goldschmidt, Ernst, Über die Voraussetzungen zur Errichtung von Investment Trusts (Kapitalverwaltungsgesellschaften) in Deutschland. In: Bank-Archiv, 29. Jhrg., Nr. 3 vom 30. 10. 1929

Hagenmüller, Karl Friedrich, Konsortialgeschäft der Banken. In: Handwörterbuch der Betriebswirtschaft, 3. neubearbeitete Aufl., Stuttgart 1958, Band II

Hartmann, Walter, Das Stimmrecht der Depotaktie. In: Bank-Archiv, 24. Jhrg., Nr. 24 vom 14. 9. 1925.

Hauck, Michael, Effektenanalyse und Anlageberatung. In: ZKW, Heft 5 vom 1. 3. 1960

Hecht, Felix, Die Deutsche Treuhandgesellschaft. In: Schriften des Vereins für Sozialpolitik, Leipzig, Band 111 (1903)

Heintze, Joachim, Erfahrungen aus der Wertpapierbereinigung. In: ZKW, Jhrg. 1954, Heft 1

Hesse, Harald, Auslosung und Rückkauf im Zusammenhang mit der Kurspflege von Industrieobligationen. In: Die Bank. Monatshefte für Finanz- und Bankwesen, 33. Jhrg., Heft 15 vom 10. 4. 1940

Hirschstein, Hans, Spezialbanken. In: Bank-Archiv, Nr. 21 vom 1. 8. 1924

Hofmann, Walter, Der Bankvertreter in der Hauptversammlung. In: ZKW, Heft 22 vom 15. 11. 1959

Hundhausen, Carl, Anleihen und Aktien in der amerikanischen Effektenfinanzierung. In: Zeitschrift für Handelswissenschaftliche Forschung, 25. Jhrg. (1931)

Derselbe, Kundenwerbung amerikanischer Banken (Financial Advertising). In: Bank-Archiv, 28. Jhrg. (1928/29)

Derselbe, Voting Trusts (Stimmrechtstrusts) in der Effektenfinanzierung der Vereinigten Staaten. In: Bank-Archiv, 30. Jhrg., Nr. 1 vom 1. 10. 1930

Derselbe, Die Garantie Dritter für Aktien und Anleihen in der amerikanischen Effektenfinanzierung. In: Zeitschrift für Betriebswirtschaft, 7. Jhrg. (1930)

Klein, Alfons, Begriff und Gliederung der Spezialbanken. In: Bankwissenschaft, 4. Jhrg. (1927/1928)

Derselbe, Die Spezialkreditbanken des Handels, ebenda

Klinger, Karl, Treuhandwesen. In: Handwörterbuch der Betriebswirtschaft, hrsg. von H. Nicklisch, 2 Bände, 2. Aufl., Stuttgart 1939, 2. Band

Klug, Ulrich, Die Neuordnung des Bankenstimmrechts. In: Aktuelle Probleme aus dem Gesellschaftsrecht und anderen Rechtsgebieten. Festschrift für *Walter Schmidt,* hrsg. von *Benvenuto Samson,* Berlin 1959

Koch, A., Das Konsortialgeschäft der Banken. In: Bank-Archiv, 21. Jhrg., Nr. 14 vom 15. 4. 1922

Könnecker, Wilhelm, Revolvingkredite in der deutschen Geld- und Kreditordnung. In: ZKW, Heft 24 vom 15. 12. 1959

Kruk, Max, Wer leitet die Aktiengesellschaft? In: FAZ, Nr. 38 vom 15. 2. 1960

Lange, Heinrich, Lage und Zukunft der Sicherungsübertragung. In: NJW, 3. Jhrg. (1950)

Lansburgh, Alfred, Revisionsgesellschaften. In: Die Bank, Jhrg. 1908

Derselbe, Treuhandgesellschaften. Ebenda, Jhrg. 1912

Linhardt, Hanns, Die Rechtsgrundlagen der britischen Investment Trusts. Unternehmungsformen und innere Rechtsverhältnisse. In: Bank-Archiv, 28. Jhrg., Nr. 20 vom 15. 7. 1929

Derselbe, Besprechung des Werkes: Kundenwerbung amerikanischer Banken (Financial Advertising) von Carl Hundhausen, Berlin, Leipzig und Wien 1929. In: Zeitschrift für Betriebswirtschaft, 7. Jhrg. (1930)

Derselbe, Drei historische Prinzipien der Finanzierung. In: Zeitschrift für die Gesamte Staatswissenschaft, hrsg. von *Wilhelm Grewe* u. a., 112. Band, 3. Heft, Tübingen 1956

Derselbe, Die Finanzierung der Aktiengesellschaft. In: Die Aktiengesellschaft, Jhrg. 1956, Nr. 3

Derselbe, Die deutsche Kreditpolitik unter dem Gesichtspunkt des Wettbewerbs. In: Wirtschaft und Wettbewerb, Jhrg. 1956, Heft 5

Derselbe, Bankbetrieb. In: Handwörterbuch der Sozialwissenschaften, 11. Lieferung, 1956

Derselbe, Bankgeschäfte. Ebenda

Derselbe, Kapitalanlagegesellschaften. In: Handwörterbuch der Sozialwissenschaften, 12. Lieferung, 1956

Derselbe, Wider das Depotstimmrecht der Banken. In: Die Aktiengesellschaft, 3. Jhrg., Heft 8 (August 1958)

Derselbe, Zur Reform des Aktienrechts. In: die aussprache, 8. Jhrg., Oktober 1958

Lotz, Walther, Emissionsgeschäft. In: Handwörterbuch der Staatswissenschaften, 4. Aufl., Jena 1926, Band 3

Mellerowicz, Konrad, Emissionsgeschäft. In: Enzyklopädisches Lexikon für das Geld-, Bank- und Börsenwesen, Frankfurt 1957, 1. Band

Mellinger, Ludwig, Das Depotstimmrecht der Banken. In: Die Bank, Jhrg. 1934

Mendel, Max, Zur Frage der aktienrechtlichen Legitimationsübertragung. In: Bank-Archiv, 26. Jhrg., Nr. 15 vom 1. 5. 1927

Mittermüller, Horst, Schuldscheindarlehen. In: Der Bankkaufmann, Jhrg. 1958, Nr. 12

Müller, Gerd, Versicherungswirtschaft und Kapitalmarkt. In: ZKW, Heft 1 vom 1. 1. 1960

Münemann, Rudolf, Neuzeitliche Formen der Industriefinanzierung. In: Finanzierungsprobleme und Steuerpolitik, hrsg. von der Deutschen Gesellschaft für Betriebswirtschaft, Berlin 1957

Muthesius, Volkmar, Die Karriere des Maklers. In: ZKW, Heft 7 vom 1. 4. 1954

Nell-Breuning S. J., Oswald von, Treuhandverhältnis. In: Staatslexikon, hrsg. von *Hermann Sacher*, 5 Bände, 5. Aufl., Freiburg 1932, 5. Band

Opitz, Georg, Die Treumacht (I). In: ZKW, Jhrg. 1954, Heft 15

Derselbe, Die Treumacht (II). Ebenda, Heft 16

Rasch, Harold, Das Depotstimmrecht der Kreditinstitute. In: ZKW, Heft 9 vom 1. 5. 1960

Rosendorff, Richard, Treuhandgesellschaften und ihre Funktionen. In: Jahrbücher für Nationalökonomie und Statistik, III. Folge, 31. Band

Rosenstiel, Frederick H., Die Investment-Gesellschaften wachsen. In: FAZ, Nr. 95 vom 23. 4. 1960

Saage, Gustav, Pensionsrückstellungen – eine „dauernde Last". In: FAZ, Nr. 40 vom 17. 2. 1960

Schmalenbach, Eugen, Der Treuhandkommanditist. In: Zeitschrift für handelswissenschaftliche Forschung, Jhrg. 1949, Heft 3

Schmidt, Reimer, Recht und Wirklichkeit der Wertpapierbereinigung. In: Zeitschrift für das Gesamte Handelsrecht und Konkursrecht, 116. Band (1954)

Scholze, Herbert, Das Konsortialgeschäft der Banken. In: Zahlungsverkehr und Bankbetrieb, 18. Jhrg. (1936), Nr. 12

Schöny, Artur, Treuhandgeschäfte. In: Archiv für Bürgerliches Recht, hrsg. von *I. Kohler* u. a., Berlin, 35. Band

Schröder, Johannes, Das Depotgeschäft. In: Die Deutsche Bankwirtschaft, 3. Band

Schultze, Alfred, Treuhänder im geltenden bürgerlichen Recht. In: Iherings Jahrbücher für die Dogmatik des bürgerlichen Rechts, hrsg. von *Ferdinand Regelsberger* und *Victor Ehrenberg,* Jena, 43. Band

Siber, Heinrich, Das Verwaltungsrecht an fremdem Vermögen im Deutschen BGB. In: Iherings Jahrbücher, Band 67

Simon, H. A., Treuhänderschaft über amerikanisches Vermögen in Deutschland. In: Bank-Archiv, 20. Jhrg., Nr. 14 vom 15. 4. 1921

Stubbe, A., Organisation des amerikanischen Bankwesens. In: Jahrbücher für Gesetzgebung, Verwaltung und Volkswirtschaft, hrsg. von *Schmoller,* 31. Jhrg. (1907), 2. Band

Uebbing, Helmut, Chancen für Anlageberater. In: Deutsche Zeitung und Wirtschaftszeitung, Nr. 49 vom 27./28. 2. 1960

Vallenthin, Wilhelm, Die Ausübung von Aktionärstimmrechten durch Banken – eine Erwiderung an Prof. Dr. *H. Linhardt,* Nürnberg. In: Die Aktiengesellschaft, 3. Jhrg. (1958), Nr. 9

Wolany, J., Stellungnahme zu den verschiedenen Vorschlägen zur Reform des Aktienrechts. In: Die Aktiengesellschaft, 3. Jhrg. (1958), Nr. 9, 11, 12

Wagner, Kurt, Wo steht der Privatbankier? In: ZKW, Heft 12 vom 15. 6. 1959

Zimmerer, C., Die Vermögensverwaltung. In: Der Bankkaufmann, Jhrg. 1959, Nr. 6

D. Geschäfts- und Jahresberichte

American National Bank and Trust Company of Chicago, 1956, 1958

Banco di Roma, 1955

Bank deutscher Länder, 1956

Bank für Vertriebene und Geschädigte (Lastenausgleichsbank), 1950–1958

Bank of California National Association, 1956, 1958

Bayerische Hypotheken- und Wechsel-Bank, 1949–1958

Bayerische Vereinsbank, 1948/52–1958

Bayerische Motoren Werke AG, 1958, 1959

Bayerische Staatsbank, 1949–1958

Berliner Bank AG, 1952–1958

Berliner Industriebank AG, 1955–1958

Board of Governors of the Federal Reserve System, 1946, 1955

Braunschweigische Staatsbank, 1955–1958

Bundesverband des privaten Bankgewerbes (E. V.), Köln, 1951–1957

Central National Bank of Cleveland, 1957, 1958

City National Bank and Trust Company, Kansas City, Mo., 1954, 1955

Commerz- und Disconto-Bank AG, Hamburg, 1952–1958

Continental Illinois National Bank and Trust Company of Chicago, 1955

Credito Italiano, Genua–Mailand, 1955

Deutsche Bank AG, 1955–1958

Dresdner Bank AG, 1957

Federal Deposit Insurance Corporation, 1958

First National Bank of Boston, 1957, 1958

First National Bank of Chicago, 1957

First National City Bank of New York and the City Bank Farmers Trust Company, 1955, 1956, 1957, 1958

Guaranty Trust Company of New York, 1956, 1957

Hessische Landesbank – Girozentrale, 1953/54–1958

Internationales Immobilien-Institut AG, München, 1959

Irving Trust Company, New York, 1956, 1957, 1958

Kreditanstalt für Wiederaufbau, Frankfurt a. M., 1949–1958

Kuratorium für das Industriekreditbank-Sondervermögen Investitionshilfe, 4 Geschäftsjahre (10. 1. 1952 bis 30. 6. 1955)

Landesbank für Westfalen – Girozentrale, Münster, 1948–1958

Landesbank und Girozentrale Schleswig-Holstein, 1948–1958

Manufacturers Trust Company, New York, 1955, 1956

Mellon National Bank and Trust Company, Pittsburgh, 1956, 1957, 1958

J. P. Morgan & Company, Inc., New York, 1955, 1956

National City Bank of Cleveland, 1957, 1958

New York Trust Company, 1956

Niedersächsische Landesbank – Girozentrale, 1948–1958

Philadelphia National Bank, 1954, 1955

Secretary of the Treasury, 1945

Union Commerce Bank, Cleveland, Ohio, 1957

Wells Fargo Bank, San Francisco, 1957, 1958

GPSR Compliance

The European Union's (EU) General Product Safety Regulation (GPSR) is a set of rules that requires consumer products to be safe and our obligations to ensure this.

If you have any concerns about our products, you can contact us on ProductSafety@springernature.com

In case Publisher is established outside the EU, the EU authorized representative is:

Springer Nature Customer Service Center GmbH
Europaplatz 3
69115 Heidelberg, Germany

Batch number: 10809636

Printed by Printforce, the Netherlands